国家出版基金项目
NATIONAL PUBLICATION FOUNDATION

# 抗日战争专题研究

张宪文 | 主
朱庆葆 | 编

第八辑
战时人物
研究

## 抗战时期
## 国民党
## 军事将领研究

肖如平　潘建华　著

江苏人民出版社

**图书在版编目(CIP)数据**

抗战时期国民党军事将领研究/肖如平,潘建华著
. — 南京:江苏人民出版社,2023.6
(抗日战争专题研究 / 张宪文,朱庆保主编)
ISBN 978 - 7 - 214 - 28041 - 1

Ⅰ. ①抗… Ⅱ. ①肖… ②潘… Ⅲ. ①国民党军－军
事人物－人物研究②国民党军－抗日战争－史料 Ⅳ.
①K825.2②K265.210.6

中国国家版本馆 CIP 数据核字(2023)第 043239 号

| | |
|---|---|
| 书　　　　名 | 抗战时期国民党军事将领研究 |
| 著　　　　者 | 肖如平　潘建华 |
| 责 任 编 辑 | 张晓薇 |
| 装 帧 设 计 | 刘葶葶 |
| 责 任 监 制 | 王　娟 |
| 出 版 发 行 | 江苏人民出版社 |
| 地　　　　址 | 南京市湖南路 1 号 A 楼,邮编:210009 |
| 照　　　　排 | 江苏凤凰制版有限公司 |
| 印　　　　刷 | 苏州市越洋印刷有限公司 |
| 开　　　　本 | 652 毫米×960 毫米　1/16 |
| 印　　　　张 | 27.25　插页 4 |
| 字　　　　数 | 317 千字 |
| 版　　　　次 | 2023 年 6 月第 1 版 |
| 印　　　　次 | 2023 年 6 月第 1 次印刷 |
| 标 准 书 号 | ISBN 978 - 7 - 214 - 28041 - 1 |
| 定　　　　价 | 118.00 元 |

(江苏人民出版社图书凡印装错误可向承印厂调换)

教育部哲学社会科学研究重大委托项目
2021年度国家出版基金资助项目
南京大学"双一流"建设卓越计划项目
"十四五"国家重点出版物出版专项规划项目

## 合作单位

南京大学　北京大学　南开大学　武汉大学
复旦大学　浙江大学　山东大学
台湾中国近代史学会

## 学术顾问

金冲及　章开沅　魏宏运　张玉法　张海鹏
姜义华　杨冬权　胡德坤　吕芳上　王建朗

# 编纂委员会

# 总　序

张宪文　朱庆葆

日本侵华与中国抗日战争是近代中国最重大的历史事件。中国人民经过 14 年艰苦卓绝的英勇奋战,付出惨重的生命和财产的代价,终于取得伟大的胜利。

自 1945 年抗日战争结束至 2015 年,度过了漫长的 70 年。对这一影响中国和世界历史进程的重大事件,国内外历史学界已经做过大量的学术研究,出版了许多论著。2015 年 7 月 30 日,在抗日战争胜利 70 周年前夕,中共中央政治局就中国人民抗日战争的回顾和思考进行集体学习,习近平总书记发表重要讲话,指示学术界应该广为搜集整理历史资料,大力加强对抗日战争历史的研究。半个月后,中共中央宣传部迅速制定抗日战争研究的专项规划。8 月下旬,时任中共中央宣传部部长刘奇葆召开中央各有关部委、国家科研机构和部分高校代表出席的专题会议,动员全面贯彻习总书记的讲话精神,武汉大学和南京大学的代表出席该会。

在这一形势下,教育部部领导和社会科学司决定推动全国高校积极投入抗战历史研究,积极支持南京大学联合有关高校建立抗战研究协同创新中心,并于南京中央饭店召开了由数十所高校的百余位教授、学者参加的抗战历史研讨会。台湾"中国近代史学会"也派出十多位学者,在吕芳上、陈立文教授率领下出席会议,共同协商在新时代深入开展抗战历史研究的具体方案。台湾著名资深教授蒋永敬在会议上发表了热情洋溢的讲话。经过几个月的酝酿和准备,南京大学决定牵头联合我国在抗战历史研究方面有深厚学术基础的北京大学、南开大学、武汉大学、复旦大学、浙江大学、山东大学及台湾"中国近代史学会",组织两岸历史学者共同组建编纂委员会,深入开展抗日战争专题研究。中央档案馆和中国第二历史档案馆也积极支持。在南京中央饭店学术会议基础上,编纂委员会初步筛选出 130 个备选课题。

南京大学多次举行党政联席会议和校学术委员会会议,专门研究支持这一重大学术工程。学校两届领导班子均提出具体措施支持本项工作,还派出时任校党委副书记朱庆葆教授直接领导,校社科处也做了大量工作。南京大学将本项目纳入学校"双一流"建设卓越计划,并陆续提供大量经费支持。

江苏省委、省政府以及江苏省委宣传部,均曾批示支持抗战历史研究项目。国家教育部社科司将本项研究列为哲学社会科学研究重大委托项目,并要求项目完成和出版后,努力成为高等学校代表性、标志性的优秀成果。

本项目编纂委员会考察了抗战历史研究的学术史和已有的成果状况,坚持把学术创新放在第一位,坚持填补以往学术研究的空白,不做重复性、整体性的发展史研究,以此推动抗战历史研究在已有基础上不断向前发展。

本项目坚持学术创新,扩大研究方向和范围。从以往十分关注的"九·一八"事变向前延伸至日本国内,研究日本为什么发动侵华战争,日本在早期做了哪些战争准备,其中包括思想、政治、物质、军事、人力等方面的准备。而在战争进入中国南方之后,日本开始实施一号作战,将战争引出中国国境,即引向亚太地区,对东南亚各国及东南亚地区的西方盟国势力发动残酷战争。特别是日军偷袭美军重要海军基地珍珠港,不仅给美军造成严重的军事损失,也引发了日本法西斯逐步走向灭亡的太平洋战争。由此,美国转变为支援中国抗战的主要盟国。拓展研究范围,研究日本战争准备和研究亚太地区的抗日战争,有利于进一步揭露日本妄图占领中国、侵占亚洲、独霸世界的阴谋。

本项目以民族战争、全民抗战、敌后和正面战场相互支持相互依靠的抗战整体,来分析和认识中国抗日战争全局。课题以国共两党合作为基础,运用大量史实,明确两党在抗日战争中的地位和作用,正确认识各民族、各阶级对抗日战争的贡献。本项目内容涉及中日双方战争准备、战时军事斗争、战时政治外交、战时经济文化、战时社会变迁、中共抗战、敌后根据地建设以及日本在华统治和暴行等方面,从不同视角和不同层面,深入阐明抗日战争的曲折艰难历程,以深刻说明中国抗日战争的重大意义,进一步促进中华民族的伟大复兴。

对于学界已经研究得甚为完善的课题,本项目进一步开拓新的研究角度和深化研究内容。如对山西抗战的研究更加侧重于国共合作抗战;对武汉会战的研究将进一步厘清抗战中期中国政治、经济、社会的变迁及国共之间新的友好关系。抗战前期国民党军队丢失大片国土,而中国共产党在十分艰难的状况下,在敌后逐步收复失地,建立抗日根据地。本项目要求各根据地相关研究课题,应在以往学界成果基础上,着力考察根据地在社会改造、经济、政治、人才培养等方面,如何探索和积累经验,为1949年后的新中国建设提供有益的借鉴。抗战时期文学艺术界以其特有的文化功能,在揭露日军罪行、动员广大民众投入抗战方面,发挥了重要作用。我们尝试与艺术界合作,动员南京艺术学院的教授撰写了与抗日战争相关的电影、美术、音乐等方面的著作。

本项目编纂委员会坚持鼓励各位作者努力挖掘、搜集第一手历史资料,为建立创新性的学术观点打下坚实基础。编纂委员会要求全体作者坚决贯彻严谨的治学作风,坚持严肃的学术道德,恪守学术规范,不得出现任何抄袭行为。对此,编纂委员会对全部书稿进行了两次"查重",以争取各个研究课题达到较高的学术水平,减少学术差错。同时,还聘请了数十位资深专家,对每部书稿从不同角度进行了五轮审稿。

本项目自2015年酝酿、启动,至2021年开始编辑出版,是一项巨大的学术工程,它是教育部重点研究基地南京大学中华民国史研究中心一直坚持的重大学术方向。百余位学者、教授,六年时间里付出了艰辛的劳动,对抗战历史研究做出了重要贡献!编纂委员会向全体作者,向教育部、江苏省委省政府以及各学术合作院校,向江苏凤凰出版传媒集团暨江苏人民出版社,向全体编辑人员,表示最崇高的敬意和诚挚的感谢!

# 目　录

# 第一章　国民政府军官的官等、任官与军衔

　　近代中国军队中军阶等级(阶级)在西方军队中被称为军衔,是区分军人等级、表明军人身份的称号、标志,是国家根据军人的职务、军事素养、年资、功勋,以及所属军种或勤务部分而授予个人的衔称和荣誉。[①] 这是近代中国军制的重要组成部分,也是中国军队与西方军队接轨的重要内容。甲午战败后,清政府决心学习西欧的军队制度,编练新军,确立了新式陆军军阶等级制度。北洋政府时期,袁世凯进一步完善了军队的军阶等级制度,制订了陆海军军官佐等级表,后因军阀混战,军官的军阶等级实施极为混乱。南京国民政府建立后,在对全国军队编遣的基础上,颁布了新的陆海空军军官佐军阶等级,统一了军官佐的任官制度,为抗战时期国民政府军官的任官与授衔奠定了基础。[②]

---

① 刘岩:《中国军衔百年史略》,北京:军事科学出版社 2007 年版,第 2—3 页。

② 代表性成果有张建基:《民国军衔制度述略》,《军事历史研究》1989 年第 3 期;魏大庆:《南京国民政府时期军官制度述评》,《民国档案》1996 年第 3 期;王逸峰:《蒋介石军衔制度理念探析》,《军事历史研究》2012 年第 1 期;王逸峰:《蒋介石麾下的一级上将军衔制度述论》,《军事历史》2008 年第 2 期、第 6 期;陈舒颜:《理想与实用的冲突:蒋介石和国民党军队的军衔制度》,《军事历史》2012 年第 2 期;肖如平:《抗战时期国民政府军官的任官与授衔》,《军事历史研究》2019 年第 4 期。

## 第一节　军官的官等与任官制度

1905 年，清政府颁布了《陆军军官佐任职等级暨补官体制摘要章程》，将军官分为三等九级：上等第一级为正都统（大将军、将军），上等第二级为副都统，上等第三级为协都统；中等第一级为正参领，中等第二级为副参领，中等第三级为协参领；次等第一级为正军校，次等第二级为副军校，次等第三级为协军校。军士分为上士、中士、下士，士兵分为正兵、一等兵、二等兵。① 与清代前期武官等级不同的是，晚清制定的陆军军官佐任职等级制度吸收了西方的军衔制度特点，采取区等分级的形式，即军官"区为三等，析为九级"，士兵区二等，分六级。

1912 年 1 月 5 日，孙中山以中华民国临时大总统名义颁布陆军服制标准。按其标准，陆军军官分三等九级：上等分为大将校、中将校、少将校三级；中等为大领、中领、少领三级；初等为大尉、中尉、少尉三级。② 南京临时政府的官等制度，既继承了前清官等的特色，又进一步吸收了西方的军衔制度。遗憾的是，南京临时政府颁布的军官官等制度随着孙中山让位于袁世凯，临时政府迁入北京，而并未真正实施。

同年 8 月，北京政府由袁世凯以临时大总统名义重新制定了陆海军军官佐的等级制度，其军官采用三等九级之制：上等为将官，分上将、中将、少将三级；中等为校官，分上校、中校、少校三级；

①《练兵处拟订陆军人员补官体制摘要章程》，《申报》，光绪三十一年十月廿九日，第三张第十七版。
②《大总统规定陆军服制》，《申报》，旧历辛亥十一月十九日，第一张第二版。

初等为尉官,分上尉、中尉、少尉三级,以下还有准尉一级。陆海军士兵均分为军士和兵卒两等。军士分上士、中士、下士三级。兵卒陆军分上等兵、一等兵、二等兵三级;海军兵卒则分为一等兵、二等兵、三等兵、一等练兵、二等练兵五级。[①] 袁世凯颁布的军官佐等级制度已基本仿效了西方军队的军衔制度,将军官分为将官、校官、尉官、准尉官,还在校官以下根据兵种分为宪兵、步兵、骑兵、炮兵、工兵、辎重兵;官佐分为军需、军医、军药等类别,分别设立相应的等级。袁世凯颁布的军官佐等级表,确立了民国前期中国军队的军衔制度,为南京国民政府军官佐官等制度进一步完善奠定了基础。可惜的是,袁世凯去世后,北洋军队陷入分裂,长期处于军阀混战,军官的官等和任命都极为混乱。

　　与此同时,孙中山领导革命党人多次在南方设立革命政权,自任大元帅,统帅粤军、滇军、桂军、黔军、湘军等进行护法运动。然而,由于其军队来源复杂,军官佐的军衔和任命也同样非常混乱。1924年黄埔陆军军官学校建立后,孙中山和国民党人向苏联学习,力图在旧军阀之外建立一支忠于革命的党军。然而,北伐时期,大量北洋军队的收编和归顺,国民革命军逐步分成了中央军、桂军、西北军、晋绥军、湘军、川军、东北军,各军队虽然基本按照北京政府颁布的军官佐等级制度任官,但各军队军官佐的任命标准宽严不一,官等的使用依然十分混乱。

　　1928年北伐结束后,国民政府的陆军拥有中央军和各路杂牌军数百万人,将官数万。数量庞大的军队和军官不仅令政府财政不堪重负,各路杂牌军的势力也削弱了中央对地方的控制。为了缩

---

① 中国第二历史档案馆整理编辑:《政府公报》第4册,第130号,1912年8月21日,上海:上海书店1988年版,第553—554页。

表1-1　北京政府时期陆军军官军佐等级表

| 等次 | 军官 | | | | | | 同等官佐 | | | | |
|---|---|---|---|---|---|---|---|---|---|---|---|
| | 宪兵 | 步兵 | 骑兵 | 炮兵 | 工兵 | 辎重兵 | 军需 | 军医 | 司药 | 兽医 | 军药 |
| 上等将官 | 上将 | | | | | | | | | | |
| | 中将 | | | | | | | | | | |
| | 少将 | | | | | | 军需总监 | 军医总监 | 军医监 | | 军药长 |
| 中等校官 | 宪兵上校 | 步兵上校 | 骑兵上校 | 炮兵上校 | 工兵上校 | 辎重兵上校 | 一等军需正 | 一等军医正 | 一等司药正 | 一等兽医正 | |
| | 宪兵中校 | 步兵中校 | 骑兵中校 | 炮兵中校 | 工兵中校 | 辎重兵中校 | 二等军需正 | 二等军医正 | 二等司药正 | 二等兽医正 | |
| | 宪兵少校 | 步兵少校 | 骑兵少校 | 炮兵少校 | 工兵少校 | 辎重兵少校 | 三等军需正 | 三等军医正 | 三等司药正 | 三等兽医正 | |
| 初等尉官 | 宪兵上尉 | 步兵上尉 | 骑兵上尉 | 炮兵上尉 | 工兵上尉 | 辎重兵上尉 | 一等军需 | 一等军医 | 一等司药 | 一等兽医 | |
| | 宪兵中尉 | 步兵中尉 | 骑兵中尉 | 炮兵中尉 | 工兵中尉 | 辎重兵中尉 | 二等军需 | 二等军医 | 二等司药 | 二等兽医 | |
| | 宪兵少尉 | 步兵少尉 | 骑兵少尉 | 炮兵少尉 | 工兵少尉 | 辎重兵少尉 | 三等军需 | 三等军医 | 三等司药 | 三等兽医 | |
| 准尉官 | 宪兵准尉 | 步兵准尉 | 骑兵准尉 | 炮兵准尉 | 工兵准尉、工兵工长 | 辎重兵准尉 | | | | | 副军药长 |

资料来源：中国第二历史档案馆整理编辑：《政府公报》第4册，第130号，1912年8月21日，上海：上海书店1988年版，第553—554页。

编军队,减少军官数量,增强中央对军队的控制,蒋介石和南京国民政府决定裁兵编遣。6 月 24 日,蒋介石率先提出《呈请设立裁兵善后委员会文》,内称:"北伐已告完成,军事应谋结束,裁兵之举,斯其时矣。"[①]然而,裁兵编遣引发了国民党军队内部的新混战,直至 1930 年中原大战结束,也未能实现军队的中央化。

　　九一八事变后,国难日急,国民政府开始加快军事现代化建设。1934 年 7 月,国民政府为进一步规范军队的军官官等和任官制度,重新制定了陆海空军军官佐等级表。军官佐的官等首先分为陆军、海军、空军三大军种,如陆军上将、海军上将、空军上将等,然后再根据不同兵种和勤务设立等级,如陆军上将、陆军中将、陆军炮兵上校、陆军炮兵上尉、陆军一等军需正、陆军二等军需正等。

　　与北京政府时期相比,1934 年南京国民政府颁布的《陆军官佐等级表》,不再将准尉官列入军官佐系列,军官系列增加了通信兵种,军佐增加了测量兵种的同等官佐,军法官及军用文官之阶级比照军佐。具体的划分和等级参见南京国民政府时期陆军军官佐等级表。

　　早在广州大元帅府时期,孙中山麾下就拥有少量的海军和舰船。北伐时期,北京政府海军第一舰队司令陈季良在福建归顺,之后北京政府海军第二舰队司令陈绍宽也倒戈。1927 年 3 月 14 日,国民革命军海军总司令部成立,由原北京政府海军总司令杨树庄任总司令。到 1930 年,南京国民政府海军部已拥有 4 支舰队,总吨位数达 56 375 吨,海军官兵数万。此外,还有福州、青岛、马尾、烟台等海军学校。早在北京政府时期,袁世凯就颁布了海军军官佐等级表。1934 年 7 月,南京国民政府颁布的海军军官佐等级表,基本

----

① 中国第二历史档案馆编:《蒋介石呈请设立裁兵善后委员会文》,《中华民国史档案资料汇编》第五辑第一编,"军事"(一),南京:江苏古籍出版社 1994 年版,第 599 页。

**表 1 - 2　南京国民政府时期陆军军官军佐等级表**

| 等次 | 军官 | | | | | | | 军佐 | | | | | |
|---|---|---|---|---|---|---|---|---|---|---|---|---|---|
| | 宪兵 | 步兵 | 骑兵 | 炮兵 | 工兵 | 通信兵 | 辎重兵 | 军需总监 / 军需监 | 军医总监 / 军医监 | | | 测量总监 / 测量监 | |
| | | | | | | | | | 兽医 | 司药 | 军医 | 测量 | 军药 |
| 上等 | 上将 | | | | | | | | | | | | |
| 上等 | 中将 | | | | | | | | | | | | |
| 上等 | 少将 | | | | | | | | | | | | |
| 中等 | 宪兵上校 | 步兵上校 | 骑兵上校 | 炮兵上校 | 工兵上校 | 通信兵上校 | 辎重兵上校 | 一等军需正 | 一等兽医正 | 一等司药正 | 一等军医正 | 一等测量正 | |
| 中等 | 宪兵中校 | 步兵中校 | 骑兵中校 | 炮兵中校 | 工兵中校 | 通信兵中校 | 辎重兵中校 | 二等军需正 | 二等兽医正 | 二等司药正 | 二等军医正 | 二等测量正 | |
| 中等 | 宪兵少校 | 步兵少校 | 骑兵少校 | 炮兵少校 | 工兵少校 | 通信兵少校 | 辎重兵少校 | 三等军需正 | 三等兽医正 | 三等司药正 | 三等军医正 | 三等测量正 | 军药正 |
| 初等 | 宪兵上尉 | 步兵上尉 | 骑兵上尉 | 炮兵上尉 | 工兵上尉 | 通信兵上尉 | 辎重兵上尉 | 一等军需佐 | 一等兽医佐 | 一等司药佐 | 一等军医佐 | 一等测量佐 | 一等军药佐 |
| 初等 | 宪兵中尉 | 步兵中尉 | 骑兵中尉 | 炮兵中尉 | 工兵中尉 | 通信兵中尉 | 辎重兵中尉 | 二等军需佐 | 二等兽医佐 | 二等司药佐 | 二等军医佐 | 二等测量佐 | 二等军药佐 |
| 初等 | 宪兵少尉 | 步兵少尉 | 骑兵少尉 | 炮兵少尉 | 工兵少尉 | 通信兵少尉 | 辎重兵少尉 | 三等军需佐 | 三等兽医佐 | 三等司药佐 | 三等军医佐 | 三等测量佐 | 三等军药佐 |

说明：1. 陆军官佐均在本表所列名称之上冠以"陆军"字样，例如陆军上将，陆军一等军需正。2. 军官少尉之下设准尉，军佐三等之下设准佐，但不列入官等。3. 军法官及军用文官之阶级比照军佐。4. 军用技术人员不列入，其待遇另行规定。

资料来源：国民政府文官处印铸局：《国民政府公报》，第 1496 号，1934 年 7 月 25 日，第 1—2 页。

表1-3　南京国民政府时期海军军官军佐等级表

| 等次 | | 军官 | 军佐 | | | | | | |
|---|---|---|---|---|---|---|---|---|---|
| | | | 造械总监（造械监） | 造舰总监（造舰监） | 军需总监（军需监） | 军医总监（军医监） | 测量监 | | |
| 上等 | 上将 | | | | | | | | |
| | 中将 | 轮机中将 | 造械总监 | 造舰总监 | 军需总监 | 军医总监 | | | |
| | 少将 | 轮机少将 | 造械监 | 造舰监 | 军需监 | 军医监 | 测量监 | | |
| 中等 | 上校 | 轮机上校 | 一等造械正 | 一等造舰正 | 一等军需正 | 一等军医正 | 一等测量正 | 一等航务正 | 一等电信正 |
| | 中校 | 轮机中校 | 二等造械正 | 二等造舰正 | 二等军需正 | 二等军医正 | 二等测量正 | 二等航务正 | 二等电信正 |
| | 少校 | 轮机少校 | 三等造械正 | 三等造舰正 | 三等军需正 | 三等军医正 | 三等测量正 | 三等航务正 | 三等电信正 |
| 初等 | 上尉 | 轮机上尉 | 一等造械佐 | 一等造舰佐 | 一等军需佐 | 一等军医佐 | 一等测量佐 | 一等航务佐 | 一等电信佐 |
| | 中尉 | 轮机中尉 | 二等造械佐 | 二等造舰佐 | 二等军需佐 | 二等军医佐 | 二等测量佐 | 二等航务佐 | 二等电信佐 |
| | 少尉 | 轮机少尉 | 三等造械佐 | 三等造舰佐 | 三等军需佐 | 三等军医佐 | 三等测量佐 | 三等航务佐 | 三等电信佐 |

说明：1. 海军少将之下，有代将一职，但不任官。2. 海军官佐均于本表名称之上冠以"海军"字样，例如海军上将、海军轮机中将、海军一等军需正。3. 海军航空军官依空军官制表任官。4. 军官少尉之下设准尉一级，军佐三等之下设准佐一级，但不列入官等。5. 军法官及军用文官之官级比照军佐。6. 军用技术人员不列科，其待遇另定之。

资料来源：国民政府文官处印铸局：《国民政府公报》，第1496号，1934年7月25日，第3页。

延续了北京政府时期的海军军官佐等级表,将官除设有海军上将、海军中将、海军少将外,还设有轮机中将、轮机少将;军佐除造械、造舰、军需、军医外,还增加了测量和电信。①

南京国民政府建立后,开始筹建空军。1928 年 11 月,军政部航空署成立,辖有航空第一队和第二队,共有飞机 24 架。1929 年增编空军第三、第四、第五队,1930 年又增编了第六队,1931 年航空第七队建成。1934 年 7 月,南京国民政府颁布的空军军官佐等级表规定,空军军官的等级分为三等九级,将官由上将、中将、少将组成,校官由上校、中校、少校组成,尉官由上尉、中尉、少尉组成。空军军佐又分为机械、军需、军医三种。军法官及军用文官之等级比照军佐。此外,军官少尉之下设准尉一级,军佐三等之下设准佐一级,但不列入官等。

表 1-4　南京国民政府时期空军军官佐等级表

| 等次 | 军官 | 军佐 | | |
|---|---|---|---|---|
| 上等 | 上将 | | | |
| | 中将 | 机械总监 | | |
| | 少将 | 机械监 | 军需监 | 军医监 |
| 中等 | 上校 | 一等机械正 | 一等军需正 | 一等军医正 |
| | 中校 | 二等机械正 | 二等军需正 | 二等军医正 |
| | 少校 | 三等机械正 | 三等军需正 | 三等军医正 |
| 初等 | 上尉 | 一等机械佐 | 一等军需佐 | 一等军医佐 |
| | 中尉 | 二等机械佐 | 二等军需佐 | 二等军医佐 |
| | 少尉 | 三等机械佐 | 三等军需佐 | 三等军医佐 |

说明:1. 空军官佐均在本表所列名称之上冠以"空军"字样,例如空军上将、空军机械监。2. 军官少尉之下设准尉一级,军佐三等之下设准佐一级,但不列入官等。3. 军法官及军用文官之阶级比照军佐。4. 军用技术人员不列科,其待遇另定之。

资料来源:《空军官制表》,国民政府文官处印铸局:《国民政府公报》,第 1496 号,1934 年 7 月 25 日,第 4 页。

---

① 中国第二历史档案馆整理编辑:《政府公报》第 6 册,第 173 号,1912 年 10 月 21 日,上海:上海书店 1988 年版,第 601—602 页。

　　七七事变爆发后,中国空军与日本空军展开激烈的战斗,到武汉会战时失去大部分战斗力,虽有苏联空军的支援,但至 1939 年中国空军也已损失殆尽。太平洋战争爆发后,美国对华开始实施大规模的军事援助,中国空军才逐步恢复。1942 年 9 月 22 日,国民政府修正公布了新的空军军官佐等级表,军佐军衔增设了电信、测候。

表 1-5　抗战时期空军军官佐官制表

| 等次 | 军官 | 军佐 | | | | |
|------|------|------|------|------|------|------|
| 上等 | 上将 | | | | | |
| 上等 | 中将 | 机械总监 | | | | |
| 上等 | 少将 | 机械监 | 军需监 | 军医监 | | |
| 中等 | 上校 | 一等机械正 | 一等军需正 | 一等军医正 | 一等电信正 | 一等测候正 |
| 中等 | 中校 | 二等机械正 | 二等军需正 | 二等军医正 | 二等电信正 | 二等测候正 |
| 中等 | 少校 | 三等机械正 | 三等军需正 | 三等军医正 | 三等电信正 | 三等测候正 |
| 初等 | 上尉 | 一等机械佐 | 一等军需佐 | 一等军医佐 | 一等电信佐 | 一等测候佐 |
| 初等 | 中尉 | 二等机械佐 | 二等军需佐 | 二等军医佐 | 二等电信佐 | 二等测候佐 |
| 初等 | 少尉 | 三等机械佐 | 三等军需佐 | 三等军医佐 | 三等电信佐 | 三等测候佐 |

　　说明:1. 空军官佐均在本表所列名称之上冠以“空军”字样,例如空军上将、空军机械监。2. 军官少尉之下设准尉一级,军佐三等之下设准佐一级,但不列入官等。3. 军法官及军用文官之阶级比照军佐。4. 军用技术人员不列科,其待遇另定之。

　　资料来源:《空军官制表》(1934 年 7 月),中国第二历史档案馆藏,767/804。

　　国民政府陆海空军官等制度的建立,为军官佐的任免提供了重要的依据。北伐时期和新军阀混战时期,军官的任免相对混乱,尤其是对于倒戈的北洋军、西北军等军队将领,蒋介石往往不顾制度,不计手段,慷慨许诺官阶和职位。1934 年陆海空军军官佐等级表颁布后,军官佐的任免才逐步步入正轨。

首先,确立了军官佐的人事管理机构。根据 1934 年颁布的《陆海空军军官佐人事业务纲要》的规定,陆海空军军官佐人事命令机关为国民政府文官处,总掌机关为军事委员会人事评判委员会铨叙厅,审查机关分别是参谋由军令部第三厅,宪兵由军政部军务司,海军由海军总司令部军衡处,空军由航空委员会人事处,各兵科由军训部各兵监。

国民政府文官处,主要承办关于军官佐官职任免服役与较重要勋赏抚恤等之命令。行政院秘书处承办关于军官佐人事事项之提议。

军事委员会人事评判委员会,按照陆海空军人事评判委员会章程审核陆海空军军官佐人事上一切事项,呈请军事委员会委员长核定或分别处理。军事委员会人事评判委员会由军事委员会参谋总长、副参谋总长、军令部部长、军政部部长、军训部部长、军事参议院院长、政治部部长、海军总司令、航空委员会主任、军事委员会办公厅主任、侍从室第一处主任、铨叙厅厅长组成。①

军事委员会铨叙厅,为军事委员会承办全国陆海空军人事之机关,对于全国军官佐一切人事事项有审议查核之权责,并掌理陆海空军军官佐人事业务:包括官职任免及服务命令,国内外陆海空军毕业生之分发、赏资、叙勋、惩罚、考绩、铨资、休假、官籍等各事项。

军事委员会抚恤委员会,主要承办全国陆海空军之抚恤事项。②

---

① 军事委员会铨叙厅编:《修正陆海空军人事评判委员会章程》,《陆海空军人事法规录编》上册,重庆:重庆军用图书社 1943 年版,第 7—9 页。
②《陆海空军军官佐人事业务纲要》(1941 年 9 月),中国第二历史档案馆藏,761/429。

其次,确立了陆海空军军官佐的任官方式、程序。根据国民政府 1934 年 6 月 15 日颁布的陆海空军军官佐任官暂行条例的规定,军官佐的任官分为初任、叙任、晋任和转任四种。各级官佐之任官,陆军、空军由军事委员会决定,交军政部呈行政院转请国民政府任命之,海军由军事委员会决定,交海军部呈行政院转请国民政府任命之。

初任,必须自少尉开始。陆军的初任军官必须是陆军军官学校或国外同等学校毕业见习期满,陆军初任军佐必须是军需、军医、兽医、测量等学校或国外同等学校毕业见习期满,准尉任少尉必须服满准尉职务 2 年以上,曾受应行准备教育成绩及格。海军初任军官必须是海军军官学校或国外同等学校毕业见习期满,初任军佐必须造械、造舰、军医、军需、航务、电信等学校或国外同等学校毕业见习期满。空军初任军官必须是中央航空学校毕业见习期满,或由军事委员会认可之国内外各级飞行学校毕业,经考验合格补受军事训练后见习期满,军佐必须是中央航空机械学校专科毕业见习期满,或国内外大学理工科及相当之专科技术学校毕业,经考验合格补受军事训练者。

叙任,对已在军队中担任职务并具有初任条件者,或不具有初任条件但具有相当的经历年资者任以相当之官等。陆军叙任必须是在陆军中担任职务,并曾受相当军事教育依原定期限毕业者,或出身行武循序而至现级职得有证明者,或大学经济、医药、兽医等系或专门学校出身并现任军需、军医、兽医、司药职务满 3 年以上者或上项出身经加以规定军事教育考试及格者。海军叙任必须是大学及专门学校之造兵、造船、医药、经济、航务、电信等科出身而任现在之职务满 3 年以上者。空军叙任必须是出身满足空军军官佐的初任条件并担任现在职务满 2 年以上经审查合格者,或曾受相当航空专科定限教育者。

晋任,是指军阶的晋升。晋任必须是逐级选进不得超越,晋任必须经过规定之实职年资,且有上级官额。实职年资又称为停年。陆军军官佐各级晋任的停年分别为:中将 4 年,少将 3 年,上校 4 年,中校 3 年,少校 3 年,上尉 4 年,中尉 2 年,少尉 1 年 6 个月。由上尉晋任少校须于尉官级内服 3 年以上之队职,由上校晋任少将须于校官级内服 2 年以上之队职,中将须实职年资已满并于国家建设建有殊勋始得晋任上将。[1] 根据 1934 年 9 月 1 日颁布的《陆军军官佐任职暂行条例施行细则》规定,战列部队的主队职(队长)是指师长、副师长、旅长、副旅长、团长、营长、连长;副队职(队附)是指团附、营附、连附。机关、学校所属之特务队、教导队、练习队、学员队的主官属队职。[2] 海军各级军官佐晋任的停年,少将 3 年,上校 4 年 6 个月,中校 3 年,少校 3 年,上尉 4 年 6 个月,中尉 2 年,少尉 2 年。[3] 空军各级军官佐晋任的停年,中将 4 年,少将 3 年,上校 4 年,中校 3 年,少校 3 年,上尉 5 年,中尉 2 年,少尉 1 年 6 个月。[4] 全面抗战爆发后,军队扩充,军官数量增多,军官晋升远远落后于部队的发展。1939 年 4 月 4 日,军事委员会根据实际情况,制订了《战时任官暂行办法》,规定抗战期间官职暂不相称,以官低于现职一阶为常,战列部队(机关、学校除外)各阶官佐之停年缩短,

①《陆军军官佐任官暂行条例》,国民政府文官处印铸局;《国民政府公报》,第 1464 号,1934 年 6 月 16 日,第 1—2 页。

②《陆军军官佐任职暂行条例施行细则》,《陆海空军人事法规录编》上册,第 231 页。

③《海军军官佐任官暂行条例》,国民政府文官处印铸局;《国民政府公报》,第 1464 号,1934 年 6 月 16 日,第 3—4 页。

④《空军军官佐任官暂行条例》,国民政府文官处印铸局;《国民政府公报》,第 1464 号,1934 年 6 月 16 日,第 5—6 页。

即少尉 1 年，中尉 1 年，上尉 2 年，少校 2 年，中校 3 年，上校 3 年，少将 3 年。[①] 各级军官佐的晋任，必须以其年资、考绩作为遴选的标准。所谓论资者，以年资届满，考绩及格，以资序居先者先晋；所谓论绩者，以年资届满，考绩及格，以绩序居先者先晋。少尉晋中尉论资，中尉晋上尉资一绩一，上尉晋少校论绩，少校晋中校资一绩一，中校晋上校论绩，上校晋少将论绩，少将晋中将论绩，中将晋上将以任官条例实施。[②]

转任，是指上校及其以下军官佐奉令转调其他兵科或军种，准任其相当官等。上校及其以下之各兵科军官，奉令受其他兵科教育考验及格后准转任该兵科相当军官；海军、空军军官佐受过陆军教育经考验及格，核其经历，准转任相当阶级之陆军军官佐；陆军、空军军官佐受过海军教育经考验及格，核其经历，准转任以相当阶级之海军军官佐；陆海军之军官佐少校以下受空军军官之定期训练经考验合格者，核其经历，准予转任相当之空军军官佐。

陆海空军各级军官佐都有服务年龄限制。其中，少尉 47 岁，中尉 47 岁，上尉 50 岁，少校 53 岁，中校 55 岁，上校 58 岁，少将 60 岁，中将 65 岁，上将 70 岁。从事空中服务之空军官佐最大年龄不得超过 47 岁。[③]

1934 年国民政府颁布的军阶等级和任官制度，为军官佐的任免步入正轨提供了法律依据。

---

① 《战时任官暂行办法》，《陆海空军人事法规录编》上册，第 101—102 页。

② 《陆海空军人事法规录编》上册，第 23—25、52 页。

③ 《陆海空军官佐服役暂行条例》，国民政府文官处印铸局：《国民政府公报》，第 1464 号，1934 年 6 月 16 日，第 9 页。

## 第二节　抗战时期将领任官与正式军衔

为了整顿军队,厘清军阶,国民政府军事委员会决定对军官重新评定等级,授予军衔。1934 年 4 月,国民政府组建了军事委员会铨叙厅,以林蔚为厅长,具体负责军官佐军阶等级的评定,并呈请国民政府予以正式任官。经铨叙厅铨叙,国民政府授任的军官,才属于法定的、永久性的军阶官等,可称为正式军衔。

### 一、上将的评定和授衔

根据官等表的规定,上将是上等军官中官等最高的等级。1935 年颁布的上将授任条例规定,上将又分为特级上将、一级上将和二级上将。

1935 年 3 月 30 日,国民政府公布《特级上将授任条例》,规定:中华民国陆海空军最高军事长官为特级上将;特级上将由国民政府特任之;特级上将之待遇仪制另定之。4 月 1 日,国民政府特任军事委员会委员长蒋介石为特级上将。[1] 1937 年全面抗战爆发后,国民政府曾任命蒋介石为陆海空军大元帅,统帅全国军队与日作战,但这是职务,而非军衔,蒋介石的正式军衔始终是特级上将,直至其 1975 年逝世也未曾变更过。

同年 3 月 30 日,国民政府在公布《特级上将授任条例》的同时,公布了《上将任官施行条例》,规定陆海空军上将分第一、第二两级,凡中将建有殊勋者,任以第二级上将,再建殊勋者,晋为第一级

---

[1]《特级上将授任条例》,国民政府文官处印铸局:《国民政府公报》,第 1703 号,1935 年 4 月 1 日,第 1 页。

上将;陆海空军上将各依其员额之所定,但一级上将以其员额1/4—1/3为限。[1] 4 月 2 日,即《上将任官施行条例》颁布的第三天,国民政府特任阎锡山、冯玉祥、张学良、何应钦、李宗仁、朱培德、唐生智、陈济棠 8 人为陆军一级上将。[2] 一级上将不仅对国家建有特殊功勋,而且革命资历非凡,在资历和功勋上都要远超二级上将。阎锡山、冯玉祥、张学良、何应钦、李宗仁、朱培德、唐生智、陈济棠,基本上是某一地方势力派的首脑,或某一支军队的创始人,在国民革命时期曾任军长或集团军总司令,在北伐时期与北洋军阀作战中立下赫赫战功,或者是对南京国民政府统一国家做出过重大贡献。

阎锡山是晋绥军的首脑。早年留学日本陆军士官学校,1905 年加入同盟会。1911 年参加辛亥革命,1912 年出任山西都督、同武将军。1927 年 6 月参加北伐,出任国民革命军北方总司令,7 月兼任国民政府军事委员会委员。1928 年,被国民政府任命为国民革命军第三集团军总司令,中央政治会议太原政治分会主任,内政部部长。中原大战后下野,但仍控制山西政局,九一八事变后东山再起。国民政府为表彰他的革命功勋,以及平衡各地方势力派,授予他陆军一级上将军衔。因其革命资历最深,排名第一。

冯玉祥是西北军的首脑。早年曾参加辛亥革命,在北洋军中历任团长、旅长、师长、军长、总司令等职,为西北军的创始人。1922 年 12 月 31 日,被授予陆军上将衔。1924 年发动北京政变,邀请孙中山北上,服膺国民革命。1927 年参加北伐,出任国民革命军

---

[1] 《上将任官施行条例》,国民政府文官处印铸局:《国民政府公报》,第 1703 号,1935 年 4 月 1 日,第 1 页。

[2] 国民政府文官处印铸局:《国民政府公报》第 92 册,第 1705 号,1935 年 4 月 2 日,第 1 页。

第二集团军总司令。1928年10月出任行政院副院长兼军政部部长。中原大战之后,冯玉祥下野,部队被蒋介石收编,但为褒扬其革命功勋,授予其陆军一级上将军衔。其革命资历仅次于阎锡山,排名第二。

张学良为奉系军阀张作霖之子,1927年张作霖被炸死后,张学良继任东北保安军总司令,执掌东北军。1928年改旗易帜,归顺国民政府。1930年中原大战时,张学良率兵入关,支持中央,被任命为陆海空军副总司令。九一八事变后,张学良虽然丢失东北,但东北军势力犹在。为表彰他的革命功勋,授予他陆军一级上将军衔。其革命资历虽然不及何应钦、李宗仁、朱培德等人,但其在东北易帜和中原大战中对南京国民政府的统一和维护中央权威均有特殊功勋,在一级上将中排名第三。

何应钦为中央军的代表。早年留学日本,先后毕业于日本振武学校、日本陆军士官学校。1924年出任黄埔军校少将总教官,曾任国民革命军第一师师长、第一军军长。北伐时期,出任北伐军东路军总指挥、第一路军总指挥。1928年出任国民革命军总司令部总参谋长,1930年出任军政部部长。之后在新军阀混战、"围剿"红军等重大军事活动中表现突出,成为蒋介石的重要军事助手。与李宗仁、朱培德等人相较,何应钦的革命功勋和革命资历并没有更为突出的优势,但因其为蒋介石的嫡系,中央军最重要的领军人物和代表,在陆军一级上将中位列第四。

李宗仁为新桂系的代表和首脑。早年曾追随陆荣廷参加护国战争和护法战争,1918年升任营长。1924年,被孙中山任命为广西省绥靖督办兼广西陆军第一军军长。1926年,出任国民革命军第七军军长,率军北伐。1928年出任武汉政治分会主席,国民革命军第四集团军总司令。虽然屡次反蒋,但其军事实力强大,在北伐中又建有特殊功勋,授予陆军一级上将军衔,排名第五。

朱培德为滇军的代表人物。早年毕业于云南陆军讲武堂,同盟会会员。曾追随蔡锷、李烈钧参加护国战争,先后任护国第二军第二十五团团长、滇军第七混成旅旅长。1917 年加入中华革命党,出任滇军第四师师长,支持孙中山的北伐。1925 年,广州国民政府成立,滇军改编为国民革命军第三军,朱培德任军长兼国民政府军需部部长。1926 年率师北伐,任北伐军右翼军总指挥。1927 年出任江西省主席。1929 年追随蒋介石参加蒋桂战争、蒋冯战争,升任国民革命军总司令部参谋本部参谋总长。1932 年出任军事委员会办公厅主任。朱培德是为数不多既追随孙中山又追随蒋介石的军队元老,虽然滇军势力日益削弱,但其革命功勋和革命资历完全达到一级上将的标准。

唐生智为湘军代表人物。毕业于保定陆军军官学校第一期,参加过护国战争,先后任湘军营长、团长、旅长、师长,成为湘军实力最大的部队。1926 年归顺广州国民政府,改组湘军为国民革命军第八军,兼任北伐军前敌总指挥和湖南省主席。他统率北伐军第四、第七、第八军,先后攻克长沙、武汉。1928 年出任北伐军西路军总指挥,当选为军事委员会主席团成员和国民政府委员。之后,唐生智多次反蒋,其军队也被改编,失去军权。1932 年出任军事参议院院长,1934 年调任训练总监。为了表彰他在北伐时期的特殊功勋,授予他陆军一级上将衔。因其革命资历稍逊,位列朱培德之后,排名第七。

陈济棠为粤军代表人物,号称“南天王”。早年参加同盟会,1920 年粤军第一师组建时,陈济棠在该师担任第四团第一营营长。1922 年接替陈铭枢出任粤军第四团团长,次年升任第二旅旅长。广州国民政府成立后,粤军第一师改编为国民革命军第四军,陈济棠出任第四军第十一师师长。1928 年出任第四军军长。1929 年李济深被蒋介石扣押后，陈济棠取代李济深出任第八路军总指挥，掌握广东军权，势力大增。1931 年"约法之争"后，陈济棠利用胡汉民，联络各路反蒋势力，和桂系共同组建了西南反蒋政府。1932 年国民党"四大"后，又在广州设立国民党西南执行部和国民政府西南政务委员会，陈济棠借此抗衡南京中央，被称为"南天王"。陈济棠无论革命功勋和革命资历，都无法与前面几位一级上将比肩，但由于粤军元老李济深已脱离军界，并与陈铭枢因为福建事变流亡海外，加之陈济棠掌控粤军，因而被推荐为一级上将，排名第八，位列最末。

1935 年 9 月 6 日，国民政府特任陈绍宽为海军一级上将。[①] 陈绍宽，福建人，毕业于南洋水师学堂，1908 年被授予海军少尉衔，1911 年任海军中尉，1912 年升任海军上尉。1914 年调任海军总司令部副官，晋任海军少校。第一次世界大战期间，他被派往欧美学习和考察海军，并参加英国海军对德作战，获英国政府颁发的欧战纪念勋章。1919 年出任"通济"舰舰长。1922 年出任海军总司令部参谋长，晋升为海军上校。1923 年出任"应瑞"舰舰长，晋升为海军少将。1926 年出任北洋海军第二舰队少将司令。1927 年北伐军抵达长江后，陈绍宽率舰归顺国民革命军，参加北伐。1928 年国民政府成立海军署，陈绍宽出任署长，晋升为海军中将。1932 年就任海军部部长，晋升海军上将。[②] 相较于陆军，国民政府的海军规模和吨位都偏小，但作为海军最高长官，被授予海军一级上将衔，

---

① 国民政府文官处印铸局：《国民政府公报》第 98 册，第 1839 号，1935 年 9 月 6 日，第 1 页。

② 李新总编：《中华民国史人物传》第一卷，北京：中华书局 2011 年版，第 392 页。

无论对其个人还是整个海军而言都是一种荣耀。

根据《上将任官施行条例》的规定，二级上将只有再建殊勋者，才能晋为一级上将，而且一级上将人数以上将员额的 1/4—1/3 为限。因而，晋任一级上将的难度是非常大的。1935 年授衔后，陆军一级上将朱培德 1937 年因病逝世，空出一个一级上将的名额，然而，却迟迟未予补缺。直到 1939 年 5 月 13 日，国民政府才晋任程潜为陆军一级上将。[①]

程潜为湘军的代表人物之一。先后毕业于湖南武备学堂、日本振武学校、日本陆军士官学校。辛亥革命时，曾参加汉阳战役，任湖南都督府参谋部部长。1913 年任湖南军事厅厅长，参加"二次革命"。1915 年参加护国运动，任护国军湘军总司令，宣布湖南独立，誓死讨袁。1920 年孙中山在广州重组军政府，程潜被任命为陆军次长。1923 年任大本营军政部部长，为孙中山筹划北伐。1926 年程潜部改编为国民革命军第六军，程潜任军长。北伐时期，出任中路军总指挥、江右军总指挥，进军南昌、南京。后因南京事件遭到蒋介石追捕，第六军被遣散。1928 年程潜出任湖南省主席，不久被李宗仁囚禁免职。直至 1935 年 12 月，程潜恢复军职，出任军事委员会参谋总长。1936 年 1 月 11 日，国民政府授予程潜陆军二级上将衔。[②] 全面抗战爆发后，程潜先后出任平汉线总指挥、第一战区司令长官兼河南省主席。1938 年，指挥兰封会战，收复豫北、豫东、鲁西等失地。1939 年 5 月 13 日，国民政府晋任程潜为陆军一级上将。之后，直到抗战胜利，1945 年 10 月 3 日，国民政府才晋任

---

① 国民政府文官处印铸局：《国民政府公报》第 140 册，渝字第 153 号，1939 年 5 月 13 日，第 1 页。

② 国民政府文官处印铸局：《国民政府公报》第 102 册，第 1943 号，1936 年 1 月 11 日，第 3 页。

白崇禧为陆军一级上将，以表彰他在抗战中立下的功勋。[1]

　　二级上将的评定同样竞争非常激烈。1935年4月3日，国民政府授予陈调元、何成濬、朱绍良、韩复榘、宋哲元、刘湘、刘峙、万福麟、何键、白崇禧、刘镇华、顾祝同、商震、傅作义、徐永昌、于学忠、杨虎城、蒋鼎文、龙云、徐源泉20人为陆军二级上将。[2] 在这20名二级上将中，陈调元、何成濬、刘镇华、徐源泉属于归顺的北洋将领，朱绍良、刘峙、顾祝同、蒋鼎文属于蒋介石的中央军，韩复榘、宋哲元、杨虎城属于冯玉祥的原西北军，商震、傅作义、徐永昌属于阎锡山的晋绥军，于学忠、万福麟属于张学良的东北军，白崇禧为桂系核心人物之一，龙云为云南地方实力派，代表滇军，刘湘为四川地方实力派，代表川军，何键为湖南地方实力派，代表湘军。如果说其他派系的二级上将更注重平衡，北洋归顺将领更注重资历外，那么出自中央军的朱绍良、刘峙、顾祝同和蒋鼎文则主要靠战绩和功勋。

　　朱绍良，先后留学于日本振武学校和日本陆军士官学校，曾与何应钦、谷正伦、贺耀组等人同学。早年曾参加辛亥革命和"二次革命"。1916年随何应钦投身黔军，参加护国运动。1917年出任黔军第一师参谋长、黔军司令部参谋长。1923年被孙中山委任为大元帅大本营参谋。1926年任国民革命军第四军第十师参谋长，随军参加北伐。1927年先后出任国民革命军第九军军长、国民革命军总司令部参谋长兼军事委员会委员。1929年任第二军军长、讨逆军第六路总指挥，参加蒋桂战争。1930年出任左翼军总指挥，

① 国民政府文官处印铸局：《国民政府公报》第197册，渝字第872号，1945年10月3日，第1页。

② 国民政府文官处印铸局：《国民政府公报》第92册，第1706号，1935年4月3日，第1页。

参加中原大战。之后又四次参加"围剿"红军的战役。1933 年,调任甘肃省政府主席。

刘峙,早年曾参加辛亥革命和"二次革命",1916 年保定军官学校第二期步兵科毕业后南下广东,先后在滇军、粤军出任连长、营长、中校副官,1922 年追随孙中山参加北伐。1924 年出任黄埔军校战术教官,担任教导一团第二营营长。1925 年升任国民革命军第一军第一师第一团上校团长,在东征和平定刘、杨叛乱中建有战功。1926 年升任第一军第二师师长。之后率师北伐,参加南昌、桐庐、龙潭等战役,1927 年晋升为第一军军长兼第二师师长。同年率师北上,击溃孙传芳军,占领蚌埠、徐州。1928 年升任第一集团军第一军团长兼第一军军长。之后,参加蒋桂战争、中原大战,立下赫赫战功。1930 年 11 月被任命为河南省政府主席兼开封绥靖主任。

顾祝同,早年曾参加辛亥革命和"二次革命",1919 年毕业于保定军官学校第六期步兵科。1921 年到桂林参加孙中山发动的北伐战争,1924 年参加黄埔军校的筹建工作,任教授部战术教官、教导二团第一营营长。先后参加了两次东征和平定刘、杨叛乱,升任第一军第三师参谋长、副师长。1926 年随何应钦的东路军参加北伐,升任第三师师长。1927 年龙潭战役后升任第九军军长。在蒋桂战争、中原大战中屡立战功,1931 年出任警卫军军长兼第一师师长。同年,调任江苏省政府主席。

蒋鼎文,浙江诸暨人,毕业于浙江讲武学堂。曾在浙军中任排长、连长。1921 年南下广东,任孙中山大元帅府参谋副官。1924 年任黄埔军校区队长、教官,受到蒋介石的器重,提拔为教导团连长。1925 年升任国民革命军第一军第二师第五团团长。1926 年北伐时期,在南昌战役中英勇负伤,被提拔为总司令部直属伤兵团少将团长。1927年升任第一军第一师师长。1929年蒋桂战争中，蒋鼎文率军占领武汉，被提拔为第二军军长。1930年中原大战中，奔走东西各战场，立下战功，被誉为"飞将军"。之后，他参加"围剿"中央苏区红军的战役，并率军镇压十九路军发动的福建事变，任军团总指挥和前敌总指挥。1934年出任驻闽绥靖公署主任。

刘峙、顾祝同和蒋鼎文3人均在黄埔军校担任过教官，朱绍良、刘峙、顾祝同3人都是在北伐时期升任师长、军长，中原大战之后，又出任省政府主席，成为封疆大吏，蒋鼎文虽然是在1929年出任军长，但福建事变后，也出任绥靖公署主任。政治上，刘峙、顾祝同是国民党"四大"的中央执行委员，朱绍良为"四大"的中央执行候补委员，蒋鼎文是国民党"五大"的中央执行委员，他们的军事和政治地位远非普通的军长和师长可比。

此后，国民政府在1935年和1936年又增补了3位陆军二级上将。他们分别是杨爱源、程潜、李烈钧。其中，杨爱源是阎锡山的爱将，毕业于保定军官学校。1924年升任少将旅长，1926年晋任中将师长，1927年出任北方国民革命军第二军军长。1928年被任命为国民革命军第三集团军第三军团长兼察哈尔省主席。1935年12月10日，被国民政府授予陆军二级上将衔。[1] 李烈钧则是同盟会元老，1904年被选送日本学习，先后毕业于日本振武学校和日本陆军士官学校。期间追随孙中山，加入同盟会。辛亥革命后当选为江西都督。之后，参加"二次革命"、护国运动和护法运动，出任广州大元帅府参谋总长。1927年出任江西省政府主席，但1928年后长期在上海养病。1936年12月西安事变和平解决后，国民政府

---

[1] 国民政府文官处印铸局：《国民政府公报》第101册，第1918号，1935年12月10日，第1页。

任命李烈钧为军事法庭审判长，并授予他陆军二级上将衔，负责审判张学良。①

至此，国民政府授予陆军二级上将衔 23 人，陆军一级上将衔 8 人，共计 31 人。此后，只有在陆军二级上将空缺一个后，陆军中将才能择优晋升一个为陆军二级上将。1938 年 1 月陆军二级上将韩复榘被处决，1938 年 2 月陆军二级上将刘湘因病逝世，他们空缺出来的两个二级上将名额，由卫立煌、陈诚补缺。1939 年 5 月 2 日，国民政府晋任卫立煌和陈诚为陆军二级上将。② 同年 5 月 13 日，程潜晋任一级上将，填补陆军一级上将朱培德逝世后遗留的空缺，而程潜的空缺则迟至 1943 年才由第六战区司令长官孙连仲填补。1943 年 12 月，陆军二级上将陈调元逝世，其空缺由第九战区司令长官薛岳填补。1944 年 2 月 9 日，国民政府晋任薛岳为陆军二级上将。③ 1945 年 2 月，张学良、杨虎城退役。陆军二级上将白崇禧晋升为陆军一级上将，填补了张学良留下的空缺。1945 年 10 月 3 日，国民政府晋任白崇禧为陆军一级上将，晋任张发奎、张治中 2 人为陆军二级上将，分别填补了杨虎城、白崇禧空出的陆军二级上将空缺。④

---

① 国民政府文官处印铸局：《国民政府公报》第 119 册，第 2243 号，1936 年 12 月 31 日，第 4 页。

② 国民政府文官处印铸局：《国民政府公报》第 140 册，渝字第 149 号，1939 年 5 月 2 日，第 10 页。

③ 国民政府文官处印铸局：《国民政府公报》第 184 册，渝字第 648 号，1944 年 2 月 9 日，第 4 页。

④ 国民政府文官处印铸局：《国民政府公报》第 197 册，渝字第 872 号，1945 年 10 月 3 日，第 1 页。

表 1-6　1935—1945 年国民政府叙任、晋任上将名单

| 时间 | 上将级别 | 姓名 |
|---|---|---|
| 1935 年 4 月 1 日 | 特级上将 | 蒋中正 |
| 1935 年 4 月 2 日 | 陆军一级上将 | 阎锡山、冯玉祥、张学良、何应钦、李宗仁、朱培德、唐生智、陈济棠 |
| 1935 年 4 月 3 日 | 陆军二级上将 | 陈调元、何成濬、朱绍良、韩复榘、宋哲元、刘湘、刘峙、万福麟、何键、白崇禧、刘镇华、顾祝同、商震、傅作义、徐永昌、于学忠、杨虎城、蒋鼎文、龙云、徐源泉 |
| 1935 年 9 月 6 日 | 海军一级上将 | 陈绍宽 |
| 1935 年 12 月 10 日 | 陆军二级上将 | 杨爱源 |
| 1936 年 1 月 11 日 | 陆军二级上将 | 程潜 |
| 1936 年 12 月 31 日 | 陆军二级上将 | 李烈钧 |
| 1939 年 5 月 2 日 | 陆军二级上将 | 卫立煌、陈诚 |
| 1939 年 5 月 13 日 | 陆军一级上将 | 程潜 |
| 1943 年 4 月 | 陆军二级上将 | 孙连仲 |
| 1944 年 2 月 9 日 | 陆军二级上将 | 薛岳 |
| 1945 年 10 月 3 日 | 陆军一级上将 | 白崇禧 |
| 1945 年 10 月 3 日 | 陆军二级上将 | 张发奎、张治中 |

　　由于上将的总数是固定的,而需要上将任职的数量又往往多于上将总数。另外,一部分中将随着时间的推移,也逐步脱颖而出,立下殊功,但由于上将名额所限,不能晋任。为了解决上述矛盾,1936 年 2 月 29 日国民政府颁布了《陆军中将加衔暂行条例》,规定:"陆军中将依陆军军官佐任官暂行条例第五条第五款合于晋任上将之规定者,因为员额所限,得先加上将衔。陆军第二级上将出缺由已加上将衔之中将择优特补。陆军中将加上将衔之员数以陆军上将员额为限。已加上将衔之中将,其服制与第二级上将同,俸薪仍照中将最高额支给。"[1]可见,根据中将加衔条例的规定,对

①《陆军中将加衔暂行条例》,《陆海空军人事法规录编》上册,第 57 页。

于符合条件晋任上将的中将,因名额所限未能晋任者,授予中将加上将衔,在工作需要时可以佩戴二级上将军衔和穿二级上将制服,但其只能享受中将的待遇。中将加上将衔,其真正的军衔仍是中将,但比普通中将地位更高,是中将与二级上将的过渡。

1936 年 9 月 12 日,国民政府首次授予张发奎、余汉谋陆军中将加上将衔。同年 9 月 26 日,国民政府再次授予张治中、张之江、钱大钧、鹿钟麟、陈诚、卫立煌、马鸿逵、薛岳、刘建绪 9 人陆军中将加陆军上将衔。[1] 12 月 16 日,又授予盛世才、庞炳勋、孙连仲 3 人陆军中将加陆军上将衔。[2] 1937 年,国民政府先后授予吕超、李品仙、邓锡侯、朱绶光、廖磊、夏威、王树常、黄绍竑、陈仪、黄旭初、熊式辉、刘文辉、杨森、杨杰、刘兴 15 人陆军中将加上将衔。[3] 1938 年,贺耀组、唐式遵 2 人被国民政府先后授陆军中将加上将衔。[4] 1939 年 5 月,国民政府授予张自忠、孙震、卢汉 3 人陆军中将加上将衔。1940 年 5 月 25 日,四川地方实力派潘文华、王缵绪、王陵基

---

[1] 国民政府文官处印铸局:《国民政府公报》第 114 册,第 2163 号,1936 年 9 月 26 日,第 1 页。

[2] 国民政府文官处印铸局:《国民政府公报》第 118 册,第 2230 号,1936 年 12 月 16 日,第 1 页。

[3] 国民政府文官处印铸局:《国民政府公报》第 120 册,第 2302 号,1937 年 3 月 13 日,第 2 页;国民政府文官处印铸局:《国民政府公报》第 122 册,第 2316 号,1937 年 3 月 31 日,第 1 页;国民政府文官处印铸局:《国民政府公报》第 122 册,第 2325 号,1937 年 4 月 10 日,第 1 页;国民政府文官处印铸局:《国民政府公报》第 125 册,第 2374 号,1937 年 6 月 7 日,第 1 页;国民政府文官处印铸局:《国民政府公报》第 129 册,第 2448 号,1937 年 9 月 2 日,第 1 页;国民政府文官处印铸局:《国民政府公报》第 129 册,第 2462 号,1937 年 9 月 18 日,第 1 页;国民政府文官处印铸局:《国民政府公报》第 130 册,第 2485 号,1937 年 10 月 15 日,第 3 页;国民政府文官处印铸局:《国民政府公报》第 130 册,第 2491 号,1937 年 10 月 22 日,第 1 页。

[4] 国民政府文官处印铸局:《国民政府公报》第 131 册,渝字第 20 号,1938 年 2 月 2 日,第 1 页;国民政府文官处印铸局:《国民政府公报》第 136 册,渝字第 95 号,1938 年 10 月 24 日,第 8 页。

3 人被国民政府授予陆军中将加上将衔。[①] 1945 年 10 月 3 日,胡宗南被授予陆军中将加上将衔,成为黄埔军校毕业生中的第一位。[②] 根据中将加衔条例的规定,陆军中将加上将衔之员数以陆军上将员额为限。因而,在整个抗战中,被授予陆军中将加上将衔者也只有 30 余人。

表 1-7　1936—1945 年陆军中将加陆军上将衔名单

| 时间 | 姓名 | 时间 | 姓名 |
|---|---|---|---|
| 1936 年 9 月 12 日 | 张发奎、余汉谋 | 1937 年 9 月 18 日 | 刘文辉、杨森 |
| 1936 年 9 月 26 日 | 张治中、张之江、钱大钧、鹿钟麟、陈诚、卫立煌、马鸿逵、薛岳、刘建绪 | 1937 年 10 月 15 日 | 杨杰 |
| 1936 年 12 月 16 日 | 盛世才、庞炳勋、孙连仲 | 1937 年 10 月 22 日 | 刘兴 |
| 1937 年 1 月 8 日 | 吕超 | 1938 年 2 月 2 日 | 贺耀组 |
| 1937 年 3 月 13 日 | 李品仙 | 1938 年 10 月 24 日 | 唐式遵 |
| 1937 年 3 月 31 日 | 邓锡侯 | 1939 年 5 月 2 日 | 张自忠、孙震 |
| 1937 年 4 月 10 日 | 朱绶光 | 1939 年 5 月 13 日 | 卢汉 |
| 1937 年 5 月 14 日 | 廖磊、夏威 | 1940 年 5 月 25 日 | 潘文华、王缵绪、王陵基 |
| 1937 年 6 月 7 日 | 王树常 | 1945 年 10 月 3 日 | 胡宗南 |
| 1937 年 9 月 2 日 | 黄绍竑、陈仪、黄旭初、熊式辉 | | |

---

① 国民政府文官处印铸局:《国民政府公报》第 150 册,渝字第 261 号,1940 年 5 月 25 日,第 1 页。

② 国民政府文官处印铸局:《国民政府公报》第 197 册,渝字第 872 号,1945 年 10 月 3 日,第 1 页。

## 二、中将的叙任、晋升和授衔

国民政府在授任上将的同时，也授任了一大批中将。上将主要是授予在革命时期建有殊勋，资历深厚的军队重要领导人和军事长官，其员额控制非常严格，除追赠的上将外，真正意义上的上将只有 30 余人，加上中将加上将衔者，也不过 60 余人。对于拥有庞大军队的国民政府而言，难以满足实际的需要。因而中将的叙任要宽泛得多，人数也远远超越上将。据统计，自 1935 年开始授任中将起，至 1945 年抗战胜利，国民政府共叙任、晋升陆军中将 474 人、海军中将 4 人，但不包括因殉国、殉职或病逝而追晋中将军衔的人数。

1935 年 4 月，国民政府先后 6 次分别叙任杨杰、贺耀组、钱大钧、陈诚、卫立煌、张治中、夏斗寅、孙连仲、上官云相、梁冠英、陈继承等 89 人为陆军中将。同年 9 月，国民政府又叙任陈季良、陈训泳 2 人为海军中将。具体授衔名单如下：

1935 年 4 月 4 日，杨杰、贺耀组、黄慕松、曹浩森、周亚卫、张华辅、钱大钧、陈诚、卫立煌、张治中、夏斗寅、孙连仲、上官云相、梁冠英、陈继承。[1]

1935 年 4 月 5 日，薛岳、刘建绪、刘兴、赵观涛、罗卓英、谷正伦、王树常、鲍文越、贺国光、蒋伯诚、戢翼翘、荣臻、吴光新、魏宗瀚、高维岳。[2]

1935 年 4 月 6 日，魏益三、门致中、王均、徐庭瑶、何柱国、王以

---

[1] 国民政府文官处印铸局：《国民政府公报》第 92 册，第 1707 号，1935 年 4 月 4 日，第 3 页。

[2] 国民政府文官处印铸局：《国民政府公报》第 92 册，第 1708 号，1935 年 4 月 5 日，第 12 页。

哲、孙桐萱、郝梦龄、刘茂恩、谭道源、李云杰、李韫珩、毛秉文、萧之楚、周浑元。①

1935 年 4 月 8 日,吴奇伟、汤恩伯、刘绍先、郭汝栋、孙楚、杨效欧、李服膺、王靖国、杨耀芳、李生达、庞炳勋、秦德纯、王俊、刘翼飞、胡毓坤。②

1935 年 4 月 9 日,胡宗南、周碞、曾万钟、陶峙岳、李延年、李默庵、万耀煌、王东原、朱耀华、李觉、冯安邦、曹福林、冯治安、张自忠、张振汉。③

1935 年 4 月 10 日,岳森、阮肇昌、戴岳、陶广、宋天才、罗霖、樊嵩甫、高桂滋、冯占海、沈克、李振唐、黄光华、郭希鹏、马法五。④

1935 年 9 月 6 日,(海军中将)陈季良、陈训泳。⑤

1936 年国民政府先后叙任张之江、鹿钟麟、方本仁、张翼鹏、马占山等人为陆军中将,晋任黄杰、李玉堂、唐淮源、关麟征、池峰城、宋希濂等人为陆军中将。具体授衔名单如下:

1936 年 1 月 22 日,张之江、鹿钟麟、方本仁、张翼鹏、马占山、刘郁芬、石敬亭、马良、孙良诚、李福林、苏炳文、赖心辉、马鸿逵、朱

---

① 国民政府文官处印铸局:《国民政府公报》第 92 册,第 1709 号,1935 年 4 月 6 日,第 1 页。

② 国民政府文官处印铸局:《国民政府公报》第 92 册,第 1710 号,1935 年 4 月 7 日,第 1 页。

③ 国民政府文官处印铸局:《国民政府公报》第 92 册,第 1711 号,1935 年 4 月 9 日,第 5 页。

④ 国民政府文官处印铸局:《国民政府公报》第 92 册,第 1712 号,1935 年 4 月 10 日,第 3 页。

⑤ 国民政府文官处印铸局:《国民政府公报》第 98 册,第 1839 号,1935 年 9 月 6 日,第 1 页。

绥光、余汉谋、吴思豫、刘光、熊斌、张希骞、林蔚。①

1936 年 1 月 23 日，陈焯、潘竞、臧卓、姚琮、李扬敬、张钫、毛维寿、叶开鑫、金汉鼎、温寿泉、张荫梧、孔繁霨、李品仙、夏威、廖磊、王家烈、杨毓珣、孙蔚如、冯钦哉、冯鹏翥。②

1936 年 1 月 24 日，刘和鼎、赵承绶、周玳、邓宝珊、杨虎、荣鸿胪、秦绍观、缪培南、张任民、龚浩、周濂、雷飙、杨澄源、曹万顺、周志柔、张国元、张元祜、徐国镇、汪镐基、张修敬。③

1936 年 1 月 25 日，吴和宣、厉尔康、谢濂、张树帜、石华严、韦云淞、李汉魂、覃连芳、谷良民、黄师岳、林振雄、李振球、梁朝玑、许克祥、邢震南、谭庆林、李松山、赵登禹、周斌、邓龙光。④

1936 年 1 月 27 日，晏道刚、萧叔宣、唐豸、王赞斌、耿觐文、石陶钧、彭新民、李益滋、王右瑜、蒋锄欧、犹国才、张万信、傅鹏海、周维翰、姚鸿法、张会诏、李德懋、陈增智、马登瀛、吕秀文。⑤

1936 年 1 月 28 日，马步芳、陈耀汉、卢兴邦、戴民权、俞济时、马步青、杨言昌、何竞武、齐用宏、杨劲支、陈光组、李实茂、张克瑶、周维寅、张春浦。⑥

--------

① 国民政府文官处印铸局：《国民政府公报》第 103 册，第 1952 号，1936 年 1 月 22 日，第 2 页。

② 国民政府文官处印铸局：《国民政府公报》第 103 册，第 1953 号，1936 年 1 月 23 日，第 1 页。

③ 国民政府文官处印铸局：《国民政府公报》第 103 册，第 1954 号，1936 年 1 月 24 日，第 1 页。

④ 国民政府文官处印铸局：《国民政府公报》第 103 册，第 1955 号，1936 年 1 月 25 日，第 4 页。

⑤ 国民政府文官处印铸局：《国民政府公报》第 103 册，第 1956 号，1936 年 1 月 27 日，第 2 页。

⑥ 国民政府文官处印铸局：《国民政府公报》第 103 册，第 1957 号，1936 年 1 月 28 日，第 1 页。

1936 年 2 月 25 日,刘文辉、邓锡侯、杨森、唐式遵、潘文华、孙震、王缵绪、范绍曾、李家钰、陈鼎勋、黄隐、马毓智、李宏锟、喻孟群。①

1936 年 3 月 18 日,刘骥、张贞、陈章甫、叶蓬、黄实、王孝缜、李竞容。②

1936 年 4 月 1 日,孙渡。③

1936 年 4 月 21 日,邹作华、刘汝明。④

1936 年 5 月 18 日,马青菀、师岚峰、刘邦俊、李兴中、张允荣。⑤

1936 年 5 月 30 日,吴新田。⑥

1936 年 6 月 16 日,韩多峰。⑦

1936 年 8 月 26 日,尹扶一、张维清。⑧

---

① 国民政府文官处印铸局:《国民政府公报》第 104 册,第 1981 号,1936 年 2 月 25 日,第 5 页。

② 国民政府文官处印铸局:《国民政府公报》第 105 册,第 1999 号,1936 年 3 月 18 日,第 1 页。

③ 国民政府文官处印铸局:《国民政府公报》第 106 册,第 2011 号,1936 年 4 月 1 日,第 1 页。

④ 国民政府文官处印铸局:《国民政府公报》第 107 册,第 2028 号,1936 年 4 月 21 日,第 2 页。

⑤ 国民政府文官处印铸局:《国民政府公报》第 108 册,第 2051 号,1936 年 5 月 18 日,第 1 页。

⑥ 国民政府文官处印铸局:《国民政府公报》第 109 册,第 2062 号,1936 年 5 月 30 日,第 1 页。

⑦ 国民政府文官处印铸局:《国民政府公报》第 109 册,第 2076 号,1936 年 6 月 16 日,第 1 页。

⑧ 国民政府文官处印铸局:《国民政府公报》第 113 册,第 2137 号,1936 年 8 月 26 日,第 1 页。

1936 年 9 月 2 日，张钺、闻承烈。[1]

1936 年 9 月 8 日，郑大章、夏首勋。[2]

1936 年 9 月 12 日，(晋任)张达、黄延桢。[3]

1936 年 9 月 14 日，马鸿宾。[4]

1936 年 10 月 5 日，(晋任)黄杰、李玉堂、唐淮源、关麟征、池峰城、宋希濂、裴昌会、徐继武、成光耀、韩汉英、钟光仁、武廷麟、李汉章、陈琪、展书堂、刘戡、王敬久、孙元良、欧震、甘丽初、孔令恂、夏楚中、刘翰东、缪澄流、孙德荃、莫希德、叶肇、巫剑雄、杨渠统、鲁大昌、门炳岳、檀自新、郭思演、黄显声、郜子举、林柏森、李明灏、祝绍周、黄菊裳、贺衷寒、陈启之、黄镇球、徐祖诒、李国良、田镇南、郭忏、张义纯、邵文凯、王皞南、李根固、韩德勤、李家鼎、杨揆一、刘德芳、袁承武、傅常。[5]

1936 年 10 月 22 日，董英斌、桂永清。[6]

1936 年 10 月 28 日，王铭章、陈离、陈万仞、廖震、彭诚孚、许绍宗、香翰屏、徐景唐、黄任寰、张瑞贵。[7]

---

[1] 国民政府文官处印铸局：《国民政府公报》第 113 册，第 2142 号，1936 年 9 月 2 日，第 2 页。

[2] 国民政府文官处印铸局：《国民政府公报》第 113 册，第 2147 号，1936 年 9 月 8 日，第 5 页。

[3] 国民政府文官处印铸局：《国民政府公报》第 114 册，第 2151 号，1936 年 9 月 12 日，第 1 页。

[4] 国民政府文官处印铸局：《国民政府公报》第 114 册，第 2152 号，1936 年 9 月 14 日，第 1 页。

[5] 国民政府文官处印铸局：《国民政府公报》第 115 册，第 2170 号，1936 年 10 月 5 日，第 1—2 页。

[6] 国民政府文官处印铸局：《国民政府公报》第 115 册，第 2184 号，1936 年 10 月 22 日，第 1 页。

[7] 国民政府文官处印铸局：《国民政府公报》第 116 册，第 2189 号，1936 年 10 月 28 日，第 1 页。

1936 年 11 月 6 日,李树春。①

1936 年 11 月 11 日,童玉振。②

1936 年 11 月 18 日,周承菼。③

1936 年 12 月 12 日,何丰林。④

1936 年 12 月 25 日,张维玺、赵守钰、冯基道、郭昌明、富占魁。⑤

1936 年 12 月 30 日,朱晖日。⑥

1937 年之后,除了阿勒坦鄂齐尔、刘震寰、邓世增等少数几人属于叙任陆军中将外,绝大部分人是由陆军少将晋任陆军中将的。1937 年授予陆军中将衔 68 人,1938 年授予陆军中将衔 26 人,1939 年授予陆军中将衔 21 人,1940 年授予陆军中将衔 12 人,1942 年授予陆军中将衔 3 人、海军中将衔 1 人,1943 年授予陆军中将衔 3 人,1945 年授予陆军中将衔 20 人、海军中将衔 1 人。具体授衔名单如下:

---

① 国民政府文官处印铸局:《国民政府公报》第 116 册,第 2197 号,1936 年 11 月 6 日,第 5 页。

② 国民政府文官处印铸局:《国民政府公报》第 117 册,第 2201 号,1936 年 11 月 11 日,第 1 页。

③ 国民政府文官处印铸局:《国民政府公报》第 117 册,第 2206 号,1936 年 11 月 18 日,第 1 页。

④ 国民政府文官处印铸局:《国民政府公报》第 118 册,第 2228 号,1936 年 12 月 12 日,第 1 页。

⑤ 国民政府文官处印铸局:《国民政府公报》第 118 册,第 2238 号,1936 年 12 月 25 日,第 16 页。

⑥ 国民政府文官处印铸局:《国民政府公报》第 118 册,第 2242 号,1936 年 12 月 30 日,第 3 页。

1937 年 2 月 22 日,阿勒坦鄂齐尔。①

1937 年 3 月 13 日,周祖晃。

1937 年 4 月 2 日,廖行超、李必蕃、冯兴贤、殷祖绳、章亮基、郭寄峤、唐星、王范庭。②

1937 年 5 月 6 日,董宋珩、曾宪栋、彭毓斌、孙长胜、刘书香、黄胪初、楚溪春、傅存怀、杨士元、周士廉、刘多荃、陶柳、李涛、廉壮秋、蒋伏生、程泽润。③

1937 年 5 月 14 日,黄永安、吴克仁。④

1937 年 5 月 21 日,王时、苗松培、霍揆彰、李树森、傅仲芳、彭松龄、李俊功、徐权、江煌、谢履、黄裳。⑤

1937 年 5 月 27 日,徐鹏云。⑥

1937 年 5 月 31 日,刘震寰、邓世增。⑦

1937 年 6 月 7 日,高双成。⑧

---

① 国民政府文官处印铸局:《国民政府公报》第 120 册,第 2286 号,1937 年 2 月 22 日,第 1 页。

② 国民政府文官处印铸局:《国民政府公报》第 122 册,第 2318 号,1937 年 4 月 2 日,第 2 页。

③ 国民政府文官处印铸局:《国民政府公报》第 122 册,第 2347 号,1937 年 5 月 6 日,第 1 页。

④ 国民政府文官处印铸局:《国民政府公报》第 122 册,第 2354 号,1937 年 5 月 14 日,第 2 页。

⑤ 国民政府文官处印铸局:《国民政府公报》第 122 册,第 2360 号,1937 年 5 月 21 日,第 3—4 页。

⑥ 国民政府文官处印铸局:《国民政府公报》第 122 册,第 2365 号,1937 年 5 月 27 日,第 3 页。

⑦ 国民政府文官处印铸局:《国民政府公报》第 125 册,第 2370 号,1937 年 5 月 31 日,第 1 页。

⑧ 国民政府文官处印铸局:《国民政府公报》第 125 册,第 2374 号,1937 年 6 月 7 日,第 1 页。

1937 年 6 月 19 日,陈光中。①

1937 年 6 月 23 日,陈光藻。②

1937 年 8 月 17 日,陈芝馨、杨绍东、王奇峰、赵启骔、杨吉煇。③

1937 年 8 月 30 日,李英。④

1937 年 9 月 29 日,刘雨卿、朱傅经。⑤

1937 年 10 月 22 日,刘耀扬。⑥

1937 年 11 月 15 日,杜春沂、郭宗汾、陈长捷、刘奉滨、谢珂、刘忠干、张亮清。⑦

1937 年 11 月 16 日,郭持平、金巨堂。⑧

1937 年 12 月 16 日,周斓、佘念慈、邵百昌。⑨

---

① 国民政府文官处印铸局:《国民政府公报》第 126 册,第 2385 号,1937 年 6 月 19 日,第 5 页。

② 国民政府文官处印铸局:《国民政府公报》第 126 册,第 2388 号,1937 年 6 月 23 日,第 1 页。

③ 国民政府文官处印铸局:《国民政府公报》第 128 册,第 2435 号,1937 年 8 月 17 日,第 1 页。

④ 国民政府文官处印铸局:《国民政府公报》第 128 册,第 2445 号,1937 年 8 月 30 日,第 6 页。

⑤ 国民政府文官处印铸局:《国民政府公报》第 129 册,第 2471 号,1937 年 9 月 29 日,第 3 页。

⑥ 国民政府文官处印铸局:《国民政府公报》第 130 册,第 2491 号,1937 年 10 月 22 日,第 1 页。

⑦ 国民政府文官处印铸局:《国民政府公报》第 130 册,第 2510 号,1937 年 11 月 15 日,第 1 页。

⑧ 国民政府文官处印铸局:《国民政府公报》第 130 册,第 2511 号,1937 年 11 月 16 日,第 1 页。

⑨ 国民政府文官处印铸局:《国民政府公报》第 130 册,渝字第 6 号,1937 年 12 月 16 日,第 3 页。

1937 年 12 月 24 日,姚纯、谢溥福。[1]

1938 年 1 月 12 日,唐俊德。[2]

1938 年 3 月 1 日,李仙洲。[3]

1938 年 3 月 4 日,邹文华。[4]

1938 年 3 月 17 日,刘元瑭、晏勋甫。[5]

1938 年 4 月 6 日,黄国梁、余华沐。[6]

1938 年 4 月 27 日,朱怀冰。[7]

1938 年 5 月 10 日,彭进之、区寿年、王修身、陈永、陈铁。[8]

1938 年 6 月 2 日,俞星槎、华振麟、钱卓伦。[9]

1938 年 6 月 16 日,赵寿山。[10]

---

[1] 国民政府文官处印铸局:《国民政府公报》第 130 册,渝字第 8 号,1937 年 12 月 24 日,第 7 页。

[2] 国民政府文官处印铸局:《国民政府公报》第 131 册,渝字第 14 号,1938 年 1 月 12 日,第 45 页。

[3] 国民政府文官处印铸局:《国民政府公报》第 132 册,渝字第 27 号,1938 年 3 月 1 日,第 8 页。

[4] 国民政府文官处印铸局:《国民政府公报》第 132 册,渝字第 28 号,1938 年 3 月 4 日,第 3 页。

[5] 国民政府文官处印铸局:《国民政府公报》第 132 册,渝字第 32 号,1938 年 3 月 17 日,第 2 页。

[6] 国民政府文官处印铸局:《国民政府公报》第 132 册,渝字第 38 号,1938 年 4 月 6 日,第 3 页。

[7] 国民政府文官处印铸局:《国民政府公报》第 132 册,渝字第 44 号,1938 年 4 月 27 日,第 1 页。

[8] 国民政府文官处印铸局:《国民政府公报》第 133 册,渝字第 47 号,1938 年 5 月 10 日,第 1 页。

[9] 国民政府文官处印铸局:《国民政府公报》第 133 册,渝字第 54 号,1938 年 6 月 2 日,第 2 页。

[10] 国民政府文官处印铸局:《国民政府公报》第 133 册,渝字第 58 号,1938 年 6 月 16 日,第 2 页。

1938 年 6 月 24 日,刘膺古、郭勋祺、段珩、赵南。①

1938 年 6 月 30 日,卢本棠、方昉。②

1938 年 10 月 8 日,彭位仁、唐英。③

1938 年 11 月 14 日,何宣。④

1939 年 3 月 21 日,涂思忠。⑤

1939 年 5 月 20 日,张定璠。⑥

1939 年 6 月 6 日,黄维、文朝籍。⑦

1939 年 7 月 12 日,吴逸志。⑧

1939 年 7 月 13 日,周福成、王仲廉、周祥初、谭邃、宋肯堂、张轸、周体仁、杨汉域、李铁军。⑨

---

① 国民政府文官处印铸局:《国民政府公报》第 134 册,渝字第 60 号,1938 年 6 月 24 日,第 5—6 页。

② 国民政府文官处印铸局:《国民政府公报》第 134 册,渝字第 62 号,1938 年 6 月 30 日,第 13 页。

③ 国民政府文官处印铸局:《国民政府公报》第 136 册,渝字第 91 号,1938 年 10 月 8 日,第 2 页。

④ 国民政府文官处印铸局:《国民政府公报》第 137 册,渝字第 101 号,1938 年 11 月 14 日,第 1 页。

⑤ 国民政府文官处印铸局:《国民政府公报》第 139 册,渝字第 137 号,1939 年 3 月 21 日,第 4 页。

⑥ 国民政府文官处印铸局:《国民政府公报》第 140 册,渝字第 155 号,1939 年 5 月 20 日,第 1 页。

⑦ 国民政府文官处印铸局:《国民政府公报》第 141 册,渝字第 159 号,1939 年 6 月 6 日,第 1—2 页。

⑧ 国民政府文官处印铸局:《国民政府公报》第 141 册,渝字第 170 号,1939 年 7 月 12 日,第 3 页。

⑨ 国民政府文官处印铸局:《国民政府公报》第 141 册,渝字第 170 号,1939 年 7 月 13 日,第 4 页。

1939 年 8 月 2 日，施北衡。[1]

1939 年 8 月 15 日，张珙。[2]

1939 年 11 月 6 日，白宝山。[3]

1939 年 11 月 13 日，王陵基、张淦。[4]

1939 年 11 月 28 日，丁治磐、张銮基。[5]

1940 年 1 月 11 日，向傅义。[6]

1940 年 2 月 10 日，刘斐。[7]

1940 年 4 月 13 日，王懋功、刘士毅、黄琪翔。[8]

1940 年 5 月 25 日，石友三。[9]

1940 年 12 月 2 日，邹洪、陈沛、吕济、范子英、莫树杰、张

---

[1] 国民政府文官处印铸局：《国民政府公报》第 142 册，渝字第 176 号，1939 年 8 月 2 日，第 1 页。

[2] 国民政府文官处印铸局：《国民政府公报》第 142 册，渝字第 179 号，1939 年 8 月 15 日，第 1 页。

[3] 国民政府文官处印铸局：《国民政府公报》第 143 册，渝字第 203 号，1939 年 11 月 6 日，第 3 页。

[4] 国民政府文官处印铸局：《国民政府公报》第 143 册，渝字第 205 号，1939 年 11 月 13 日，第 2 页。

[5] 国民政府文官处印铸局：《国民政府公报》第 145 册，渝字第 208 号，1939 年 11 月 28 日，第 1 页。

[6] 国民政府文官处印铸局：《国民政府公报》第 146 册，渝字第 222 号，1940 年 1 月 11 日，第 1 页。

[7] 国民政府文官处印铸局：《国民政府公报》第 147 册，渝字第 230 号，1940 年 2 月 10 日，第 1 页。

[8] 国民政府文官处印铸局：《国民政府公报》第 149 册，渝字第 249 号，1940 年 4 月 13 日，第 2 页。

[9] 国民政府文官处印铸局：《国民政府公报》第 150 册，渝字第 261 号，1940 年 5 月 25 日，第 1 页。

笃伦。①

　　1942 年 1 月 22 日，吴石。②

　　1942 年 5 月 19 日，(海军中将)陈策。③

　　1942 年 11 月 20 日，孙魁元、高树勋。④

　　1943 年 3 月 30 日，马崇六。⑤

　　1943 年 4 月 26 日，黄百韬。⑥

　　1943 年 8 月 19 日，周毓瑛。⑦

　　1945 年 2 月 20 日，王耀武、萧毅肃、杜聿明、胡宗铎、郑洞国。⑧

　　1945 年 3 月 8 日，陈大庆、丁德隆、范汉杰、徐思平、卢佐。⑨

　　1945 年 6 月 28 日，牟中珩、李文、董钊、王鸿韶、林薰南、张鉴

---

① 国民政府文官处印铸局：《国民政府公报》第 156 册，渝字第 315 号，1940 年 12 月 2 日，第 9 页。

② 国民政府文官处印铸局：《国民政府公报》第 166 册，渝字第 434 号，1942 年 1 月 22 日，第 1 页。

③ 国民政府文官处印铸局：《国民政府公报》第 169 册，渝字第 467 号，1942 年 5 月 19 日，第 2 页。

④ 国民政府文官处印铸局：《国民政府公报》第 174 册，渝字第 520 号，1942 年 11 月 20 日，第 3 页。

⑤ 国民政府文官处印铸局：《国民政府公报》第 177 册，渝字第 557 号，1943 年 3 月 30 日，第 2 页。

⑥ 国民政府文官处印铸局：《国民政府公报》第 177 册，渝字第 565 号，1943 年 4 月 26 日，第 8 页。

⑦ 国民政府文官处印铸局：《国民政府公报》第 180 册，渝字第 598 号，1943 年 8 月 19 日，第 4—5 页。

⑧ 国民政府文官处印铸局：《国民政府公报》第 194 册，渝字第 767 号，1945 年 2 月 20 日，第 3—4 页。

⑨ 国民政府文官处印铸局：《国民政府公报》第 194 册，渝字第 771 号，1945 年 3 月 8 日，第 8 页。

桂、张秉钧、袁守谦、刘咏尧、徐培根。①

1945 年 6 月 28 日,(海军中将)曾以鼎。②

### 三、少将的叙任、晋升和授衔

在叙任上将、中将的同时,国民政府在 1935 年 4 月,分 8 批叙任陆军少将,每批 30 人,共计 240 名。

1935 年 4 月 13 日,国民政府首次叙任黄杰、李玉堂、谢溥福、黄维、唐淮源、霍揆彰、章亮基、梁立柱、黄子咸、关麟征、王懋德、李敬明、冯兴贤、宋希濂、邹洪、戴嗣夏、裴昌会、韩汉英、杨步飞、陈光中、傅仲芳、李汉章、桂永清、陈琪、展书堂、容景芳、刘戡、谢彬、王敬久、孙元良 30 人为陆军少将。③

1935 年 4 月 15 日,叙任王仲廉、欧震、梁华盛、唐云山、李树森、唐俊德、萧致平、孔令恂、夏楚中、郭思演、刘多荃、杨正治、牛元峰、何立中、董英斌、张廷枢、陈贯群、缪澄流、吴克仁、杜继武、孙德荃、周福成、朱鸿勋、高鸿文、李杏村、刘汝明、张诚德、黄显声、王奇峰、李福和 30 人为陆军少将。④

1935 年 4 月 16 日,叙任白凤翔、檀自新、鲍毓麟、邹作华、林柏森、李明灏、朱怀冰、祝绍周、张亮清、门炳岳、郜子举、王劲修、刘元璋、叶济、陈芝馨、涂思宗、周原健、罗启疆、刘培绪、潘善斋、张华棠、张介臣、刘凤岐、张占魁、于世铭、史文桂、乔方、赵锦雯、张寿

---

① ② 国民政府文官处印铸局:《国民政府公报》第 196 册,渝字第 801 号,1945 年 6 月 28 日,第 3—4 页。

③ 国民政府文官处印铸局:《国民政府公报》第 92 册,第 1715 号,1935 年 4 月 13 日,第 2 页。

④ 国民政府文官处印铸局:《国民政府公报》第 92 册,第 1716 号,1935 年 4 月 15 日,第 1 页。

龄、王清瀚 30 人为陆军少将。①

　　1935 年 4 月 17 日，叙任俞嘉培、李家白、王瘦吾、刘忠干、阎明志、罗寿颐、张卓、彭进之、向超中、卢本棠、时同然、李英、张乃葳、周祥初、陈永、杜淑、成光耀、周启铎、陈万泰、沈久成、徐鹏云、阮勋、李万如、陈铁、冯圣法、富春、刘公笃、李铁军、李世龙、李文彬 30 人为陆军少将。②

　　1935 年 4 月 18 日，叙任曾致远、马昆、潘祖信、夏鼎新、刘济人、易振湘、邓南骥、陶柳、赵心德、李占标、宁纯孝、李必蕃、李紫卿、王镇东、陈德馨、荣光兴、侯镜如、李俊荣、王修身、何基沣、黄维纲、曹典江、徐继武、彭璋、朱刚伟、张彬、桂振远、谈经国、王育瑛、钟光仁 30 人为陆军少将。③

　　1935 年 4 月 19 日，叙任李国钧、武庭麟、姚北辰、马祺臻、姜玉贞、徐岱毓、刘奉滨、刘覃馥、李俊功、贾学明、郭宗汾、梁鉴堂、王廷瑛、田树梅、田绣章、温如玉、陈长捷、段树华、曾延毅、范龙章、胡良玉、席秉钧、唐邦植、郑廷珍、刘翼峰、李宗鉴、卢丰年、刘月亭、刁世杰、刘万抚 30 人为陆军少将。④

　　1935 年 4 月 20 日，叙任杨宗礼、刘乃铸、程资民、谢无圻、谢庶常、覃世科、李曾志、张熙民、张琪、白濡青、吕汝骥、彭毓斌、孙长胜、孟宪吉、马延守、陶振武、王文彦、方昉、陶庆海、方济川、陈正

---

① 国民政府文官处印铸局：《国民政府公报》第 92 册，第 1717 号，1935 年 4 月 16 日，第 2 页。

② 国民政府文官处印铸局：《国民政府公报》第 92 册，第 1718 号，1935 年 4 月 17 日，第 7 页。

③ 国民政府文官处印铸局：《国民政府公报》第 92 册，第 1719 号，1935 年 4 月 18 日，第 1 页。

④ 国民政府文官处印铸局：《国民政府公报》第 92 册，第 1720 号，1935 年 4 月 19 日，第 1 页。

谊、王荣灿、陈维斌、林拔翠、周植先、唐宇纵、李仲任、赵明玺、梁培璜、柴子尚 30 人为陆军少将。①

1935 年 4 月 22 日，叙任李世杰、苗玉田、姜宝德、张国选、李恒华、谢肖良、谢祯祥、王纛、陈能芬、石铎、何毅吾、宗明、何成璞、黄家濂、游凤池、陈冰、林薰南、萧其昌、郗恩绥、王式垣、李端浩、张权、吴锡祺、江煌、彭武扬、徐权、李亚芬、石杰、唐光霁、高震龙、罗张、易龙、唐仲勋、吴光杰 34 人为陆军少将。②

1935 年 9 月 6 日，国民政府叙任林国赓、曾以鼎、王寿廷、李世甲 4 人为海军少将。③

1936 年国民政府分批叙任了数百位陆军少将，他们分别是：

1936 年 1 月 29 日，叙任黄菊裳、贺衷寒、黄镇球、陈启之、陈钦若、晏勋甫、项雄霄、李国良、龚理明、徐祖诒、潘佑强、谢履、杜益谦、唐灏青、张枚新、姚纯、田镇南、池峰城、卢兴荣、刘尚志、刘翰东、熊正平、陈沛、江惟仁、吕济、宋肯堂、杨渠统、周志群、周祖晃、郭凤岗、李润发、邵文凯、钱卓伦、王皞南、谢慕韩、甘丽初、李及兰、鲁大昌、莫希德、叶肇、张达、巫剑雄、李振良、黄延桢、谭郎星、黄质文、韩德勤、章亮深、李家鼎、杨揆一 50 人为陆军少将。④

1936 年 1 月 30 日，叙任刘德芳、韩光琦、邹文华、张炯、朱传经、苗松培、郭持平、陈浴新、柳际明、刘书香、李宗弼、程希贤、宋若

---

① 国民政府文官处印铸局：《国民政府公报》第 92 册，第 1721 号，1935 年 4 月 20 日，第 1 页。

② 国民政府文官处印铸局：《国民政府公报》第 92 册，第 1722 号，1935 年 4 月 22 日，第 3 页。

③ 国民政府文官处印铸局：《国民政府公报》第 98 册，第 1839 号，1935 年 9 月 6 日，第 1 页。

④ 国民政府文官处印铸局：《国民政府公报》第 103 册，第 1958 号，1936 年 1 月 29 日，第 1—2 页。

愚、龚御众、李翰园、党仲昭、王范庭、郭寄峤、郭忏、张骥、宋澄、张寿桐、张鉴桂、季甦、施北衡、彭松龄、张维藩、杨凤麟、傅觉民、唐承武、汪纪成、鲁崇义、王景儒、张义纯、陆荫楫、刘家鸾、许金源、吴家骙、魏树鸿、黄焕然、欧阳新、罗梓材、黄振兴、王烈、马晓军、李汉辉、章鸿春、何绍南、王锦文49人为陆军少将。①

1936年1月31日,叙任冯次淇、刘荆山、秦庆霖、陈琢如、蒋斌、邹致权、曾志沂、林秉彝、钟祖培、王文熙、黄镇国、雷醒南、欧阳驹、刘伟、谢汝霖、刘倚仁、陈强、公秉藩、王翰鸣、姚以价、刘汝贤、詹振黄、李云龙、袁英、王锡焘、欧阳任、周武彝、唐哲明、李泽民、周鳌山、唐生明、云瀛桥、唐蟒、陶钧、熊秉坤、袁华选、张英、杨昰、台寿民、关颖凯、刘宗成、罗树昌、朱世贵、杨池生、杨如轩、谢珂、袁绩熙、周斓、周祉、谭曙卿50人为陆军少将。②

1936年2月1日,叙任黄胪初、赵经世、陈应麟、甘芳、傅存怀、杜春沂、王金镛、胡达、刘震清、张銮基、鲍刚、吴化文、蔡忠笏、王和华、阮玄武、陈雷、范德星、陈汉光、陈章、汪之斌、萧文铎、段珩、贺粹之、李仙洲、刘雨卿、许文耀、戴藩周、陈春荣、贾自温、陶继侃、郭景唐、杨国荣、孙常钧、刘家麒、杨名芳、梁鸿恩、张订顽、李穆明、王殿阁、易秉乾、张茂德、陈鸿远、严武、程子宜、陈新起、石振纲、谭邃、陈孔达、张毂中、段象武50人为陆军少将。③

1936年2月3日,叙任刘自珍、丁治磐、武士敏、柳彦彪、孔繁瀛、施中诚、王德章、邢清忠、刘光斗、徐子珍、方克猷、叶启杰、李益智、史克勤、王凌云、刘天禄、卢忠良、马全良、李金田、宋涛、赵寿山、李蕭、马为良、竺鸣涛、杜心如、王文宣、王景录、刘咏尧、蔡继伦、尹呈辅、侯成、钱诒士、王鹗、吴石、申听禅、方贤、潘毅、赵以宽、梁鸿藻、王凤丹、刘永祚、杨焕彩、王钊、陆权、蒋侃如、张麟绥、李梅、叶南帆、朱为珍、黄克德50人为陆军少将。①

1936年2月4日，叙任毛侃、胡承祜、蔡绍忠、张诚、白兆琮、刘祖舜、王芎庭、李钺、王钧、石光莹、吴冠周、王静轩、金元铮、刘震东、冯秉权、张金相、曾广麟、马翰荣、高胜岳、徐英、王效曾、赖恺元、李铨、郭尔珍、黄剑鸣、赵巽、马兆琦、吴德振、陈凤韶、罗浩忠、徐方、蒋益元、冯嶷、李伯华、陈师许、蒋绍昌、李华英、王时、钱伦体、高孔时、吕学书、杨廷溥、黎明、周磐、彭赞汤、钟体道、史久光、童翼、杨建时、成桄50人为陆军少将。②

1936年2月5日，叙任张性、吴晋、顾邦杰、周维纲、文素松、李青、金镜清、严纯摩、周元哲、刘斐、戴石浮、陈桂、李作砺、萧芹、沈逊斋、马崇六、关靖、闵泽民、余程万、金汤、余道一、杨幼敏、樊宗迟、华振中、黄国梁、李江、王校膺、张绍庭、黄素符、章桂龄、樊殿杰、傅同善、李文田、焦其凤、许理鼎、杨绍东、佟永涵、李伴奎、李光照、于起光、李国屏、张轸、程璧、李瑛华、哈金甲、金巨堂、史宗鲁、续鹤廷、程绍岩、李芳池50人为陆军少将。③

---

① 国民政府文官处印铸局：《国民政府公报》第103册，第1962号，1936年2月3日，第1页。

② 国民政府文官处印铸局：《国民政府公报》第103册，第1963号，1936年2月4日，第1页。

③ 国民政府文官处印铸局：《国民政府公报》第103册，第1964号，1936年2月5日，第1页。

1936 年 2 月 6 日，叙任陈文淑、傅嘉仁、刘逢吉、武干城、廉壮秋、杨新铭、李毓华、黄道崇、李芝田、王家瑞、温彦斌、曹馨标、傅立平、唐永良、朱昌、郑承典、徐文明、唐希抃、蓝腾蛟、卢象荣、马克珊、刘达衡、伍藩、蒋隆权、陈学顺、刘发良、周体仁、才鸿猷、胡三杰、孙祥夫、郑炳垣、应西、孙宝瑜、吴鸿昌、刘寰翘、曾琦、林岳生、杨德源、吴良琛、陈炳坤、史国英、林逸圣、高仁绂、张思恭、袁佐唐、王世和、赵兴宋、杨化中、涂维藩、姚永安 50 人为陆军少将。①

1936 年 2 月 7 日，叙任王梦熊、胡大猷、胡百炼、闻捷、冯华堂、何臧、马吉第、唐庆珊、高霁、吴涵、易堂龄、张振武、陈敦和、蒋春湖、钟相毓、刘克明、郑重、胡德春、郭铮、余范传、刘凤池、陈其祥、何宣、谢煜焘、谭家骏、成伕、袁德性、戈武城、金耀西、赵宝贤、蒋际昌、黄汉勋、王文英、冯恩普、赵春圃、陈九畤、马葆珩、白宝山、孔繁经、余亚农、祝膏如、陈明仁、冷欣、杨挺亚、刘凤图、郭礼伯、张近德、张驰、司可庄、周绍金、杨恩熙、徐承熙、陈家琛、张建、朵珍、黄裳、刘濯清、刘夷、葛秀岭、宋邦荣、乔立志、莫润田、王履阶、程起陆、续范亭、熊之渭、张宿泉 67 人为陆军少将。②

1936 年 2 月 26 日，叙任许绍宗、郭勋祺、饶国华、彭诚孚、杨国桢、陈万仞、廖震、王铭章、曾宪栋、杨秀春、陈离、杨汉域、夏炯、杨汉忠、余安民、陈兰亭、穆肃中、邓国章、张邦本、李根固、刘汉雄、吴锦堂、任显荣、刘殷、杨吉辉、吴林青、董宋珩、廖泽、范子英、罗君彤、袁如骏、敖向荣、李注东、杨俊清、罗乃琼、税梯青、孙贤颂、周世

---

① 国民政府文官处印铸局：《国民政府公报》第 103 册，第 1965 号，1936 年 2 月 6 日，第 1 页。

② 国民政府文官处印铸局：《国民政府公报》第 103 册，第 1966 号，1936 年 2 月 7 日，第 1 页。

英、青翰南、游广居 40 人为陆军少将。①

1936 年 2 月 27 日,叙任李朝信、马云平、范南煊、田钟毅、刘兆藜、周绍轩、孟浩然、范华聰、余仁、李御、章安平、王志远、李青廷、李宗昉、陈绍堂、陈宗进、曾苏元、李炜如、杨晒轩、黄鳌、李树骅、林翼如、陶凯、高德周、袁承武、傅常、梁泽民、王秉璋、杨子云、杨炽、王士、赵培臻、李伦、彭宗佑、戴奎耀、潘大迥、郑廷相、刘镛、鲜光俊、谢国钧、陈鼎卿 41 人为陆军少将。②

1936 年 3 月 18 日,叙任殷祖绳、赵启騄、余华沐、文朝籍、王锡符、黄懋和、徐涟、沈崇基、戴铭忠、朱古朋、熊守一、丁翰东、刘仲荻、萧毅肃、耿幼麟、黄启东、卢新铭、霍守义、常经武、颜仁毅、李炘、周明、陈模、鄞悌 24 人为陆军少将。③

1936 年 4 月 1 日,叙任廖行超、王兆翔、胡道文、陶汝滨、袁昌荣、刘正富、安恩溥、鲁道源、张顺璧、张冲、李森春、华封治、刘以椿、段灿奎、鲁琼、保家珍、陈钟书、高双成、黄梦熊 19 人为陆军少将。④

1936 年 5 月 18 日,叙任杨文田、程泽润、蒋伏生、马湘、曹震、王贵德、萧敬、黄惠龙、柏天明、黄骏、杨泰鹏、何辑五、郭殿丞、关麟

---

① 国民政府文官处印铸局:《国民政府公报》第 104 册,第 1982 号,1936 年 2 月 26 日,第 1 页。

② 国民政府文官处印铸局:《国民政府公报》第 104 册,第 1983 号,1936 年 2 月 27 日,第 5 页。

③ 国民政府文官处印铸局:《国民政府公报》第 105 册,第 1999 号,1936 年 3 月 18 日,第 1 页。

④ 国民政府文官处印铸局:《国民政府公报》第 106 册,第 2011 号,1936 年 4 月 1 日,第 1 页。

书、陈士虎、霍原璧、李藩侯、马晋侯、刘滋庶 19 人为陆军少将。[①]

　　1936 年 5 月 30 日,叙任徐为炅为陆军少将。[②]

　　1936 年 6 月 16 日,叙任薛云峰、邱山宁、段承献、刘光瑜、李杰三、朱世明 6 人为陆军少将。[③]

　　1936 年 8 月 26 日,叙任杨兆林、原屏藩、杜之瑞、李维新、张汝苹、丰羽鹏、金铸洲、殷铭、周士廉、杨士元、樊赓灿、武尽侯、桂康晋、金凤巢、张自强、安典五、王振纲、孟兴富、黄德新、李鸿鼎、刘峥嵘、韩栋才、钟班侯、楚溪春、宫志沂、姚骊祥、李廷秀、王辅、贾宗陆、侯守常、于镇河、李涛、李乐滨、刘添贵、鲁英麟、沈鸣阁、陈应喜 37 人为陆军少将。[④]

　　1936 年 9 月 8 日,叙任冯庸、刘耀扬、张襄、李德言、唐星、罗绍琳、胡开莹、龙杰三、敬肇谦、蔡海珊、吴畅 11 人为陆军少将。[⑤]

　　1936 年 9 月 14 日,叙任邱鸿钧、覃师范、张循尹、柴成霖、马玉麟、马献文、冶成章、张刚、陈守锋、闻春荣 10 人为陆军少将。[⑥]

　　1936 年 9 月 24 日,叙任王仡、姚朴、朱执钧、王靖宇、廖怀忠、张为炯、向庭培、赵巨旭、吴传心、曾树滋、李仲炎、陆满 12 人为陆

---

①　国民政府文官处印铸局:《国民政府公报》第 108 册,第 2051 号,1936 年 5 月 18 日,第 1 页。

②　国民政府文官处印铸局:《国民政府公报》第 109 册,第 2062 号,1936 年 5 月 30 日,第 1 页。

③　国民政府文官处印铸局:《国民政府公报》第 109 册,第 2076 号,1936 年 6 月 16 日,第 1 页。

④　国民政府文官处印铸局:《国民政府公报》第 113 册,第 2137 号,1936 年 8 月 26 日,第 1 页。

⑤　国民政府文官处印铸局:《国民政府公报》第 113 册,第 2147 号,1936 年 9 月 8 日,第 5 页。

⑥　国民政府文官处印铸局:《国民政府公报》第 114 册,第 2152 号,1936 年 9 月 14 日,第 1 页。

军少将。①

　　1936 年 10 月 16 日，叙任刘膺古、杨益谦、廖士翘、赵南、项致庄、宣铁吾、惠济、罗树甲、蔡劲军、刘拯海、高荫槐、朱锡章 12 人为陆军少将。②

　　1936 年 10 月 28 日，叙任曾友仁、张雪中为陆军少将。③

　　1936 年 11 月 2 日，叙任韩德元、康泽、安俊才、朴炳珊 4 人为陆军少将。④

　　1936 年 11 月 11 日，叙任田金凯、何知重、柏辉章、杨逢年、苏荫森、缪庆善、王士琦、刘秉粹、韩栋才 9 人为陆军少将。⑤

　　1936 年 12 月 12 日，叙任刘维勇、张英超、柏桂林、王尔瞻、王思义、于兆麟、张殿九、吴松林、万舞、李德民 10 人为陆军少将。⑥

　　1936 年 12 月 25 日，叙任魏凤楼、张酽村、赵廷选、俞作柏、曾正炎、何培基、陈光藻、袁昌昳、马瑶生、汤万宇、陈亮熙、韩全朴、吴剑平、金殿荣、伍诚仁、应鹏、任居建、陈齐瑄、何章海、王铸民、施积

<hr />

① 国民政府文官处印铸局：《国民政府公报》第 114 册，第 2161 号，1936 年 9 月 24 日，第 1 页。

② 国民政府文官处印铸局：《国民政府公报》第 115 册，第 2179 号，1936 年 10 月 16 日，第 1 页。

③ 国民政府文官处印铸局：《国民政府公报》第 116 册，第 2189 号，1936 年 10 月 28 日，第 1 页。

④ 国民政府文官处印铸局：《国民政府公报》第 116 册，第 2193 号，1936 年 11 月 2 日，第 7 页。

⑤ 国民政府文官处印铸局：《国民政府公报》第 117 册，第 2201 号，1936 年 11 月 11 日，第 1 页。

⑥ 国民政府文官处印铸局：《国民政府公报》第 118 册，第 2228 号，1936 年 12 月 12 日，第 1 页。

枢 21 人为陆军少将。①

1936 年 12 月 30 日,叙任唐子长、周思诚、邢季卿、李景骅、梁泽民、刘元瑭、王岫生、朱煐 8 人为陆军少将。②

1936 年,国民政府还对符合条件的军官进行了评定,并晋任顾家齐等人为陆军少将,具体名单如下:

1936 年 6 月 8 日,顾家齐。③

1936 年 9 月 7 日,王耀武、范汉杰。④

1936 年 10 月 3 日,董钊、牟中珩、牛锡光。⑤

1936 年 10 月 5 日,张镇、蒋孝先、石祖德、翁国华、郑作民、杜聿明、詹忠言、梁恺、张耀明、阎廷俊、高国钧、刘安祺、王冠、何有松、陈炳谦、徐中岳、严啸虎、黄任、余玉琼、黄永安、刘振蘅、张拯、徐思平、沈发藻、斯立、邓树仁、华振麟。⑥

1936 年 10 月 22 日,郑洞国、丁德隆、陈烈、孟化一、韩文英、徐旨乾、卢旭、甘登俊、王怡群、漆奇、郑兆熙、邵百昌、邱林、毛福成。⑦

---

① 国民政府文官处印铸局:《国民政府公报》第 118 册,第 2238 号,1936 年 12 月 25 日,第 16 页。
② 国民政府文官处印铸局:《国民政府公报》第 118 册,第 2242 号,1936 年 12 月 30 日,第 3 页。
③ 国民政府文官处印铸局:《国民政府公报》第 109 册,第 2069 号,1936 年 6 月 8 日,第 1 页。
④ 国民政府文官处印铸局:《国民政府公报》第 113 册,第 2146 号,1936 年 9 月 7 日,第 1 页。
⑤ 国民政府文官处印铸局:《国民政府公报》第 115 册,第 2169 号,1936 年 10 月 3 日,第 1 页。
⑥ 国民政府文官处印铸局:《国民政府公报》第 115 册,第 2170 号,1936 年 10 月 5 日,第 1—2 页。
⑦ 国民政府文官处印铸局:《国民政府公报》第 115 册,第 2184 号,1936 年 10 月 22 日,第 1 页。

1936 年 10 月 28 日,彭杰如、张孝性、张金照、康法如、张镜明、刘惠心、王毓章、傅正模、刘礽祺、赵海青、何旭初、周开勋。[1]

1936 年 11 月 4 日,张文清。[2]

1936 年 12 月 19 日,彭善、刘启文、赵毅。[3]

据统计,自 1935 年至 1945 年抗战胜利,国民政府叙任杨杰、贺耀组、黄慕松、曹浩森、周亚卫、张华辅、钱大钧、上官云相、梁冠英等人为陆军中将,晋任黄杰、李玉堂、唐淮源、关麟征、池峰城、宋希濂、裴昌会、徐继武、成光耀、韩汉英、钟光仁、武廷麟、李汉章、陈琪、展书堂、刘戡、王敬久、孙元良等人为陆军中将,共计 470 余人(不含追赠和追晋);叙任陈季良、陈训泳、陈策为海军中将,晋任曾以鼎为海军中将,共计 4 人。叙任黄维、霍揆彰、章亮基、梁立柱、桂永清等人为陆军少将,晋任张镇、蒋孝先、石祖德、翁国华、郑作民、杜聿明、詹忠言、梁恺、张耀明、阎廷俊、高国钧、刘安祺等人为陆军少将,共计 1 900 余人(不含追赠和追晋);叙任林国赓、曾以鼎、王寿廷、李世甲、杨宣诚等 7 人为海军少将;叙任和晋升黄光锐、黄秉衡、毛邦初、陈庆云、沈德燮等 6 人为空军少将。

## 第三节　军官的任职与职务军衔

国民政府军官军阶等级制度的建立,为军官的任职提供了重

---

[1] 国民政府文官处印铸局:《国民政府公报》第 116 册,第 2189 号,1936 年 10 月 28 日,第 1 页。

[2] 国民政府文官处印铸局:《国民政府公报》第 116 册,第 2195 号,1936 年 11 月 4 日,第 4 页。

[3] 国民政府文官处印铸局:《国民政府公报》第 118 册,第 2233 号,1936 年 12 月 19 日,第 5 页。

要依据。1935 年 8 月 25 日,蒋介石在峨嵋军官训练团曾发表题为《正式军人》的讲话,专门阐述官与职的关系。他说:"大家要晓得,所谓军官有两个基本条件:第一就是要由中央政府任官;第二再由中央政府授职。所谓任官,就是指任为尉校将官等级位;所谓授职,就是指授以师长旅长团长营长连长等职。现在你们大家虽然在部队里做了连长以上的官长,但是这只是事实上担负了军职,并没经中央政府任官,所以我现在称你们只能称某师长、某团长、某连长,不能称某上尉、某上校、某少将。"①可见,任官与任职既有联系又有区别。任官其本质是对军官军阶官等的认定,是一种资格和荣誉,而任职是授予实际的工作职务,是一种职位。原则上,只有具有一定的军阶官等才能担任相应的职务。

然而,国民政府军队庞杂,数量众多,征战频繁,实际难以做到官职相符。因而,军事委员会不得不降低要求,同意低一军阶的军官任高一级的职务。1935 年 12 月 6 日,军事委员会铨叙厅训令"凡已任官人员,自应按官任职,以符合官职相称之旨。近年以来,征调频仍,任职刚依据编制,叙官则应铨年资,以致官职未能尽相符合。长此以往,人事难入正轨。兹为力求官职相称起见,特将编制内所定中校以上相当之各项军职一律改为两阶,以期叙官任职渐趋平衡。即部队军长以上原系上将者,应改为上(中)将,师长原系中将,应改为中(少)将,旅长原系少将,应改为少将(上校),团长原系上校,应改为上(中)校"。② 这就是国民政府军官任职中的"一职两衔"制度。1936 年,国民政府又进一步规定,"官位在编制上一

---

① 周美华编注:《蒋中正"总统"档案:事略稿本》第 32 册,台北:"国史馆"2008 年版,第 321—323 页。

②《军事委员会铨(二)字第九七六号训令》,中国第二历史档案馆藏,767/804。

职范围内任低阶官位之职（例如少将任师长），而受高阶待遇者不得视为低官高职，只视为待遇优越。俟年资届满，成绩优良时，得予晋任。军阶低于编制上所定一职之范围时（例如上校任师长），则视为低官高职，可照编制内低阶待遇，如其年资已满，则于次期任官时尽先晋任".① 低官高职的规定进一步降低了军官的任职条件。

依任职条例的规定，军官之任职，陆军、空军由军事委员会决定，交军政部呈行政院转请国民政府任命之；海军由军事委员会决定，交海军部呈行政院转请国民政府任命之。其任命程序为：上将之军职，由国民政府特任；中将至上校各军职之任命为简任，由国民政府任命；中校、少校之军职由军事委员会函行政院转请国民政府任命，为荐任；上尉至少尉各职为委任职，由军事委员会委任。任职的方式有实任、署任、兼任、代理四种。实任，即官职相称，并能胜任者，予以实任。官职相称，能否胜任尚难确定者，先予以署任，于3个月以上1年以内认为适合时，再予以实任；如逾期不予实任，则须调任。以原有职务之人员，命其兼理他职，是为兼任；兼任以非队职及不妨碍其本职之事务为前提。代理，在定期任职之前，军职遇有缺员，而无相当人员可以补充，或补充之员尚未就职时，或职员因故离职而未开缺时，由直属长官令其次阶资深者，或同阶之副员代理其职务。② 依据上述规定，军官的任职程序是非常严格的。

然而，自1935年至抗战胜利，经国民政府叙任、晋任的将官总共不过2 000余人。抗战时期，部队扩编，数量激增，由政府叙任、晋任

---

① 《二十五年度陆海空军铨叙业务纲要》，中国第二历史档案馆藏，767/804。
② 《陆军军官佐任职暂行条例》，《陆海空军人事法规录编》上册，第224—226页。

的将官远不能满足实际的需求,如果严格遵循任职条件和程序进行,将严重影响战事。为此,军事委员会在实际操作中往往对军阶较低却担任较高职务的军官,授予职务军衔,使其官职相符。这种职务军衔实际上是由军事委员会授予的一种临时军衔,其随着职务的变动而变动,职务更替临时军衔也随之更替。授予职务军衔时都是职衔并称,如陆军少将旅长、陆军中将师长,而非陆军少将、陆军中将。

表 1-8　抗战时期部分黄埔一期将领职务军衔与正式军衔比较表

| 姓名 | 职务、任职时间 | 职务军衔 | 正式军衔、授予时间 | |
|---|---|---|---|---|
| 李铁军 | 第一军军长(1938.5) | 陆军中将军长 | 陆军少将(1935.4) | 陆军中将(1939.7) |
| 郑洞国 | 新编第十一军军长(1940.4) | 陆军中将军长 | 陆军少将(1936.10) | 陆军中将(1945.2) |
| 王锡钧 | 安徽省保安处处长(1937.9) | 保安中将处长 | 陆军少将(1941.6) | 无 |
| 王仲廉 | 第八十五军军长(1937.11) | 陆军中将军长 | 陆军少将(1935.4) | 陆军中将(1939.7) |
| 萧赞育 | 中央军校政治部主任(1937) | 陆军中将主任 | 陆军少将(1937.1) | 陆军中将(1947.3) |
| 罗奇 | 第三十七军军长(1943.4) | 陆军中将军长 | 陆军少将(1937.5) | 陆军中将(1948.9) |
| 丁德隆 | 第五十七军军长(1941.5) | 陆军中将军长 | 陆军少将(1936.10) | 陆军中将(1945.3) |
| 何绍周 | 第八军军长(1943.1) | 陆军中将军长 | 陆军少将(1936.7) | 陆军中将(1948.9) |

　　资料来源:《褒扬人员一览表》,台北:"国史馆"藏,蒋中正"总统"文物,002/110702/00034/001;"国史馆"编:《"国史馆"现藏民国人物传记史料汇编》第二十辑,台北:"国史馆"2000 年版,第 37、39、540 页;国民政府文官处印铸局:《国民政府公报》第 92 册,第 1718 号,1935 年 4 月 17 日,第 7 页;陈予欢:《初露锋芒:黄埔军校第一期生研究》,广州:中山大学出版社 2007 年版,第 235—260 页。

　　由上表可见，一般而言，职务军衔要高于其正式军衔。职务军衔的式样与相应的正式军衔在形式上并无差别，而其授予程序简单，要求更低，也更为灵活，只需要上级军事长官推荐，由军事委员会委员长根据职务签发任职令就可以，并不需要经过铨叙厅的严格铨叙和国民政府的正式任命。毫无疑问，职务军衔在抗战时期满足了军事的实际需要，对抗战做出了重要贡献。不过，职务军衔的广泛使用也带来了某些负面的影响。因职务军衔与正式军衔在形式上并无差别，不少军官喜欢佩戴较高等级的职务军衔，而不佩戴正式军衔。1945 年 5 月 22 日，蒋介石对参加国民党"六大"的军队代表发表讲话，强调军人特别要注重铨叙，对军衔混乱的现象予以严厉批评。他说："我在昆明中国陆军总司令部曾经告诫一般将领，要他们依照实授的军阶佩带领章。这一点我想全国各部队都应该一律作到。即如作师长的如果实际上是授的上校，就不必带少将的领章。作团长的如果是实授中校就不可带上校领章。须知领章是代表军阶，亦即是代表国家的名器，我们必须特别尊重。而现在事实上我们军人的名器滥到极点，我听说有的军人口袋里带上两三副领章，到了不同的场所，随时更换。"他强调："凡已经铨叙的，以后升迁任官，都要按部就班，依照规定的制度来执行。至于没有经过铨叙的，则必须迅速办理铨叙。"①然而，这种现象并未得到有效的改善。

---

① 王正华编辑：《蒋中正"总统"档案：事略稿本》第 60 册，台北："国史馆"2011 年版，第 621—626 页；蒋介石：《革命军人与革命党的关系》，秦孝仪主编：《"总统"蒋公思想言论总集》卷 21，台北：中国国民党中央委员会党史委员会 1984 年版，第 137—138 页。

## 第四节　军官逝世后的追赠、追晋军衔

追赠、追晋军衔主要用以对作战阵亡或病逝的军官追赠或追晋较高一级的军衔,如上校可追赠、追晋为少将,少将可追赠、追晋为中将,中将可追赠、追晋为上将,二级上将可追赠、追晋为一级上将。追晋与追赠略有不同,被追晋者生前的军功、资历和能力已达到追晋军衔的标准,对因名额或其他原因在生前尚未晋任者予以晋升;追赠在于表彰死者生前的英勇战绩或革命功绩,从优抚恤死者的家属。追赠、追晋军衔一般不作为生前的军衔,往往作为一种死后的荣誉。

抗战时期,国民政府先后追赠刘湘、曹锟、吴佩孚和宋哲元为陆军一级上将,追晋陈调元为陆军一级上将。其中,刘湘、宋哲元、陈调元3人都是在1935年4月3日被授予陆军二级上将的。除了追赠、追晋的5位陆军一级上将外,抗战时期国民政府还追赠、追晋了20余位陆军上将、1位海军上将、1位陆军中将加上将衔。

刘湘为川军的代表人物之一。毕业于四川陆军讲武堂,1912年任川军第一师第二营少校营长,1913年晋升为团长。1921年出任川军总司令,兼四川省省长。北伐时期,刘湘被委任为国民革命军第二十一军军长。之后,在二刘大战中,刘湘战胜刘文辉,出任四川省政府主席。1935年被授予陆军二级上将衔。1937年七七事变爆发后,刘湘电请抗战,出任第二路预备军司令长官。同年10月,改任第七战区司令长官兼第二十三集团军总司令。1938年1月20日因病逝世。蒋介石在日记中说:"晚得刘湘病故之报,甚

悲,但从此四川可以统一,抗战基础定矣,未始非国家之福。"①可见,蒋介石对刘湘内心还是颇有防范,但为了表彰刘湘率军出川抗战,安抚广大四川军民,国民政府为刘湘举行了国葬,追赠他为陆军一级上将。②

宋哲元为西北军的代表人物之一。1906年宋哲元投考北洋陆建章为总办的随营武备学堂,毕业后在第六镇见习。之后转入冯玉祥京卫军第二团任前哨官。之后追随冯玉祥转战南北,历任营长、旅长、师长,被誉为冯部的"五虎上将"之一。中原大战后,宋哲元部被改编为国民革命军第二十九军,宋哲元任军长。1932年兼任察哈尔省主席,率军参加长城抗战,获青天白日勋章。1935年任平津卫戍司令兼北平市市长。同年被授予陆军二级上将衔。卢沟桥事变爆发后,宋哲元对日军的"和平谈判"抱有幻想,致使部属在战争前期损失惨重,后虽顽强抵抗,仍未能阻止日军占领平津。1938年4月辞去军长职,改任军事委员会委员。1940年4月5日逝世,5月18日国民政府追赠宋哲元为陆军一级上将。③

曹锟、吴佩孚均为北洋直系军阀的代表人物。曹锟先入淮军,后投袁世凯,参加天津小站练兵。1903年任北洋陆军第一镇第一协统领,1911年升任副都统。辛亥革命后,继续追随袁世凯,先后任师长、长江上游警备司令、直隶督军。1918年直系军阀首领冯国璋下野后,曹锟成为直系首领。1923年曹锟通过贿选当选总统,1924年因北京政变被冯玉祥囚禁。1927年后,曹锟长住天津租

---

① 《蒋介石日记》(手稿本),1938年1月20日,斯坦福大学胡佛研究所档案馆藏。

② 国民政府文官处印铸局:《国民政府公报》第131册,渝字第23号,1938年2月14日,第1页。

③ 国民政府文官处印铸局:《国民政府公报》第150册,渝字第258号,1940年5月18日,第1页。

界。华北事变期间，日军一直试图拉拢他出来组建伪政权，但遭到曹锟的拒绝。1938 年 5 月 16 日在北京病逝。同年 6 月 14 日，国民政府为褒扬他的民族气节，追赠他为陆军一级上将。[1]

吴佩孚系直系首领，北洋名将。长期追随曹锟，征战南北，官拜上将，成为北洋直系军阀的后起之秀和重要代表人物。1926 年，其主力在武汉三镇被北伐军打垮。1927 年在北伐军和冯玉祥的国民军夹击下，兵败河南，宣布下野。九一八事变后，长住北平，拒绝与日方合作。1939 年 12 月 4 日，吴佩孚牙疾发作，经日本牙医手术，当日逝世。为褒扬他的民族气节，国民政府于 1939 年 12 月 9 日追赠他为陆军一级上将。[2]

自 1935 年至 1945 年抗战胜利，国民政府先后追赠谭人凤、王金铭、白雅雨、施从云、徐镜心、刘溥霖、薄子明、李生达、王均、黄慕松、佟麟阁、赵登禹、郝梦龄、王铭章、蒋方震、廖磊、吴光新、陈安宝、蒋作宾、陈训泳等人为陆军上将。追晋张自忠、唐淮源、李家钰、张定璠、周浑元为陆军上将，追晋陈季良为海军上将。追赠贾德耀为陆军中将加陆军上将衔。

表 1-9　1935—1945 年国民政府追赠、追晋上将统计表

| 追赠(晋)时间 | 追赠(晋)军衔 | 追赠(晋)时间 | 追赠(晋)军衔 |
|---|---|---|---|
| 1935 年 7 月 15 日 | 谭人凤(陆军上将) | 1939 年 11 月 20 日 | 廖磊(陆军上将) |
| 1936 年 4 月 2 日 | 王金铭、白雅雨、施从云(陆军上将) | 1939 年 11 月 25 日 | 吴光新(陆军上将) |
| 1936 年 6 月 24 日 | 徐镜心、刘溥霖、薄子明(陆军上将) | 1939 年 12 月 9 日 | 吴佩孚(陆军一级上将) |

---

[1] 国民政府文官处印铸局：《国民政府公报》第 133 册，渝字第 57 号，1938 年 6 月 14 日，第 3 页。

[2] 国民政府文官处印铸局：《国民政府公报》第 145 册，渝字第 213 号，1939 年 12 月 9 日，第 1 页。

续表

| 追赠(晋)时间 | 追赠(晋)军衔 | 追赠(晋)时间 | 追赠(晋)军衔 |
|---|---|---|---|
| 1936 年 7 月 23 日 | 李生达(陆军上将) | 1940 年 5 月 18 日 | 宋哲元(陆军一级上将) |
| 1936 年 11 月 23 日 | 王均(陆军上将) | 1940 年 7 月 7 日 | 张自忠(陆军上将) |
| 1937 年 4 月 12 日 | 黄慕松(陆军上将) | 1940 年 9 月 23 日 | 陈安宝(陆军上将) |
| 1937 年 7 月 31 日 | 佟麟阁、赵登禹(陆军上将) | 1941 年 9 月 29 日 | 唐淮源(陆军上将) |
| 1937 年 12 月 6 日 | 郝梦龄(陆军上将) | 1943 年 6 月 12 日 | 蒋作宾(陆军上将) |
| 1938 年 2 月 14 日 | 刘湘(陆军一级上将) | 1943 年 9 月 10 日 | 陈训泳(陆军上将) |
| 1938 年 2 月 18 日 | 周浑元(陆军上将) | 1944 年 2 月 2 日 | 陈调元(陆军一级上将) |
| 1938 年 4 月 6 日 | 王铭章(陆军上将) | 1944 年 6 月 22 日 | 李家钰(陆军上将) |
| 1938 年 6 月 14 日 | 曹锟(陆军一级上将) | 1945 年 4 月 9 日 | 张定璠(陆军上将) |
| 1939 年 3 月 22 日 | 蒋方震(陆军上将) | 1945 年 5 月 25 日 | 陈季良(海军上将) |

资料来源:国民政府文官处印铸局:《国民政府公报》第 95 册,第 1795 号,1935 年 7 月 16 日,第 2 页;国民政府文官处印铸局:《国民政府公报》第 106 册,第 2012 号,1936 年 4 月 2 日,第 1 页;国民政府文官处印铸局:《国民政府公报》第 109 册,第 2084 号,1936 年 6 月 24 日,第 8 页;国民政府文官处印铸局:《国民政府公报》第 111 册,第 2108 号,1936 年 7 月 23 日,第 3 页;国民政府文官处印铸局:《国民政府公报》第 117 册,第 2210 号,1936 年 11 月 23 日,第 1 页;国民政府文官处印铸局:《国民政府公报》第 122 册,第 2326 号,1937 年 4 月 12 日,第 3 页;国民政府文官处印铸局:《国民政府公报》第 130 册,渝字第 3 号,1937 年 12 月 6 日,第 1 页;国民政府文官处印铸局:《国民政府公报》第 131 册,渝字第 24 号,1938 年 2 月 18 日,第 1 页;国民政府文官处印铸局:《国民政府公报》第 132 册,渝字第 38 号,1938 年 4 月 6 日,第 3 页;国民政府文官处印铸局:《国民政府公报》第 133 册,渝字第 57 号,1938 年 6 月 14 日,第 3 页;国民政府文官处印铸局:《国民政府公报》第 139 册,渝字第 138 号,1939 年 3 月 22 日,第 1 页;国民政府文官处印铸局:《国民政府公报》第 145 册,渝字第 207 号,1939 年 11 月 20 日,第 1 页;国民政府文官处印铸局:《国民政府公报》第 145 册,渝字第 208 号,1939 年 11 月 25 日,第 1—2 页;国民政府文官处印铸局:《国民政府公报》第 145 册,渝字第 213 号,1939 年 12 月 9 日,第 1 页;国民政府文官处印铸局:《国民政府公报》第 150 册,渝字第 258 号,1940 年 5 月 18 日,第 1 页;国民政府文官处印铸局:《国民政府公报》第 152 册,渝字第 273 号,1940 年 7 月 7 日,第 1 页;国民政

府文官处印铸局:《国民政府公报》第 154 册,渝字第 295 号,1940 年 9 月 23 日,第 1 页;国民政府文官处印铸局:《国民政府公报》第 159 册,渝字第 346 号,1941 年 3 月 19 日,第 2 页;国民政府文官处印铸局:《国民政府公报》第 163 册,渝字第 401 号,1941 年 9 月 29 日,第 6 页;国民政府文官处印铸局:《国民政府公报》第 178 册,渝字第 578 号,1943 年 6 月 12 日,第 10 页;国民政府文官处印铸局:《国民政府公报》第 184 册,渝字第 645 号,1944 年 2 月 2 日,第 1 页;国民政府文官处印铸局:《国民政府公报》第 187 册,渝字第 686 号,1944 年 6 月 22 日,第 6 页;国民政府文官处印铸局:《国民政府公报》第 194 册,渝字第 769 号,1945 年 4 月 9 日,第 5 页;国民政府文官处印铸局:《国民政府公报》第 195 册,渝字第 782 号,1945 年 5 月 25 日,第 1 页。

　　谭人凤是同盟会元老,出生于 1860 年,1906 年经黄兴介绍加入同盟会,与孙中山、黄兴、宋教仁有密切的关系。曾多次参加和组织早期革命党人推翻清政府的武装起义。辛亥革命后又曾参加"二次革命"和反对袁世凯帝制复辟的斗争。1920 年病逝于上海,1935 年 7 月 16 日国民政府追赠他为陆军上将。[1]

　　1937 年卢沟桥事变爆发,驻守华北的第二十九军奋起抵抗。7 月 28 日,第二十九军副军长佟麟阁、第 132 师师长赵登禹在与日军激战中壮烈殉国,成为全面抗战爆发后,中国方面牺牲最早的两位将军。1937 年 7 月 31 日,国民政府追赠佟麟阁、赵登禹为陆军上将。[2] 此前,赵登禹将军在 1936 年 1 月 25 日被国民政府授予陆军中将衔。[3] 佟麟阁早在 1927 年就曾任国民革命军第二集团军第十一军军长,之后又曾任整编第十一师师长。1933 年参加察尔哈抗战,失败后隐居北平,直到 1936 年夏在宋哲元等人的邀请下才复出,因而其间未被正式授予陆军中将衔,但资历和功勋完全符合陆军中将的标准,

---

[1] 国民政府文官处印铸局:《国民政府公报》第 95 册,第 1795 号,1935 年 7 月 16 日,第 2 页。

[2] 国民政府文官处印铸局:《国民政府公报》第 128 册,第 2421 号,1937 年 7 月 31 日,第 1 页。

[3] 国民政府文官处印铸局:《国民政府公报》第 103 册,第 1955 号,1936 年 1 月 25 日,第 4 页。

并且根据职务军衔的规定,他也属于中将副军长。为褒扬二人抗敌卫国、英勇牺牲的精神,国民政府追赠他们为陆军上将。

张自忠是抗日战争中殉国的军阶最高的将领。他早年求学于天津法政学堂、济南法政学堂。自 1917 年起,在冯玉祥部任职。1927 年参加北伐,出任国民革命第二集团军第二十五师师长。中原大战后,西北军改编为第二十九军,张自忠任该军第三十八师师长。1933 年,率部参加长城抗战。1935 年兼任察哈尔省主席,被授予陆军中将衔。1936 年出任天津市市长。七七事变爆发后,张自忠临危受命,代理冀察政务委员会委员长、北平绥靖主任、北平市市长等职,与日军周旋谈判。平津沦陷后,被国民政府撤职查办。1937 年 12 月出任第五十九军军长,参加徐州会战,在台儿庄与板垣师团恶战,立下战功,升任第二十七军团军团长。武汉会战后升任第三十三集团军总司令。1939 年 5 月 2 日,晋任为陆军中将加陆军上将衔。1940 年枣宜战役爆发,张自忠亲自率部与敌作战,5 月 16 日壮烈殉国。5 月 18 日,蒋介石得知张自忠殉国的消息后在日记中说:“张荩臣(自忠)阵亡已实,诚失我良将矣。此将实为抗战中最忠勇之一人也,悲伤之至。”①次日,蒋再次写道:“哭张荩臣(自忠)文未能着笔,余更爱其战前与倭寇周旋忍辱,不避毁谤,含羞纳垢之功为尤大也。”②5 月 28 日,张自忠的遗体被送到重庆,蒋介石等人亲至码头迎灵执绋。国民政府为张自忠举行隆重的葬礼,追晋他为陆军上将。③

陈季良,福州人,毕业于江南水师学堂,是国民政府海军名将。历任“海容”舰舰长、海军第一舰队司令、海军部常务次长。1935 年

---

① 《蒋介石日记》(手稿本),1940 年 5 月 18 日。

② 《蒋介石日记》(手稿本),1940 年 5 月 19 日。

③ 国民政府文官处印铸局:《国民政府公报》第 152 册,渝字第 273 号,1940 年 7 月 7 日,第 1 页;李新总编:《中华民国史人物传》第八卷,北京:中华书局 2011 年版,第 5160 页。

9月6日,陈季良被国民政府授予海军中将衔。[①] 淞沪会战爆发后,他率领中国海军与日本海军在江阴血战,身负重伤。1945年4月14日,陈季良在重庆万州病逝,终年62岁。1945年5月25日,国民政府追晋陈季良海军上将军衔。[②]

在20余位追赠、追晋的上将中,有一位比较特殊,他就是贾德耀。贾德耀1904年毕业于日本陆军士官学校,先后在清政府北洋军担任参谋官和标统。辛亥革命后,追随袁世凯,升任北洋军第十三旅旅长。1917年担任保定陆军军官学校教育长,1918年继任校长,被授予中将军衔。北京政变后,他曾出任陆军总长、国务总理等职。南京国民政府建立后,被聘为军事参议院参议。华北沦陷后,日军拉拢贾德耀出任伪职,遭其严词拒绝。1940年12月病逝于上海。国民政府为褒扬其民族气节,于1941年3月19日追赠他为陆军中将特加陆军上将衔。[③]

自1935年至1945年抗战胜利,国民政府追赠赵锡九、赵魏、刘懋德、李日秋、王永福、尤民、陈成功、范铭新、班麟书、孙明、姜玉贞、刘家麒、郑廷珍、赵锡章、张培梅、钟毅、钱宗泽、赖传湘、李翰卿、寸性奇、王凤山、王克敬、黄维纲、周复、许国璋、彭士量、孙明瑾、王立业、吕继周、柴意新、陈可钰、陈维沂等人为陆军中将;追晋郑作民、马玉仁、罗启疆、陈烈、朱鸿勋、邢清忠、戴安澜、张琼、姜宝德、潘左、王甲本、阚维雍、陈济桓等人为陆军中将。

---

① 国民政府文官处印铸局:《国民政府公报》第98册,第1839号,1935年9月6日,第1页。

② 国民政府文官处印铸局:《国民政府公报》第195册,渝字第782号,1945年5月25日,第1页。

③ 国民政府文官处印铸局:《国民政府公报》第159册,渝字第346号,1941年3月19日,第2页。

### 表 1 - 10　抗战时期国民政府追赠、追晋陆军中将统计表

| 追赠(晋)时间 | 追赠(晋)中将姓名 | 追赠(晋)时间 | 追赠(晋)中将姓名 |
|---|---|---|---|
| 1936 年 6 月 24 日 | 赵锡九、赵魏、刘懋德、李日秋、王永福、尤民、陈成功、范铭新、班麟书、孙明 | 1942 年 12 月 23 日 | 王凤山 |
| 1937 年 12 月 6 日 | 姜玉贞、刘家麒、郑廷珍 | 1943 年 1 月 15 日 | 王克敬 |
| 1938 年 2 月 18 日 | 夏国璋、庞汉桢、秦霖 | 1943 年 9 月 4 日 | 张琼 |
| 1938 年 3 月 9 日 | 刘震东 | 1943 年 9 月 10 日 | 姜宝德 |
| 1938 年 3 月 28 日 | 赵锡章 | 1943 年 9 月 27 日 | 周复 |
| 1938 年 5 月 6 日 | 张培梅 | 1943 年 10 月 21 日 | 黄维纲 |
| 1940 年 6 月 11 日 | 郑作民 | 1944 年 2 月 2 日 | 许国璋、彭士量、孙明瑾 |
| 1940 年 6 月 18 日 | 马玉仁 | 1944 年 4 月 22 日 | 王立业 |
| 1940 年 6 月 28 日 | 钟毅 | 1944 年 8 月 7 日 | 陈劲节 |
| 1940 年 8 月 20 日 | 钱宗泽 | 1944 年 8 月 15 日 | 潘左 |
| 1940 年 9 月 28 日 | 罗启疆 | 1944 年 9 月 6 日 | 吕继周 |
| 1940 年 12 月 27 日 | 陈烈 | 1944 年 9 月 8 日 | 柴意新 |
| 1941 年 3 月 21 日 | 朱鸿勋 | 1944 年 11 月 7 日 | 王甲本 |
| 1941 年 5 月 8 日 | 邢清忠 | 1945 年 4 月 7 日 | 阚维雍 |

| 追赠(晋)时间 | 追赠(晋)中将姓名 | 追赠(晋)时间 | 追赠(晋)中将姓名 |
|---|---|---|---|
| 1942 年 1 月 17 日 | 赖传湘、李翰卿 | 1945 年 4 月 18 日 | 陈可钰 |
| 1942 年 5 月 12 日 | 寸性奇 | 1945 年 6 月 28 日 | 陈济桓 |
| 1942 年 10 月 16 日 | 戴安澜 | 1945 年 8 月 15 日 | 陈维沂 |

资料来源:国民政府文官处印铸局:《国民政府公报》第 109 册,第 2084 号,1936 年 6 月 24 日,第 8 页;国民政府文官处印铸局:《国民政府公报》第 130 册,渝字第 3 号,1937 年 12 月 6 日,第 1 页;国民政府文官处印铸局:《国民政府公报》第 131 册,渝字第 24 号,1938 年 2 月 18 日,第 1 页;国民政府文官处印铸局:《国民政府公报》第 132 册,渝字第 30 号,1938 年 3 月 9 日,第 1 页;国民政府文官处印铸局:《国民政府公报》第 132 册,渝字第 35 号,1938 年 3 月 28 日,第 1 页;国民政府文官处印铸局:《国民政府公报》第 133 册,渝字第 46 号,1938 年 5 月 6 日,第 1 页;国民政府文官处印铸局:《国民政府公报》第 150 册,渝字第 265 号,1940 年 6 月 11 日,第 1 页;国民政府文官处印铸局:《国民政府公报》第 150 册,渝字第 267 号,1940 年 6 月 18 日,第 3 页;国民政府文官处印铸局:《国民政府公报》第 150 册,渝字第 270 号,1940 年 6 月 28 日,第 1 页;国民政府文官处印铸局:《国民政府公报》第 153 册,渝字第 285 号,1940 年 8 月 20 日,第 1 页;国民政府文官处印铸局:《国民政府公报》第 154 册,渝字第 297 号,1940 年 9 月 28 日,第 1 页;国民政府文官处印铸局:《国民政府公报》第 156 册,渝字第 322 号,1940 年 12 月 27 日,第 1 页;国民政府文官处印铸局:《国民政府公报》第 159 册,渝字第 346 号,1941 年 3 月 21 日,第 2 页;国民政府文官处印铸局:《国民政府公报》第 160 册,渝字第 360 号,1941 年 5 月 8 日,第 1 页;国民政府文官处印铸局:《国民政府公报》第 166 册,渝字第 432 号,1942 年 1 月 17 日,第 5 页;国民政府文官处印铸局:《国民政府公报》第 169 册,渝字第 445 号,1942 年 5 月 12 日,第 1 页;国民政府文官处印铸局:《国民政府公报》第 173 册,渝字第 507 号,1942 年 10 月 16 日,第 1 页;国民政府文官处印铸局:《国民政府公报》第 174 册,渝字第 529 号,1942 年 12 月 23 日,第 1 页;国民政府文官处印铸局:《国民政府公报》第 174 册,渝字第 536 号,1943 年 1 月 15 日,第 1 页;国民政府文官处印铸局:《国民政府公报》第 180 册,渝字第 603 号,1943 年 9 月 4 日,第 2 页;国民政府文官处印铸局:《国民政府公报》第 180 册,渝字第 604 号,1943 年 9 月 10 日,第 11 页;国民政府文官处印铸局:《国民政府公报》第 180 册,渝字第 609 号,1943 年 9 月 27 日,第 2 页;国民政府文官处印铸局:《国民政府公报》第 182 册,渝字第 626 号,1943 年 10 月 21 日,第 1 页;国民政府文官处印铸局:《国民政府公报》第 184 册,渝字第 645 号,1944 年 2 月 2 日,第 1 页;国民政府文官处印铸局:《国民政府公报》第 186 册,渝字第 669 号,1944 年 4 月 22 日,第 1 页;国民政府文官处印铸局:《国民政府公报》第 188 册,渝字第 699 号,

1944 年 8 月 7 日,第 1 页;国民政府文官处印铸局:《国民政府公报》第 189 册,渝字第 701 号,1944 年 8 月 15 日,第 4 页;国民政府文官处印铸局:《国民政府公报》第 189 册,渝字第 708 号,1944 年 9 月 6 日,第 1 页;国民政府文官处印铸局:《国民政府公报》第 189 册,渝字第 708 号,1944 年 9 月 8 日,第 1 页;国民政府文官处印铸局:《国民政府公报》第 190 册,渝字第 725 号,1944 年 11 月 7 日,第 1 页;国民政府文官处印铸局:《国民政府公报》第 194 册,渝字第 769 号,1945 年 4 月 7 日,第 5 页;国民政府文官处印铸局:《国民政府公报》第 194 册,渝字第 772 号,1945 年 4 月 18 日,第 1 页;国民政府文官处印铸局:《国民政府公报》第 196 册,渝字第 801 号,1945 年 6 月 28 日,第 3 页;国民政府文官处印铸局:《国民政府公报》第 198 册,渝字第 831 号,1945 年 8 月 15 日,第 1 页。

在上述被追赠为陆军中将的将领中,姜玉贞、刘家麒、郑廷珍是全面抗战爆发后,最早被国民政府追赠为陆军中将的将领。姜玉贞 1913 年应征入伍,被编入商震部,历任排长、连长、营长。北伐结束后,进入陆军中央军官学校学习,结业后任陆军第三十二师上校团长。1934 年晋升为一九六旅旅长,1935 年 4 月 19 日,国民政府授予其陆军少将军衔。[1] 1937 年 9 月,姜玉贞奉命率部坚守原平县城,与日军激战数日,不幸壮烈牺牲。1937 年 12 月,国民政府追赠其为陆军中将。[2]

戴安澜为中国抗日名将,是太平洋战争爆发后第一位获得美国勋章的中国军人。1926 年毕业于黄埔军校第三期,先后任排长、连长、营长、团长等职。1933 年参加长城抗战,荣获五等云麾勋章。全面抗战爆发后,出任第十三军第七十三旅旅长,先后参加保定、台儿庄战役。1939 年 1 月,升任第二〇〇师师长。同年 6 月 17 日,晋任为陆军少将。[3] 同年 11 月,率部参加昆仑关战役,取得昆仑关大捷,在南岳军事会议上被誉为"当代之标准青年将领"。

---

[1] 国民政府文官处印铸局:《国民政府公报》第 92 册,第 1720 号,1935 年 4 月 19 日,第1页。

[2] 国民政府文官处印铸局:《国民政府公报》第 130 册,渝字第 3 号,1937 年 12 月 6 日,第1页。

[3] 国民政府文官处印铸局:《国民政府公报》第 141 册,渝字第 163 号,1939 年 6 月 17 日,第 4 页。

1942 年率部出征缅甸,作为中国远征军的先头部队在同古与日军激战 12 天,歼敌 5 000 余人,声震中外。1942 年 5 月,在与日军激战中中弹重伤,不幸牺牲。6 月 1 日,蒋介石得知戴安澜将军殉国的消息后,不胜悲痛。他说:"第二百师师长戴安澜在五月十八日过细摩公路时,受敌截击,致重伤,弹贯腰际,伤及肺部,竟于二十六晚十时四十分在孟密特北殉国,呜呼! 何天之不佑贤良,而如此哉。得此噩耗,实为缅甸失败之最惨之一事也。此为最近惟一之良将,悲痛极矣。"①同年 10 月 16 日,国民政府为褒扬戴安澜将军的功勋,追赠为陆军中将。10 月 29 日,美国总统罗斯福颁发命令,追授戴安澜懋绩勋章。②

在抗战时期殉职和殉国的军官被国民政府追赠、追晋为少将的也有不少。其中,谢晋元、刘世焱、黄红、蓝挺、陈飞龙、吕公良、黄永淮、邵之一、余开纬、周名琳、钟济凡、李颐、印贞中等人被追赠为陆军少将;谢振邦、王禹九、王剑岳、吕旃蒙、王辉武、吴展、曾万里等人被追晋为陆、海军少将。其中,也有部分牺牲的黄埔军校毕业生被追赠、追晋为少将。

表 1-11　抗战时期被追赠、追晋为陆军少将的黄埔将领统计表

| 姓名 | 籍贯 | 期别 | 追赠(晋)时间 | 追赠(晋)军衔 |
|---|---|---|---|---|
| 印贞中 | 浙江浦江 | 第 1 期 | 1937 年 10 月 27 日 | 陆军少将 |
| 谢振邦 | 江西南昌 | 第 2 期 | 1940 年 8 月 21 日 | 陆军少将 |

---

① 《蒋介石日记》(手稿本),1942 年 6 月 1 日。
② 国民政府文官处印铸局:《国民政府公报》第 173 册,渝字第 507 号,1942 年 10 月 16 日,第 1 页;李新总编:《中华民国史人物传》第二卷,北京:中华书局 2011 年版,第 529—533 页。

续表

| 姓名 | 籍贯 | 期别 | 追赠(晋)时间 | 追赠(晋)军衔 |
|------|------|------|------|------|
| 邵一之 | 湖南湘阴 | 第 6 期 | 1940 年 9 月 28 日 | 陆军少将 |
| 王禹九 | 浙江黄岩 | 第 3 期 | 1940 年 11 月 15 日 | 陆军少将 |
| 谢晋元 | 广东蕉岭 | 第 4 期 | 1941 年 5 月 8 日 | 陆军少将 |
| 刘世焱 | 广东始兴 | 第 2 期 | 1942 年 1 月 17 日 | 陆军少将 |
| 黄红 | 湖南邵阳 | 第 5 期 | 1942 年 5 月 12 日 | 陆军少将 |
| 蓝挺 | 福建武平 | 第 3 期 | 1942 年 6 月 26 日 | 陆军少将 |
| 余开纬 | 湖南攸县 | 第 6 期 | 1943 年 1 月 15 日 | 陆军少将 |
| 周名琳 | 湖南茶陵 | 第 6 期 | 1943 年 3 月 27 日 | 陆军少将 |
| 陈飞龙 | 广东新会 | 第 3 期 | 1944 年 2 月 2 日 | 陆军少将 |
| 钟济凡 | 湖南湘阴 | 第 4 期 | 1944 年 9 月 8 日 | 陆军少将 |
| 王剑岳 | 湖南澧县 | 第 5 期 | 1944 年 10 月 20 日 | 陆军少将 |
| 吕公良 | 浙江开化 | 第 6 期 | 1944 年 10 月 20 日 | 陆军少将 |
| 黄永淮 | 四川安岳 | 第 5 期 | 1944 年 10 月 20 日 | 陆军少将 |
| 李颐 | 湖南醴陵 | 第 6 期 | 1944 年 11 月 29 日 | 陆军少将 |
| 吕旃蒙 | 湖南零陵 | 第 5 期 | 1945 年 4 月 7 日 | 陆军少将 |
| 王辉武 | 湖北汉川 | 第 6 期 | 1945 年 6 月 28 日 | 陆军少将 |
| 吴展 | 广西恭城 | 中央军校南宁分校第 2 期 | 1945 年 6 月 20 日 | 陆军少将 |

　　资料来源:国民政府文官处印铸局:《国民政府公报》第 130 册,第 2495 号,1937 年 10 月 27 日,第 1 页;国民政府文官处印铸局:《国民政府公报》第 153 册,渝字第 285 号,1940 年 8 月 21 日,第 1 页;国民政府文官处印铸局:《国民政府公报》第 154 册,渝字第 297 号,1940 年 9 月 28 日,第 1 页;国民政府文官处印铸局:《国民政府公报》第 156 册,渝字第 310 号,1940 年 11 月 15 号,第 9 页;国民政府文官处印铸局:《国民政府公报》,第 160 册,渝字第 360 号,1941 年 5 月 8 日,第 1 页;国民政府文官处印铸局:《国民政府公报》第 166 册,渝字第 432 号,1942 年 1 月 17 日,第 5 页;国民政府文官处印铸局:《国民政府公报》第 169 册,渝字第 445 号,1942 年 5 月 12 日,第 3 页;国民政府文官处印铸局:《国民政府公报》第 170 册,渝字第 478 号,1942 年 6 月 26 日,第 3 页;国民政府文官处印铸局:《国民政府公报》第 174 册,渝字第 536 号,1943 年 1 月 14 日,第 2 页;国民政府文官处印铸局:《国民政府公报》第 177 册,渝字第 556 号,1943 年 3 月 27 日,第 3 页;国民政府文官处印铸局:《国民政府公报》第 184 册,渝字第 645 号,1944 年 2 月 2 日,第 1 页;国民政府文官处印铸局:《国民政

府公报》第 189 册,渝字第 708 号,1944 年 9 月 8 日,第 1 页;国民政府文官处印铸局:《国民政府公报》第 190 册,渝字第 720 号,1944 年 10 月 20 日,第 8 页;国民政府文官处印铸局:《国民政府公报》第 191 册,渝字第 732 号,1944 年 11 月 29 日,第 1 页;国民政府文官处印铸局:《国民政府公报》第 194 册,渝字第 769 号,1945 年 4 月 7 日,第 5 页;国民政府文官处印铸局:《国民政府公报》第 195 册,渝字第 792 号,1945 年 6 月 28 日,第 2 页;国民政府文官处印铸局:《国民政府公报》第 195 册,渝字第 790 号,1945 年 6 月 20 日,第 1 页。

抗战时期,国民政府建立的军官任官与授衔制度,将军官的任官与任职区别开来,以正式军衔为主,以职务军衔为辅,以追赠、追晋军衔为激励。从制度上而言,比北洋政府时期和北伐时期更加完善,也更加严格,对中国军队的现代化建设产生了积极作用。任官与授衔制度的实施和完善,不仅激励了广大军官英勇为国而战,而且也给为国捐躯的军官提供了从优抚恤的保障。不足的是,抗战时期军官的任官和授衔在实际操作中不能完全适应抗战的特殊需要。1934 年国民政府在制定陆海空军军官佐的等级和任官条例时,国内和国际环境相对和平。国民政府正着力整编军队,提高军队质量,在庐山设立军官训练团,对全国将领进行轮训,对军队的编制进行充实。因而,颁布的陆海空军军官佐的任官条例相对比较严格。军事委员会委员长蒋介石也希望通过制定严格的军阶官等制度来防止军官晋升过快,[1]他的想法在 1934 年制定的任官条例中得到了贯彻。为了确保军官的晋升质量,不仅规定了各级官

---

[1] 1933 年 5 月,蒋介石在军事长官会议上批评军官的军阶升迁太快。他说:"我们军队里阶级的升迁,实在太容易。譬如在黄埔毕业的学生,无论那一个,最多不过是三十多岁的人,现在已很多升到少将中将甚至上将阶级的。试看旁的国家,无论任何国家都没有这种情形的。他们从军官学校毕业出来,到老还不能得到一个将官和校官的很多。他们毕业以后,在队里见习完毕才可以当一个少尉。再由少尉升到中尉至少要经过三年工夫,如要想升到上尉,至少还要在部队里当五年中尉才行。甚至一生一世都升不到上尉,也是常有的事情。"蒋介石:《训练军队与修养本身之道》,秦孝仪主编:《"总统"蒋公思想言论总集》卷 11,第 148—149 页。

等之间的停年，而且在停年之外，还要求由上尉晋任少校须于尉官级内服 3 年以上之队职，由上校晋任少将须于校官级内服 2 年以上之队职。按此规定，从尉官必须任职 7 年半才能晋任少校，校官必须 10 年才能晋任少将。然而，在抗战时期，军官的伤亡数量很大，军官队伍增长更新也非常快，严格的晋升制度使得正式铨叙的军官跟不上实际的军事需要，造成官职失衡，低军阶的军官任高级职务的现象非常严重。1939 年，国民政府虽然缩短了停年，但仍然需要较长的时间。为了不影响正常的军事指挥，部队长官不得不广泛采用职务军衔，而职务军衔的泛滥一定程度上冲击了正常的任官制度。

# 第二章 抗战军官的教育与培养

近代中国内忧外患，战乱不断，社会对军事人才的需求剧增，军官的教育与培养亦得到重视。清政府不仅建立了全国性的军事学校，还相应在地方各省建立了近代模式的教育体制。民国建立后，这些军校进一步得到发展。保定军官学校、黄埔陆军军官学校等著名军事院校成为近代中国军官教育和培养的摇篮，这些军校的毕业生在抗战中做出了重要贡献。此外，很多在国外接受现代化军事教育的留学生，学成归国后，不仅直接为抗战做出了贡献，而且间接推动了中国军事教育和军官培养的改革。

## 第一节 保定军校与抗战将领

民国时期有 20 余所著名的军事院校，而创办时间较早，在规模上和培养军事人才上当首推保定陆军军官学校（简称保定军校）。在此接受教育的学生得到了较为完整、正规的军事训练，抗日战争爆发时这些学生多处于壮年，并在一步步的历练中成为抗战的重要将领，尤其是在国民革命军的高级军官中，保定军校的学生占有极大的比重和关键的地位。这些将领参加且指挥了抗日战争中的许多重大战役,为抵抗日军侵略,维护民族独立做出了不可磨灭的贡献。

## 一、保定军校的沿革

清末,袁世凯对新式的军事教育和训练特别重视,早在 1895 年袁世凯便开始编练新式陆军。当时,正值甲午战败之际,袁世凯在给李鸿藻的信函中详细阐明了其对清朝陆军的独到见解,其言:"非患兵少,而患在不精;非患兵弱,而患在无术。其尤足患者,在于军制冗杂,事权分歧,纪律废弛,无论如何激励亦不能当人节制之师……为今之计,宜力惩前非,汰冗兵,节糜费,退庸将,以肃军政……仍一面广设学堂,精选生徒,延西人著名习武备者为之师,严加督课,明定升阶。数年成业,即俭派夙将中年力尚富者分带出洋游历学习。"[①]此时袁世凯不仅认识到了冗兵而不精的危害,且提出学堂教育对军事人才的重要意义。

1901 年 11 月,李鸿章病逝,袁世凯接任直隶总督兼北洋大臣。次年,袁世凯在直隶实行《募练新军章程》,挑选士兵编练北洋常备军,并建立北洋行营将弁学堂(又称保定行营将弁学堂)、北洋军政司教练处练官营、参谋学堂和测绘学堂等,以为北洋新军提供军事人才。军事学堂的建立,缓解了新军编练初期军事人才缺乏的困境,但袁世凯却仍认为"学成之员,现尚不敷分调"[②]。1903 年 2 月,袁世凯上书清廷,阐述其倡导建立各种军事学堂的建议。袁言:"臣前奉谕旨,现在整顿兵制,停止武科,亟应于各省省会建立

---

① 《致军机大臣李鸿藻论甲午清军败因禀》,《项城文史资料》第 16 辑,中国人民政治协商会议项城市委员会,2008 年,第 12 页。

② 《兵部档》,转引自《清末新军编练沿革》,北京:中华书局 1978 年版,第 303 页。

武备学堂,以期培养将材,练成劲旅……参考东西洋各国章制,谨将学堂分为三等,曰小学堂,曰中学堂,曰大学堂,合计通筹以十二年为卒业程度。"①袁氏认为虽然中国军事教育的根基尚浅,各学堂阶段难以骤齐,但设立速成学堂可救时局之亟,与此同时设立军事小学堂,便可渐进地建立完善的军事教育体系。同年,袁世凯在保定建立了保定东关陆军小学堂、直隶陆军小学堂和北洋速成武备学堂(后改名为陆军速成学堂)。1904 年 9 月,清廷颁布《陆军学堂办法》,仿照西方军事教育体系逐级建立军事学堂,此办法的出台,标志着中国近代军事教育学制的正式形成。同年 12 月,北洋陆军师范学堂建立,生源来自北洋速成武备学堂。学生们不仅要学习正常的军事课程,还"加习师范课程,备充各省陆军小学堂练习"②。1905 年,在保定还建立了北洋军医学堂、陆军军械学堂、陆军经理学堂等,但因种种限制办学实践较短,有的直接并入了陆军速成学堂。1906 年,保定陆军军官学堂建立,同年北洋武备学堂改建为陆军速成学堂,又名通国陆军速成学堂、陆军协和速成学堂,该学堂直属清廷管辖,有限制北洋及地方军事实力之意。1909 年保定陆军军官学堂和陆军速成学堂合并,成立保定陆军预备大学堂。

　　1912 年中华民国成立后,为了便于管理,陆军预备大学堂改名为陆军大学校,并迁往北京。同年,在保定陆军军官学堂旧址,陆军部决定建立"陆军军官学校",并于 10 月 20 日正式开学。此校目的为"造就初级军官之所,专收各兵科军官候补生,教以初级军官必修之教育"。③ 在管理层面上,学校以校长为最高负责人,统辖教

---

① 《袁世凯奏议》中册,天津:天津古籍出版社 1987 年版,第 750 页。

② 河北省政协文史资料研究委员会编:《保定陆军军官学校》,石家庄:河北人民出版社 1987 年版,第 11 页。

③ 《保定陆军军官学校条例》,《政府公报》第 170 号命令,1912 年 10 月 18 日。

育长、各科教员等;课程设置上,学校不仅注重近代学科知识的教育,而且还十分重视对学生的野外军事训练、军事演习和军械制造等。1923年,因为军阀混战、北洋政府财政困难以及军校内部的种种矛盾,保定军校停办。

表 2-1 保定陆军军官学校历任校长一览表

| 姓名 | 别号 | 籍贯 | 毕业学校 | 军衔 | 在职时间 |
|---|---|---|---|---|---|
| 赵理泰 | 康侯 | 安徽 | 天津武备学堂 | 陆军少将 | 1912.10—1912.12 |
| 蒋方震 | 百里 | 浙江 | 日本士官学校 | 陆军少将 | 1912.12—1913.09 |
| 曲同丰 | 伟卿 | 山东 | 日本士官学校 | 陆军少将 | 1913.09—1915.09 |
| 王汝贤 | 少甫 | 北京 | 天津武备学堂 | 陆军中将 | 1915.09—1916.06 |
| 杨祖德 | 子荫 | 山东 | 日本士官学校 | 陆军少将 | 1917.01—1919.02 |
| 贾德耀 | 昆庭 | 安徽 | 日本士官学校 | 陆军中将 | 1919.08—1921.05 |
| 张鸿绪 | 绍先 | 天津 | 日本士官学校 | 陆军中将 | 1921.06—1922.09 |
| 孙树林 | 少荃 | 河北 | 日本士官学校 | 陆军少将 | 1922.10—1923.08 |

资料来源:河北省政协文史资料研究委员会编:《保定陆军军官学校》,石家庄:河北人民出版社1987年版,第38页。

综上而言,保定军校的发展沿革大致可分为三个阶段。1902年至1906年为第一阶段,以时间较短的培训为主,在速成教育的同时伴有一定的正规教育形态,是军校建立的早期形式。1906年至1912年为第二阶段,以清廷兵部改为陆军部为起点,此阶段保定军校招生范围不断扩大,学制年限有一定的延展,教学科目设置逐渐完善,使军校逐渐步入规范化的轨道。1912年至1923年为第三阶段,随着清廷覆灭中华民国成立,保定军校的发展亦进入新的时代,师资力量不断加强,教学设备不断完善,后勤物资有了充裕的保障,进而成就了保定军校在中国近代军事教育史上的卓越地位。

## 二、军校毕业将领的抗战功绩

在抗日战争时期，经历过辛亥革命和北伐战争洗礼的保定军校生多已步入中年，拥有丰富战斗经验的他们在此时大都身居军中要职，统率兵士，抗击日军的重任便天然落在了他们肩上。全面抗战爆发前，国民政府陆军将领中出身保定军校的有 388 人，占全部将级军人的 31％，①他们为捍卫国家主权和维护民族独立做出了重大贡献。

1932 年"一·二八"事变后，中国守军奋起抵抗，这是国民政府进行的第一场局部抗战。在这场民族自卫战争中，第十九路军和第五军将士在上海的浴血抗战，充分表现出中国军人守土有责的英勇士气与抵御外侮的浩然正气。他们以劣势的装备，成功顽强地抗击了日本海陆空军一月有余的猛烈进攻，迫使其不断增兵，几易将帅，沉重地打击了日军的嚣张气焰，大大增强了中国政府和中国军队的抗战信心。② 淞沪抗战结束后，蔡廷锴、蒋光鼐、张治中、戴戟等将领被授予青天白日勋章。其中，第五军军长张治中、淞沪警备司令戴戟都是毕业于保定军校第三期步兵科的将领。

1933 年 1 月，日军在山海关制造事端，率兵南犯，中国守军奋勇抵抗，长城抗战爆发。中国守军第五十七军军长何柱国为保定军校第六期学生，他面对装备精良的日军，抱着赴死的信念发表了《告士兵书》，言："愿与我忠勇将士，共洒此最后一滴血，于渤海湾头，长城窟里，为人类张正义，为民族争生存，为国家雪奇耻，为军

① 王铁群、张建利、张俊合：《保定军校毕业生与抗日战争》，《河北大学学报》（哲学社会科学版）2003 年第 2 期。

② 肖如平：《南京国民政府与"一·二八"淞沪抗战研究》，杭州：浙江大学出版社 2016 年版，第229 页。

人树人格,上以慰我黄炎祖宗在天之灵,下以救我东北民众沦亡之惨。"①同年3月,保定军校步兵科第九期生何基沣时任二十九军三十七师一一〇旅副旅长,保定军校第八期炮兵科生董升堂时任二十九军一〇九旅二二四团团长,他们率部在喜峰口阻击日军,扬长避短,采取迂回战术,找准了当时日军不擅夜战和近战的弱点,使官兵配上大刀,趁夜冲入日军大营进行肉搏之战,并将日军的武器辎重和粮草烧毁。何基沣因战功由副旅长晋升为旅长。在参加长城抗战的将领中,保定军校毕业的有秦德纯、何柱国、董升堂、何基沣、徐庭瑶等将领。

1937年7月"卢沟桥事变"爆发,第二十九军英勇抵抗。当时第二十九军军长宋哲元在"卢沟桥事变"前已被日军纠缠得焦头烂额,为躲避日军,借为父修墓之由回到了山东老家,北平防务交给秦德纯等人负责。② 秦德纯早年毕业于保定军校第二期步兵科,时任第二十九军副军长兼北平市市长。"卢沟桥事变"发生时,秦德纯、张克侠(保定军校步兵科第九期)、何基沣等军人和宛平县县长王冷斋(保定军校步兵科第二期)同仇敌忾,始终维护民族立场,主张坚决抵抗日军侵略。7月8日拂晓,日军在宛平城之东南、正东和东北方展开包围态势,在要求进入宛平城被拒后,便向中国驻军发起了进攻,第二一九团团长吉星文在秦德纯的指挥下沉着应战,以"快放""齐放"的形式猛烈射击,给日军造成了较大的伤亡。③ 当日,何基沣亦督率所部奋起抵抗,经过一昼夜的奋战,中国驻军收

---

① 秦皇岛市山海关区地方志编纂委员会:《山海关志》,天津:天津人民出版社1994年版,第682页。

② 秦德纯:《七七卢沟桥事变经过》,《卢沟桥纪事》,北京:中共党史出版社2017年版,第24页。

③ 萧继宗主编:《革命人物志》第15集,台北:"中央文物出版社"1976年版,第208页。

复了部分失地。此后，中日双方不断向卢沟桥附近增兵，战事范围亦不断扩大，并迅速波及平津、平汉铁路等地。在此期间，除秦德纯、张克侠、何基沣和王冷斋等人外，保定军校生张维藩（辎重科第一期）、周福成（步兵科第九期）、陈继承（步兵科第二期）、吕济（炮兵科第六期）、傅作义（步兵科第五期）、杨钟（步兵科第八期）、朱怀冰（步兵科第四期）、赵承绶（骑兵科第五期）、宋肯堂（炮兵科第八期）、门炳岳（骑兵科第一期）、张寿龄（步兵科第九期）、袁庆增（步兵科第五期）等将领均率部参加了这次对日作战。

1937年8月13日淞沪会战爆发，中国军队奋勇抵抗，死守上海3个月。关于这次会战，李宗仁曾言："以我们的血肉之躯来填入敌人的火海。每小时的死伤辄以千计，牺牲的壮烈，在中华民族抵御外侮的历史上，鲜有前例。"①淞沪会战中，毕业于保定军校的将领是主要的指挥者和参战者。上海属于第三战区，此战区司令长官原为冯玉祥，后改为蒋介石担任，蒋曾于1907年进入保定陆军速成学堂炮兵科学习。而战区的实际指挥官则为第三战区副司令官、前线总指挥顾祝同，他是保定陆军军官学校第六期步兵科学生。白崇禧为保定陆军军官学校第三期步兵科学生，淞沪会战时担任国民政府军事委员会副参谋长，并冒着炮火到前线督战。会战开始后，最先投入战斗的是张治中率领的部队，张是保定军校第三期步兵科学生，在会战中任第九集团军总司令、中央军总司令，并曾担任京沪警备司令兼前敌总指挥，他力主对在沪日军"先发制人"。之后，保定军校第二期步兵科生廖磊和陶峙岳，第三期炮兵科生刘建绪，第六期步兵科生薛岳和上官云相，第八期炮兵科生陈

---

① 李宗仁口述，唐德刚撰写：《李宗仁回忆录》下，桂林：广西师范大学出版社2005年版，第521页。

诚和罗卓英等将领相继加入战斗。其中,陈诚先是担任第五集团军总司令,后升任左翼军总司令,刘建绪为第十集团军总司令,上官云相担任第十一集团军总司令,罗卓英任职第十五集团军总司令,薛岳为第十六集团军总司令,陶峙岳担任第十七集团军总司令,廖磊担任第二十一集团军总司令。淞沪会战中,参战的中国军队集团军总司令及其以上的高级别的官员中,保定军校出身的高达70％以上。① 在师长级别的指挥官中,保定军校第一期的有万耀煌(时任江防部队二十三师师长)、李必蕃(时任第十五集团军六师师长),保定军校第三期有陈宝安(时任第八集团军七十七师师长)、周喦(时任第十五集团军十九师师长),保定军校第五期有吴克仁(时任第八集团军一〇九师师长),保定军校第六期有刘培绪(时任第十一集团军四〇一师师长),保定军校第九期有李觉(时任第十七集团军十九师师长)等等。淞沪会战打破了日军在中国的整体计划,挫败了日本军队妄图短时间内征服中国的战略意图。

台儿庄战役是中国军队在正面战场首次取得胜利的战役。在这次战役中保定军校出身的将领不仅有辅助决策之功,而且有战场指挥之能。此次战役将运动战与阵地战相结合,这样的作战方针与保定军校出身的白崇禧密不可分。白崇禧在奉命赴徐州协助李宗仁指挥作战前,曾向周恩来、叶剑英请教作战方针,周、叶两位领导人向其建议津浦线以南可以运动战为主,而在徐州以北地区则采取守点打援、各个击破的战术。② 对此,白崇禧深表认同,并将之融入了实际的作战方案,对台儿庄战役的胜利起到了重要的作

① 王铁群、张建利、张俊合:《保定军校毕业生与抗日战争》,《河北大学学报》(哲学社会科学版)2003年第2期。

② 程思远:《白崇禧传》,北京:华艺出版社1995年版,第196页。

用。此外,保定军校第一期出身的李品仙(时任第五战区副司令兼第十一集团军总司令)、孙震(时任第十二集团军总司令)、邓锡侯(时任第二十二集团军总司令),保定军校第二期出身的黄光华(时任第二集团军一三九师师长),保定军校第三期出身的徐祖诒(时任第五战区参谋长),保定军校第六期出身的韩德勤(时任第二十四集团军总司令),保定军校第九期出身的张寿龄(时任第五战区司令部办公厅主任)等将领,均参加了台儿庄战役。其间,较为著名的是滕县、临沂两役。滕县是防守津浦铁路的关键地带,孙震和邓锡侯部奉命于此地阻击日军,在敌强我弱的情况下,用巨大的牺牲完成了上级下达的作战任务;临沂战役中,为阻止日军精锐板垣师团南下,在徐祖诒的协调下,张自忠部和庞炳勋部联合作战,解救了临沂之围,打乱了日军在山东的兵力部署,为台儿庄战役的胜利创造了良好的条件。

1938年6月,武汉会战爆发,战场涉及皖、豫、赣、鄂四省,波及中国第五和第九战区,是抗战初期规模最大、历时最长的大会战。中国军队在武汉会战中的战略方针是以空间换时间,利用地理优势和部队的机动性,逐次分级抵抗,每次战役以消耗和挫败敌人为主要目标。武汉会战以蒋介石为前线总司令,第五战区的指挥官为李宗仁、白崇禧,第九战区的指挥官为陈诚,其中蒋、白、陈均为保定军校出身。此外,在此地区抵抗日军的顾祝同、刘峙、邓锡侯、周至柔、黄镇球、刘多荃、王士琦、上官云相、薛岳等将领均出身于保定军校。虽然日军最终占领了武汉,但其逼迫中国投降的目的并未达到。

抗战的战略防御阶段中,无论是长沙会战,还是鄂西会战,甚至在中国的远征军中,都有保定军校出身的将领。从各个战区最高统帅的战略制定到各大战役的前线指挥,均有保定军校生的身影。他们在抵抗日军侵略的过程中，表现出了强烈的爱国之心，并在战争中发挥了重要的作用。

### 三、抗战殉国保定军校毕业将领

保定军校出身的将领在抗日战争中多能以国家重任为先，置个人生死于后，这与他们在军校求学时的学风有一定的关系。秦德纯在军校求学期间，正遇袁氏政府与日本洽谈"二十一条"，军校学生群情激奋，爆发了反日风潮，后风潮虽渐渐平息，但是在军校学生的心中悄悄地埋下了反日的种子。① 张治中曾言，在保定军校求学期间，学生十分重视自身人格的修养，时常群群聚集，互谈胸中理想，描绘"怎样去实现自己的志气与抱负来爱国"。② 张克侠求学时亦曾对同窗言："时局混乱，国家多难，这是事实。而我们来学军事，就要有安邦定国的志向，就是为了救国卫民。"③这是当时保定军校学生中普遍存在的爱国情怀。傅作义在参加太原保卫战时，抱有以身许国决心的他早已写好了给家人的遗书，其言："我已奉令担任太原城防司令，肩负保卫太原之责。……作义自幼从军，戎马半生，只知为国为民，早置生死度外，只要一息尚存，誓与日寇血战到底，为国捐躯，义无反顾。……生，我所欲也；义，亦我所欲也，二者不可得兼，舍生而取义者也。耿耿此心，有如日月，可以告慰国人和家人矣！"④不少保定军校将领最终战死沙场，为国捐躯。郝梦龄是保定军校第六期步兵科毕业，担任第十四集团军第九军军长，在山西忻口会战中的大白水前线受命阻击日军精锐第五

① 秦德纯：《秦德纯回忆录》，台北：传记文学出版社1981年版，第122—123页。

② 张治中：《张治中回忆录》，北京：华文出版社2014年版，第24页。

③ 木铁编：《佩剑将军张克侠》，北京：中国文史出版社1987年版，第15页。

④ 樊真：《抗日战争中的傅作义》，太原：山西人民出版社1985年版，第171页。

师团。为鼓舞士气,郝梦龄曾向士兵们言:"就是剩下一个人,也要守这个阵地。我们一天不死,抗日的责任就不算完。我出发前已在家里写下遗嘱,不打败日本绝不生还。现在我和你们一起坚守这个阵地,决不后退。我若先退,你们不论是谁,都可以枪毙我!"①1937年10月16日,郝梦龄到前线督战,并身先士卒带头进攻,不幸被日军机枪击中,壮烈牺牲。他是抗日战争时期牺牲的首位军长,毛泽东在延安追悼抗敌阵亡将士大会上,称郝梦龄等殉国将领"给了全中国人以崇高伟大的模范"。②

　　日军进兵华北后,国民党和共产党在冀中合作抗敌,将河北民训处改编为河北民军。他们在敌后配合共产党的八路军破坏日军的通信系统和补给线路,毁坏了多个日伪据点,并在伏牛山区击毙了日军中将福荣真平。然而,河北民军也付出了较大的牺牲。保定军校第六期步兵科生刘克信,担任河北民军总指挥部参谋长,曾参加过中条山会战和晋西南野猪岭战斗,在伏牛山区的反扫荡中为掩护民军主力部队突围,不幸壮烈牺牲。在武汉会战中,保定军校第一期步兵科生梁耀章,担任第五战区第三十三集团军第五十五军三师师长,1938年6月,其受命率部在湖北老河口一带阻击日军,在战斗中不幸牺牲。

---

① 茅海建主编:《国民党抗战殉国将领》,郑州:河南人民出版社1987年版,第44页。
② 毛泽东:《纪念孙总理逝世十三周年及追悼抗敌阵亡将士大会上的演说词》,《新中华报》,1938年3月15日,第1版。

### 表 2-2　抗战时期牺牲的保定军校毕业生将领统计表

| 姓名/<br>生卒年份 | 籍贯 | 毕业科期 | 主要职务 | 军衔 | 相关战役 | 备注 |
|---|---|---|---|---|---|---|
| 张培梅<br>1885—1938 | 山西省崞县人 | 武备一期步兵科 | 第二战区执法总监 | 陆军少将 | 太原会战 | 服毒殉职，国民政府追赠为中将 |
| 朱耀华<br>1892—1937 | 湖南省长沙人 | 速成学堂三期骑兵科 | 第七十一军第十八师师长 | 陆军中将 | 淞沪会战 | |
| 黄启东<br>1894—1938 | 湖南省平江人 | 第一期骑兵科 | 新编第二十三师参谋长 | 陆军少将 | 沧州会战 | |
| 梁耀章<br>1891—1938 | 河北省满城人 | 第一期步兵科 | 第五十五军十三师师长 | 陆军少将 | 武汉会战 | |
| 李必蕃<br>1892—1938 | 湖南省嘉禾人 | 第二期工兵科 | 第二十三师师长 | 陆军中将 | 沧州会战 | 国民政府追赠为上将 |
| 廖磊<br>1890—1939 | 广西省陆川人 | 第二期步兵科 | 第二十一集团军总司令 | 陆军中将 | 南昌会战 | 国民政府追赠为上将 |
| 萧山令<br>1892—1937 | 湖南省益阳人 | 第三期步兵科 | 南京卫戍军宪兵副司令 | 陆军少将 | 南京保卫战 | |
| 陈安宝<br>1891—1939 | 浙江省黄岩人 | 第三期步兵科 | 第二十九军军长 | 陆军中将 | 南昌会战 | 国民政府追赠为上将 |
| 陈世潘<br>1888—1939 | | 第三期步兵科 | 江西浮梁团管区司令部司令 | 陆军上校 | 南昌会战 | 国民政府追赠为少将 |

续表

| 姓名/<br>生卒年份 | 籍贯 | 毕业<br>科期 | 主要<br>职务 | 军衔 | 相关<br>战役 | 备注 |
|---|---|---|---|---|---|---|
| 戴民权<br>1891—1940 | 河南省<br>汝州人 | 第三期<br>步兵科 | 第三十<br>九军副<br>军长 | 陆军<br>中将 | 枣宜<br>会战 | |
| 俞星槎<br>1893—1940 | 浙江省<br>东阳人 | 第三期<br>步兵科 | 军事委员<br>会办公厅<br>高参室<br>主任 | 陆军<br>中将 | 昆仑关<br>战役 | |
| 史蔚馥<br>1891—1944 | 江苏省<br>溧阳人 | 第三期<br>步兵科 | 广西绥<br>靖公署<br>高参 | 陆军<br>少将 | 桂柳<br>会战 | 1947年4<br>月国民政<br>府明令褒<br>奖 |
| 吴克仁<br>1894—1937 | 吉林省<br>宁安人 | 第五期<br>炮兵科 | 第六十七<br>军军长 | 陆军<br>中将 | 淞沪<br>会战 | |
| 郝梦龄<br>1898—1937 | 河北省<br>藁城人 | 第六期<br>步兵科 | 第九军<br>军长 | 陆军<br>中将 | 忻口<br>会战 | 国民政府<br>准予国葬<br>公祭，追<br>赠为上将 |
| 刘家麒<br>1894—1937 | 湖北省<br>武昌人 | 第六期<br>步兵科 | 第九军第<br>五十四<br>师师长 | 陆军<br>少将 | 忻口<br>会战 | 国民政府<br>准予国葬<br>公祭，追<br>赠为中将 |
| 刘克信<br>1893—1941 | 河北省<br>获鹿人 | 第六期<br>步兵科 | 河北民<br>军总指<br>挥部参<br>谋长 | 陆军<br>少将 | 中条山<br>会战 | |
| 林英灿<br>1898—1939 | 广东省<br>花县人 | 第六期<br>步兵科 | 第六十<br>二军一<br>五一师<br>副师长 | 陆军<br>少将 | 保卫广<br>州战役 | |

续表

| 姓名/生卒年份 | 籍贯 | 毕业科期 | 主要职务 | 军衔 | 相关战役 | 备注 |
|---|---|---|---|---|---|---|
| 罗策群 1893—1937 | 广东省兴宁人 | 第六期工兵科 | 第六十六军一五九师副师长 | 陆军少将 | 南京保卫战 | |
| 司徒非 1896—1937 | 广东省开平人 | 第六期步兵科 | 第六十六军一六〇师参谋长 | 陆军少将 | 南京保卫战 | |
| 余子武 1901—1944 | 广东省台山人 | 第六期步兵科 | 第六十二军一五一师副师长 | 陆军上校 | 衡阳战役 | 国民政府追赠为少将 |
| 罗树甲 1890—1945 | 湖南省耒阳人 | 第六期步兵科 | 第八十八军副军长 | 陆军少将 | 武汉会战 | 1947年4月国民政府明令褒奖 |
| 黄维纲 1895—1943 | 河南省项城人 | 第七期步兵科 | 第五十九军军长 | 陆军少将 | 随枣会战 | 国民政府追赠为中将 |
| 范荩 1899—1938 | 江西省丰城人 | 第八期步兵科 | 第八十七军一九八师副师长 | 陆军少将 | 武汉会战 | 国民政府追赠为中将 |
| 邹洪 1897—1945 | 台湾省新竹人 | 第八期炮兵科 | 粤桂边区总指挥 | 陆军中将 | 潮汕之役 | 国民政府追赠为上将 |
| 张谞行 1903—1939 | 浙江省杭州人 | 第九期步兵科 | 国民政府军事委员会天水行营副参谋长 | 陆军中将 | 台儿庄战役 | 国民政府准予国葬，并追赠为上将 |

续表

| 姓名/<br>生卒年份 | 籍贯 | 毕业<br>科期 | 主要<br>职务 | 军衔 | 相关<br>战役 | 备注 |
|---|---|---|---|---|---|---|
| 张树桢<br>1897—1937 | 河北省<br>河间人 | 第九期<br>步兵科 | 第六十一<br>军第七十<br>二师四一<br>六团团长 | | 太原<br>会战 | 国民政府<br>追赠为<br>少将 |
| 赵锡章<br>1901—1938 | 河北省<br>河间人 | 第九期<br>步兵科 | 第十九<br>军第二<br>一五旅<br>旅长 | 陆军<br>少将 | 忻口<br>会战 | 国民政府<br>追赠中将<br>军衔 |
| 夏国璋<br>1896—1937 | 广西省<br>容县人 | 第九期<br>步兵科 | 第七军<br>第一七<br>二师副<br>师长 | 陆军<br>少将 | 淞沪<br>会战 | 国民政府<br>追赠中将<br>军衔 |
| 邓佐虞<br>1898—1938 | 河北省<br>高阳人 | 第九期<br>步兵科 | 第七十<br>五军第<br>一三九<br>师参谋<br>长 | 陆军<br>少将 | 徐州<br>会战 | |
| 田温其<br>1899—1940 | 河北省<br>献县人 | 第九期<br>骑兵科 | 第六十<br>八军副<br>军长 | 陆军<br>少将 | 长城<br>抗战 | |
| 王家让<br>1912—1944 | 四川省<br>渠县人 | 第九期<br>步兵科 | 第十三<br>军辎重<br>团团长 | 陆军<br>少将 | 豫中<br>会战 | |

　　资料来源：王铁群、张建利、张俊合：《保定军校毕业生与抗日战争》，《河北大学学报》（哲学社会科学版）2003 年第 2 期；王哲新、刘志强、任方明编：《保定陆军军官学校校史研究》，北京：中国社会出版社 2005 年版，第 621—622 页；民政部：《著名抗日英烈和英雄群体名录》，2014 年，2015 年，2020 年。

　　上述牺牲的保定军校出身将领，是当之无愧的民族英雄，他们面对强敌毫不退缩，将宝贵的生命奉献于抗击日军侵略的伟大事业之中，他们不仅为保定军校带来了荣耀，也为中华民族带来了骄傲。保定军校出身的将领，用实际行动筑起了一座座爱国的精神丰碑，推动了中华民族在曲折困难中前行，他们的爱国精神和事迹当为后世所铭记。

## 第二节　黄埔军校与抗战高级将领

### 一、军校的建立与军官的培养

黄埔军校是第一次国共合作时期的产物。1921年，孙中山在与共产国际代表马林的会谈中，后者建议孙中山创办军事院校，建立革命军队。1923年1月，苏联特使越飞和孙中山在上海会晤，并发表了《孙文越飞宣言》，此次会谈就苏联援助中国革命、创设军官学校等问题达成了共识。同年3月，苏联决定资助孙中山200万卢布，并提供相应的物力和人力支持，以便建立一所军官学校。①1924年1月，国民党"一大"在广州召开，其间孙中山正式宣布在广州黄浦长洲岛建立军校，同年6月学校正式建立，并命名为"中国国民党陆军军官学校"。开学当天，孙中山做了主题演讲，其言："如果没有好的革命军，中国的革命还是永远要失败的。今天在这里开办这个军官学校，独一无二的希望，就是要创办革命军，来挽救中国的危亡。"②这不仅指出了孙中山创建军校的目的，更言明了黄埔军校对于中国革命的重要意义。

因学校建在黄埔旧水师学堂和陆军小学的旧址上，故而此军

---

① 黄埔军校旧址纪念馆编：《黄埔军校》，广州：广东人民出版社2002年版，第7页。

② 广东革命历史博物馆编：《黄埔军校史料》，广州：广东人民出版社1982年版，第48页。

校又多称为"黄埔军校"。孙中山任军校总理,廖仲恺任党代表,蒋介石任校长,何应钦任总教官。当时廖仲恺在国民党内的地位比蒋介石要高,孙中山对军校任职如此考量,乃是象征着党权大于军权。在军校其他重要职位中,王柏龄、叶剑英分别任教授部正、副主任,李济深、邓演达分别任教练部正、副主任,戴季陶、邵元冲、周恩来、邵力子、熊雄等先后任政治部主任。黄埔军校初创时,中国共产党人积极参加了各项创建工作。如共产党员张嵩年任政治部主任,茅延桢、金伟庄任学生队长,徐成章任特别官佐。1924 年 11月,周恩来到黄埔军校参与工作,聂荣臻、恽代英、肖楚女、熊雄、高语罕、于树德、张秋人、安体诚等人也陆续到军校任职。军校的中共党员在"最初组织官长名录"中有 10 人;在各期教员中,第一期有 7 人,第二期有 10 人,第三期有 18 人,第四期有 14 人。在招生方面,共产党人亦积极宣传,号召广大优秀青年报考,推荐了大批共产党员、青年团员和进步青年报考军校。第一期学生中的蒋先云、陈赓、李之龙、王尔琢、赵自选、曹渊、许继慎、孙一中、周士第、张际春、左权和第二期学生中的周逸群、李劳工、吴振民、卢德铭都是中共党员。1924 年 3 月,黄埔军校开始正式招生,当时共产党员李大钊、毛泽东、胡公冕、董必武、何叔衡等人,分别在北京、上海、浙江、武汉和湖南等省市进行招生宣传和动员,经过动员,仅在广州报考的进步青年中便有 26 名共产党员。①

　　国民政府军事委员会在 1926 年决定,将原"中国国民党陆军军官学校"进行改组扩建,同年 3 月,扩建后的军校改名为"中央军事政治学校"。此后不久,国民政府开始组织北伐,军校学员成了北伐的主力军。随着北伐军的不断胜利,国民政府决定在武昌的

---

① 黄埔军校旧址纪念馆编:《黄埔军校》,第 7—8 页。

两湖书院旧址设立中央军事政治学校的政治科,后又陆续将广州的中央军事政治学校的各科学员转移到了武汉。此后,由于国民党内部的政治形势变化和抗日战争的爆发,"黄埔军校"辗转在全国多个地方设立校区,至1946年军校改制后,"黄埔军校"改名为"中华民国陆军军官学校",并由关麟征担任校长,蒋介石则担任名誉校长。

黄埔军校在制度上受苏联影响较重,同时又结合了中国的具体国情。传统的军校从未有设立党代表,孙中山不仅推行这种制度,而且派党内威望较高的廖仲恺担任此职,更是突显出其对军校党代表的重视。在军校校务实际运行中,党代表亦有很大的权力,军校重要事务的相关文件都需要经过党代表签署,否则将被视为无效文书。军校设立的政治部,是为了更好地协助党代表工作,负责宣传党的主张,协助办理党务,并直接对党代表负责。首任政治部主任为戴季陶,他主事不久便因与张继等人产生冲突而愤然辞职。接替戴的是邵元冲,但工作不及半年又随孙中山北上。随后,周恩来接任政治部主任,他决定改变原有对军事干部的政治教育方式,并努力在军校中推行苏联红军的经验。政治工作为黄埔学生指明了革命的方向,坚定了他们的革命信念,在潜移默化中培养了黄埔学生的革命热情,这些均是传统军校所不能企及的。

当然,孙中山创办黄埔军校最重要的任务便是实现三民主义,在黄埔军校的开学典礼中,孙中山明确指出,革命的军队要经过革命的训练,拥有革命的基础,若是不经过训练,缺少革命基础,即使同在一个政府中的军队,亦会因利害不同而兵戈相见。孙中山认为军队不明白进行革命的意义,便不能驱除自私的观念,不会有自我牺牲的勇气,陈炯明的叛乱就是最好的证明,而革命军的基础不是船坚炮利的武器,而是三民主义的信念。① 黄埔军校初创时在居住和教学设备方面都有不足之处,恽代英在《告投考黄埔军校的青年》中言:"若是一个人到黄埔里面去,他只顾及于设备与教育如何求全责备,结果他一定是得不着满足的日子。若是一个人到黄埔里面去,能够勤求学问,严守纪律,但是不注意多接受那些革命的官长、同学的影响,亦许他到毕业的时候,思想上并不能起一种左倾的变化,因而终究不能适应将来革命运动的要求。"②孙中山更是告诫黄埔学生不要抱有升官发财的侥幸心理,要有不怕死的革命意志,要有救国救民的伟大理想,要有为实现三民主义和五权宪法牺牲一切的思想准备,这样的革命军才是真正的革命军,才能在战场中以一敌百。③ 概而言之,注重对军校学员革命思想的培养,是黄埔军校与传统军校最根本的区别。

在重视对黄埔军校学员的政治教育的同时,军事方面的教育亦未有丝毫忽视。黄埔军校最直接之目的,在于短时间内培养出有一定军事素养,能在战场上发挥作用的革命军官,故而专业军事方面的训练和教学必不能少。在军事训练方面,有教练课程和演习课程,前者包括阵中勤务、服务提要、制式教练和马术等,后者涵盖野外演习、野营演习和战术实行等类别。这些军事训练要求学生在实际的战争中,保持较好的身体素质,懂得战场上的各种阵中勤务和技术。在对学员制定的教学大纲中,亦规定"必须有军事知识,而且身体强健,方能担负将来军队中为革命工作之责任"。④ 在军事教学方面,科目主要包括战术学、经理学、兵器学、筑城学、地

---

① 广东革命历史博物馆编:《黄埔军校史料》,第 53—55 页。

② 恽代英:《告投考黄埔军校的青年》,上海《中国青年》1926 年第 21 期,第521 页。

③《黄埔军校开学日总理训词》,《役政月刊》1945 年第 2 期,第 1 页。

④ 广东革命历史博物馆编:《黄埔军校史料》,第 191 页。

形学等门类，每周的授课时间约为 48 小时，目的在于提高各学员不同学科的知识，能正确理解和应用军事学的各项原则。初创时，黄埔军校的教学条件较差，所处的革命环境又比较恶劣，故而教学、训练和作战时常会交替进行，如镇压广州商团叛乱、东征陈炯明等实战。然而，这些现实情况，却使黄埔军校的抽象理论与具体演习相结合的教学方法在真正的战争中不断发展和完善，使黄埔军校的教育形成了教学指导作战，作战反馈并提高教学水平的良性循环。这也是黄埔军校学员作战能力强的重要原因之一。

除政治教育和军事训练外，严明的军法、军纪是一支军队赢得胜利的关键性保障之一。黄埔军校的军纪、军法有《学生队学生遵守规则》《革命军连坐法》《革命军刑事条例》《革命军惩罚条例》《审判条例》《陆军监狱规则》等等。其中在校期间有以号声聚集，不得延迟规避的规则，学员亦不能有越级陈诉等行为，这些规定是为了让学员在校中便养成遵守纪律和快速执行的良好习惯。[①] 连坐执法乍听上去有些不近人情，但在战场上却实用无比，它将一支军队凝聚为一股绳，使强者不独进，弱者不独退，非常有效地提高了军队的战斗力。[②] 刑事条例主要分为叛乱罪、擅权罪、辱职罪、违抗罪、侮辱罪、掠夺罪、诈伪罪、逃亡罪等，这些罪名具体又细分为 31 条，而处以死刑的便有 14 条，占比多于 45％，由此可见黄埔军校军法之严格。[③] 为了宣传军纪、军法，使黄埔军校学员牢记心间，军校还编有民歌和诫词，如"莫走人家取门板，莫拆民房搬砖石，莫踏禾

---

① 王辉强：《黄埔军校秘史》，西宁：青海人民出版社 1997 年版，第 161 页。
② 广东革命历史博物馆编：《黄埔军校史料》，第 170—171 页。
③ 广东革命历史博物馆编：《黄埔军校史料》，第 171—174 页。

苗坏田产，莫打民间鸭与鸡"①等，以使学员警醒。正是这些严明的军纪、军法，才使黄埔军校学员在对外抵抗日军侵略时，有了更出色的贡献。

## 二、蒋介石对黄埔嫡系的培植

黄埔军校师生来自五湖四海，他们追随孙中山，信仰三民主义。由于蒋介石长期担任黄埔军校校长，加之其有意在黄埔军校生中发现人才，培植亲信，逐渐形成了一批忠于蒋的势力。他们在蒋介石的培植下逐渐形成了势力庞大的"黄埔系"，在军、政、党中占据重要地位，成为蒋发展势力、维系政权之重要力量。②

作为黄埔嫡系的高级干部，陈诚是蒋介石培植最为成功的代表之一。陈诚1918年入保定陆军军官学校炮科第八期学习，1922年毕业后入浙军见习。1923年参加广东建国粤军，1924年经邓演达、严立三援引进入黄埔军校，出任教官。1927年宁汉分裂，邓演达出国，第二十一师师长严立三辞职，副师长陈诚被蒋介石任命为第二十一师师长。1928年，陈诚出任警卫军司令，统辖桂永清、关麟征等三个警卫团和两个宪兵团，参加二次北伐。之后，陈诚在蒋桂战争、蒋冯战争、讨唐战争和中原大战中屡建战功，升任第十八

---

① 赵琪：《壮哉，黄埔——黄埔军校大纪事》，北京：北京大学出版社1993年版，第301页。

② 刘维开教授认为："黄埔系，除了黄埔学生外，还包括在黄埔军校担任过教职者在内。"（见刘维开的《蒋介石的军事人脉》，载汪朝光主编：《蒋介石的人际网络》，北京：社会科学文献出版社2011年版，第69页。）关于蒋介石与黄埔系的研究，较具代表性的有陈宁生、张光宇的《蒋介石和黄埔系》（河南人民出版社出版1994年版），对蒋介石与黄埔系的关系、黄埔系形成和发展的沿革及其特点、黄埔系的地位和作用、其代表人物的升降浮沉等问题，做了较全面的论述。有关蒋介石对黄埔嫡系的培植，详见肖如平的《蒋介石对黄埔嫡系陈诚的培植》，《近代史研究》2013年第2期。

军军长。蒋介石对陈诚在各次战争中的表现颇多赞誉，并委以重任。

　　蒋介石除了在职务上提拔陈诚外，还在生活方面给予关怀。1931 年 1 月，蒋介石、宋美龄为陈诚与谭祥牵线搭桥，并亲自为其订婚。① 谭祥乃国民党元老谭延闿之女，宋美龄的干女儿。显然，陈、谭的结合不仅提升了陈诚的地位，更进一步地拉近了蒋、陈关系，增强了蒋介石对陈诚之凝聚力。事实上，蒋氏夫妇之爱护令陈诚极为感动。是年 6 月，其在家书中说："我想对于剿匪，无论为公为私，我当然要努力。为公是党国存亡的关头，为私是报蒋先生夫妇。"②8 月间，陈诚在家书中再次提到："在公我固须随总司令为党国努力，为私总司令之恩亦不能不报。"③九一八事变后，蒋介石内外交困，但陈诚却表示，如蒋介石下野，则"决与之同去留"。④ 12 月 21 日，陈诚对谭祥论及其与蒋介石、邓演达之关系时，强调"论私谊择生不过系我友，而蒋先生实无异父兄"⑤。可见，在蒋介石的关爱和培植下，陈诚对蒋充满了报恩之心。尤其在 1927 年蒋、邓交恶之后，蒋介石并不因邓演达之故而弃陈诚，反而在职务上对其予以提拔重用，在生活上给予关怀。蒋介石的器重与关怀，令陈诚

① 黄自进、潘光哲编：《蒋中正五记·爱记》，1931 年 1 月 26 日，台北："国史馆"2011 年版，第 83 页。

②《无论为公为私剿匪均须努力》，何智霖编辑：《陈诚先生书信集·家书》上，台北："国史馆"2007 年版，第 47 页。

③《邓演达被捕心甚不安因总司令对其不但是政敌且私人情感极恶劣》，何智霖编辑：《陈诚先生书信集·家书》上，第 65 页。

④《蒋先生如通电下野我决与之同去留》，何智霖编辑：《陈诚先生书信集·家书》上，第 91 页。

⑤《我之于邓演达非完全为私谊实为革命前途著想也》，何智霖编辑：《陈诚先生书信集·家书》上，第 128 页。

感恩图报，双方因而在公私方面逐步建立了深厚的情感。

1931 年蒋介石第二次下野后，曾认为"无干部、无组织、无情报"是其第二次被逼下野之重要因素。① 因此，1932 年复出的蒋介石，即着手培植党政军干部，发展秘密组织，重组情报机构。其中，除党政方面有少数黄埔干部参与外，军事、组织和情报方面几乎都由黄埔系骨干组成。由此，蒋介石视黄埔系为门生嫡系，黄埔系则以蒋为唯一领袖，二者互为依存，荣辱与共。蒋介石地位之巩固与提高有赖于黄埔系势力的扩充，黄埔系的发展则有赖于蒋介石之培植。

陈诚作为军事方面的重要干部，亦得到蒋介石之苦心栽培。1932 年 3 月 24 日，蒋介石在日记中写道："求人未得，焦虑莫名，外交、军事、政治各方相知之友，皆不能负责任敢担当之人，而尤其不见血心（性）之士也。军事上，陈诚、胡宗南、刘烨、敬之或较为有才也。"②为了培植陈诚，蒋介石曾在军事上不厌其烦地给予指点。除此之外，蒋介石还耐心地指点陈诚修身养性。其实，蒋介石年轻时没有受过良好教育，养成了许多坏毛病，但自 20 年代起，蒋极为注重修身养性。③ 很长一段时间，他不仅自己修身养性，亦要求其重要部属如此，他对陈诚的指点更是用心。1931 年 12 月 3 日，蒋介石致函陈诚，晓谕其修身养性之道："近来与弟相晤对语，别后总觉你说人之短，看人之轻，以你所言者，总括之，几乎天下无可用之人。换言之，即以无人能出我右者之意，存乎其间也。此为任大事成大业者，最不可有之缺点，亦即自满骄败之起点。吾屡欲面戒，而无其时。吾弟确犯此病，以外间声闻过誉，而不知自检自戒，无

---

① 《蒋介石日记》（手稿），1931 年 12 月 24 日。

② 《蒋介石日记》（手稿），1932 年 3 月 24 日。

③ 杨天石：《寻找真实的蒋介石：蒋介石日记解读》上，太原：山西人民出版社 2010 年版，第 35 页。

形中生长骄心,故只见人短,而不知自己未有过长之处也。"①这既是蒋介石对陈诚之"骄矜"予以严厉批评,亦是其指点陈诚修身养性之开端。蒋介石在信函中以身说教,苦口婆心地劝导和指点陈诚,若不是对其寄予厚望,有意栽培,蒋断不会如此苦心孤诣地给予指教。陈诚对蒋之批评虽有所不服,但对蒋之苦心培植也深为感动。其在家书中写道:"接蒋先生一长函,大意说我看不起人骄傲,非任大事成大业之道。但其望我之切,无异形于言表。"②12月8日,陈诚复函蒋介石说:"奉读钧座三日申刻手谕,训勉备至,当谨书绅,以为终身修身处世接物之准衡,藉报钧座教诲之大德。……此后凡职所短,足萦钧座廑虑者,务恳钧座以教子弟者教职,俾知憬然悔悟,蔚为事业之助,则蒙福不仅职个人已也。"③

　　蒋介石虽武人出身,却好读书,并常将一些有益修身之书籍推荐给部属阅读。在蒋的推荐和要求下,陈诚曾先后读《王阳明全集》《贞观政要》《菜根谭》《毛奇评传》等书。1933年2月7日,蒋介石询问陈诚读书情形:"近日看书如何?身临江右,更觉阳明之学为可贵也。阳明得道于龙场,而立业于江右,故浙东学案,在江右尤为风行,希相与共勉之。……自来成德立业,而能为民族人格增光者,未有不从修养精神为基础。以修养精神者,绝非可即当唯心论者看待,而鄙视之。凡宋明以来,成名之大儒,无论其为武功或文治,皆由其修养而臻于实践之力得来也。故望弟对于存养省察、

---

①《手谕望能韬光养晦存养省察》,何智霖编辑:《陈诚先生书信集:与蒋中正先生往来函电》上,台北:"国史馆"2007年版,第77—78页。

②《蒋先生说我看不起人非任大事成大业之道望我之切无异形于言表》,何智霖编辑:《陈诚先生书信集:家书》上,第191页。

③《电呈奉谕以为终身修身处世接物之准衡》,何智霖编辑:《陈诚先生书信集:与蒋中正先生往来函电》上,第78—79页。

谨言慎行之端,三注意也。中于昔年亦颇矜持不群,轻弃收敛,至今思之,皆为好誉徇外之心所驰,而毫无把握,更无主宰,然恐悔之晚矣。尚望弟等及时注意,不可放过,则德业有基,不患功业不立也。"①在此,蒋介石谆谆教导,可见其在指导陈诚修养、治学上同样也是不厌其烦,煞费苦心。

其实,蒋介石对陈诚之优缺点非常清楚,因而常以父兄、师长之身份在军事、修身、治学等方面予以指点,甚至是苦口婆心地劝导。尽管陈诚在军事、修身、治学方面,甚至在政治上,与蒋介石有不同见解,但在多年的追随中,他能明显感受到蒋之赏识、信任与栽培,而且这种赏识与栽培还带有明显的私人情感。公义私谊的结合,更是令陈诚对蒋感恩戴德,肝脑涂地。正如其在家书中所说:"以我个人论,年来追随蒋先生为革命奋斗,蒋先生之爱我、望我,虽自己之父兄亦有所不及",今后"只有以蒋先生之意志为意志,我决不能单独干或不干,因人格关系不能不如此也"。② 至1936 年 9 月,他甚至对蒋表示:"职于钧座,名虽部属,恩深骨肉,私心自矢,虽天荒地老,犹为信徒。"③

蒋介石起家于黄埔军校,并依赖以黄埔系为骨干的军队逐步发展成为军事领袖。然而,蒋不仅要做军事领袖,且立志于党政军之领袖、"国家之代表"。④ 因此,蒋介石为了扩充其在党政之势力,

---

① 《手谕注意精神修养》,何智霖编辑:《陈诚先生书信集:与蒋中正先生往来函电》上,第84 页。
② 《年来追随蒋先生为革命奋斗蒋先生之爱我望我虽父兄亦有所不及》,何智霖编辑:《陈诚先生书信集:家书》上,第 186、245 页。
③ 《函呈时弊日亟请迅为根本部署以图挽救危亡》,何智霖编辑:《陈诚先生书信集:与蒋中正先生往来函电》上,第 223 页。
④ 《蒋介石日记》(手稿),1931 年 1 月 9 日。

亦在黄埔嫡系高级干部中培植党政人才，使黄埔嫡系逐步由军界向政界扩充，向党内发展。

在蒋介石的黄埔嫡系中，首先由军向政，出任地方大员的是何应钦、刘峙、顾祝同、张治中等人。1927 年 10 月何应钦被任命为浙江省政府主席，1930 年 10 月刘峙出任河南省政府主席，1931 年 12 月顾祝同出任江苏省政府主席，1933 年朱绍良出任甘肃省政府主席，1937 年 11 月张治中出任湖南省政府主席，而陈诚则迟至 1938 年 6 月才奉派为湖北省政府主席。① 尽管陈诚由军而政出道稍晚，然其兼任省政时的地位却异常显赫。其时，平、津、沪、京已相继沦陷，国内名城仅余武汉、广州。而武汉地处中国腹地，"在一般人心目中，武汉能守，则国可存；武汉不守，则国将亡"。② 为了确保武汉，早在 1938 年 1 月 1 日，蒋介石即任命陈诚为武汉卫戍总司令，11 日又派其兼任军事委员会政治部部长，6 月 14 日再兼湖北省政府主席。

不过，因陈诚兼职过多，"时而前方，时而后方，时而南岳、长沙，时而柳州、桂林，到处奔波，席不暇暖"，其省政因无暇兼理而交由民政厅厅长严立三代理。③ 直至 1940 年 9 月，陈诚辞去政治部部长和三青团书记长等职后，才正式亲理湖北省政。之后，陈诚在湖北省实施《建设新湖北计划》，积极改革行政，推行二五减租，办理平抑物价，实施地方自治，发展基础教育，成效颇为显著。对陈诚而言，出任湖北省政府主席，是其由军界跨入政界之开端。

在黄埔系高级将领中，由军而政的不少，但由军而党的却为数

---

① 1938 年 6 月 14 日，行政院决议，湖北、陕西两省政府改组，由陈诚、蒋鼎文分任该两省政府主席。详见叶健青编辑：《蒋中正"总统"档案：事略稿本》第 41 册，台北："国史馆"2010 年版，第 644 页。

② 陈诚：《陈诚回忆录——抗日战争》，北京：东方出版社 2009 年版，第 157 页。

③ 陈诚：《陈诚回忆录——抗日战争》，第 158 页。

不多。相较于国民党元老胡汉民、汪精卫等人,蒋介石在国民党内属于后起之秀,资历稍浅,因此在国民党内争中往往处于劣势,甚至被逼下野。其在总结第二次下野的教训时就认为:"党务之干部实一无其人","此后如欲成功,非重起炉灶,根本解决,不足以言革命"。① 为此,自 1932 年复出后,蒋介石便积极发展其在党内之势力,除极力扩充 CC 系外,还命黄埔系学生组织力行社等秘密组织。至 1938 年,蒋介石又决定成立三民主义青年团。②

为筹建三青团,蒋介石于 4 月 26 日指派陈诚、陈立夫、张厉生、朱家骅、李任仁、黄季陆、谷正纲、贺衷寒、康泽、张道藩等 20 余人为筹备委员会常委,由陈诚任召集人,并兼任三青团中央团部临时干事会书记长。③ 中央团部书记长是仅次于团长蒋介石的重要职务。此前,陈立夫一直参与三青团的筹划,并认为自己将成为三青团的实际负责人。不料,蒋介石却指派陈诚出任书记长。对此,陈立夫认为"蒋委员长派陈诚为书记长,康泽为组织处长","康与陈诚均有野心,他要成为青年团的领导人物,将来可取党而代之"。④

奉命后,陈诚虽身兼数职,仍极力负责三青团的筹建,"历经筹议,规模初具"。⑤ 6 月 27 日,陈诚就三青团的人事请示蒋介石,并提出:"各处室人选,务以明大义而无成见、偏见或有其他作用者为妥"。⑥ 6 月 30 日,蒋复电指示,由胡宗南任组织处处长,康泽代

① 《蒋介石日记》(手稿),1931 年 12 月 22 日,1932 年 1 月 8 日。

② 叶健青编辑:《蒋中正"总统"档案:事略稿本》第 41 册,第 312 页。

③ 叶健青编辑:《蒋中正"总统"档案:事略稿本》第 41 册,第 420 页;陈诚:《陈诚回忆录——抗日战争》,第 272 页。

④ 陈立夫:《成败之鉴》,正中书局 1994 年版,第 226—227 页。

⑤ 陈诚:《陈诚回忆录——抗日战争》,第 272 页。

⑥ 《电呈三民主义青年人事》,何智霖编辑:《陈诚先生书信集:与蒋中正先生往来函电》上,第 320 页。

理,王东原任训练处处长,暂由副处长谷正鼎代理,黄季陆任宣传处处长,陈良任总务处处长,秘书室由李维扬负责,调查室由毛庆祥负责,"其他缺额暂悬,待有相当人选再补,弟意如何?""青年团本部,以弟未回,展至 7 月 9 日成立。"①

三青团共有三任书记长,第一任书记长陈诚于 1940 年卸任,由张治中接替。② 1946 年 4 月张治中调任西北行营主任,书记长一职复由陈诚接任,直至党团合并。由于长期参与三青团的领导,陈诚在团中的势力自然不弱,不少亲信在团中担任重要职务,如训练处处长王东原、副处长戴之奇,总务处副处长庄明远,秘书处处长柳克述等人。甚至在党团矛盾中,陈诚的影响也至为重要。1945 年 5 月,党、团在国民党"六大"中围绕大会选举展开激烈较量,陈诚、张治中、康泽等极力反对 CC 系操纵选举,以致蒋介石不得不亲自出面干预。对此,蒋介石在日记中写道:"上午朝课后,果夫、立夫、铁城、辞修、文白五同志来商选举办法及名额案,辞修出示青年团干部要求","彼等全为疑虑余之决定另增名额之意全出果夫、立夫在组织谋操纵者,故竭力反对,并有共同退席之组织与准备","自我寓辞出后,彼等复在文白家集会,闻辞修坚欲贯彻青年团之意见","当开会之初,余提出增加名额时仍多表示反对,反对人数亦有百余人,如余不亲自主席则今日选举必无结果"。③ 党团合并后,党团矛盾并未消除。在 1948 年 5 月的立法院选举中,原

① 叶健青编辑:《蒋中正"总统"档案:事略稿本》第 41 册,第 690 页。
② 张治中认为,蒋介石之所以任命其接任书记长,一是因为他是黄埔系教官系统,与黄埔系、复兴社在团内干部有师生之谊,二是他与前任书记长陈诚私谊深厚,对于团务的推展不致有太大偏差。详见张治中:《张治中回忆录》上册,北京:华文出版社 2014年版,第 243 页。
③《蒋介石日记》(手稿),1945 年 5 月 19 日。

三青团成员极力反对陈立夫当选副院长,蒋介石不得不命陈诚出面安抚。①

在出任三青团书记长的同时,陈诚还担任了中央训练委员会主任委员,负责筹划党政干部之训练工作。1938年7月7日,中央训练团成立。该团直接隶属于国民党中央,以国民党总裁为团长,以陈诚为教育长,专门负责"训练党政军干部人员",包括"战时地方行政、党务、青年团及教育行政各项干部,各师以上政治部主任及相当人员"。② 通过中央训练团,陈诚俨然成为党的重要负责人,甚至在国民党第五届中央执行委员会第五次会议上,陈诚对党务组审查委员会发表题为《党员对党应有之认识与努力》的讲话。至1947年党团合并时,陈诚又出任东北党团统一组织委员会主任委员,全权处理东北党团一切事宜。蒋介石在手谕中声称:"东北党团如欲统一整顿,则主任委员非吾弟担任不可。"③可见,陈诚在党团中的地位非同寻常。在培植陈诚向党政发展的同时,蒋介石继续对其在军事上委以重任。1943年2月,陈诚出任远征军司令长官,1944年7月接任第一战区司令长官并兼任冀察战区总司令,同年11月20日接替何应钦,出任军政部部长,1946年5月升任国防部参谋总长兼海军总司令。无疑,蒋介石对陈诚的培植是党政军全方位的。

大陆时期,蒋介石对黄埔嫡系的培植可谓费尽心思。虽然陈诚早年曾追随邓演达,但蒋介石仍将陈诚收为己用,不仅在职务上予以提拔重用,而且在生活上予以关怀。蒋介石之知遇,令陈诚对

① 《蒋介石日记》(手稿),1948年5月11日、12日。

② 陈诚:《陈诚回忆录——抗日战争》,第277页。

③ 《手谕请勿坚辞东北党团主任委员》,何智霖编辑:《陈诚先生书信集:与蒋中正先生往来函电》下,第677页。

蒋在"公"怀有报效之心，在"私"亦有报恩之情。蒋介石对陈诚苦心栽培，除军事上给予指点外，还以宋明理学为武器，以父兄、师长、领袖之身份从修身、治学方面悉心指导。与此同时，蒋又令陈诚在党政方面历练，使其逐渐由军界向政界扩充，向党内发展。多年之苦心培植，使陈诚逐渐对蒋产生了信仰，成为蒋之信徒，奉蒋为唯一领袖，唯蒋命是从，而蒋亦视其为门生嫡系，二者犹如父子、君臣。毫无疑问，蒋介石对陈诚的培植方式在黄埔嫡系的高级干部中绝非个案。尤其自 1932 年起，蒋介石为了发展势力，利用各种机会寻找并发掘人才，有计划地在黄埔系中培植党政军干部，发展组织，推行个人崇拜，并对追随自己的黄埔系高级干部予以重用。可以说，重视干部之培植是蒋介石在国民党林立派系中胜出的重要原因。[①]

### 三、黄埔军校培养的抗战将领

1924 年到 1929 年，黄埔军校共培养了 7 期 1.3 万余名军官。抗日战争爆发后，出身黄埔军校的军官迅速成长，很多将领担任了集团军司令，甚至战区司令之职，如陆军方面，黄埔一期学员胡宗南任第三十四集团军总司令、第一战区副司令长官，同期的关麟征、杜聿明、郑洞国分别担任第十五集团军总司令、第五集团军总司令、中国驻印军副总指挥，黄埔三期学员王耀武担任第二十四集团军总司令；在空军方面，黄埔一期学员王叔铭曾长期担任中央空军学校教育长。以上所述将领，仅是抗战中黄埔军校生的冰山一角，但见微知著，黄埔军校声名远播为后人所敬仰，与黄埔系将领在抗战中的贡献密不可分。

卢沟桥事变发生后，日军很快占领了平津地区，为了扩大侵略范

---

① 肖如平：《蒋介石对黄埔嫡系陈诚的培植》，《近代史研究》2013 年第 2 期。

围,日军紧接着沿铁路向中国军队进攻,而平绥铁路沿线的南口战役,便是中国军队与日军间展开的重要战斗之一。黄埔一期的李铁军(时任一军一师师长)、王万龄(时任十三军四师师长)、王仲廉(时任十三军八十九师师长)、李仙洲(时任十七军二十一师师长),黄埔四期的罗芳珪(八十九师五二九团团长)等黄埔生参加了战斗。1938年8月,王仲廉率部依靠地形,以惨重的代价顽强抵抗日军,他所在的八十九师伤亡高达6 000余人,"从南口到居庸关有十五里路,第八十九师一共只有四个团,战至二十日,已不足一团,王仲廉在居庸关把剩余的部队集合起来,再向侵入南口之日军反攻,士气绝未稍馁,当夜又夺回来三个山头"。① 后虽有李仙洲等部队来援,但中国军队仍旧未能扭转战局,并陆续撤出南口地区。这次战役虽未获胜,却打击了日军的侵略气焰,延缓了日军进攻山西的步伐。

在南口战役的后期,淞沪会战爆发,黄埔一期的胡宗南(时任第十七军团军团长)、宋希濂(时任三十六师师长)、李文(时任七十八师师长)、王敬久(时任八十七师师长)、冯圣法(时任三十六师副师长)、孙元良(时任八十八师师长)、黄梅兴(时任八十八师二六四旅旅长),黄埔四期的刘超寰(时任一师一旅旅长)、谢晋元(时任八十八师二六二旅参谋主任)、杨杰(时任一师一旅副旅长)、李友梅(时任一师二旅四团团长),黄埔五期的王应尊(时任一师一团团长),黄埔六期的姚子青(时任九十八师二九二旅五八三团三营营长)等将领参加了会战。

淞沪会战前夕,孙元良的八十八师奉命至上海闸北驻防,1937年8月13日,八十八师五二四团率先打响了淞沪会战反抗日军的第一枪,继而八十八师全师出击。经过3个月的浴血奋战,11月,

---

① 《血战居庸关》,《国闻周报战时特刊》,1937年第11期,第12页。

国民政府决定从淞沪战场撤军。其中，八十八师由五二四团团长谢晋元率部掩护师部撤退。谢晋元带领五二四团一营 400 余人（对外宣称 800 人）边打边退，行至四行仓库而终无路可退，谢晋元抱必死之心坚守仓库。这支孤军在多次打退日军进攻后，收到蒋介石的命令，要求其退出四行仓库。军命难违，谢晋元率部进入租界，原计划通过租界回到部队继续抗战，不料刚到租界便被缴械，送胶州路羁留。迫于日军和中国的双方压力，租界既未将谢晋元引渡给日军，又未将其放回中国军中，后日伪军曾多次诱降谢晋元，均被拒绝。1941 年 4 月 24 日，谢晋元被日伪收买的叛徒所杀害，5 月国民政府追赠谢晋元少将军衔。

　　台儿庄战役中亦有众多黄埔军校生的身影，关麟征便是其中的代表将领之一。此次战役，关麟征率领的第五十二军战功卓著，予日军以重创。与之战场相见的日军将领板垣征四郎曾言，关所率领的第五十二军可敌得过中国一般的 10 个军。[①]　关麟征亦因台儿庄战役的功绩被擢升为第三十二军团军团长。关麟征早在长城抗战中便崭露头角，那场战役中他被炸成重伤，但仍带领第二十五师坚守阵地。在他的鼓舞下，全师虽伤亡近 4 000 人，但仍击退了日军，关麟征亦因此获得青天白日勋章。[②]　此外，参加台儿庄战役的黄埔军校生还有一期的甘丽初（时任九十三师师长）、张耀明（时任五十二军二十五师师长）、郑洞国（时任二师师长）、陈大庆（时任八十五军四师师长），二期的覃异之（五十二军二十五师参谋长），三期的石觉（时任四师十旅旅长）、张金廷（时任九师二十五旅旅

---

① 中共陕西省委党史研究室编：《陕西抗战人物纪事》，西安：陕西人民出版社 2015 年版，第 230 页。

② 中共陕西省委党史研究室编：《陕西抗战人物纪事》，第 225 页。

长)、戴安澜(时任十三军七十三旅旅长),四期的刘玉章(时任二师四旅七团团长),等等。其中,关麟征、甘丽初、张耀明、郑洞国、陈大庆、石觉、张金廷、戴安澜等将领又参加了同年7月爆发的武汉会战。

在抗战时期很多黄埔毕业生脱颖而出。据统计,1936年国民政府中的陆军将级军官毕业于黄埔军校的共有92人,其中中将17人、少将75人;至1947年,黄埔毕业的陆军将级军官达1 150人,其中上将1人、中将76人、少将1 073人。抗日战争之前陆军的将官出身黄埔者极少,且出身黄埔的比例乃是随着阶级高低成反比。① 抗日战争爆发后,尤其是全面战争爆发后,国民政府军队内有黄埔军校学习背景的学员占比逐渐增长,抗战后期有军长、师长官职的学员占比已超过保定军校学员相应所占的比重。当然,其间黄埔军校学员付出的牺牲亦是巨大的,这些牺牲是黄埔精神和"黄埔魂"的外在体现。此种精神和"魂"支撑着抗战时期的人们不断坚持,因为人们坚信"悲壮革命之'黄埔魂'必能反抗而战胜残酷凶暴之'大和魂'也"②。

## 第三节　中央陆军军官学校的教育

1927年,南京国民政府成立后,在南京设立中央陆军军官学校,继续招收和培养陆军军官,蒋介石、李济深、何应钦分任校长、副校长和教育长。习惯上,仍称"黄埔军校"。学校隶属于南京国

---

① 张瑞德:《抗战时期国军各阶层成员出身背景及素质的分析》,《抗日战争研究》1993年第3期。

② 冯德彪:《蒋校长与黄埔军校》,《前途》1936年第10期,第136页。

民政府军事委员会训练总监部。1929 年至全面抗战，张治中出任教育长，主管该校教育和校务等。

## 一、中央军校的组织与教育

中央陆军军官学校建立后在组织上有所改革。在学校管理方面，1928 年 11 月，中央陆军军官学校改校长制为委员制，学校设立校务委员会统辖全校人员，总理全校一切事宜，而校务委员会由常务委员负责处理学校的各项事务。当时，推定蒋介石、胡汉民、吴敬恒、戴季陶、冯玉祥、阎锡山、何应钦、李宗仁、李济深为校务委员会委员，之后吴敬恒、张治中、汪精卫、朱培德、程潜、唐生智、陈诚、刘湘、白崇禧等也都陆续担任过校务委员之职。学校设教育长一名，教育长承校务委员会常务委员之命，督率各厅、处、班、队处理全校一切事宜，如常务委员因事不能到校时，可代行其职权。教育长之下，学校设有总办公厅、教育处、政治训练处、编译处、总务处、军械处、军医处等部门，分别处理校务。①

陆军军官学校在注重对学生军事训练的同时，注重对学生的政治教育。政治训练处担负此项重要职责，其具体事项包括：保障学校政治教育的计划、训练、编配和实施，如政治教育教材的编订、审查、发行；针对学生言论、演讲和出版刊物进行审查和纠正，以保证学生的言论符合国民党的政治理念；负责全校官生生活状况的调查、统计，以掌握官生的生活情况；对学校政治图书、校刊的发行，具有保管、审查之责；对学校的娱乐、艺术、休闲等活动，负有管理之责。②

---

① 《中央陆军军官学校组织大纲》，南京《军事杂志》1933 年第 51 期，第 183 页。
② 《中央陆军军官学校组织条例》，南京《军事杂志》1930 年第 20 期，第 5 页。

　　成立之初,中央陆军军官学校采取日式教育,学制两年。1930年后,采取德式教育,学制改为三年。教育模式主要分为入伍生队、学生队和本科高级班三种类型,学习内容包括军事训练和政治教育。

　　入伍生的军事教育大约需要六个月,分为三期,第一期完成新兵和候补上等兵教育;第二期完成上等兵和候补军事教育;第三期在完成军士及勉充排长的特别教育。所接受的教育科目,分为军事学科、军事术科和政治党务教育。典范令、战术学、军制学、兵器学、交通学、地形学、军队教育等是军事学科的主要内容;基本教练、射击教育、散兵教练、野外演习、班排教练、连之间的战斗和散兵壕沟造法等属于军事术科的主要内容;党的组织问题、帝国主义大要、三民主义、政治经济大要、各国革命史略等则是政治党务教育的主要内容。此外,入伍生还需要学习几何、代数、物理、化学、历史、地理、外国语等普通科目,以避免升学后听讲的困难。以上教学内容的培养目标是使入伍生具有士兵的基本知识,并有成为中央陆军军官学校学生队队员之基础。①

　　学生队主要包括军事学习、军事训练和政治党务学习。马学、卫生学、交通学、地形学、筑城学、兵器学、军制、战术学等是军事学习的主要科目,目的是使学生熟悉更多的军事学知识,进而增长学生的识别能力,提高学生的理解能力。军事训练的科目又被分为教练科目和演习科目两项。典范令、阵中勤务、服务提要和技术、制式教练等五大类是教练科目的内容。野营演习、战术实施和野外演习是演习科目的内容。军事训练的目标在于使学生了解各种阵中勤务和技术原则,从而掌握指挥小部队的作战能力。政治

① 叶在瑞:《黄埔中央陆军军官学校概述》,南京《军事杂志》1928 年第 6 期,第12 页。

党务的教育科目为中国国民党史、三民主义、政治学、经济学、社会学、社会主义、社会问题、社会进化史、军队政治工作、党的组织问题、帝国主义、世界革命、帝国主义侵略史等。这些科目包含范围较广，可以使学生了解国民党的主义和各项政策，精悉国内外政治经济状况。[1]

高级班的教育，一方面要进一步学习学生队所学科目，另一方面还要学习一些军事专门学科，如无线电航空等，并加以见习旅行、参谋旅行、幕僚勤务演习等。与此同时，国际公法、动员计划、作战计划、参谋勤务、战略学、特种战术、后方勤务、战史、兵棋等也是学员学习的主要内容。政治学习增加了20余种，"凡阅于世界政治经济状况，各种社会运动均进而为精密的研求，并期提高各学员军事政治各项知识，以便担任革命军中较重要或专门之军事政治工作"。[2]

中央陆军军官学校的教学质量和规模超过同时期的任何一所军事学校，成为南京国民政府军事教育的重心。

## 二、中央军校的内迁与分校

全面抗战爆发后，中央陆军军官学校被迫内迁，已基本完成学业的在校学生提前毕业，分派部队急用。抗战爆发时，学校共有三期在校生，即1934年入学的第11期，1935年入学的第12期，1936年入学的第13期。1937年8月28日，第11期第一总队学员提前毕业输送前线，计605人；第二总队在西迁九江途中，于10月25日提前毕业，计664人。第12期学生在军校从九江迁往武昌途中，于1938年1月20日提前毕业，计740人。第13期学生随校西迁，经

---

[1][2] 叶在瑞：《黄埔中央陆军军官学校概述》，南京《军事杂志》1928年第6期，第12页。

九江、武昌、长沙，于 1938 年 5 月迁至四川铜梁后继续接受正式教育，并于同年 9 月 16 日毕业，计 1 412 人。① 在西迁途中，军校招收了不少新生，分别为第 14、第 15、第 16 期。其中第 14 期第一总队669 人于 1938 年 11 月在四川铜梁毕业，第 15 期第二总队拨归西安的第七分校。最后，各期均保留一个总队，于 1938 年底迁至成都。以原成都分校校址作为校本部新校址，撤销原成都分校，该校学生并入中央陆军军官学校校本部。

为了培养更多的初级军官，中央陆军军官学校在南京建立后，国民政府又陆续在全国建立分校。抗战时期，中央陆军军官学校在全国有九个分校，分别位于在洛阳、武汉、成都、广州、昆明等地。这些分校名义上受本部领导，但在具体运行中由各个战区负责。

洛阳分校即中央陆军军官学校第一分校，九一八事变爆发后，蒋介石、何应钦等便提议在洛阳设立分校，这一设想主要是为了"改良西北军事、开发土地、充实国防之基本，而洛阳地方之治安亦可藉学校而维持，人民之智识生活更可因学校而获益"②。洛阳分校于 1933 年开学，分校正、副主任分别由祝绍周、江煌担任。1937年 11 月，学校正式改称中央陆军军官学校第一分校，次年学校从洛阳迁至陕西南郑，1945 年秋被裁撤。洛阳分校先后招收学生队4 期，毕业学生 8 207 人。③

武汉分校即中央陆军军官学校第二分校。1929 年 4 月，蒋介石接办中央陆军军官学校武汉分校，并任命钱大钧为学校教育长。

---

① 史全生主编：《中国近代军事教育史》，南京：东南大学出版社 1996 年版，第 365 页。

② 《蒋委员等原提案》，《中央党务月刊》1932 年第 52 期，第 97—103 页。

③ 王玲：《黄埔军校(中央陆军军官学校)分校简介》，《民国档案》1990 年第 3 期。

1932年3月武汉分校奉命搬迁至南京,1936年秋武汉分校又恢复招生,专门训练下级军官。1937年底,武汉分校改名为中央陆军军官学校第二分校,分校主任为李明灏,后由周磐继任。1938年,学校由武昌迁至湖南邵阳,后又迁至湖南武冈。[①] 1944年9月日军占领新化、邵阳等地,分校被迫往遂宁转移。1945年8月,分校被裁撤。武汉分校共开办学生队6期,毕业学生1.7万余人。

成都分校即中央陆军军官学校第三分校。1935年,成都分校开始筹办,1936年4月正式开学,校址位于市北校场。1938年初,成都分校改名为中央陆军军官学校第三分校,同年末,南京校本部迁至成都,第三分校奉命停办。1939年初,第三分校在江西瑞金复校。[②] 1941年2月,经第三战区司令长官顾祝同请示重庆后,第三分校由江西瑞金迁至江西广丰、福建邵武、江西会昌等地。1945年11月,第三分校受命裁撤。从1939年7月至1945年11月,共毕业学生14 230人。

广州分校即中央陆军军官学校第四分校。1936年8月,原广东军事政治学校改为中央陆军军官学校广州分校。先由陈诚任学校主任,后由韩汉英继任。1938年3月,广州分校改为中央陆军军官学校第四分校。后因日军的进攻,校址由广州市郊的燕塘迁往广东德庆、西江,1938年10月又迁至广西宜山。1940年至1944年,学校又陆续迁到贵州独山、遵义、湄潭。1945年10月第四分校受命裁撤。1936年至1945年,毕业的学生队学生有14 529人。[③]

---

① 《中央陆军军官学校第二分校》,湖南省教育史志编纂委员会编:《湖南近现代名校史料》(三),长沙:湖南教育出版社2012年版,第2901—2902页。

② 周善琦、张国盛:《中央陆军军官学校第三分校情况忆述》,《江西文史资料选辑》第26辑,江西省政协文史资料研究委员会1987年编印,第80页。

③ 王玲:《黄埔军校(中央陆军军官学校)分校简介》,《民国档案》1990年第3期。

　　昆明分校即中央陆军军官学校第五分校。1935年8月,滇军军官教导团改为中央陆军军官学校昆明分校。1938年1月,中央陆军军官学校昆明分校又改名为中央陆军军官学校第五分校。该校在1945年9月被裁撤。从1935年9月至1946年,共培养学生队学生6 357人。

　　南宁分校即中央陆军军官学校第六分校。原为在南宁的中央军事政治学校第一分校,后于1937年11月改称中央陆军军官学校南宁分校,不久又改名为中央陆军军官学校第六分校。俞星槎担任该校第一任学校主任,继任者有黄维、黄杰、甘丽初、冯璜等人。1938年3月,该校由南宁迁至柳州。次年9月,又从柳州迁至桂林。1944年底,该校从桂林迁至凌云,最后又迁至百色。中央陆军军官学校第六分校在1945年11月被裁撤。从1937年11月至1946年,共培养学生队学生9 478人。

　　西安分校即中央陆军军官学校第七分校。1938年3月,分校在陕西凤翔正式成立,以胡宗南为学校主任。1938年5月,校部迁往西安办公。1945年12月,第七分校奉令改组为中央陆军军官学校西安督训处。该校共培养学生队学生25 014人。

　　中央陆军军官学校第八分校的前身为国民党第五战区干部训练团。1940年1月,改为中央陆军军官学校第八学校,以康泽担任学校主任。校址设在湖北均县草店镇,1945年迁至湖北房县。1945年6月,该校奉命裁撤。该校共培养学生队毕业生2 331人。

　　中央陆军军官学校第九分校的前身为新疆陆军军官学校,1943年3月27日改为中央陆军军官学校第九分校,校址设在新疆迪化。分校以盛世才任学校主任,后由宋希濂接任。该校第20期学生毕业后,在1947年3月改名为中央陆军军官学校第五军官训练班。第九分校自1943年8月至1947年3月共有1 000余名学员毕业。

总体而言,中央陆军军官学校校本部及各处分校为抗日战争培养了大量的军官干部,为抗战做出了重要贡献。

## 第四节　其他军校与抗战高级将领

20世纪初,在内忧外患的困境下,清政府为了稳固自身统治,在全国范围内编练新式陆军(简称"新军")36镇。同时,兴办陆军学堂,要求地方各省设讲武堂,颁布《陆军学堂办法二十条》,培植军事人才。这些地方军事学校同样也培养出了一批军事人才,为抗战做出了贡献。

1906年,清政府在天津设北洋讲武堂。1908年,清政府在奉天设东北讲武堂。北洋讲武堂、东北讲武堂与1909年设立的云南陆军讲武堂是中国近代史上的三大讲武堂。其中,云南讲武堂是清政府为加强边防而设立的一所军事学校。该校以李根源为监督(后任总办),张开儒为提调,唐继尧、谢汝翼、庾恩旸等为重要的军事教官。云南陆军讲武堂以"爱国""革命""振兴中华"为办学理念,主张"坚忍刻苦"的治学思想。自创办至1935年,该校共办学26年,招生22期,培养中外学员9 000余人(含正式班、培训班)。朱德、叶剑英、周保中、卢汉、曾万钟、唐淮源、寸性奇等许多抗日名将都出自云南讲武堂。唐淮源、寸性奇、陈钟书等将领在抗战中壮烈殉国。

唐淮源1910年毕业云南讲武堂,1926年参加北伐战争,1932年升任陆军第十二师师长。1936年10月,兼任陆军第三军副军长。全面抗战爆发后,唐淮源所部参加山西娘子关保卫战,与日军连续激战14昼夜,予日军以沉重打击。1938年唐淮源奉令率第三军转入中条山,建立抗日游击根据地,固守潼关,牵制日军。次年,因作战有功,唐淮源被提拔为陆军第三军中将军长,管辖第七师和第十二师。1941 年 5 月,在中条山战役中,唐淮源部官兵伤亡惨重,弹尽粮绝,唐淮源壮烈殉国,时年 55 岁。唐淮源牺牲后,国民政府于 1942 年 2 月特颁发褒扬令,追赠其为陆军上将。[①]

1909 年,寸性奇考入云南讲武堂,1910 年加入孙中山领导的同盟会。全面抗战爆发后,寸性奇被任命为陆军第三十四旅旅长。担任旅长期间,寸性奇自云南率部北上,在井陉、阳泉地区与日军交锋激战。在作战中,寸性奇披挂上阵,亲临前线,视察阵地,鼓舞官兵英勇杀敌,报效国家。不久,寸性奇因战功被提拔为陆军第十二师师长。1941 年 5 月,日军集 10 余万之众进犯中条山。时逢大雨,道路阻塞,敌人四面包围,寸性奇奉令退至五福涧,且战且退,敌军大批来攻,要道断绝。12 日,左翼阵地失陷,寸性奇率部突围,胸部中弹受伤。13 日晚,寸性奇再次受伤,炮弹断其右股,乃以刀自戕,壮烈殉国,时年 46 岁。1942 年 5 月,寸性奇被国民政府追赠为陆军中将。[②]

除三大讲武堂外,近代比较有名的地方军校还有广西陆军小学堂、广东武备学堂、江南武备学堂、蜀军将弁学堂、兴义随营学校、四川武备学堂、浙江武备学堂、山西武备学堂、湖南武备学堂等,这些军校也为近代中国培养了一批高级军官。如李宗仁、李品仙、黄绍竑、夏威、廖磊等新桂系将领均毕业于广西陆军小学堂,黄慕松、李万祥、钟鼎基、王肇基、莫擎宇、孔昭度、覃鎏钦、姚雨平、李济深、张醁村、张我权等毕业于广东武备学堂,王陵基、杨森、刘湘、

① 中国人民抗日战争纪念馆编:《抗战英烈谱》,北京:团结出版社 2017 年版,第 229 页。
② 郭雄:《抗日战争时期国民党正面战场》,成都:四川人民出版社 2015 年版,第 180 页。

唐式遵、潘文华、李家钰等毕业于四川武备学堂。他们不仅是近代地方实力派中的重要军事力量，也是抗战时期的重要将领。

广西陆军小学堂，以日本陆军士官学校毕业的蔡锷将军为总办。学堂 1906 年开始招生，每年只招收一班，每班 100 人，下分三排，每排学生 30 余人。排设学长一人，其余就是各学科的教员。陆军小学教育是陆军军官训练的基础。在学制上模仿日本军事学校，实行三级学堂，即陆军小学堂学制三年，毕业后升入陆军预备中学；预备中学学制两年，毕业后再入保定军官学堂分科受训两年；毕业后派充各军下级干部。1908 年，李宗仁考入广西陆军小学堂第三期，在这里学习了最基础的学、术两科，并较早地学习了法语，在术科方面李宗仁也表现出了较高的天赋，接受了初期的徒手和持枪训练。① 在广西陆小的三年求学，为李宗仁以后的军旅生涯打下了坚实的基础。

除国内地方军校外，还有不少抗日将领毕业于国外军校。清末以来，不少爱国青年赴国外军校留学，其中很多人学成归国后成为高级将领。1936 年，具有留学背景的陆军将级军官共 159 人，其中上将 6 人、中将 51 人、少将 102 人，这个数字仅比黄埔毕业的人数高，但低于保定军官学校和地方军事院校毕业的人数；1946 年，陆军将级军官具有留学背景的共 284 人，其中上将 10 人、中将 67 人、少将 207 人，这个比例比保定军官学校出身的将领数量略高。② 从统计数据上看，抗战期间陆军将领出身国外军校者总体数量较少，而且多系一次大战期间或一次大战前出国留学者。

---

① 李宗仁口述，唐德刚撰写：《李宗仁回忆录》上，第 32—35 页。
② 张瑞德：《抗战时期国军各阶层成员出身背景及素质的分析》，《抗日战争研究》1993年第 3 期。

在所有的留学生将领中，以留学日本陆军士官学校的最早，人数也最多。1898 年，第一批留学日本陆军士官学校的学生赴日，到 1937 年全面抗战爆发，留学日本陆军士官学校的学生共计有 29 期 1 600 余人。尽管赴日陆军士官学校留学的学生数量不及保定军校和黄埔军校的学生，但是其历史作用不容忽视。留学日本陆军士官学校学生是最早接受近代军事教育的群体，在清末至民国初年的中国军队近代化过程中扮演着重要的角色。此外，留学日本陆军士官学校学生促进了中国军队的装备、编制、训练、体制和作战思想的近代化。追溯保定军校和黄埔军校的校史，可以看到，两校的创始人中都有留学日本陆军士官学校学生的身影，而地方讲武堂的创办也有他们的参与。如蔡锷、蒋百里、许崇智、孙传芳、阎锡山、厉尔康、张孝准、徐树铮、尹昌衡、刘毓祺、蒋作宾、何应钦、汤恩伯、朱绍良、程潜、黄慕松、林振雄等等，这些将领不仅对中国近代军事教育起了重要作用，而且很多人在抗战前期做出了重要的贡献。直到黄埔军校生的崛起，他们才逐步淡出中国军界。

# 第三章　战区的划分与高级将领的任免

战区是抗战时期国民政府对日作战的主要战略单位。全面抗战爆发后,国民政府在原有基础上建立了战时的军队系统,这个系统逐渐发展成为包含战区、集团军两个主要层级的体系。其间,为适应战局的发展变化,国民政府不时地对战区—集团军体系的设置和划分进行调整,并对相关战区司令长官、集团军总司令等高级将领进行任免。

## 第一节　抗战时期战区的划分与演化

"战区"概念的提出可追溯到 19 世纪初法国的军事家若米尼(Antoine-Henri Jomini),若米尼认为战区是不受复杂情况影响的,每个军团占领的范围。[①] 同一时期的德国军事理论家克劳塞维茨(Carl Von Clausewitz)对战区亦有所阐述,克氏认为战区(Theatre of Operations)系指总的战争区域中的这么一部分:"它有被保护的

---

① [法]若米尼著,唐恭权译:《战争艺术论》,武汉:华中科技大学出版社 2016 年版,第59—61 页。

边界,因而有一定程度的独立性……这样的一个部分不仅是整体的一部,而且其本身是一个从属的实体——取决于战争区域别处发生的变化在多大程度上并非直接而仅间接地影响它。"①此后,战区的概念在军事学上主要指为执行战略作战任务而划分的区域和设置的军事组织,是一个由军事、政治、经济、自然地理条件等要素组成的完整的区域性作战实体,也是介于统帅部和战略单位之间的军队指挥机构。②

卢沟桥事变发生一个月后,南京国民政府发表《自卫抗战声明书》,正式宣布进入战时体制。在这个体制下,国民政府战区—集团军这一新的军队系统架构开始成立:交战区域被划分为五个战区,并设立预备军。③ 战区之下陆续设置了集团军、兵团、军团等作战单位,作为战区—集团军体系形成之前抗战初期的军队系统。

实际上,抗战时期国民政府的战区划分最早可追溯到1932年"一·二八"淞沪抗战期间的"防卫区"构想。"一·二八"事变发生后不久,蒋介石曾亲自将全国划分为四个防卫区,并指定各防卫区的正副司令长官,以作长期抵抗之计。1932年2月8日,在蒋介石的指示下,朱培德以军事委员会名义发布通电:

> 暴日野心日亟,国联正义难恃,兹为正当防卫起见,划分全国为四防卫区,第一防卫区其区域为黄河以北,以张学良为司令长官,徐永昌副之;第二防卫区其区域为黄河以南长江以

①［德］卡尔·冯·克劳塞维茨著,时殷弘译:《战争论》上,北京:商务印书馆2016年版,第398页。

②中国军事百科全书编审委员会主编:《中国军事百科全书》军制分册(上),北京:军事科学出版社1995年版,第119—120页。

③张光宇:《抗战时期国民党战时体制的嬗变》,《广西社会科学》1995年第6期,第70—72页。

北,以蒋中正为司令长官,韩复榘副之;第三防卫区其区域为长江以南及浙闽两省,以何应钦为司令长官,陈铭枢副之;第四防卫区其区域为两广,以陈济棠为司令长官,白崇禧副之。各司令长官除酌留部队绥靖地方外,均应将防区内兵力集结,以便与暴日相周旋,其布防计划由各长官拟定据报。此间并已电川湘、赣、黔、陕、豫出兵作预备队矣。①

这一防卫区域的划分,成为全面抗战爆发后,中国军队设立战区的雏形。② 此后,随着中日关系日渐紧张,国民政府军队统帅部在对将来的中日作战进行谋划时,多次设计规划了用于国土防卫的战区。抗战爆发前国民政府军队的历次作战计划,均对可能的战区进行了规划。

1933 年夏,国民政府的国防计划将全国分为抗战、绥靖、预备三类区域,并将抗战区域的战场按地形情况划分为冀察、晋绥、山东、江浙、福建、广东六个防卫区。③ 1935 年,国民政府军事委员会在上年度国防计划大纲基础上所制定的防卫计划大纲,又将全国划分为三道防卫区域线:第一线为察晋绥、鲁、江浙、闽、粤桂区;第二线为察冀、鲁、豫、皖、赣、湘区;第三线为晋绥、宁、甘、陕、鄂、川、滇区。同年春夏间,蒋介石在对川、黔、陕等省视察后,又认为"对日应以长江以南与平汉路以西地区为主要阵线,以洛阳、襄阳、荆州、宜昌、常德为最后阵线,而以川、黔、陕三省为核心,甘肃、云南

① 周美华编注:《蒋中正"总统"档案:事略稿本》第 13 册,台北:"国史馆"2006 年版,第 140—142 页。

② 肖如平:《南京国民政府与"一·二八"淞沪抗战研究》,杭州:浙江大学出版社 2016 年版,第 84 页。

③ 中国第二历史档案馆:《1933 年国防作战计划》,《民国档案》2006 年第 4 期,第 18—26 页。

为后方"。①

　　1936 年,在持久战的战略思想和对日作战总方针的指导下,国民政府将全国划分为四个国防区。② 其中,抗战区为察、绥、冀、豫、苏、浙、闽、粤,警备区为皖、赣、湘、桂,绥靖区为甘、陕、川、宁,预备区为陕、川、鄂、湘、桂、赣、滇、新、青、藏、康。同时以军委会为最高统帅部,在抗战区内分设六个国防军总指挥部,在其他区域内设立一个由八省组成的预备军总指挥部,并进一步划出五道自北向南的抵抗线,以淮阴、徐州、归德、开封、新宁、郑州、洛阳一线为最后抵抗线。此外,还规定了预定战场的阵地设置,将全国战场划分为五个方面:一是北正面,辖山东、冀察、河南、徐海区;二是晋绥侧面,辖山西、绥远区;三是东正面,辖江浙区;四是南海岸,辖闽粤区;五是警备区,辖陕甘宁青、湘鄂赣皖、桂、滇黔、川康区。③

　　1937 年 1 月,国民政府拟订《民国廿六年度国防作战计划》甲乙两案,同年 3 月修订完毕。虽然两个方案的敌情判断稍有不同,但战区的划分大致相同。该计划不但取消了继续内战的内容,而且在上年度国防作战计划的基础上,对中日两国的形势做了较为确切的分析和预测,并根据预定作战需要,将全国划为鲁、冀察、豫、晋绥、徐海、江浙、闽粤七个国防区及陕甘宁青、湘鄂赣皖、川康、滇黔、桂五个警备区,分别置于第一线和总预备队的位置上。同时,还部署了第一至第五方面军分别在鲁、冀察、江浙、闽粤各地

---

① 张其昀:《中华民国史纲》第 3 卷,台北:台湾"中华文化出版事业委员会"1954 年版,第 211 页。

② 张治中:《张治中回忆录》,北京:华文出版社 2014 年版,第 80 页。

③ 房列曙、胡启生:《抗战时期国民政府战区划分的演变》,《抗日战争研究》1995 年第 1期,第 101 页。

的战斗任务。<sup>①</sup> 4 月底,蒋介石明令发表各国防区长官。<sup>②</sup> 与此同时,在国民党五届三中全会上,国民政府军政部的报告则与此作战计划略有区别:交战的区域划为北正面、晋绥侧面阵地、东正面、南海岸四块。<sup>③</sup> 总的来说,这次国防区的划分不仅体现了国民政府从内战转向抗战的开始,也与全面抗战开始后的战区划分大体接近。<sup>④</sup>

"七七事变"发生后,全面抗战打响。国民政府军事委员会最初的战区设置和部队配备,大致和五届三中全会的报告相同:战区划为四个,并组建五个预备军。稍后,经过十余天的权衡,国民政府"为统帅指挥之便利计,将战地区分为五个战区",于 8 月 20 日正式发布作战序列,并决定抗战最高统帅部军事委员会以蒋介石为委员长,程潜为参谋总长,将南北战场划分为五个战区。这一调整将战区由四个增加为五个,即将冀鲁作战区域分开划为第一、第五战区。<sup>⑤</sup>

在最初成立的五个战区中,第一战区司令长官由蒋介石兼任;第二战区以阎锡山任司令长官;第三战区以冯玉祥任司令长官,顾祝同任副司令长官;第四战区以何应钦任司令长官,余汉谋任副司

---

① 中国第二历史档案馆:《国民党政府 1937 年度国防作战计划(甲案)》,《民国档案》1987 年第 4 期,第 40—52 页;中国第二历史档案馆:《国民党政府 1937 年度国防作战计划(乙案)》,《民国档案》1988 年第 1 期,第 34—41 页。

②《蒋介石日记》(手稿本),1937 年 4 月 27 日。

③ 何应钦:《对五届三中全会军事报告(自民国廿五年七月至民国廿六年二月)》,浙江省历史学会现代史资料组编:《抗日战争军事报告集》上,杭州:杭州出版社 1985 年版,第 2—4 页。

④ 房列曙、胡启生:《抗战时期国民政府战区划分的演变》,《抗日战争研究》1995 年第 1 期,第 101—102 页。

⑤ 刘凤翰:《国民党军事制度史》,北京:中国大百科全书出版社 2008 年版,第 238—239 页。

令长官;第五战区司令长官亦由蒋介石兼任,韩复榘为副司令长官。[①] 而四个预备军也有变化:第一预备军司令长官李宗仁,副司令长官白崇禧;第二预备军司令长官刘湘,副司令长官邓锡侯;第三预备军司令长官龙云,副司令长官薛岳;第四预备军司令长官何成濬,副司令长官徐源泉。当时各战区的任务为:第一战区纵深配备进行防御,第二战区凭险力保山西,第三战区负责进攻上海,第四、五战区则防卫海岸。[②]

在作战区域及所辖部队的具体分配上,第一战区以河北和山东北为作战区域,蒋介石兼任司令长官,刘峙副之,辖宋哲元、刘峙、卫立煌三个集团军;第二战区以晋察绥为作战区域,阎锡山任司令长官,辖杨爱源、傅作义两个集团军;第三战区作战区域为苏南及浙江,冯玉祥任司令长官,顾祝同副之,辖张发奎、张治中、刘建绪、陈诚四个集团军,以及由谷正伦为司令的首都警卫军;第四战区作战区域为闽粤,何应钦、余汉谋分任正副司令长官,辖蒋鼎文、余汉谋的两个集团军;第五战区为连接南北两战场而设,具有"中枢"地位,作战区域为苏北及山东,蒋介石兼任司令长官,韩复集副之,辖韩复榘、顾祝同两个集团军。这次战区划分,确立了战

---

① 刘凤翰:《国民党军事制度史》,第238—239页。第五战区起初实际由副司令长官韩复榘负责。9月,程潜亦以第一战区代司令长官身份前往石家庄代行第一战区司令长官职权。《何应钦关于程潜被派赴石家庄代行第一战区司令长官职权密电》(1937年9月23日),中国第二历史档案馆编:《中华民国史档案资料汇编》第五辑第二编,"军事"(一),南京:江苏古籍出版社1998年版,第748页。

②《何应钦将军九五纪事长编》编辑委员会编:《何应钦将军九五纪事长编》上,台北:黎明文化事业公司1984年版,第572—573页;《大本营颁布国军战争指导方案训令》(1937年8月20日)、《大本营颁布国军作战指导计划训令稿》(1937年8月20日),中国第二历史档案馆编:《抗日战争正面战场》上,南京:凤凰出版社2005年版,第34—42页。

区作为正面战场基本战略单位的地位,初步形成了对日战略防御的作战体制。①

　　与此同时,中国共产党领导的军队和各地方部队也渐次划入各个战区之中。1937 年 8 月,西北的中国共产党红军被改编为国民革命军陆军第八路军,同年 9 月调整为国民革命军第十八集团军,划归阎锡山的第二战区参战。10 月,南方各省工农红军和游击部队改编为国民革命军陆军新编第四军,配属第三战区建制。② 其他国民政府整编后的地方部队,如桂系的三个集团军、川系的五个军、滇系的两个军在淞沪会战开始后亦纷纷出省,编入各战区的战斗序列。

　　全面抗战开始后的数月间,战局变化剧烈。在此期间,战区的调整和变化亦较为频繁:一是少数战区作战区域的变动。随着平津迅速失陷,军委会针对日军进攻平汉线的战略企图,决定将第一战区辖区改划为平汉线北段。同时,为便于华东战场的作战指挥,将福建省划归第三战区。二是第六、第七、第八战区的建立与撤销。平津沦陷后,津浦路方面战事吃紧,军委会于 1937 年 9 月初在津浦路北段设第六战区,调冯玉祥北上担任司令长官,后因该作战区域沦陷,国民政府遂于 10 月中旬将第六战区归并于第一战区,

---

① 房列曙、胡启生:《抗战时期国民政府战区划分的演变》,《抗日战争研究》1995 年第 1 期,第 101—102 页。

② 此后中国共产党军队的配属战区又有所变动。详情可参见《军令部关于中共分布各战区抗日军实力位置一览表》(1941 年 3 月),中国第二历史档案馆编:《中华民国史档案资料汇编》第五辑第二编,"军事"(五),第 23—47 页。

故该战区仅历时月余。① 淞沪会战开始后,为保卫南京和安置出川抗战的刘湘部川军,国民政府于 10 月份决定增设第七战区,以刘湘为司令长官,陈诚为副司令长官。作战区域为苏皖南部和浙北地区。所辖部队包括第十五集团军(陈诚兼)、第八集团军(张发奎)、第二十三集团军(刘湘兼)。此后刘湘踌躇满志调动部队出川,并积极在南京组建了战区司令长官部。但随着刘湘于翌年初病逝,第七战区遂宣告停止。② 此外,华北沦陷后,因日军威胁西北,军委会于 1937 年 11 月在陕、甘、宁、青设置第八战区,由蒋介石兼任司令长官,以朱绍良为副司令长官代行其职。③ 三是部分战区司令长官的调换。淞沪会战进行到白热化阶段时,蒋介石辞去第一、五战区司令长官的兼职,并将第三战区司令长官冯玉祥调任第六战区司令长官,亲自兼任第三战区司令长官,军委会参谋总长程

---

① 冯玉祥北上担任第六战区长官后,其原职第三战区司令长官由蒋介石代理,而实际由副长官顾祝同负责。《蒋介石为调整第六战区战线部署密电稿》(1937 年 10 月 4 日),中国第二历史档案馆编:《中华民国史档案资料汇编》第五辑第二编,"军事"(一),第 743—744 页。参见冯玉祥《我的抗日生活》,北京:世界知识出版社 2006 年版,第 16、21 页;徐永昌:《徐永昌日记》第 4 册,1937 年 10 月 19 日,台北:"中央研究院"近代史研究所 1990 年版,第 150 页。

② 《刘湘电蒋中正遵派邱甲峀赴钧会具领第七战区司令长官委状》(1937 年 10 月 24 日),台北:"国史馆"藏,蒋中正"总统"文物,002/090106/00001/195;《蒋介石关于变更第三第七战区等战斗序列作战地境密电稿》(1937 年 11 月 25 日),中国第二历史档案馆编:《中华民国史档案资料汇编》第五辑第二编,"军事"(二),第 287—288 页;周开庆编著,刘航琛审订:《民国刘甫澄先生湘年谱》,台北:台湾商务印书馆 1981 年版,第 164—168 页。

③ 《孙蔚如电蒋中正陕甘宁青设置第八战区由钧座遥领并以朱绍良为副司令长官遵即电饬所属知照》(1937 年 11 月 9 日),台北:"国史馆"藏,蒋中正"总统"文物,002/090106/00001/187;周开庆编著:《民国朱上将绍良年谱》,台北:台湾商务印书馆 1981 年版,第 23 页。

潜、桂系李宗仁分别接任第一、五战区司令长官。①

　　1938 年初，国民政府鉴于战局的变化，又对战区进行了第二次较大的调整部署。此时华北几乎已全部沦陷，华东的上海、南京等长江下游地区亦几乎全部失守，中国军队主力集中于华中地区。随着战局重心向华中地区转移，1938 年 1 月中旬，国民政府改组军委会，以蒋介石为委员长，何应钦为参谋总长，统率全国陆海空三军，同时调整划分战区，任命司令长官。第一战区由程潜出任司令长官，辖平汉路及陇海路中段，率宋哲元、商震两个集团军及战区直属部队；第二战区阎锡山，辖山西、绥远和陕北，率南路军前敌总司令卫立煌部、北路军前敌总司令傅作义部、朱德第十八集团军及战区直属部队；第三战区顾祝同，辖江浙，统刘建绪等四个集团军及新四军等部；第四战区何应钦（兼），辖两广，率余汉谋一个集团军及战区直属部队；第五战区李宗仁，辖津浦路方面，率于学忠、孙连仲等六个集团军及庞炳勋等军团和海军陆战队；第八战区继续以蒋介石兼任司令长官，朱绍良代理，辖甘、宁、青，率马鸿逵一个集团军、东北挺进军总司令马占山部及战区直属部队。同时设立武汉卫戍总司令部，陈诚任总司令，辖李延年等五个军及总司令部直属部队。在西北地区设立了以蒋鼎文为主任的西安行营，辖胡宗南等三个军团及行营直属部队。在东南沿海，设立了以陈仪为

① 房列曙、胡启生：《抗战时期国民政府战区划分的演变》，《抗日战争研究》1995 年第 1 期，第 103—104 页；戚厚杰：《对〈抗战时期国民政府战区划分的演变〉一文的补正》，《抗日战争研究》1996 年第 1 期，第 133—134 页；《蒋中正条谕黄绍竑由参谋总长程潜兼代第一战区司令长官》（1937 年 10 月 1 日），台北："国史馆"藏，蒋中正"总统"文物，002/020300/00008/110。1937 年 12 月下旬，蒋介石又将第三战区司令长官交由顾祝同主持。参见《顾祝同电蒋中正遵于即日在屯溪防次就第三战区司令长官并兼第七战区司令长官职》（1937 年 12 月 21 日），台北："国史馆"藏，蒋中正"总统"文物，002/090106/00001/239。

主任的福建绥靖公署,辖两个步兵师、四个独立旅及地方要塞部队。此外,为应付战局的变化,军委会直辖汤恩伯等四个集团军,计17个步兵师作为机动部队。① 武汉会战期间,国民政府方面"依照作战需要的划分",又于第三、第五战区之间成立以陈诚为战区司令长官的第九战区,其主要任务系配合第五战区保卫武汉。②

1938年秋,武汉、广州失守后,随着抗战相持阶段到来,国民政府又对战区进行了大规模的划分调整。1938年底至1939年期间,国民政府先后在长沙、南岳、西安等地召开军事会议,检讨第一期作战得失,并制定了第二期作战的战略指导方针。方针指出"国军连续发动有限度之攻势与反击,以牵制消耗敌人,策应敌后之游击队,加强敌后方之控制与袭扰,化敌后方为前方,迫敌局限于点线,阻止其全面统制与物资掠夺,粉碎其以华制华,以战养战之企图,同时抽调部队轮流整训,准备总反攻"。③

根据这一方针,军委会以陕、甘、青、川、湘、桂、黔、滇、康等省为抗战基地,重新划分战区:第一战区卫立煌,辖皖、豫,指挥孙桐萱、孙蔚如、胡宗南、李家钰四个集团军;第二战区阎锡山,辖晋、

① 《蒋介石为变更一、二两战区作战地境及划分河防密电稿》(1938年3月4日),中国第二历史档案馆编:《中华民国史档案资料汇编》第五辑第二编,"军事"(一),第749页;戚厚杰:《对〈抗战时期国民政府战区划分的演变〉一文的补正》,《抗日战争研究》1996年第1期,第134页。

② 陈诚:《陈诚回忆录——抗日战争》,第49页;张发奎口述,夏莲瑛记录,郑义译校:《蒋介石与我——张发奎上将回忆录》,香港:文化艺术出版社2008年版,第258页;《武汉会战第九战区作战计划》(1938年),中国第二历史档案馆编:《抗日战争正面战场》上,第715—716页;《蒋介石关于调整第三第九战区作战地境密电稿》(1938年7月4日),中国第二历史档案馆编:《中华民国史档案资料汇编》第五辑第二编,"军事"(三),第12—13页。

③ 蒋纬国总编著:《国民革命军战史》第三部"抗日御侮"(第三卷),台北:黎明文化事业股份有限公司1978年版,第120页。

陕,指挥曾万钟、杨爱源、赵承绶、孙楚、王靖国、刘茂恩、朱德等集团军;第三战区顾祝同,辖苏南、皖南、闽、浙,指挥陈仪、刘建绪、上官云相、唐式遵等集团军;第四战区张发奎,辖两广,指挥李汉魂、夏威等六个集团军;第五战区李宗仁,辖皖西、鄂北、豫南,指挥冯治安、王缵绪、孙震、孙连仲、汤恩伯、李品仙、何柱国等集团军;第八战区朱绍良,辖甘、宁、青及绥远,指挥马鸿逵、傅作义等集团军;第九战区陈诚(薛岳代理),辖鄂、赣,指挥罗卓英、王陵基、杨森等集团军;第十战区蒋鼎文,辖陕西,指挥胡宗南集团军,1940 年 6 月撤销。① 与此同时,1939 年初,国民政府先后在敌后设立鲁苏战区(1943 年 7 月撤销)和冀察战区(1945 年 6 月撤销并入第十一战区),以于学忠、鹿钟麟分任总司令。② 此外,随着战区的增多,为指挥便利,国民政府取消了广州、西安、重庆各行营,而在桂林和天水设立两个行营,统一指挥所属各战区。③

这次战区划分除第四战区外均有变动。在战区最高指挥官方面,卫立煌和朱绍良分别出任第一、八战区司令长官。就新战区的设立而言,当推第十战区和鲁苏、冀察战区,前者的主要任务是"与

① 第十战区司令长官不久即由胡宗南接任。见《军事委员会政治部部长陈诚签呈委员长蒋中正第十战区已划定拟请以胡宗南兼任该战区政治部主任周士冕调任副主任》,(1939 年 2 月 11 日),台北:"国史馆"藏,陈诚"副总统"文物,008/010202/00021/003。

② 《鹿钟麟电蒋中正遵于冀县复任就冀察战区总司令职》(1939 年 1 月 16 日),台北:"国史馆"藏,蒋中正"总统"文物,002/090106/00001/277;《于学忠电蒋中正遵于二月一日就任鲁苏战区总司令职并于是日就令饬第五集团军总部人员改组成立》(1939 年 2 月 27 日),台北"国史馆"藏,蒋中正"总统"文物,002/090106/00001/276。

③ 房列曙、胡启生:《抗战时期国民政府战区划分的演变》,《抗日战争研究》1995 年第 1 期,第 105—106 页。《何应钦将军九五纪事长编》编辑委员会编:《何应钦将军九五纪事长编》上,第 600—604 页;此番调整计划之形成,颇费最高统帅蒋介石的斟酌与协调,见《蒋介石日记》(手稿本),1938 年 11 月 16 日、11 月 28 日、11 月 29 日。

第二战区巩固河防,并策应第一、二、三战区之作战",①后者的主要任务是摧毁日军"以战养战"的企图,加强敌后游击力量。而且,两个敌后战区虽名为"战区",但实际上仅相当于集团军。②

此后,至1944年准备战略反攻前,国民政府陆续对战区进行过若干次小的调整,其主要变化如下:

一是第一、第五战区司令长官的调换。第一战区卫立煌调任远征军第一路军总司令,蒋鼎文于1942年继任司令长官。1944年春,洛阳失守后,潼关告急,陕西划入第一战区,陈诚、胡宗南取代蒋鼎文和汤恩伯分别出任正副司令长官。1945年1月,胡宗南又取代陈诚出任第一战区司令长官。③ 与此同时,蒋介石顾忌桂系势力的发展,于1945年2月调李宗仁担任汉中行营主任,管辖第一、第五、第十战区,第五战区司令长官由蒋介石嫡系将领刘峙递补。④

二是第六、第七、第十战区的重建。1939年10月,国民政府为防止日军进攻湘西,配合第一次长沙会战,一度设立第六战区,司令长官由第九战区司令长官陈诚兼任,划第九战区湘江以西地区归该战区。次年4月,国民政府统帅部调整战区部署,撤销第六战区,将其作战地域和所辖部队均划归第九战区。⑤ 同年6月,因日

---

① 蒋纬国总编著:《国民革命战史》第三部"抗日御侮"(第三卷),第145页。

② 曹剑浪:《国民党军简史》上,北京:解放军出版社2004年版,第426—427页。

③ 陈诚著,林秋敏、叶惠芬、苏圣雄编辑校订:《陈诚先生日记》(二),1945年1月9日,台北"国史馆"、"中央研究院"近代史研究所2015年版,第679页;《胡上将宗南年谱》编纂委员会编:《胡上将宗南年谱》,台北:文海出版社1978年版,第133—142页。

④《蒋中正条谕李宗仁为军事委员会委员长汉中行营主任第五战区司令长官由刘峙递补》(1945年2月2日),台北:"国史馆"藏,蒋中正"总统"文物,002/020300/00006/124。

⑤ 陈诚:《陈诚回忆录——抗日战争》,第100页;《蒋中正电程潜军事委员会委员长天水桂林两行营第六第十两战区均取消》(1940年4月21日),台北:"国史馆"藏,蒋中正"总统"文物,002/020300/00006/094。

军攻占宜昌，为防卫重庆外围，又以长江为中心，将第五、第九战区地境各划出一部，并于 7 月重建第六战区，陈诚、商震、孙连仲、孙蔚如先后任司令长官，辖鄂西、鄂南、川东、湘西地区。1944 年冬该战区兵力达 17 个步兵师、1 个海军舰队。

第七战区于 1938 年春撤销后，由于 1940 年 8 月第四战区司令长官部迁往广西柳州，广东军事指挥空缺，国民政府又成立新的第七战区，辖广东韶关至广州以北 200 公里，余汉谋、蒋光鼐任正副司令长官，计 17 个师。至 1944 年减少为 6 个步兵师、2 个步兵旅及其他部队。[①]

第十战区曾于 1940 年 4 月撤销，自黄河以西、秦岭以北划归第八战区。1944 年 10 月，蒋介石一度批准豫鲁苏战区为第十战区。[②] 但到 1944 年底，在日军通过"一号作战"打通平汉线后，第五战区皖北、鄂东及豫南一角和鄂北隔断。国民政府鉴于第五战区所辖远及苏北鲁南，鞭长莫及，且平汉线被日军控制，联络不易，即就被隔断的地域划为第十战区。[③] 将平汉路以东第一与第五战区原辖区域合并，撤销豫鄂皖边区，以原第五战区副司令长官兼豫鄂皖边区总司令李品仙升任第十战区司令长官，何柱国、李明扬、王懋功等人出任副司令长官，辖境为平汉路以东、黄河以南、长江以

---

① 房列曙、胡启生：《抗战时期国民政府战区划分的演变》，《抗日战争研究》1995 年第 1 期，第 107—108 页。

② 叶惠芬编辑：《蒋中正"总统"档案：事略稿本》第 58 册，台北："国史馆"2011 年版，第 680 页；《蒋介石日记》（手稿本），1944 年 10 月 19 日。

③ 黄旭初：《黄旭初回忆录：李宗仁、白崇禧与蒋介石的离合》，台北：独立作家 2015 年版，第 242 页。

北地区。①

　　此外，1942 年新疆盛世才归顺国民政府后，新疆于 1943 年 1 月划归第八战区作战区域，盛氏兼任战区副司令长官。② 总之，这一阶段的战区划分和调整，国民政府最高统帅部减少了指挥层次，各战区基本上维持了对敌作战的防线和战略相持局面。

　　但是，进入相持阶段后，防范中国共产党军事力量的成长和渗透亦成为各战区的重要任务之一。③ 1940 年 2 月，蒋介石指示顾祝同应严密防范第三战区内之新四军及其他中国共产党部队行动，"如其有越轨之行动，应不稍留情，从严制裁"。④ 同年 8 月，蒋介石电令各战区司令长官严防中国共产党部队的袭击。⑤ 1945 年 4 月，蒋介石又指示军令部速拟具计划，责令各战区务期于 7 月底前"剿除"辖境内的共产党军队，"以免妨碍以后之作战"。⑥

　　1944 年以后，随着日军在太平洋战场失利，其败局已定。为了

---

① 《第三十九师关于蒋介石成立第十战区日记》(1944 年 1 月 9 日)，此件摘自该师"三十四年度元月份阵中日记"，1944 年当系 1945 年之误。见中国第二历史档案馆编：《中华民国史档案资料汇编》第五辑第二编，"军事"(一)，第 766—767 页；陈存恭访问、纪录，郭廷以校阅：《徐启明先生访问纪录》，台北："中央研究院"近代史研究所 1983 年版，第 117—120 页。

② 《蒋介石日记》(手稿本)，1942 年 7 月 12、13 日；《盛世才电蒋中正感谢派任兼职第八战区副司令长官并当矢勤矢慎图报党国》(1943 年 1 月 5 日)，台北："国史馆"藏，蒋中正"总统"文物，002/090102/00017/087。戚厚杰：《对〈抗战时期国民政府战区划分的演变〉一文的补正》，《抗日战争研究》1996 年第 1 期，第 134 页。

③ 《蒋介石日记》(手稿本)，1940 年 2 月 21 日，1943 年 10 月 2 日。

④ 《蒋中正电顾祝同严密防范制裁第三战区内之新四军及其他共党行动》(1940 年 2 月 27 日)，台北："国史馆"藏，蒋中正"总统"文物，002/020300/00049/059。

⑤ 《蒋中正条谕张治中电令各战区司令长官严防共党部队袭击进攻国军》(1940 年 8 月 11 日)，台北："国史馆"藏，蒋中正"总统"文物，002/020300/00049/088。

⑥ 《蒋中正条谕徐永昌各战区辖境内共军务期于七月底前剿除》(1945 年 4 月 7 日)，台北："国史馆"藏，蒋中正"总统"文物，002/020400/00003/039。

配合总体反攻,配合盟军对敌展开攻势,国民政府决定重新划分战区,以进一步适应对日反攻作战的需要。最高统帅部于 1945 年 4 月调整战区的划分,公布赣州、成都、西昌三大行辕及汉中、昆明行营、十大战区及六个绥靖区的战斗序列。十大战区的司令长官分别是:第一战区胡宗南,辖豫西、豫北、陕南和陇东部分地区,计六个集团军;第二战区阎锡山,辖晋西,计五个集团军;第三战区顾祝同,辖浙南、赣东、闽北,计三个集团军;第四战区张发奎部改编为第二方面军;第五战区刘峙,计两个集团军;第六战区孙连仲,辖鄂西和湘西,计三个集团军及长江上游江防总司令吴奇伟部、湘鄂川黔边区清剿总指挥傅仲芳部;第七战区余汉谋,辖赣南粤北,计一个集团军及闽粤赣边区总司令香汉屏部;第八战区朱绍良,辖甘肃大部和宁青新绥地区,计四个集团军;第九战区薛岳,辖江西大部,计两个集团军又四个军;第十战区李品仙,辖鄂豫皖边界,共三个集团军。[①] 此外,随着抗战胜利趋势明朗化,为控制华北战略要地,国民政府复增设第十一、第十二战区。1945 年 6 月,国民政府将冀察战区升格为第十一战区,范围定为河北省,派孙连仲自重庆带队赴新乡组织长官部准备北进;同时将位于绥远的傅作义第八战区副司令长官部升格为第十二战区长官部,由河套向东进发,执行收复察、绥、热三省的任务。[②]

　　1945 年 8 月 15 日,日本宣布无条件投降,各战区又根据国民

---

① 房列曙、胡启生:《抗战时期国民政府战区划分的演变》,《抗日战争研究》1995 年第 1 期,第 109—110 页;戚厚杰:《对〈抗战时期国民政府战区划分的演变〉一文的补正》,《抗日战争研究》1996 年第 1 期,第 134—136 页。

② 《蒋介石日记》(手稿本),1945 年 6 月 15、23 日;孙连仲:《孙连仲回忆录》,台北:孙仿鲁先生古稀华诞寿筹备委员会 1962 年印行,第 54—55 页;董其武:《董其武回忆录——戎马春秋》,北京:中国文史出版社 1986 年版,第 224—225 页。

政府指定承担的对日受降的任务,分别在所辖地区接受日军投降。① 此后,随着抗战结束,国民政府逐渐撤销各战区。至此,战区结束其历史使命。

## 第二节　战区的变动与司令长官的任免

抗战初期,为应付战局,国民政府还在部分战区设置了战区前敌总司令部,就近辅助长官司令部对战区前线部队的部署和指挥。② 例如,淞沪会战开始后,蒋介石即考虑以陈诚或顾祝同出任第三战区前敌总司令,最终决定指派陈诚为第三战区前敌总司令。③ 1937 年 11 月,第三战区奉蒋介石的指令正式发表陈诚为第二战区前敌总司令,④并对战区长官司令部与前敌总司令部的职权进行划分:(1) 长官司令部秉承大本营之意旨,决定本战区作战宣传指导要领及基础之兵团配置,并监位置指导实施之。(2) 前敌总司令部本长官司令部所定之作战宣传指导要领及基础之兵团配

① 《中国陆军各地区受降主官姓名受降地点及日军代表投降部队长及姓名与投降部队集中地点番号表》(1945 年 8 月 21 日)、《何应钦关于改定一、五两战区受降内容致冈村宁次中字第十四号备忘录》(1945 年 8 月 28 日),中国第二历史档案馆编:《中华民国史档案资料汇编》第五辑第三编,"军事"(一),第 728—730、750—751 页。

② 如阎锡山第二战区即以前线的卫立煌出任该战区的前敌总司令。见《阎锡山电卫立煌委兼第二战区前敌总司令》(1937 年 11 月 4 日),台北:"国史馆"藏,阎锡山史料,116/010101/0120/038。

③ 《军事委员会委员长蒋中正电军政部常务次长陈诚任命为第三战区前敌总指挥》(1937 年 8 月 18 日),台北:"国史馆"藏,陈诚"副总统"文物,008/010701/00081/023;《蒋介石日记》(手稿本),1937 年 9 月 15、18 日。

④ 《顾祝同电蒋中正遵谕以钧座名义发表陈诚为第三战区前敌总司令薛岳兼第三战区左翼军总司令罗卓英升任第十五集团军总司令恳饬部办发令关防》(1937 年 11 月 2 日),台北:"国史馆"藏,蒋中正"总统"文物,002/090106/00001/186。

置,策定关于各时期之会战计划,并负指导战斗实行之责。(3)各集团军以上之总司令部及直属各部,对于战况及部队位置等,应分报长官司令部及前敌总司令部。但请示作战行动事项,由前敌总司令批复之。(4)长官司令部除控置必要之战略预备队外,其他各部队之作战行动,概指示前敌总司令命令行之。(5)关于战地部队教育、后方阵地构筑及战区行政等,概由长官司令部办理。(6)长官司令部与前敌总司令部及与各翼总司令部间之水陆交通及通信联络,归长官司令部办理,各翼军以下由前敌总司令部办理。①

此外,各战区成立后,为作战指挥便利与党政协同容易起见,国民政府最高统帅部又通令各战区司令长官成立党政委员会,并颁布该会组织大要:

一、主席由战区司令长官兼任之,副主任由省政府主席兼任之,委员九至十一人,选派中央党政方面适当人员为委员。

二、委员会设秘书长一员,下分三处:(一)党务处办理战区之民众组织训练并指导党部工作事宜;(二)政务处掌理战区行政机关之指挥并维持整饬之;(三)国民军训处掌理战区内民众、学生、公务人员之军事训练事项。

三、详细组织着由战区司令长官按照情况拟定方案呈候核定。②

---

① 《顾祝同为规定长官司令部与前敌总司令部职权密电》(1937年11月20日),中国第二历史档案馆编:《中华民国史档案资料汇编》第五辑第二编,“军事”(二),第286—287页。

② 《蒋中正电熊式辉各战区司令长官等为作战指挥便利与党政协同容易起见各战区成立党政委员会其组织大要》(1937年11月28日),台北:“国史馆”藏,蒋中正“总统”文物,002/090106/00001/188。

　　各战区司令长官奉此即先后着手组建战区党政委员会,并组编大纲。① 1939 年初,在蒋介石的指示下,国民政府又着手建立健全战地党政委员会,以推进战区党政等各项工作。② 可见,在战区司令长官的职权问题上,国民政府最初并无意将战区内的一切大权托诸战区司令长官,特设立党政委员会处理军事以外的党政事宜。但随着战争的进行,战区司令长官的职权范围逐渐扩大。1938 年 4 月,冯玉祥更是提请国民政府方面赋予各战区司令长官最高事权:

> 　　各战区司令长官指挥全区内各集团军、各总司令驰骋战场,督队杀敌,责任甚重,若不假以事权,使得便宜行事,恐不免有应付为难之虞。我公自抗战以来,于各战区司令长官开诚布公,信任甚专,而任职者亦皆竭其忠诚,以报国家,用能内外一致,捷音屡传。愚意以为,凡其本区内生杀予夺之权,均宜付与〔赋予〕。至于财款之开支、奖励之需用,尤宜任其支配,虽每月多费二三十万元,只要能打胜仗,亦属可行。风闻各战区因款项支绌,不免感受困难,拟请我公假以特权,复充分予以大宗之款。如虑漫无限制,则令于用后,实报实销,亦无不可。③

　　1939 年 1 月,国民政府军事委员会又颁订新的战区长官司令部编制及其组织大纲。虽然该大纲对长官司令部编制进一步缩

---

① 《朱绍良电蒋中正遵拟第八战区党政委员会组编大纲》(1937 年 12 月 1 日),台北:"国史馆"藏,蒋中正"总统"文物,002/090106/00001/189。

② 《蒋介石日记》(手稿本),1939 年"大事表",1939 年 1 月 29 日"本星期预定工作课目",1939 年 3 月 1 日"本月大事预定表"。

③ 《冯玉祥呈请赋予各战区司令长官最高事权》(1938 年 4 月 14 日),台北:"国史馆"藏,国民政府档案,001/016052/00005/004。

减,但其职权大为强化:"为期作战指挥灵敏便利起见,特设战区长官司令部,隶属于军事委员会"。战区长官司令部设正副司令长官各一人,承委员长之命统辖区内一切军事、政治、党务事宜。①

在抗战以前,按照国民政府《省政府组织法》的规定,"现任军职者不得兼任省政府主席或委员"。② 但抗战开始后,这个规定无形中被打破。随着战争的进行,战区军事长官兼任辖区内省政府主席逐渐提上议程,其用意在于使地方行政机构切实配合军事上的需求,军政合一,以利抗战。1938 年初,徐州会战期间,国民政府即发表第一战区司令长官程潜兼任河南省主席,第五战区司令长官李宗仁兼任安徽省主席。③ 此后,作为战时的应变之举,战区司令长官兼任省主席的情况逐渐增多。④ 战争期间,战区司令长官是辖区内最重要的人物,因而省政府主席的地位同时也被提高。至此,战区司令长官可谓战区内党政军最高指挥者。

作为抗战时期主要的作战单位,战区的设置和调整当主要出于作战的需要。因此,战区的变动与战局的变动密切关联。抗战初期,以蒋介石为首的国民政府即根据战局的变化,陆续对各战区及其司令长官进行调整,力求战区的设置进一步适应战局的发展。例如,1937 年 9 月底,国民政府因第一战区京汉线战事不利,决定

---

① 《军事委员会颁布战区司令长官司令部编制表及其组织大纲》(1939 年 1 月),中国第二历史档案馆编:《中华民国史档案资料汇编》第五辑第二编,"军事"(一),第 53—55 页。

② 陈之迈:《中国政府》,上海:上海人民出版社 2015 年版,第 454—455 页。

③ 黄旭初:《黄旭初回忆录:从辛亥到抗战》,台北:独立作家 2015 年版,第 224—225 页。

④ 陈诚:《陈诚回忆录——抗日战争》,第 157 页;《蒋介石日记》(手稿本),1942 年 7 月 11 日"三十一年总反省录"。

将负责指挥该战区的副司令长官刘峙撤职查办，改调程潜前往指挥。① 1945 年 6 月，第一战区、第八战区在豫湘桂战役中一溃千里后，蒋介石决定对第一、第八战区进行整顿。为此，决定调整第一、第五、第八战区作战地境，并派陈诚接替蒋鼎文出任第一战区司令长官。②

又如第五战区，抗战开始后的第一年里，其长官部从江苏徐州撤至湖北樊城，辖区也从鲁南苏北的整块区域变为分散在鄂西、豫西及敌后安徽、鄂东的小片零散地区。1938 年 11 月下旬，武汉失守后，蒋介石为应对新的战局，对第五、第九战区的调整方案做出详细批示：(1) 苏北、鲁东自津浦路以东、黄河以南、长江以北，划为一临时战区，选派得力之将领任司令长官，或划为第三战区，另派副司令长官主持之。(2) 河北、察哈尔、热河三省另设一个战区，以鹿钟麟为司令长官，另设副司令长官一人到二人协助之。石友三部决调河北，归鹿钟麟指挥。(3) 第五、第九战区仍以长江为界。③

第六战区在抗战时期更是随战局的发展而几度撤销与重建。抗战爆发后不久，第六战区在经历短暂的建立后即行取消。1939 年 10 月，为防止日军进攻湘西，配合第一次长沙会战，陈诚在与白崇禧、林蔚等人商议后，向蒋介石建议将第九战区分为两个战区以利指挥。稍后，国民政府军委会即根据陈诚等人的建议重建第六

---

① 陈诚著，林秋敏、叶惠芬、苏圣雄编辑校订：《陈诚先生日记》(一)，1944 年 9 月 30 日，第 165 页。

② 陈诚著，林秋敏、叶惠芬、苏圣雄编辑校订：《陈诚先生日记》(一)，1944 年 6 月 28 日，第 586 页。

③《蒋中正条谕第五第九战区改正意见四点》(1938 年 11 月 24 日)，台北："国史馆"藏，蒋中正"总统"文物，002/020300/00004/024。

战区,划第九战区湘江以西地区归该战区。① 并将第九战区司令长官陈诚、副司令长官商震调任第六战区正副司令长官,并以商氏兼任第二十集团军总司令。同时升任杨森为该战区副总司令,仍兼第二十七集团军总司令。第九战区副司令长官薛岳则升任司令长官,王陵基出任副司令长官。② 次年 4 月,国民政府调整战区设置,决定撤销第六战区,将其并入第九战区。③ 但不久,因宜昌在枣宜会战中失守,川东第一道门户大开,国民政府陪都重庆受到威胁,④国民政府又于 1940 年 7 月重设第六战区,以陈诚为战区司令长官,寻图反攻,以为亡羊补牢之计。

抗战期间国民政府各个战区的划分及相关司令长官的任免调整,多受政治、派系等其他因素的干扰和掣肘,战区的设置一直存在不少问题,乃至于中央及最高统帅部对各战区的调动指挥时有不如意之处。

抗战开始后,国民政府将冀鲁分为第一、第五两个战区,并以韩复榘出任第五战区副司令长官,即多有提升韩氏地位,以促其抗战的动机。稍后又组建第六战区,负责津浦线北段,并以冯玉祥为司令长官,其实是希望利用冯氏威望统领其旧部,缘自战前的华北

---

① 《第九战区司令长官陈诚函谭祥》(1939 年 10 月 2 日),台北:"国史馆"藏,陈诚"副总统"文物,008/010201/00009/002;《国民政府军事委员会任陈诚为第六战区司令长官之任命状》(1939 年 10 月 5 日),台北:"国史馆"藏,陈诚"副总统"文物,008/030800/00021/075。

② 《陈诚电蒋中正遵即就第六战区司令长官职先行视事外拟恳将关防官章迅赐颁发俾昭信守而资应用》(1939 年 10 月 15 日),台北:"国史馆"藏,蒋中正"总统"文物,002/090106/00001/291。

③ 陈诚:《陈诚回忆录——抗日战争》,第 100 页;陈诚著、林秋敏、叶惠芬、苏圣雄编辑校订:《陈诚先生日记》(一),1940 年 2 月 1 日,第 333 页。

④ 《蒋介石日记》(手稿本),1940 年 6 月 12 日。

地区主要由西北军将领控制。① 因此,华北战端一开,国民政府立刻就面临一个棘手的问题,即如何建立一套全体北方地方将领都能接受的指挥系统。

1937年8月,国民政府在华北划定了三个战区:平汉路北段沿线为第一战区,由蒋介石兼任司令长官;平绥路沿线为第二战区,阎锡山为司令长官;津浦路北段为第六战区。由于第六战区内的部队多为冯玉祥西北军旧属,因此冯玉祥复出,被任命为第六战区司令长官。即便如此,这一安排最终并未获得预想的结果。蒋介石虽然牢牢掌握了其嫡系部队,但在指挥地方部队时却遭遇重重困难。② 国民政府在第六战区只能依靠冯玉祥和他旧部属的人际关系推行军令,并允许他有实际掌握该地区的权力,然而结果仍不令人满意。1937年10月,连冯玉祥本人亦对他统辖的部队颇为不满。冯玉祥在给军委会的报告中直言:"这些将领之间缺乏互信,就如同他们不信任中央政府一般。这种缺乏互信只能强化了各部队保存实力的本能,他们不愿与友军协同作战,生怕自己在危急时刻被友军抛弃。"③对于蒋介石先后安排冯玉祥担任第三、第六战区司令长官的苦衷,陈诚感慨称:"明知其不行,然又非予以一试,不

---

① 实际上,第六战区成立不久,蒋介石即曾决定取消第六战区,并为此懊恼不已:"对冯属取消第六战区,言后自嫌太快,于心不能释然也。"见《蒋介石日记》(手稿本),1937年10月18日。

② 第一战区副司令长官刘峙回忆道:"此次我所指挥的部队,甚为复杂,历史不同,装备各异……初来参战,旧有之隔阂,未有消除,命令既难贯彻,指挥自难如意,协同更谈不到。"见刘峙:《我的回忆》,台北:台湾荣泰印书馆1966年版,第148页。

③ 《冯玉祥报告》(1937年10月12日),"国防部"史政局编印:《抗日战史:津浦铁路北段沿线之作战》(二),1982年,第87—99页。

能见谅于国人。"①

　　另外，抗战初期北方的第二、第五战区在军事上虽有其设置的必要，但也明显带有安置晋系、桂系军队的意味。又如组建第七战区，当时在军事上并非必需，国民政府如此安排，主要是应刘湘统一节制川军的要求，以实现调川军出川抗战。1937 年 12 月初，当陈诚从战局考虑，向蒋介石建议将第三、第七两个战区合并为一个战区，并调整其战斗序列时，蒋介石即批示称第三、第七两战区暂不合并，但实际上可照此合并。② 因此，当刘湘于 1938 年 1 月病逝后，国民政府即行将第七战区取消。③ 然而，根据国民政府方面的情报，到 1940 年初，川军将领王陵基、邓锡侯、潘文华等人又共谋恢复第七战区，并拟推王陵基为第七战区司令长官。而潘文华为达到出任四川省主席的目的，亦有意将所部抽调出川抗战，并拟派代表与国民政府方面接洽此意，但其部属则有一部分对潘氏要彼等前往前线牺牲有所不愿。④ 1940 年 4 月下旬，蒋介石拟任命川康绥靖主任邓锡侯出任战区司令长官，以潘文华出任四川省主席，同时以川军编成一个军或集团军，由邓氏率领，负一战区之责任。邓有允意，但为所部川军，尤其潘系将领各师长强烈反对，认为蒋

----

① 陈诚著，林秋敏、叶惠芬、苏圣雄编辑校订：《陈诚先生日记》（一），1939 年 1 月 12 日，第 189 页。

② 《陈诚电蒋中正拟定调整第三第七两战区战斗序列及整理各部队之草案》（1937 年 12 月 2 日），台北："国史馆"藏，蒋中正"总统"文物，002/080200/00280/083。

③ 实际上，刘湘病危期间，国民政府方面曾令第三战区司令长官顾祝同兼任刘湘的第七战区长官司令，可视为稍后取消第七战区的预兆。《顾祝同电蒋中正遵于即日在屯溪防次就第三战区司令长官并兼第七战区司令长官职》（1937 年 12 月 21 日），台北："国史馆"藏，蒋中正"总统"文物，002/090106/00001/239。

④ 《贺耀组朱家骅等函蒋中正报告五十军全体官兵致刘湘夫人密电内容及川军将领谋恢复第七战区及潘文华部出川抗战目的等情报提要等五则》（1940 年 2 月 14 日），台北："国史馆"藏，蒋中正"总统"文物，002/080200/00531/010。

介石此举系"调虎离山，削弱川军之计"，决定对出川抗战，誓死反对，宁为"匪党"，亦所不惜，必须保存最后一点实力。①

1938 年 6 月，为使桂系李宗仁、白崇禧安心在第五战区作战，蒋介石决定将鄂东半部交由桂系将领李品仙，让其兼第九战区右翼总司令，认为"此实一关键也"。② 7 月，蒋介石又以西北对内对外情形复杂，"西北多有几人分任职责，或易进步"，决定将甘肃省主席朱绍良调任第三战区司令长官，以贺耀组继任甘肃省主席，原第三战区司令长官顾祝同调任第八战区司令长官，同时将西安行营取消，归并于第八战区，以使事权专一单纯。③

又如在战区副司令长官职务上，最初规定只设置一人，但各战区为安置境内所辖之重要高级将领，便于指挥起见，往往赋予其副司令长官名义。因此，副司令长官实际上往往不止一人。例如，1938 年 1 月，因第三战区内其他各主要军队主官已予以相当名义，"但对刘建绪、廖磊两部无隶属关系"，为安置刘、廖两部，顾祝同和

---

① 《戴笠电蒋中正关于谢德堪李树华等反对邓锡侯出任战区司令长官及邓锡侯等近日态度部属活动情形等情报提要》（1940 年 4 月 23 日），台北："国史馆"藏，蒋中正"总统"文物，002/080200/00527/060；《戴笠电蒋中正关于邓锡侯及武德会对邓锡侯任战区司令潘文华任省主席之意见态度及美领谈欧局发展及美国参战时期等情报提要等三则》（1940 年 4 月 26 日），台北："国史馆"藏，蒋中正"总统"文物，002/080200/00527/062。

② 《蒋介石日记》（手稿本），1938 年 6 月 20 日。

③ 《蒋中正电令白崇禧第三第八战区重庆行营甘省主席等人事调派》（1938 年 7 月 30 日），台北："国史馆"藏，蒋中正"总统"文物，002/010300/00014/088；《蒋中正电任朱绍良第三战区顾祝同第八战区司令官贺耀组甘肃省主席》（1938 年 7 月 31 日），台北："国史馆"藏，蒋中正"总统"文物，002/010300/00014/092；《蒋中正电示蒋鼎文西安行营归并第八战区顾祝同为司令官等人事调派》（1938 年 7 月 31 日），台北："国史馆"藏，蒋中正"总统"文物，002/010300/00014/093；《蒋介石日记》（手稿本），1938 年 7 月 29 日。

黄绍竑电请国民政府中央,请委刘建绪、廖磊为第三战区副司令长官,以便指挥。① 1939 年 2 月,第二战区司令长官阎锡山又以副司令长官卫立煌远在前方指挥,商榷困难,电请蒋介石增委杨爱源、朱德为第二战区副司令长官,以利作战。②

即便如此,国民政府对地方将领主持的各战区的调动指挥仍极为困难。武汉保卫战期间,蒋介石就为无法调动第五战区的桂系部队而大为苦恼。其 1938 年 9 中旬的日记中描述:

> 连日督促萧之楚军协同田家镇部队夹击敌军,始终未见实行,第五战区长官部亦坐视不动,殊为痛心,决定明日亲赴鄂东督战。下午八时到宋埠督促李品仙进攻田家镇北面之敌,彼先允第四十八军两师加入,并说已亲往栗木桥督战,及余到宋埠与之说电话,乃知彼仍在曹河未动,且只派一师参战,各官长对于作战与报告不实不力,敷衍了事,往往如此也。③

1940 年 7 月,枣宜会战后宜昌失守,苏联驻中国总顾问在检讨中方失败的原因时,即批评第九战区司令长官公然不执行军委会命令,战区司令长官、集团军总司令及军长等缺乏勇敢与主动精神,没有贯彻任务之毅力与决心:"五、三、九战区在作战过程中,完全没有协同。第三、九战区(尤其第九战区)之按兵不动,不但使敌从容由武汉南部抽调大批军队,转用于第五战区,以增强其进攻我

---

① 《钱大钧呈蒋中正据顾祝同云与黄绍竑建请委刘建绪廖磊为第三战区副司令长官俾便指挥》(1938 年 1 月 3 日),台北:"国史馆"藏,蒋中正"总统"文物,002/080102/00017/006。

② 《阎锡山等电蒋中正请委杨爱源朱德为第二战区副司令长官等文电日报表》(1939 年 2 月 28 日),台北:"国史馆"藏,蒋中正"总统"文物,002/080200/00514/115。

③ 《蒋介石日记》(手稿本),1938 年 9 月 21、22 日。

五战区之兵力,且直无异促成敌大胆之冒险行动,结果遂使敌占领宜昌。敌占宜昌,乃第九战区消极不动所致。"为此,苏联顾问建议国民政府最高统帅部应在最近期间检讨组织,提高军纪,"加重高级将领达成任务之责任,此点尤须自各战区司令长官开始,例如第九战区司令长官及各集团军总司令与军长等,所有作战命令,应按时并切实达成之",以确保各战区、各兵团及集团军间之协同动作。①

　　实际上,国民政府不仅难以指挥地方派系的战区司令长官,而且对部分直属战区的司令长官有时亦难以调动。1939 年的冬季攻势是国民政府重要的战略决策,并对成功实现此次战略目标赋予极高期望,试图以这一战略来摆脱长期陷于大后方的不利困境。11 月 19 日,蒋介石下达攻势作战要旨:"国军以消耗敌人导国军尔后作战有利之目的,以本会直辖整训部队主力,加入第二第三第五第九各战区,实行主攻",并按此方针对各战区的攻击部署做出具体规定。② 但冬季攻势中各战区的表现却完全出乎蒋介石的意料。在蒋介石嫡系将领顾祝同指挥的第三战区,战前蒋介石指示该战区司令长官顾祝同,只要其部队有攻击敌人的意愿,就应该给前线指挥官更多的自主权。但战斗一打响,各战区指挥官却顾盼不前。第三战区以 14 个师和配属的大量炮兵部队,负责攻击沿江防守的日军一个师团,但正式交战仅三昼夜即告停止。

　　又如,对已经有所"中央化"的粤籍将领薛岳指挥的第九战区,

①《苏联总顾问福尔根检讨宜昌失陷原因及目前主要任务报告》(1940 年 7 月 10 日),中国第二历史档案馆编:《中华民国史档案资料汇编》第五辑第二编,"军事"(三),第303—305 页。

②《蒋介石下达冬季攻势命令》(1939 年 11 月 19 日),中国第二历史档案馆编:《国民政府抗战时期军事档案选辑》上,重庆:重庆出版社 2016 年版,第 329—331 页。

国民政府更是难以控制。1944 年桂柳会战期间,在衡阳失守前,国民政府统帅部多次命令薛岳将第九战区主力调到湘西,均被薛岳拒绝。相反,薛岳将部队从衡阳外围撤退到湘东。副总参谋长白崇禧为援助柳州,曾七次命令第七、第九两个战区进攻敌后,负责截断日军后路,以保卫桂林,但薛岳均未接受。① 对此,军令部部长徐永昌感慨称:"后者为本部尽力催促者,为章建议撤换薛岳方有效果,不然彼拥兵自卫,正准备做南斯拉夫之狄托,实无心为国家断敌人之后⋯⋯援桂、柳问题必在十二月半以后方可计议⋯⋯此外对援柳一节,实无能为力。"②稍后,日军于湘粤桂间已有发动攻势模样,国民政府统帅部判断其意在先取得粤汉南段及遂川赣州机场等地。为此,又命令第九战区薛岳急速将该路破坏,但薛岳迄不遵行,最后蒋介石亲自出面嘱咐仍无效。③

在两广的第四战区方面,各高级将领之间的人事关系更为复杂。进入相持阶段不久,蒋介石即鉴于该战区"情形复杂,名义慎重",思虑再三后决定调张发奎南下广东执掌第四战区,同时在桂林设行营,由白崇禧出任主任负责。④ 但不久,在广东主持第四战区的张发奎即以广东省"人事复杂,党务政治均难离开现实环境",

---

① 陈诚著,林秋敏、叶惠芬、苏圣雄编辑校订:《陈诚先生日记》(一),1944 年 11 月 3 日,第 655 页。

②《徐永昌日记》第 7 册,1944 年 10 月 31 日,台北:"中央研究院"近代史研究所 1991 年版,第 470—471 页。

③《徐永昌日记》第 8 册,1945 年 1 月 19 日,第 11 页。

④《蒋介石日记》(手稿本),1938 年 11 月 5、15、16、28、29 日;《余汉谋电蒋中正奉令以张发奎代理第四战区司令长官乞电从速就职》(1937 年 12 月 21 日),台北:"国史馆"藏,蒋中正"总统"文物,002/090106/00001/251。

电请准辞第四战区长官，并以余汉谋承代或另选贤员充任。① 几个月后，张发奎又通过陈诚向蒋介石报告称第四战区地域辽阔，指挥不便，呈请以该战区南路及广西方面另设一新战区：

> 向华兄意以第四战区地域辽阔，指挥不便，尤以北江战况若继续演进，则对南宁方面更不能兼顾，拟请以南路及广西方面，另设一新战区，以便指挥，而专责成，至第四战区所辖地域，拟西由阳江、阳春、罗定、德庆、开建、信都、贺县之线，北沿湘粤、赣粤边境而含虔南、龙南、定南、安远、寻邬各县，东沿闽粤边境而含平和、云霄、诏安等县，以上连线各县，均属本战区。②

陈诚赞同张发奎的意见，认为"以情况及事实上确有从新划分之必要"。对此，国民政府中央拟以张发奎至南宁方面指挥，将广东方面交由余汉谋负责。实际上，张发奎对于前往桂系地盘指挥的种种困难亦知之甚详，认为"桂省一切不易处也"。在陈诚的协调下，张发奎始考虑赴桂，表示以责任所在，亦只能听命。③ 1940 年 2 月，张发奎将第四战区司令部迁移至广西柳州办公，广东韶关方面一时负责无人，事实上已难以兼顾，主动电请蒋介石以副司令长官

---

① 《张发奎呈蒋中正请准辞战区长官并以余汉谋承代或另选贤员充任文电日报表》（1939 年 9 月 9 日），台北："国史馆"藏，蒋中正"总统"文物，002/080200/00517/045。

② 《陈诚电蒋中正因第四战区地域辽阔指挥不便张发奎拟请以南路及广西方面另设一新战区》（1939 年 12 月 28 日），台北："国史馆"藏，蒋中正"总统"文物，002/080200/00290/065。

③ 陈诚著，林秋敏、叶惠芬、苏圣雄编辑校订：《陈诚先生日记》（一），1940 年 1 月 5、7、9日，第 323、324、325 页。

余汉谋专任广东方面军事。①

实际上，张发奎之所以屡次请求将第四战区一分为二，并愿意离开广东，主要是因为其与余汉谋的关系不和，尤其是张发奎支持下的邓龙光部与余汉谋极不相容。② 1937 年 8 月，蒋介石任命何应钦为第四战区司令长官，余汉谋为副司令长官。③ 次年秋，广州失守，国民政府方面决定对于第四战区副司令长官兼第十二集团军总司令余汉谋予以革职留任处分。即便如此，余氏在广东的势力和基础并未动摇。1940 年 1 月，广州日军北犯，余氏率部在粤北进行了较为成功的抵抗。李济深、陈诚即以其在此次指挥有方，呈请蒋介石撤销此前的革职处分，以彰劳绩，获蒋介石批准。④ 与此同时，蒋介石亦在思考将第四战区划分为两个战区及其长官人选问题。⑤ 在各方的建议下，1940 年 8 月，第四战区分为第四、第七两个战区。

又如在第五、第六战区的设置和调整上，更是体现了战区与战区之间，以及中央与地方实力派将领之间的复杂矛盾和冲突。1940 年 4 月中旬，蒋介石经过与何应钦、白崇禧讨论，在最高幕僚

---

① 《张发奎电蒋中正第四战区司令部已移广西柳州办公难兼顾韶关拟请以余汉谋专任广东方面军事等文电日报表》（1940 年 2 月 13 日），台北："国史馆"藏，蒋中正"总统"文物，002/080200/00524/091。

② 陈诚：《陈诚回忆录——抗日战争》，第 100—101 页；《何应钦将军九五纪事长编》编辑委员会编：《何应钦将军九五纪事长编》上，第 625 页；张发奎口述，夏莲瑛记录，郑义译校：《蒋介石与我——张发奎上将回忆录》，第 306 页。

③ 《蒋中正令特任何应钦为第四战区司令长官余汉谋为副司令长官》（1937 年 8 月 8 日），台北："国史馆"藏，蒋中正"总统"文物，002/090106/00001/220。

④ 《李济深陈诚电蒋中正第四战区副司令长官兼第十二集团军总司令余汉谋于日军犯广州时指挥有方拟请予撤销革职处分等文电日报表等二则》（1940 年 1 月 5 日），台北："国史馆"藏，蒋中正"总统"文物，002/080200/00524/049。

⑤ 《蒋介石日记》（手稿本），1940 年 1 月 9 日。

会议上调整了军事机构和战区的划分与设置。因第一次长沙会战（1939 年 10 月）而设立的第六战区和蒋鼎文的第十战区，分别归并入相邻战区。① 裁并第六、第十战区亦合乎实际——在张发奎看来，鄂西并无大战，没有理由在此设置一个战区，而第十战区的设立也多是为了西安行营裁撤后安置蒋鼎文。② 裁去这两个战区，既能够减少军委会指挥的负担，又便于临近战区更好地安排防务。但第六战区旋又于枣宜会战之后恢复，以陈诚出任战区司令长官。③

　　但是，陈诚主持的第六战区与邻近的桂系第五战区之间隔阂甚深。1941 年 9 月，主持第六战区兼湖北政务将近一年的陈诚，即以第六战区出现各种军政问题，"颇有为特奸制造机会之可能"，向蒋介石掔出调整第五、第六战区辖境：

　　　　一、五六战区以地形任务言，实无并存之必要，拟请取消六战区。如中央认为六战区有保留意义，以鄂北鄂东划归六战区，则似可将五战区东移皖省，以苏北鲁南划归五战区，以豫南豫西划归第一战区。如此调整，既可使各战区军政收一致之效，且可限制特奸之发展。即将来对敌反攻，亦有重大之意义。

---

① 萧李居编辑：《蒋中正"总统"档案：事略稿本》第 43 册，台北："国史馆"2010 年版，第 407—413 页；陈诚：《陈诚回忆录——抗日战争》，第 101 页。

② 张发奎口述，夏莲瑛记录，郑义译校：《蒋介石与我——张发奎上将回忆录》，第 281 页。实际上，1938 年夏开始，蒋介石为力求西北军政的"单纯与专一"计，已经考虑将第十战区并入第八战区，以蒋鼎文代理长官。萧李居编辑：《蒋中正"总统"档案：事略稿本》第 42 册，台北："国史馆"2010 年版，第 123 页。

③《国民政府军事委员会任陈诚为第六战区司令长官任职令》（1940 年 7 月 8 日），台北："国史馆"藏，陈诚"副总统"文物，008/030800/00021/077；陈诚：《陈诚回忆录——抗日战争》，第 100—101 页；《何应钦将军九五纪事长编》编辑委员会编：《何应钦将军九五纪事长编》上，第 625 页。

二、以上意见，如暂勿采行，则请于宜、沙收复后，乘时调整之。但目前危机亦急，宜设法补救。拟请严令各级军事长官，专心于部队之训练，纪律之整饬，反攻之筹划，不准干涉政治。俾地方政治不致支解，人民不致脱离政府，自可收防制特奸之效。①

同年11月底，鉴于陈诚与第五战区的桂系李宗仁、李品仙等人隔阂、冲突愈发严重。倾向陈诚的第五战区副司令长官孙连仲亦向陈诚主动提出调整第一、第五、第六战区人事：将李宗仁调任第一战区，李品仙亦调主河南，由其继长第五战区，以达到第五、第六战区的协同一致。② 陈诚即根据孙连仲的建议，向蒋介石提出：第五、第六战区军事政治，"均不能分离为二"，"应即在一个战区统一之下，安辑整理，以赴事机"，电请蒋介石取消第五战区名义，同时调孙连仲担任第六战区副司令长官，在老河口成立长官部，负责指挥该方面军事。③

---

① 《函呈委员长蒋（蒋中正）为防制特奸发展建议调整五六战区辖境》（1941年9月9日），台北："国史馆"藏、陈诚"副总统"文物，008/010101/00002/025。

② 《第五战区副司令长官孙连仲电湖北省政府主席陈诚关于调整第一第五第六战区之建议》（1941年11月30日），台北："国史馆"藏、陈诚"副总统"文物，008/010202/00053/018。

③ 《湖北省政府主席陈诚电第五战区副司令长官孙连仲关于调整第一第五第六战区之建议已摘要转呈军事委员会委员长蒋中正》（1941年12月2日），台北："国史馆"藏，陈诚"副总统"文物，008/010202/00053/020；《电呈委员长蒋（蒋中正）请以孙仲连为六战区副司令长官》（1941年12月3日），台北："国史馆"藏、陈诚"副总统"文物，008/010101/00002/027；《湖北省政府主席陈诚电军事委员会委员长蒋中正据第五战区副司令长官孙连仲电呈关于调整第一第五第六战区之建议惟根据现况为谋军政统一起见拟请取消第五战区调孙连仲充第六战区副司令长官在老河口成立副司令长官部指挥该方面军事》（1941年12月3日），台北："国史馆"藏、陈诚"副总统"文物，008/010202/00053/019。

　　但是,蒋介石却另有其计划。1941 年 12 月 31 日,蒋介石致电征询蒋鼎文可否先任河南省主席,而以孙连仲、汤恩伯任第一战区正副长官:"孙、汤二人皆不宜任主席,惟孙希望战区长官甚切。抗战以来,各地战区长官,甚少冀鲁豫地区籍者。此次第一战[区]长官易人,如能由仿鲁继任,对北籍官兵心理,自能慰勉。可否以弟先任豫主席,而以孙、汤任正副长官,则整顿一战区各军与军政配合亦较相宜。将来向东、向北进展时,吾弟再调任战区长官亦可,何如?"①然而,最终的调整是调蒋鼎文出任第一战区司令长官,汤恩伯任副司令长官,调卫立煌任西安办公厅主任。同时向第五战区副司令长官孙连仲解释称:"以吾兄功绩资历,本应晋升。惟现时第五战区任务重要,且李长官(宗仁)又在告假期中,一切须赖兄指挥主持,故从缓升调。"②然而,次日蒋介石在考虑各战区的人事调动时,又计划以孙连仲继任第六战区司令长官。③ 1942 年 1 月中旬,蒋介石又以第三战区重要,而第六战区重要性已减,拟调陈诚前往负责第三战区。对此,陈诚原本表示"仍本过去之革命需要与委座命令而听",但当蒋介石提出以李宗仁出任第六战区司令长官时,陈诚即表示强烈反对,认为"对李固须迁就,但三千万民众亦须顾及,以李之行为,恐激起民变之可能",提出以孙连仲或吴奇伟

---

① 《蒋中正电蒋鼎文可否先任豫主席而孙连仲汤恩伯任第一战区正副长官》(1941 年 12 月 31 日),台北:"国史馆"藏,蒋中正"总统"文物,002/010300/00046/057。

② 周美华编辑:《蒋中正"总统"档案:事略稿本》第 48 册,台北:"国史馆"2011 年版,第 55—56 页;《蒋中正条谕蒋鼎文任一战区长官汤恩伯任副长官李培基为河南省政府主席》(1942 年 1 月 4 日),台北:"国史馆"藏,蒋中正"总统"文物,002/020300/00006/113。

③ 周美华编辑:《蒋中正"总统"档案:事略稿本》第 48 册,第 60 页;《蒋中正调派重庆卫戍司令部及各战区各行政部门等长官名单》(1942 年 1 月),台北:"国史馆"藏,蒋中正"总统"文物,002/010300/00049/047。

接替其第六战区司令长官职务。① 蒋介石对此未置可否,此议最终
只能作罢。

此后,第六战区司令长官人选成为困扰蒋介石的一大问题。②
1943 年初,蒋介石决定调派陈诚前往云南负责远征军的整训,陈诚
鉴于远征军"精神堕落,纪律废弛,生活腐化,将领骄横,非严加整
训不可,整训部队唯一条件在能专心",请辞第六战区司令长官职
务,但建议以孙连仲接掌第六战区。蒋介石以第六战区因与李宗
仁、白崇禧关系,接替人"无法应付",决定仍以陈诚兼任。③ 1945
年 1 月,国民政府任命第五战区司令长官李宗仁为军委会汉中行
营主任。对此,李宗仁托在重庆的副参谋总长白崇禧面询蒋介石:
"行营主任可否兼战区司令长官?"未获允许后又提出可否即以第
五战区副司令长官孙连仲继任第五战区司令长官,而将原定的第
五战区司令长官刘峙改任第六战区司令长官,亦未获准许。④

对于当时战区设置中存在的种种问题,身处其中的当事人陈
诚即以其经历和观察先后多次向蒋介石提出整改建议。

1940 年 1 月,陈诚以军委会政治部部长身份向蒋介石提出缩
小当前各行营及战区范围,增加单位,并调整战斗序列:

　　一、窃查现行桂林、天水两行营,以及各战区,辖区辽阔,

　　因战况之推移,交通通信,益感不便,更以天然地形之隔阻,已

---

① 陈诚著,林秋敏、叶惠芬、苏圣雄编辑校订:《陈诚先生日记》(一),1942 年 1 月 18 日,
　　第 345 页。

②《蒋介石日记》(手稿本),1942 年 12 月 22 日、27 日"本星期预定工作课目";1943 年 1
　　月 23、25 日,2 月 1 日"本月大事预定表",2 月 8 日,6 月 21 日,12 月 13 日。

③ 陈诚著,林秋敏、叶惠芬、苏圣雄编辑校订:《陈诚先生日记》(一),1943 年 1 月 17 日
　　"本星期预定工作课目",1943 年 1 月 27 日,第 411、415 页。

④ 黄旭初:《黄旭初回忆录:李宗仁、白崇禧与蒋介石的离合》,第 242 页。

由事实上之需要,而不得不于战况紧急之际,临时为补救之策。如第九战区之划分为第六、九两战区,及最近第四战区之有再划战区之议,即为明证。

　　二、在指挥系统上,若以本会仅指挥两个行营,而所有命令,如须行营递转,则有迟延时间之弊。因此常有本会越行营而直接下令于各战区,同时行营亦下令于各战区,同一事而有上下扞格之事,使下级受令者无所适从。

　　三、如重行规划,增加单位,则本会仅须指挥各行营,由行营再指挥各战区,单位虽增加,然任战况如何推移,而于指挥运用上反觉便利、灵活,系统亦明,于人事上之安置,尤臻妥适。

　　四、若必于战况紧急之际,始讲求补救之策,则难免无失机误事之虞。况我抗战,以持久为方针,似应预想未来战况之推移,参考天然之地形,兼顾人地之适宜,先作一整个之规划部署,以免临事仓皇失机。①

在陈诚看来,原来的战区序列之精神在"守土有责,故以地区为名,惟行之已久,弊端百出,似应改为以反攻收复失地为主,以提高攻击精神,并打破一切"。② 因此,陈诚紧接着又在向蒋介石提出的战区及其战斗序列调整意见书中,进一步指出对各战区及集团军的配置与区分,须着眼于一般地形与授予之任务,尤须立于主动,预想将来之攻势,或判断敌向我进犯时状况之演变,并兼顾全局而

---

①《政治部长陈诚呈军事委员会委员长蒋中正请缩小现各行营及战区范围、增加单位并调整战斗序列》(1940 年 1 月 16 日),台北:"国史馆"藏,陈诚"副总统"文物,008/010202/00029/001。

②陈诚著,林秋敏、叶惠芬、苏圣雄编辑校订:《陈诚先生日记》(一),1942 年 4 月 12 日,第 367 页。

定,如此方可避免一遇情况稍有变化,即须变更战斗序列之弊。①
同样,白崇禧亦认为,抗战时期各战区作战地境的划分,常有互相
交错的情况,出现甲战区某地属乙战区指挥管辖的情形。这不但
使乙战区指导增援困难,即甲战区之作战指挥亦受极大影响,且使
日军有乘隙抵瑕之虞。②

　　在陈诚等人的督促下,1941 年 6 月,国民政府军委会着手针对
各战区的情况进行详细研讨与评判,以期使各战区皆有所竞进。③
但是,国民政府的调整多为对具体问题的小修小补,对战区设置以
来积累的各种问题始终未能提出实质性的解决方案。到抗战后
期,随着整个国民党军队系统弊病百出,战区—集团军的架构本身
的"机关化"和"防区化"等问题和弊端愈发严重,已经无法满足下
一步的作战需要。在此情势下,在美方的建议和要求下,国民政府
新的陆军总司令部—方面军的架构体系提上议程。

　　实际上,早在 1942 年初,时任第六战区司令长官的陈诚即针
对战区—集团军体系的弊端和问题,提出在战区之上设置方面军,
以打破此种专事守备的架构。④ 稍后,陈诚又通过侍从室主任张治
中向国民政府中央详细阐述战区—集团军体系调整的必要性:

　　　　计自抗战初期迄今,战斗序列冠以战区名称,其原意重在

①《战斗序列调整案修正意见》(1940 年 4 月 30 日),台北:"国史馆"藏,陈诚"副总统"文
　物,008/010202/00030/010。

② 白崇禧口述:《白崇禧口述自传》上,北京:中国大百科全书出版社 2008 年版,第
　123 页。

③《蒋中正电令徐永昌对各战区作详实评制与指正并通令实施》(1941 年 6 月 27 日),台
　北:"国史馆"藏,蒋中正"总统"文物,002/010300/00044/051。

④ 陈诚:《函呈请调整阵容—新耳目》(1942 年 1 月 4 日),何智霖编辑:《陈诚先生书信
　集:与蒋中正先生往来函电》下,台北:"国史馆"2007 年版,第 521 页。

"守土有责",故完全以地区为准,并以防守性为主。时至今日,战区名义似已颇有流弊,一则容易形成地区观念,再则军政职责分际不清,对于纪律、士气、民心均有影响。为打破以上现象并转变军民观感与将士心理,并提高反攻精神,争取抗战胜利计,对于现行战斗序列似有重新研究之必要。

陈诚提出的解决方案为取消战区,重新设置若干行营,其下分为若干路,以现任各战区副长官同集团军司令担任路的指挥。[①] 陈诚的这个方案颇有将战区—集团军体系改回战前"绥署(剿总)—路(军)"二级建制的意味。同年5月,陈诚又向时任军委会政治部部长的张治中阐述取消战区,获张治中的赞同和支持。军委会据此提出作战会报加以讨论,并签呈蒋介石。但是,蒋介石认为应暂缓实施。即便如此,张治中仍赞同陈诚的主张,认为改变战区地位"殆已刻不容缓",遇到合适的时机将再向蒋介石及何应钦提出。[②]

　　1944年中原会战结束后,陈诚被蒋介石派任第一战区司令长官,前赴第一战区进行整顿。[③] 陈诚认为让其出任第一战区司令长

---

① 陈诚:《函张治中略陈战斗序列及一般生活意见》(1942年4月15日),何智霖编辑:《陈诚先生书信集:与友人书》上,台北:"国史馆"2009年版,第207页。

② 《军事委员会政治部部长张治中函覆第六战区司令长官陈诚关于取销战区名称军令部已呈拟办法蒙批暂缓实施当遇机再向委座总长详陈利害等》(1942年5月25日),台北:"国史馆"藏,陈诚"副总统"文物,008/010202/00034/004。

③ 《蒋介石日记》(手稿本),1944年5月7、9日,5月21日"本星期预定工作课目";1944年6月7、16、18日;《国民政府军事委员会特任陆军上将二级陈诚为第一战区司令官任职令》(1944年7月3日),台北:"国史馆"藏,陈诚"副总统"文物,008/030800/00021/088;《国民政府军事委员会特派陆军上将二级陈诚兼任冀察战区总司令任职令》(1944年7月3日),台北:"国史馆"藏,陈诚"副总统"文物,008/030800/00021/089。

官是"头痛医脚","绝无办法",坚辞不就。① 为此向蒋介石指出此时战区体制存在的问题已是整体性的,第一战区不过是其中的缩影而已:

> 此时对第一战区长官遽予变更,必增加纷扰。反多障碍,不仅人情事理说不过去,而影响作战,迟滞作战之关系实更重大。今日之事实为整个问题,而非个别问题。今日之病实为结果,而非原因……其次,部队危机既早已存在,同时亦逐日普遍而扩大。故就空间言,又实非一隅一地为然。第一战区不过若干战区之一,不过适逢其会,首先暴露而已,其他各处一旦事变,猝发其危机,不知暴露者究有几何地,几何人。且恐其危机之严重程度更有在第一战区之上者。②

稍后,陈诚再次批评战区—集团军体系"单位复杂,松懈无力,指挥不便,协同尤难",须"全盘彻底改革"。为此,陈诚设想将全国战区改为四或五个方面军,而后方的少量绥署、行营改为预备军团;集团军改为 15—20 个路。③ 陈诚的这个意见虽仍未被采纳,但已经比较接近半年之后统帅部对战区—集团军体系的调整方案。与此同时,蒋介石亦指示何应钦着手重新部署全国各战区军队,并加强其战斗力量,同时对于已经失去战斗力的部队如何编并,立即

---

① 陈诚著,林秋敏、叶惠芬、苏圣雄编辑校订:《陈诚先生日记》(一),1944 年 5 月 23、24 日,第 555、556 页。

② 《陈诚呈蒋中正请辞第一战区长官职务》(1944 年 5 月 24 日),台北:"国史馆"藏,蒋中正"总统"文物,002/080102/00019/013。

③ 陈诚:《电林蔚告以全盘调整战斗序列意见备参考》(1944 年 6 月 1 日),何智霖编辑:《陈诚先生书信集:与友人书》下,第 243 页。

召集有关部会主官会同研拟方案。①

太平洋战争爆发后，中国之抗战成为第二次世界大战的一部分，蒋介石在美国的支持下担任了中国战区的最高统帅。1943 年开始，滇缅战场发生了有利于中国军队的转折，大量的美国援助即将到来，尽管豫湘桂会战遭遇惨败，但并没有妨碍中国军队展开反攻。在组织反击的问题上，蒋介石接受了美方参谋长魏德迈（Albert C. Weydemeyer）改组中国战区组织的方案，准备在西南地区新建一个体系用于反攻作战。②

1944 年冬，蒋介石开始计划整顿各战区及其人事。③ 12 月，"为联系盟军对敌转移攻势"，国民政府最高统帅部决定在昆明成立中国陆军总司令部，由军委会参谋长何应钦兼任总司令，负责西南各战区军队的统一指挥和整训。12 月 13 日，蒋介石下令长江以南的中国军队，"除去重庆之本会总预备队（第十四军、第七十五军及第七十六军）及第三、第六、七、九各战区之部队外"，均归陆军总司令部指挥。其任务为"与敌军保持接触，并拒止敌由湘桂路各地及越南向昆明及重庆两处之攻击"。④

1945 年 2 月，蒋介石通令陆军总司令部所辖各军在美国的帮助下进行整顿。在命令中，蒋介石首先对抗战以来国民党军队的现状进行了较为全面的剖析和训示：

---

① 叶惠芬编辑：《蒋中正"总统"档案：事略稿本》第 57 册，台北："国史馆"2011 年版，第 212 页。

②《蒋介石日记》（手稿本），1944 年 9 月 2 日、10 月 31 日"本月反省录"、11 月 16 日。

③《蒋介石日记》（手稿本），1944 年 11 月 5、12、19、26 日，12 月 10 日"本星期预定工作课目"。

④《蒋介石颁陆军总司令所部作战指导要领命令》（1944 年 12 月 13 日），中国第二历史档案馆编：《中华民国史档案资料汇编》第五辑第二编，"军事"（一），第 719—722 页。

惟国军弱点,未能及时改进,反日渐增加,尤以军纪渐趋败坏,实为我革命战争中最大之殷〔隐〕忧。甲、就整军言:指挥机构与部队番号逐渐增加,而人马武器逐年减少,不仅人力物力之浪费不可计数,非国力所能负担,且指挥运用不灵,徒陷补充补给于绝境,甚至有少数将领不顾大局,把持军队,割裂人事,克扣饷糈,武装走私,如非彻底整革,将何以完成抗战建国之使命。乙、就训练言:每年调训各级干部,为数甚巨,而回队之后,未见运用所学,增进部队之学术。即高级将领,亦鲜有以身作则,转移风气,使训练与作战打成一片,甚至捏造计划表册,粉饰外观,以眩惑校阅官之耳目,如非彻底整训,将何以达成增进战力,蔚成劲旅之实效。丙、就作战言:命令不能彻底,调遣殊欠敏活,攻每不能克,守每不能固,甚至夸大敌情,捏造战果,以自欺欺人,如非彻底觉悟改过,将何以杀敌致果。①

**在此基础上,蒋介石提出当下进行整军的必要性:**

综合上述一般状况及国军现状,实有切实整革、准备反攻、早日结束战争之必要。而整备要领,首在发扬革命精神,树立法治与学术思想,提高责任心与正义感,以身作则,转移风气,以争取个人之荣誉者增进国军之荣誉。我军编制、装备,均未划一,加以缺额过多,指挥运用补给,均感困难,自难发挥战力。此次盟邦以极大热情友谊,不惜以物资、精神同时对我援助,业经拟定整备计划(口述),不独协助我指挥作战训

①《蒋介石为整军颁告中国陆军总司令部所辖各将领书手令》(1945年2月2日),中国第二历史档案馆编:《中华民国史档案资料汇编》第五辑第二编,"军事"(一),第724—726页。

练及装备武器，划一编制，即交通通信卫生补给后勤诸项，亦均负责帮助办理，此正我建军整军之绝好机会，吾人自应热诚接受，确实施行……此次整备计划，即在求具备上述战胜诸条件，若徒拥有多数番号虚名，而无作战实力，是直视国军大事等于儿戏，纵国家民族存亡姑置不论，即将来编纂战史，展开敌我态势要图，我常以数倍乃至十数倍于敌之兵力（番号），不独未能歼灭敌人，反常受丧师失地之耻辱，能勿遗臭万年乎？即令战胜，亦虽胜不武，故吾人如不欲抗战胜利，革命成功则已，否则应有彻底之革新，抱定决心，贯彻此次整备计划。①

据此，陆军总司令部逐步建立起一套全新的架构。1945 年2—4 月，陆军总司令部调整所属部队之建制，废除战区、集团军番号，裁撤司令部，将部队重新编组为四个方面军，以卢汉、张发奎、汤恩伯、王耀武为司令，方面军下直辖军、师，分别以云南、粤桂边界、贵州、湘西为其作战地区。国民政府此番调整颇为巨大，也引起了一些高级将领如卫立煌的抵触，但终究在蒋介石的干预下于短时期内完成了改组。② 陆军总司令部组建之后，蒋介石对此寄予厚望，希望其"能够作为我们全国军队的模范，作为我们将来建军的基础"，成为"现代的机关""现代的部队"。③

---

① 《蒋介石为整军颁告中国陆军总司令部所辖各将领书手令》（1945 年 2 月 2 日），中国第二历史档案馆编：《中华民国史档案资料汇编》第五辑第二编，"军事"（一），第724—726 页。

② 何应钦编著：《八年抗战之经过》，香港：香港中和出版有限公司 2015 年版，第 270—279 页。冷欣：《从参加抗战到目睹日军投降》，台北：传记文学出版社 1967 年版，第109—110 页；《蒋介石日记》（手稿本），1945 年 3 月 3 日。

③ 蒋介石：《中国战区陆军总司令部成立之意义与使命》（1945 年 3 月 24 日），秦孝仪主编：《"总统"蒋公思想言论总集》卷 21"演讲"，台北：中国国民党中央委员会党史委员会 1984 年版，第 52 页。

1945 年 8 月,日军投降后,陆军总司令何应钦更是承军委会委员长之命,全权负责中国战区内的全部敌军投降事宜,指导各战区和各方面军办理接受日军投降事宜。[①] 因此,在抗战结束前夕,国民政府军队的组织系统实际上是陆军总司令部—方面军体系与战区—集团军体系两套制度并行,但主体仍为战区—集团军体系。

## 第三节　集团军的设置与总司令的任免

全面抗战开始后,国民政府在设置战区的同时,集团军亦次第组建。从当时抗战的全局来看,在战区之下设置集团军也实属必要。在指挥方面,战争规模扩大之后,战区所辖各种单位数量日益增多,有必要另设次一级单位,这与日军在方面军下组建军级单位同理。全面抗战时期,随着战争强度的增加,同一个作战方向上存在若干个正面,对于战力较弱的国民党军队来说,每个正面上配备一个师乃至一个军已不足以应付战局的要求,需要更大一级的单位来统率数个军、师作战。

作为抗战时期战区下的最高军队编组系统,国民政府军队的集团军体系设置最早可追溯到北伐时期。当时,各种部队次第扩充,除各总指挥、各军、各独立师外,又有各集团军之组织。1928 年二次北伐前夕,为指挥便利起见,南京国民政府将原国民革命军之第一至第六军及部分投诚部队编组为第一集团军,由蒋介石兼任司令;冯玉祥的国民军编组为第二集团军,阎锡山部编为第三集团

---

① 《蒋介石关于规定中国战区受降任务电》(1945 年 8 月 18 日)、《蒋介石关于规定各战区受降主官等情电》(1945 年 8 月 18 日),中国第二历史档案馆编:《中华民国史档案资料汇编》第五辑第三编,"军事"(一),第 724、725—728 页。

军,原第七、第八军及部分投诚的部队编组为第四集团军,由李宗仁统率。每一个集团军均有足够力量独立承担一方面的作战。[1]而且,各集团军内部的构成亦不尽一致。蒋介石所辖的第一集团军先后采用了纵队和军团的建制,共编有六个军团;冯玉祥第二集团军采用的是方面军制,共编有九个方面军,军团和方面军以下各编有数量不等的军、师。而阎锡山的第三集团军、李宗仁的第四集团军下则无次级组织,各自直辖所属的十余个军和师。[2] 1928 年北伐结束后,国民政府虽意图以"师"作为战略单位,对北伐后期的各集团军进行裁额和缩编,但限于各种因素的制约,仍部分保留了集团军、路等层级机构。

全面抗战开始前后一年多时间里,国民政府军队的系统逐渐由战前因内战而衍生的绥署(剿总)—路(军)的二级架构,向着更为适应对日作战需要的体系转型。[3] 实际上,1936 年国民政府制订的作战方案中,每个战区就已经计划临时组建三个集团军,各负责一个作战正面。[4] 与二次北伐时期的四大集团军相比,此时的集

---

① 蒋纬国总编著:《国民革命战史》第二部"北伐统一"(第一卷),台北:黎明文化事业股份有限公司 1980 年版,第 189—190 页。

② 参见文公直《最近三十年中国军事史》第二编,台北:文海出版社 1976 年版,第 445—470 页;戚厚杰等编著《国民革命军沿革实录》,石家庄:河北人民出版社 2001 年版,第 91—114 页。

③ 关于绥靖政公署、"剿总"的组织情况可参见《绥靖督办公署暂行组织条例》(1930 年 12 月 11 日)、《国民政府公布鄂湘川边区剿匪总司令部组织条例等指令》(1935 年 6 月 27 日),中国第二历史档案馆:《中华民国史档案资料汇编》第五辑第一编,"军事"(一),第 19—21、35—37 页;《豫鄂皖三省剿匪总司令部组织大纲》(1932 年 5 月 21 日),中国第二历史档案馆:《国民党政府政治制度档案史料选编》上,合肥:安徽教育出版社 1994 年版,第 435—436 页。

④ 中国第二历史档案馆:《国民党政府 1937 年度国防作战计划(甲案)》,《民国档案》1987 年第 4 期,第 44—48 页。

团军规模已然小了很多。1937 年 7 月 25 日,国民政府军政部将第一战区一线交战部队暂分为三个集团军,分别交由韩复榘、宋哲元等人临时指挥;第三战区到达前线的部队分为第六、第七、第八集团军,分别由张发奎、张治中和刘建绪指挥;第四战区则组建了两个集团军——蒋鼎文的第四集团军和余汉谋的第十集团军。[①]

8 月 20 日,国民政府军委会公布的作战序列中,共计 15 个集团军。[②] 之后,广西、四川相继各成立两个集团军,薛岳部亦扩建为一个集团军,商震与万福麟军合编为一个集团军。至 1937 年 12 月底,国民政府共计编成 21 个集团军。抗战初期,各集团军的组织情况如下:

第一集团军,总司令宋哲元,以原第二十九军扩编而成,下辖三个军。

第二集团军,总司令刘峙,后为孙连仲,以第二十六路军扩编而成,下辖两个军。

第三集团军,总司令韩复榘,以第三路军扩编而成,下辖三个军。

第四集团军,总司令蒋鼎文,中央军编成。

第五集团军,总司令顾祝同,中央军编成。

第六集团军,总司令杨爱源,晋绥军改编,下辖两个军。

第七集团军,总司令傅作义,原第三十五军编成。

第八集团军,总司令张发奎,粤军编成。

第九集团军,总司令张治中,后为朱绍良,中央军组成。

① 中国第二历史档案馆:《卢沟桥事变后国民党军政机关长官谈话会记录》,《民国档案》1995 年第 2 期,第 18—19 页。

② “国防部”史政编译局编印:《国民革命建军史》第三部“八年抗战与戡乱”(一),台北:1993 年,第 144 页插页。

第十集团军，总司令刘建绪，原第二十八军扩编，下辖两个军。

第十一集团军，总司令李品仙，由桂军扩编。

第十二集团军，总司令余汉谋，由粤军扩编，下辖三个军。

第十三集团军，缺。

第十四集团军，总司令卫立煌，由第十四军扩编，下辖两个军。

第十五集团军，总司令陈诚，后为罗卓英，由第十八军改编，下辖两个军。

第十六集团军，缺。

第十七集团军，总司令马鸿逵，由原第十五路军改编。

第十八集团军，总司令朱德，由红军改编，下辖三个师。

第十九集团军，总司令薛岳，由粤军和中央军组成。

第二十集团军，总司令商震，由晋绥军扩编。

第二十一集团军，总司令廖磊，由桂军扩编，下辖两个军。

第二十二集团军，总司令邓锡侯，由川军第四十五军扩编。

第二十三集团军，总司令刘湘，后为唐式遵，由川军第二十一军扩编，下辖三个军。①

全面抗战开始后，随着各战区和所辖各集团军的划定，集团军司令部的编制亦亟待确定。② 1937 年 7 月底，各战区划定后，蒋介石即令何应钦从速规定全国各战区、各集团军部准备事项及经费拨发。③ 抗战初期，国民政府规定的集团军司令部编制类似战区长

---

① 刘凤翰：《国民党军事制度史》，北京：中国大百科全书出版社 2009 年版，第 245—246 页。

②《阎锡山电请军委会早颁战区集团军司令部编制表》（1937 年 8 月 11 日），台北："国史馆"藏，阎锡山史料，116/010101/0117/058。

③《蒋中正条谕何应钦照会报速定全国各战区各集团军部准备事项与速发经费》（1937 年 7 月 30 日），台北："国史馆"藏，蒋中正"总统"文物，002/020300/00008/012。

官部,其编制以"便利作战指挥为原则,所有关于行军宿营等项有顾虑之人员,皆可尽量减少之"。1940 年 1 月,军委会修正公布的集团军总司令部编制及其组织大纲中,官佐数量进一步减少。集团军总司令部设正副总司令各一人,承战区司令长官之命,指挥作战一切事宜。①

到 1938 年底,国民党军队的集团军经过调整和增加,总数达到 25 个。较之 1937 年底,其主要变化如下:

第一集团军,1938 年 10 月重建,总司令龙云,由副总司令卢汉统率。②

第三集团军,1938 年初,总司令韩复榘被枪决后,由第十二军军长孙桐萱代理,后瓦解。

第四集团军,1938 年初蒋鼎文调任西安行营主任后番号空出。

第五集团军,1938 年 6 月由于学忠接任总司令,以于学忠所部东北军第五十一军扩编而成。

第九集团军,1938 年 5 月由吴奇伟接任总司令,以吴奇伟所统率的第四军为基础。

第十五集团军,1938 年 3 月陈诚出任武汉卫戍总司令后番号亦空出。

――――――――――――

① 《军事委员会修正集团军总司令部编制表及其组织大纲》(1940 年 1 月),中国第二历史档案馆编:《中华民国史档案资料汇编》第五辑第二编,"军事"(一),第 347—349 页。

② 1938 年 3 月初,宋哲元奉令出任第一战区副司令长官后,即请辞去该战区第一集团军总司令兼职,获蒋介石准许,并将该第一集团军撤销。参见《宋哲元电蒋中正遵于十四日在老鸦石防次就第一战区副司令长官职惟请准辞第一集团军总司令职》(1938 年 3 月 14 日)、《蒋中正电武昌办公厅第一战区副司令长官宋哲元请辞第一集团军总司令兼职业予照准第一集团军总司令部著即撤销》(1938 年 3 月 21 日),台北:"国史馆"藏,蒋中正"总统"文物,002/090106/00001/254、243。

第十九集团军,1938 年 1 月薛岳调任第一兵团总司令后由罗卓英接任总司令。主要为陈诚嫡系部队第十八军(原第十五集团军)为基础。

第二十二集团军,1938 年 5 月,孙震接替邓锡侯为总司令。

第二十四集团军,总司令顾祝同,副总司令韩德勤代理。

第二十六集团军,总司令徐源泉,由徐源泉部第十军为基础扩编而成。

第二十七集团军,总司令杨森,由原川军杨森第二十军扩编而成。

第二十八集团军,总司令潘文华,由原川军潘文华第二十三军扩编而成。

第二十九集团军,总司令王缵绪,由原川军王缵绪第四十四军扩编而成。

第三十集团军,总司令王陵基,由川军第七十二军(王陵基兼军长)、第七十八军(军长张再)扩编而成。

第三十一集团军,总司令汤恩伯,由原中央军第十三军扩编,下辖第十三、第八十九两个军。

第三十二集团军,总司令上官云相,下辖第二十五、第二十九两个军。

第三十三集团军,总司令张自忠,由原第一集团军宋哲元部缩编,下辖第五十九、第七十七两个军。[①]

除此之外,其余各集团军基本未有大的变动。但是,在番号变化和数量增加的同时,集团军的性质也较之此前发生了根本性的

---

① 刘凤翰:《国民党军事制度史》,第 247—248 页;中国第二历史档案馆编:《抗日战争正面战场》中,南京:凤凰出版社 2005 年版,第 1573—1575 页。

改变:集团军不再是根据战场的需要由各军、师就近编成的临时组织,而是相同派系的军、师有意识的固定组合,成为一级常设单位。这缘于各个地方军事集团及内部小派别均希望队伍不被打散而编成相对独立的单位出战,出于政治上的考虑,这样的要求多半得到满足,国民政府统帅部与各地军政领袖协商后,陆续发放集团军的番号供各地军队编成。集团军作为一级常设单位被确立之后,其构成也趋于稳定:除个别集团军外,各集团军所辖的部队多在1—2个军,各集团军的兵力配备日益均衡;集团军所辖军、师开始固定下来,不再被频繁地调入或调离。而且,抗战进入相持阶段后,蒋介石一度拟令各集团军设副司令2—3名,以一名任训练与校阅,以一名管理后方勤务与幕僚干部之训练。①

进入相持阶段后,随着抗战局势相对稳定,国民政府各集团军的变化不再像抗战前期如此巨大。其大概的变动情形如下:

1939年,国民政府的集团军体系再次进行了调整和新建。调整方面,第一集团军总司令由卢汉接替龙云出任。第四集团军,总司令孙蔚如(接替蒋鼎文部的空缺),以陕军第三十八军为基础扩编。第五集团军,总司令曾万钟,以第三军为基础扩编。原总司令于学忠调任鲁苏战区司令。第六集团军,总司令由陈长捷接替杨爱源。第七集团军,总司令由赵承绶接替傅作义,傅作义调任第八战区副司令长官。第八集团军,总司令孙楚,由晋军扩编,原总司令张发奎调任第四战区司令长官。第十一集团军,总司令由夏威接替李品仙,后又改为黄琪翔。第十四集团军,初由冯钦哉接替卫立煌代理总司令,后由刘茂恩为总司令。第十五集团军,初由薛岳兼任总司令,后改为关麟征。第二十一集团军,李品仙接替去世的

_____

① 《蒋介石日记》(手稿本),1942年1月20日。

廖磊出任,辖军不变。第二十四集团军,庞炳勋为总司令,以其第四十军为基础扩编。第二十六集团军,总司令徐源泉撤职,番号空出,此后先后改派黄琪翔、蔡廷锴接替总司令。

新建的集团军包括:第十三集团军,总司令王靖国,由晋绥军扩编。第十六集团军,总司令夏威,由桂军扩充。第二十五集团军,总司令陈仪。第三十四集团军,总司令蒋鼎文,后为胡宗南。第三十五集团军,总司令李汉魂,由粤军扩编。第三十六集团军,总司令李家钰,由川军第四十七军等部扩编。第三十七集团军,总司令叶肇。第三十八集团军,总司令徐庭瑶,辖第九十军和第五军。[①]

1940年,国民政府调整了九个集团军,同时新建一个集团军。其中,第九集团军总司令由关麟征接替吴奇伟。第十一集团军被撤销,总司令黄琪翔改调预备集团军总司令,随后预备集团军亦撤销。第十五集团军在总司令关麟征出任第九集团军总司令后,番号空出。第二十集团军总司令商震调任第六战区司令长官,霍揆彰代总司令。第二十六集团军由周碞升任总司令。第三十三集团军总司令张自忠殉职后,由冯治安继任总司令。第三十五集团军总司令由邓龙光接替李汉魂。第三十七集团军总司令叶肇因桂南会战失利被免职,番号空出。第三十八集团军总司令徐庭瑶因昆仑关作战失利被免职,番号亦空出。此外,新建了第三十九集团军,由石友三担任总司令,辖第六十九军及冀察游击部队。[②]

1941年,国民政府又调整了五个集团军:第六集团军总司令陈长捷调第八战区伊盟守备军总司令,总司令职位由杨爱源兼代。

---

① 刘凤翰:《国民党军事制度史》,第248—250页。
② 刘凤翰:《国民党军事制度史》,第250—251页。

第十集团军总司令刘建绪调任福建省政府主席,改由王敬久接任。第十一集团军重建,以宋希濂为总司令,辖第六十六、第七十一军。第十五集团军重建,以何柱国为总司令,填补关麟征他调后空出的番号,辖骑兵第二军、第九十二军。第三十九集团军总司令石友三因通敌被处决,由卫立煌兼任总司令。①

此后数年,国民政府各集团军虽陆续有所调整,但基本无大的变动。到抗战结束前夕,国民政府总计先后组建了 40 余个集团军。与各战区的调整相比,集团军的变动相对频繁,主要是因为:

其一,军或军团一级扩充升格为新集团军。九个新的集团军在 1939—1940 年期间次第成立。其中,既有中央军的主力胡宗南第十七军团扩编而成的第三十四集团军,也有李汉魂粤系第六十四军基础上扩充的第三十五集团军,还有川军李家钰部、晋绥军高桂滋部和中央军陈铁部合编的第三十六集团军。②

其二,既有的集团军不断进行新的组合。有的是作战不利的集团军被裁撤后,其番号给予新的部队重新组成集团军。如徐源泉第二十六集团军"老不堪用",1938 年 6 月不战自退后,集团军被撤编,番号空出数月后交给第四战区,由桂系将领黄琪翔(旋由粤军宿将蔡廷锴接任)担任总司令,以桂系新成立的第四十六军为主体扩编为新的第二十六集团军。③ 同样,1940 年 2 月桂南作战中,第三十七集团军总司令叶肇,"违令避战,贻误全局,该集团军番号

① 刘凤翰:《国民党军事制度史》,第 251 页。

②《胡上将宗南年谱》编纂委员会编:《胡上将宗南年谱》,第 98 页;郑泽隆:《军人从政——抗日战争时期的李汉魂》,天津:天津古籍出版社,2005 年,第 376 页;四川省政协文史资料研究委员会、四川省人民政府参事室合编:《川军抗战亲历记》,成都:四川人民出版社 1985 年版,第 424 页。

③ 陶峙岳:《陶峙岳自述》,长沙:湖南人民出版社 1985 年版,第 71 页。

取销,该总司令撤职查办",第三十八集团军总司令徐庭瑶,"处置无方,决心不坚,未能挽回战局,该集团军番号取销,该总司令撤职查办"。[①] 其集团军番号数年后由中央军胡宗南部的陶峙岳和范汉杰部顶替。

其三,因军队主官调动而随之进行的重组。例如,卫立煌任第十四集团军总司令时,其主力第十四军编于其集团军序列。1939年,卫立煌升任战区司令长官,第十四军遂编入新改组的曾万钟第五集团军序列,第十四集团军番号则改由冯钦哉代理,随后由刘茂恩带领其第十五军编入此集团军,并接任集团军总司令。1942年,李默庵接替第三战区上官云相出任第三十二集团军总司令,后者升任战区副总司令,李默庵将其训练的三个突击队也编入此集团军。而就在这一年曾万钟也调任第一战区副司令长官,其第五集团军则解散编入其他集团军,此番号在1943年底复由杜聿明率领回国的远征军余部继承。

根据国民政府方面制定的作战计划,在预定的战区之下编组集团军指挥军、师,已足以应付战事,因而军队系统原仅包括此两级组织。但事实上,为了会战指挥和扩充部队的需要,国民政府在抗战开始后又陆续增设了兵团、军团两级组织。

在抗战初期的一些会战中,部分战区即在集团军之上,临时性地编组兵团一级的单位,临时指挥各师、军乃至集团军。例如,淞沪会战期间,因国民政府战前所预设的两个集团军建制不敷指挥数十个师的参战部队,军委会乃将战区分为左翼、中央、右翼三个

---

① 蒋介石:《通电公布处罚桂南作战不力将领》(1940年2月27日),秦孝仪主编:《"总统"蒋公思想言论总集》卷37"别录",台北:中国国民党中央委员会党史委员会1984年版,第212页;陈诚著,林秋敏、叶惠芬、苏圣雄编辑校订:《陈诚先生日记》(一),1940年2月25日,第338页。

兵团,由陈诚、朱绍良(接替张治中指挥第九集团军)、张发奎分别担任指挥,令其在负责各自集团军的同时,一并指挥新编入其兵团的一个集团军。① 其概况可从 1937 年 11 月下旬蒋介石对第三、第七战区战斗序列进行调整的命令中窥见一斑:

> 兹改定第三战区军队分如次:(一)司令长官由本委员长兼,副司令长官顾祝同。(二)左翼军总司令陈诚,右翼军总司令张发奎。(三)左翼军以第九集团军、第十九集团军、第十五集团军组成之。(四)右翼[军]以第八集团军、第十集团军组成之。(五)第九集团军总司令张治中,副总司令黄琪翔。第十九集团军总司令薛岳,副总司令吴奇伟。第十五集团军总司令陈诚兼,副总司令罗卓英。(六)第八集团军总司令张发奎兼。第十集团军总司令刘建绪。②

同一时期的第二战区在忻口战役时,也组建了三个兵团。在集团军之上组建兵团的同时,位于集团军之下、军之上的军团一级建制亦开始出现。1937 年 9 月 15 日,实际负责主持第三战区的顾祝同即以该战区淞沪及沿江地区部队增多,指挥不便,电请蒋介石升任薛岳为集团军总司令,同时将吴奇伟升任军团长或集团军副司令:

> 查第十五集团军指挥单位既感过多,作战区域亦觉过广。现第六十军既加入该集团军区域,吴奇伟军亦将来到,深感淞

---

① 《张治中关于第九集团军淞沪战役报告书》(1937 年 11 月 4—20 日),中国第二历史档案馆编:《中华民国史档案资料汇编》第五辑第二编,"军事"(二),第 256 页。

② 《蒋介石关于变更第三第七战区等战斗序列作战地境密电稿》(1937 年 11 月 25 日),中国第二历史档案馆编:《中华民国史档案资料汇编》第五辑第二编,"军事"(二),第287—288 页。

沪及沿江地区除第九第十五集团军外,实有增加一集团军之必要。又拟以薛岳担任该集团军总司令,吴奇伟为军团长或副司令,其指挥部队即定为胡宗南、王东原、叶肇、吴奇伟四军。①

据此,国民政府于 9 月 28 日发表罗卓英为第十六军团军团长、胡宗南为第十七军团军团长、吴奇伟为第十八军团军团长。②

抗战初期,国民政府军队总体兵额不足,亟待扩充部队,于是凡有发展余地之军,多授予军团番号,希望其能自动发展,增强抗战实力。③ 1937 年八九月之际,军委会决定撤销战前长期存在的"路"的建制,同时将十余个有实力的军升格为军团,以待有新组建的军、师编入其中。最早升级的孙连仲部第三十军,于 8 月 6 日在前线即升格为第一军团。④ 第　批设立的军团,所辖部队多是自身一个军,不过在 1937 年底第二批升格的军团中,有一部分所辖的部队已达两军,如汤恩伯第二十军团,辖汤氏的第十三军和关麟征的第五十二军。到抗战结束时,国民政府先后编组了三十八个军团。⑤

成立军团是国民政府战时扩充军事力量的一个重要环节。因此,军团一经设置,除了扩充所属部队外,自身的变动较小,更不至

---

① 《顾祝同电蒋中正请核准以薛岳担任淞沪及沿江地区集团军总司令吴奇伟等任军团长作战区域南至蕴藻滨北至罗店月浦之线》(1937 年 9 月 15 日),台北:"国史馆"藏,蒋中正"总统"文物,002/090105/00002/345。

② 陈诚著,林秋敏、叶惠芬、苏圣雄编辑校订:《陈诚先生日记》(一),1937 年 9 月 28 日,第 164 页。

③ 刘凤翰:《国民党军事制度史》,第 254 页。

④ 孙连仲:《孙连仲回忆录》,台北:孙仿鲁先生古稀华诞筹备委员会,1962 年,第 44 页。

⑤ 刘凤翰:《国民党军事制度史》,第 255—257 页。

于遭到裁并。此外,军团长的地位较之军长更为尊崇,在某些时候可以临时性指挥其他的军。而且,部分军团在实力扩充之后,即开始向集团军转化。卢汉、张自忠各军在抗战期间,即由军升格为军团,复再度升级为集团军。①

虽然增设兵团、军团是国民政府因战事需要而采取的临时性措施,但因此使军队系统中实际上存在多重架构。"层次既多,指挥运用,转感迟误",滋生出运转不灵等弊端。② 例如,1938 年夏秋期间,第九战区所辖各部队的战斗序列中,就包括兵团、集团军、军团、军、师多重复合形式。③

与战区的调整类似,抗战时期,国民政府对集团军的调整部署亦常出现混乱情况,尤其是临阵的调整常发生各种混乱。1937 年9 月中旬,国民政府在淞沪战场组建第十五集团军,并以陈诚兼总司令,同时将此前配属张治中第九集团军的第十八军调归第十五集团军,但未通知张治中,以致第十八军军长罗卓英对张治中来该部视察感到"诧异",而张治中亦为此感到颇为不快。④ 此后,张治中在总结报告所部在淞沪会战的经过时,再次强调国民政府战斗序列与各级指挥之紊乱,以及高级指挥官屡次变易导致的问题颇大:"因新旧变动之际,正我防线薄弱之时。且大兵团作战,其当面

---

① 刘凤翰:《抗战期间国军扩展与作战》,台北:"国防部"史政编译室 2004 年版,第 84—85 页。

②《胡上将宗南年谱》编纂委员会编:《胡上将宗南年谱》,第 95 页。

③《第九战区战斗序列表》,(1938 年 7—11 月),台北:"国史馆"藏,陈诚"副总统"文物,008/010701/00047/004;《第九战区所属兵团集团军军团师单统计表》(1938 年 11 月 1 日),台北:"国史馆"藏,陈诚"副总统"文物,008/010701/00047/007。

④ 张治中:《张治中回忆录》,第 94—98 页。

敌情地形不易一目而瞭。继任者每因情况不明，部署困难，致失机宜。"[1]11 月 25 日，淞沪会战撤退之际，在蒋介石对淞沪前线第三战区各战斗序列及集团军司令下达的部署命令中，各集团军的配属问题又不可避免地出现交叉重复的混乱现象。[2]

在 1938 年底召开的南岳军事会议上，作为最高统帅的蒋介石对既有的军队系统进行了深刻检讨和批评。蒋介石认为：抗战初期的四级建制首先导致"指挥级次太多，于是各级司令部之组织，不能健全，使交通通信等特种部队兵力分散，幕僚人员之不敷分配"，"层次过多，命令转递不易，影响所及，非但一切不经济，而且误时误事"。战场情况瞬息万变，情报和命令若是层层转递，容易贻误战机。此外，当时各级单位并非十分充实，集团军仅辖一个军团，军团仅辖一军的情况并不鲜见，不少单位甚至只是空架子，这对于作战任务之分配极为不利。蒋介石承认："大单位（如总司令、军团、军、师等）太多，而实力又不充分，又以各部力量参杂不齐，不能适合作战上之要求以行区分。"[3]

同样，张发奎亦回忆说："我军指挥单位过多，由最高统帅部之军委会起到战略单位之师级，中间有战区、兵团、集团军、军团、军等而到达师，共有七级之多。我国地区辽阔，交通原不发达，通讯

---

① 《张治中关于第九集团军淞沪战役报告书》(1937 年 11 月 4—20 日)，中国第二历史档案馆编：《中华民国史档案资料汇编》第五辑第二编，"军事"(二)，第 284 页。

② 《蒋介石关于变更第三第七战区等战斗序列作战地境密电稿》(1937 年 11 月 25 日)，中国第二历史档案馆编：《中华民国史档案资料汇编》第五辑第二编，"军事"(二)，第287—288 页。

③ 蒋介石：《南岳军事会议手订各项要则及第一期抗战之总评》(1938 年 11 月 28 日)，秦孝仪主编：《"总统"蒋公思想言论总集》卷 15"演讲"，台北：中国国民党中央委员会党史委员会 1984 年版，第 562—563 页。

亦落后,致影响指挥及兵力之运用。"①与之类似,陈诚在总结武汉会战失利因素时,也有同样的感受:"中间指挥单位过多,就是历次会战失败的一大原因。这一痛苦的经验,我们老早就知道得很清楚。但到武汉会战时,中间指挥单位不但没有减少,反倒更加多了。师上有军、军团、集团军、兵团,以至战区长官部,真是极叠床架屋之能事,欲其不误事机,又如何可能?"②此外,陈诚还注意到国民党军队单位层级过多,容易导致各级将领争名誉、争地位的"官僚主义遗毒"。例如李默庵升为第三十三军团长后,随即与第十四集团军总司令卫立煌发生龃龉:"第十四集团军原各师,统归第三十三军团指挥。第三十三军团虽然仍隶属第十四集团军,由卫立煌统一指挥,但在客观上似乎形成了'架空'卫立煌的局面"。③

　　鉴于既有军队系统出现的这些问题,进入抗战相持阶段后,国民政府为简化作战指挥单位,对战区、兵团、集团军、军团各级组织进行调整。具体的调整方案在 1938 年底的各次军事会议后确定,其要点在于减少中间指挥层级,裁撤兵团、军团两级建制,同时在战略单位上改师为军,变成军委会、战区、集团军、军四级单位。与此同时,新编制的各师,废除旅级建制,每师三团。④ 1939 年 1 月下旬,国民政府军委会为指挥便利起见,正式决定将军团长名义撤销,以避免指挥机构之重复,为此通令免除各战区副司令长官、各

---

① 张发奎:《张发奎将军抗日战争回忆记》,香港:耀群烫金印务公司 1981 年版,第 24 页。

② 陈诚:《陈诚回忆录——抗日战争》,第 59 页。

③ 李默庵:《世纪之履——李默庵回忆录》,北京:中国文史出版社 1995 年版,第 214—216 页。

④ 刘凤翰:《国民党军事制度史》,第 254 页。但是,西北的汤恩伯第十七军团"因陕甘情形特殊,任务重要",仍继续保持。参见《胡上将宗南》年谱编纂委员会编《胡上将宗南年谱》,第 95 页。

集团军正副总司令所兼之军团长职务。① 此后，从最高统帅部至战略单位，仅通过战区和集团军两级单位即可到达。② 这样的调整，一定程度上改变了自抗战初期以来正面战场军队指挥混乱，层次繁密，以及命令转达迟滞、部队运动不灵的弱点。③

但是，碍于实际的需要，国民政府此后仍不时设置有兵团等组织。例如，1940 年 1 月初，为统一南宁邕江南岸各部队的指挥，加强对敌军后方作战力量起见，桂林行营决定特设南路兵团总司令，以第十六集团军总司令夏威兼任兵团总司令，第二十六集团军总司令蔡廷锴兼任兵团副总司令，所有南路兵团总司令部人员即由该两集团军总司令部内调用，不另行组织。④ 但此时的兵团基本与集团军同等级，且为临时编组。

作为抗战时期的高级作战指挥单位，战区与集团军的划分和设置较好地适应了抗日战争这场大规模战争的需要。但是，正如淞沪会战时陈诚所抱怨的，国民政府在战区与集团军设置伊始，其组织不健全、系统不清楚、各级因人设位的情况即极为明显。⑤ 同一时期出任第六战区司令长官的冯玉祥也发现该战区指挥体系中

---

① 《蒋中正电贺耀组令各战区副司令长官各集团军正副总司令自即日起均免兼军团长职务又分别升任陶广俞济时刘汝明为第十第二十及第二集团军副总司令》（1939 年 1 月 26 日），台北："国史馆"藏，蒋中正"总统"文物，002/090106/00001/278。

② 何应钦：《对五届五中全会军事报告（自民国廿七年四月至民国廿七年十二月）》，浙江省历史学会现代史资料组编：《抗日战争军事报告集》上，杭州：杭州出版社 1985 年版，第 152—154 页。

③ 郑洞国：《我的戎马生涯——郑洞国回忆录》，北京：团结出版社 1992 年版，第 226 页。

④ 《白崇禧关于特设南路兵团总司令以增强敌后作战力量密电》（1940 年 1 月 9 日），中国第二历史档案馆编：《中华民国史档案资料汇编》第五辑第二编，"军事"（三），第 244 页。

⑤ 陈诚著，林秋敏、叶惠芬、苏圣雄编辑校订：《陈诚先生日记》（一），1937 年 8 月 29 日、1937 年 9 月 27 日，第 154、164 页。

高级指挥机关太多,对各战略单位不能确实迅速指挥,以致贻误战机。冯玉祥向国民政府报告称:"缘本战区只一处战场,战区之下,只辖一个集团军,指挥已较重复,而军上又加一军团,故尤觉层次太多,指臂不灵。"①而且,随着战局和环境的推移,其架构日益出现诸如"机关化""防区化"等弊病。到抗战末期,这一体系越来越不能适用于抗战的反攻作战。因此,国民政府又另行组建了新的陆军总司令部—方面军体系。

此外,在战区—集团军体系的设置下,部分战区司令长官和集团军总司令因缘际会得以坐大,在一定程度上为其发展自身派系力量提供了契机。这一新形势的发展,使原本就派系林立的国民政府军队中高级将领之间的派系斗争更加复杂化。

---

① "国防部"史政局编印:《抗日战史》"津浦铁路北段沿线之作战"(二),1982 年,第 94—95 页。

# 第四章　高级将领的地域与派系

　　"派系"是民国历史绕不开的话题,不仅政治、军事上有派系,教育、文化、财经、社会等领域,亦各有派系的存在。[1] 派系倾轧更是成为国民党组织机制中一个十分幽微而又突显的政治现象,"其突显之处,则表现在派系之间的恶性倾轧成为国民党内影响深广,并为众所周知的一项政治文化现象"。[2] 身处其间的高级将领陈诚亦批评称"组织复杂(小组织),互相摩擦,互相攻击,只顾私人关系,不问国家利害,无正义、无是非"是国民党的致命伤之一。[3]

　　国民政府时期的派系甚为复杂,具体划分不一。其中重要一类即是以省籍地域为基础形成的政治军事集团。[4] 如冯玉祥的西北军、张学良的东北军、阎锡山的晋系、李宗仁和白崇禧的桂系,以

---

① 刘维开:《〈中华民国史〉与民国派系政治研究》,《近代史研究》2012 年第 1 期,第 147 页。

② 王奇生:《党员、党权与党争:1924—1949 年中国国民党的组织形态》,上海:上海书店出版社 2003 年版,第 317 页。

③ 陈诚著,林秋敏、叶惠芬、苏圣雄编辑校订:《陈诚先生日记》(一),1942 年 6 月"本月反省录",第 377 页。

④ 金以林:《地域观念与派系冲突——以二三十年代国民党粤籍领袖为中心的考察》,《历史研究》2005 年第 3 期,第 116 页。

及四川的刘湘、云南的龙云、山东的韩复榘等。地缘之外,基于同一军校出身的学缘关系也是国民政府高级将领内部派系分际和冲突的重要因素,尤其是国民政府的中央军嫡系将领中,这一分野更为明显。抗战时期,随着战局的发展以及战区—集团军体系的编配,高级将领的地域和派系进一步发展演化,对抗战局势的发展亦有重要影响。

## 第一节　高级将领的省籍与派别

中国人向有浓郁的"同乡"观念,以省为基础的地域认同有意或无意地存在于人们的日常行为之中。人们往往用行政地域来描述一个人的本籍,以表示其身份的关键因素。大部分中国人想到中国的疆域时,多是从省、府、县这一行政等级区划出发。[①] 地域观念在国民党的派系冲突中也扮演着重要角色。从同盟会时期开始,国民党内即存在强烈的地域意识。孙中山在世时,因其个人的魅力和威望,国民党内已逐渐形成的各派系间的冲突一时还未公开化,孙中山去世后,国民党内各派系的冲突日益凸显。

1928 年北伐完成时,国民政府军队主要由蒋介石的第一集团军、冯玉祥的第二集团军、阎锡山的第三集团军,以及李宗仁、白崇禧的第四集团军构成,各集团军代表着不同的地方派系,这些派系普遍掌握了大小不一的若干军队,占据了一定的地盘,而内部构成也千差万别。此后,为促成全国的统一,国民政府对各高级将领分别畀以中央专职,如任冯玉祥为军政部部长、阎锡山为内政部部

---

① 施坚雅主编,叶光庭等译:《中华帝国晚期的城市》,北京:中华书局 2000 年版,第 1 页。

长、李济深为参谋总长、李宗仁为军事参议院院长,以冀造成强固统一之中央政府,但一般高级将领仍多抱持拥兵割据之观念,不愿在中央任职,[1]国民政府对这些有显著省籍情结的地方军事政治派系始终难以彻底统合。抗战开始前,地方色彩、个人主义弥漫于国民政府军队之中,[2]以省为基础形成的地方军事派系的活动成为抗战前内战一再发生的重要原因。

抗战爆发后,国民政府对于过去曾反抗中央的各地域军系领袖多赋予重任,如李宗仁、阎锡山、冯玉祥、程潜等人均派充战区司令长官,对愿意开赴前线抗战的地方部队更是予以各种实质性的支持。但是,即便如此,抗战时期国民政府能够指挥、调动的部队,仍不足总数之半。[3] 中央与地方军系,或军系与军系之间,乃至各个军系内部,仍不能说毫无芥蒂。[4] 陈诚晚年追述称抗战时期假抗战之名,"为争夺地盘扩张势力之实者"大有人在,不过条件机会各不相同,"因而彼此的成就也就不得一样罢了"。[5] 陈诚所言虽是站在国民政府中央的立场上,确也大体道出了当时各军事派系继续存在和发展的事实。

全面抗战爆发时,除蒋介石主导的中央军外,各地域性高级将领按实力排序,计有晋系、桂系、川系、粤系、东北军、滇军、湘军、西北军、鲁军、青马、宁马等十数个地方性军事集团。全面抗战期间,

---

① 秦孝仪总编纂:《"总统"蒋公大事长编初稿》卷2,台北:中国国民党中央委员会党史委员会1978年版,第4—5页。

② 白崇禧口述:《白崇禧口述自传》上,中国大百科全书出版社2009年版,第73页。

③ 徐乃力:《抗战时期国军兵员的补充与素质的变化》,《抗日战争研究》1992年第3期,第47页。

④ 陈存恭:《评"李宗仁回忆录"》,《"国史馆"馆刊》复刊第1期,1987年1月,第206页。

⑤ 陈诚:《陈诚回忆录——抗日战争》,第214页。

这些地方派系经历了不同的嬗变轨迹,有的走向消亡,有的分化为新的团体,但多数依然保持了原来的基本形态。

抗战时期,保持发展最好的当属以李宗仁、白崇禧等为首的广西新桂系。虽然相对中原地区而言,广西是一个偏远贫困的边陲省份,但从北伐时期开始,一批受过新式军事教育的广西将领,却不时将其来自边陲的主张和力量,带至全国政治舞台的中心。与各地域性派系相比,桂系是其中为数不多的仍具有全国性视野和企图心的团体。但缘于文化背景、历史渊源和利益冲突,却又始终在他们与蒋介石主导的国民政府之间存在一条时隐时现的鸿沟。①

抗战前夕,桂系雄踞广西,军队达到 44 个团,约 10 万人。全面抗战开始后,桂系所属部队由两个军七个师扩充为五个军 13 个师,编为三个集团军,陆续开赴前方战场。其中,第十一、第二十一两个集团军(司令长官分别为李品仙、廖磊,1939 年廖磊病逝后,李品仙接任第二十一集团军总司令,第十一集团军先后由夏威、黄琪翔出任总司令)归第五战区所辖,随李宗仁转战至鲁南、苏北、鄂东等地,夏威的第十六集团军则留守广西。李宗仁、白崇禧更是分别担任第五战区司令长官兼安徽省主席、汉中行营主任和军事委员会副总参谋长、军训部部长、桂林行营主任等要职。此外,抗战初期任第二战区副司令长官兼浙江省主席的黄绍竑亦为桂系出身,但黄氏在 1930 年到国民政府中央任职后即逐渐脱离桂系。抗战时期,桂系主要高级将领除刘士毅为外省籍外,其他如张淦、周祖晃、徐启明、韦云淞等均为广西省籍。

与其他地方派系相比,桂系在抗战时的发展有其特殊的条件。首先,抗战开始后,李宗仁、白崇禧在举国一致抗日的形势下决定

① 吴振汉:《国民政府时期的地方派系意识》,台北:文史哲出版社 1992 年版,第71 页。

对蒋介石主导的中央政府采取"军事上守势,政治上攻势"的策略,有目的延揽各方力量。① 其次,桂系首领出长一个战区,独当一面,而且在国民政府中央有担任要职的白崇禧。因此,"广西部队总算是承蒙中央优礼有加"。② 人事上,在桂系主导的第五战区司令长官部,除参谋长、参谋处处长、卫生处处长外,其他如政治部主任、军务处处长、副官处处长、军需处处长、兵站总监、军法执行监等均由桂系广西人出任。③ 加上战时"军主政从"的体制,桂系军队对第五战区所辖的山东、安徽、鄂东地区的地方行政也有极大的影响力。尤其在安徽,桂系苦心经营,有意识地将其发展为第二个广西。④ 因此,桂系在抗战中实际控制的地盘较战前更为扩大。此外,和其他地方性派系相比,在相对稳固的地方政权的支撑下,桂系的战力补充较为良好,军队的训练及装备亦较为齐整。而且在正规部队之外,尚发展有相当数量的游击纵队和保安团。⑤ 这些客观条件的存在,为其发展和壮大提供了契机,到抗战后期,除广西和第五战区外,新成立的第十战区也主要以桂系李品仙的第二十

---

① 申晓云:《桂系元戎——李宗仁》,兰州:兰州大学出版社1998年版,第206页。

② 李宗仁口述,唐德刚撰写:《李宗仁回忆录》下,桂林:广西师范大学出版社2005年版,第626页。白崇禧虽因才能颇受蒋介石爱惜而得以位居中央要职,但白崇禧不守范围与独断专行的性格与蒋介石始终合不来。参见黄旭初《黄旭初回忆录:广西前三杰:李宗仁、白崇禧、黄绍竑》,台北:独立作家2015年版,第236—237页。

③ 张寿龄:《在李宗仁戎幕中的十年》,中国人民政治协商会议全国委员会文史资料研究委员会编:《文史资料存稿选编》"军事派系"(下),北京:中国文史出版社2002年版,第149页。

④ 申晓云:《桂系元戎——李宗仁》,第210—212页。

⑤ 陈存恭访、纪录,郭廷以校阅:《徐启明先生访问纪录》,台北:"中央研究院"近代史研究所1983年版,第94、99、120页;李品仙:《李品仙回忆录》,台北:中外图书出版社1975年版,第197—198页。

一集团军为核心组建。①

抗战时期，以阎锡山为首的晋军在继续保有山西地盘的基础上也有所发展壮大。近代以来，山西人具有浓厚的保守意识，源自山西地形封闭，素有"表里山河"之称，加之境内物产不丰，人民生活贫困，为其保守意识的产生提供了充分条件。② 抗战时期，晋系主要高级将领商震、徐永昌、杨爱源、赵承绶、傅作义、孙楚、王靖国均为山西籍出身。

抗战前夕，阎锡山为首的晋系军队盘踞山西，一度与中国共产党、日本和苏联并列为最令蒋介石头疼的四大问题之一。③ 抗战伊始，阎锡山即出任第二战区司令长官。在全面抗战中，第二战区始终由阎锡山统辖，战区内的军队也基本上全部由晋军组成，地域色彩极为明显。抗战爆发时，阎锡山第二战区所辖军队除杨爱源的第六集团军、傅作义（后为赵承绶）的第七集团军两个晋军之外，还有国民政府中央军卫立煌的第十四集团军和中国共产党方面的第十八集团军。但自 1937 年 11 月太原失陷后，除了中国共产党部队继续在山西活动外，晋阎军之外的部队均退出山西，战区内部队遂同属阎锡山一脉。④ 此后，阎锡山在原有的两个集团军基础上，又扩充了孙楚的第八集团军、王靖国的第十三两个集团军，使其掌控

---

① 陈存恭访、纪录，郭廷以校阅：《徐启明先生访问纪录》，第 117—120 页。

② 吴振汉：《国民政府时期的地方派系意识》，第 5 页。

③ 蒋介石特别提醒自己称"阎、共、倭、俄四大问题应特别研究"。见《蒋介石日记》（手稿本），1937 年 5 月 20 日。

④ 卫立煌第十四集团军在 1938 年底随卫氏调至洛阳，加入第一战区序列；傅作义则自领第三十五军离开山西挺进绥远。参见赵荣声《回忆卫立煌先生》，北京：文史资料出版社 1985 年版，第 158—159 页；楚溪春：《晋军概况和"铁军"、"同志会"的内幕》，中国人民政治协商会议全国委员会文史资料研究委员会编：《文史资料选辑》第 1 辑，北京：中华书局 1960 年版，第 71 页。

的部队达到四个集团军,此外还有数个游击纵队。① 抗战时期,山西主要干部基本由阎锡山决定和委派,军令、军政也服从于阎锡山。此外,为加强对所属部队的控制,阎锡山在战区各集团军中成立了名为"铁军"的组织,军队中的重要成员均为其成员,宣誓效忠阎氏。此后"所有军队的整编、人事、训练等,统由铁军组织一手操纵,凡事必须先经铁军组织研究决定后,再由太原绥靖公署或第二战区长官司令部颁布施行"。② 某种意义上,阎锡山的晋系军队不仅带有鲜明的地域派系色彩,而且还有强烈的排他性和独立性。

但是,在这样高度抱团且独立性强的地域性军事集团中,在抗战时期也分化出傅作义等新的派别。1938 年和 1939 年之交,傅作义率第三十五军一个师出走绥远,加入第八战区,自兼第三十五军军长,此外还指挥门炳岳、马鸿宾等地方部队。1940 年,傅作义率部收复五原,蒋介石闻之大悦:"五原失而复得,宜生实名将也",遂允其扩充为三个军。③ 抗战后期,新组建的第十二战区即由傅作义的第三十五军等部队负责。

相较于桂系、晋系,以冯玉祥为首的西北军系在抗战时期则是"颠沛流离",内部分化严重,缺少统一的集团首领和稳定的地盘,分散性明显。实际上,冯玉祥的西北军系是国民党各地方实力派中历史渊源深厚且实力强大的集团。冯系西北军的基本骨干主要发端于冯玉祥早年任北洋下级军官时所招募的一批士兵。因冯玉祥为直隶人,其所属高级将领亦多来自直

① 山西省政协文史资料研究委员会编:《阎锡山统治山西史实》,太原:山西人民出版社1981 年版,第 290—291 页。

② 朱崇廉:《阎锡山的铁军内幕》,中国人民政治协商会议全国委员会文史资料研究委员会编:《文史资料选辑》第 7 辑,北京:中华书局 1960 年版,第 137 页。

③《蒋介石日记》(手稿本),1940 年 4 月 2 日。

隶，如孙良诚、韩复榘、刘汝明、佟麟阁、孙连仲、鹿钟麟、冯治安、孙桐萱、曹福林等均为直隶省籍。另外，因冯系西北军在北伐前后即已辗转西北、华北及河南、山东多个省份发展经营，故其下各高级将领的省籍也颇为繁杂，如石友三为吉林籍，宋哲元和张自忠为山东籍，吉鸿昌和梁冠英为河南籍。将领出身地域不一在某种程度上也削弱了冯系军队的凝聚力。

1930 年中原大战前后，凝聚力不强的西北军各部即开始分崩离析。吉鸿昌、梁冠英、孙连仲、韩复榘、石友三等部分将领先后率部自寻出路，陆续接受国民政府中央的番号。此后，西北军只剩以张自忠第六师为主力编成的第二十九军（军长宋哲元）较为整齐，成为西北军的正宗余脉。到抗战前，第二十九军经过惨淡经营，掌管了冀察政权，成为华北最大的军事集团。此外，脱离冯部到山东担任省主席的韩复榘部亦得到发展壮大。

1937 年 8 月，宋哲元部第二十九军被国民政府授予第一集团军番号，扩充为张自忠第五十九军、冯治安第七十七军、刘汝明第六十八军。原西北军宿将石友三、高树勋部也编成一师投归宋氏麾下。此外，东北军万福麟部第五十三军也一度归入第一集团军，宋部一度扩充到约 10 万人马。时任山东省主席的韩复榘则出任第五战区副司令长官，所部改编为第三集团军，辖孙桐萱第十二军、曹福林第五十五军及谷良民第五十六军三个军，东北军的于学忠第五十一军也暂编入韩部第三集团军。

平津沦陷后，津浦路方面战事吃紧，国民政府军事委员会决定在津浦路北段设第六战区，在第三战区难有作为的冯玉祥调任该战区司令长官。再度回到华北的冯玉祥有意整合韩、宋两部，再造西北军。对于冯玉祥北来，宋哲元与韩复榘均不慊于心，"恐冯暗中拉其部下，加以地方之挑拨离间，宋赴泰安，韩请自任鲁北正面，皆含有反冯之意"。此外，韩复榘与庞炳勋之间意见较深，以致不能见面。庞炳勋与第二十九军各将领之间，亦有宿嫌，关系非常复杂。故第六战区各部，非但上下无联络，左右亦不协同。[①] 稍后，宋哲元愤而离队赴泰安休养，由冯治安代行第一集团军总司令职权。但冯治安资望过浅，在作战指挥上遇到的掣肘颇多。尤其是退居山东泰安的宋哲元仍暗中操纵，使冯治安命令不行，以致冯治安、鹿钟麟两人认为，似非将宋哲元、萧振瀛等人调开，冯部不能有所用。[②] 由此造成第一集团军各部间感情不睦，削弱其凝聚力。[③]

　　此后，随着华北大部分区域沦陷，第六战区撤销，宋哲元复归部队，但其与冯治安的关系已然不睦。1938 年初，刘汝明、张自忠两军分别被调往第五战区作战，不久宋哲元因病辞职，第一集团军遂告终结，所辖各部西北军亦被分散。1938 年 10 月，在第五战区屡建战功的张自忠、冯治安两军又合并为第三十三集团军，以张自忠为总司令，全由西北军组成的集团军得以重建。1940 年张自忠殉国后，冯治安继任集团军总司令，直至抗战结束。此外，石友三、高树勋部在抗战中也得到扩张，1939 年升级为第三十九集团军。

---

① "国防部"史政局编印：《抗日战史》"津浦铁路北段沿线之作战"（二），1982 年，第98 页。

② "国防部"史政局编印：《抗日战史》"津浦铁路北段沿线之作战"（二），1982 年，第97 页。

③ 《第二十九军联络参谋揭露该军作战不力报告》（1937 年 10 月）、《袁德性关于视察宋哲元部抗战不力失守大名及第一集团军内部复杂情形报告》（1938 年 1 月 24 日），中国第二历史档案馆编：《中华民国史档案资料汇编》第五辑第二编，"军事"（二），第176—177、182—184 页。

1940 年石友三被高树勋处决后，集团军由高氏指挥，直至 1945 年初。①

　　1938 年 1 月，徐州会战中负责津浦路北段防务的韩复榘因抗命弃守被蒋介石枪决后，孙桐萱继任第三集团军总司令。但韩部各高级将领孙桐萱、曹福林、谷良民、吴化文（手枪旅旅长）之间陷入分裂。其间，谷良民第五十六军被拆散吞并，曹福林则率领第五十五军投奔刘汝明，之后又先后效命于张自忠、孙连仲，而吴化文旋即率部投敌，也退出了该集团军。1942 年，孙桐萱因通敌嫌疑被押至重庆软禁后，该集团无形中瓦解。

　　与西北军类似，广东籍将领在抗战时期虽为数众多，但亦缺乏统一的领导，各自发展为众多的集团派系。自清末以来，广东省因地理位置关系，新式人才辈出，同时又是国民革命的发源地，故在国民政府中的军政要人颇多，同时又具有强烈的革命正统意识。但因广东偏处南疆，省赋充裕，该省人士在争夺全国正统失败之时，尚常得以返回原省划地自治，自立正统，继续与中央相抗衡。②北伐开始后，以李济深第四军为基础的粤军分裂为张发奎、陈铭枢、陈济棠三系，相互之间内耗严重。此后，"南天王"陈济棠系逐渐成为唯一留粤的正统。1936 年两广事变后陈济棠倒台，余汉谋受命节制广东全省粤军。

---

① 白崇禧口述、贾廷诗等访问纪录：《白崇禧先生访问纪录》上，台北："中央研究院"近代史研究所 1984 年版，第 220—222 页；山东省乐陵市政协文史资料委员会组编：《宋哲元》，济南：山东大学出版社 1989 年版，第 288—324 页；刘汝明：《刘汝明回忆录》，台北：传记文学出版社 1979 年版，第 116—141 页；高树勋：《石友三酝酿投敌和被捕杀的经过》，中国人民政治协商会议全国委员会文史资料研究委员会编：《文史资料选辑》第 40 辑，北京：中华书局 1963 年版，第 136—156 页。
② 吴振汉：《国民政府时期的地方派系意识》，第 71 页。

　　抗战开始后，国民政府在两广设立第四战区，由中央委派何应钦统辖。余汉谋部被编组为第十二集团军，下辖张达第六十二军、张瑞贵第六十三军、李振球第六十五军。此外，李汉魂第六十四军和叶肇第六十六军则出粤抗战。当时的粤籍主要高级将领除了余汉谋及其所属各将领外，尚有已经失势的蒋光鼐、蔡廷锴和在外发展的张发奎、薛岳、陈铭枢、黄琪翔、吴奇伟、香翰屏等人。

　　李宗仁曾评论称："国民党自有史以来，粤籍要员最具畛域之见，其原因或者是由于方言的关系。他们彼此之间，平时虽互相猜忌，然一有事变，则又尽释前嫌，做坚固的团结。"①在张发奎回粤出任第四战区司令长官后，在张发奎的统辖和支持下，粤系势力又有聚拢趋势，实力亦有所扩大。

　　作为北伐名将的张发奎，以北伐中壮大起来的第四军为基础，在抗战前与国民政府几度分合。淞沪会战开始后，张发奎率部出任第八集团军兼右翼军总司令，之后辗转第九战区参加武汉会战，担任第二兵团司令等职。1938 年秋，广州失守后，国民政府调整第四战区，并对广东省军政格局进行调整，调张发奎回粤担任第四战区司令长官，同时任命在武汉会战中表现出色的李汉魂为广东省政府主席。但此次调整主要目的是解决广东军政均由余汉谋把持垄断的局面，在国民政府的调解下，粤籍各高级将领似乎一时打破过去各自为政、互相摩擦的情形，集团派系反而因此变得更有凝聚力。② 张发奎在组建战区长官部时，即起用蒋光鼐、翁照垣、李章达

① 李宗仁口述，唐德刚撰写：《李宗仁回忆录》下，第 477 页。
② 陈诚著，林秋敏、叶惠芬、苏圣雄编辑校订：《陈诚先生日记》（一），1939 年 1 月 5、6、7
　　日，第 184—186 页。

等粤籍将领出任参谋长、总参议和军法执行监。同时，又通过陈诚的关系将吴奇伟的第九集团军调至第四战区，因该集团军所属第四军为张发奎的起家部队。[①] 随后，在张发奎的支持下，李汉魂、邓龙光部第六十四军扩充为第三十五集团军，叶肇部也扩充为第三十七集团军，而余汉谋亦跻身第四战区副司令长官、第七战区司令长官等要职。1945 年初，随着战区调整，第四战区撤销，张发奎、邓龙光二人又出任第二方面军正副司令长官。[②]

　　四川籍将领在抗战时亦为数不少，但因历史关系均各成一派，互不统属。源自民初以后，四川一直为各大小军系混战的局面。其中，刘湘、杨森、刘文辉、邓锡侯、刘存厚、潘文华、王缵绪、王陵基等人逐渐形成较强大的派系。1933 年，刘湘在战胜刘文辉后在形式上称霸全川，但川军各将领之间关系复杂：杨森、邓锡侯、刘文辉等资格并不弱于刘湘，而刘湘系中王缵绪、范绍增等人对刘氏也心存不满。[③] 抗战开始后，川军一度拟在刘湘统率下出川抗战，"共同御侮"，国民政府为此设立第七战区，由刘湘担任战区司令长官，战区内军队基本由川军编组。[④] 但随着 1938 年初刘湘病逝，该战区取消，留川的各将领亦迅速分化。仅刘湘所部就一分为三，出现王陵基、王缵绪、潘文华三派。刘文辉、杨森等人也趁机再起。

　　即便如此，已经出川抗战的川军第二十二集团军在抗战中亦

---

① 实际，自张发奎入主第四战区后，第四战区及此后分离出来的余汉谋第七战区内的主力部队多是和粤籍将领渊源甚深的部队。

② 张发奎口述，夏莲瑛访谈：《蒋介石与我——张发奎上将回忆录》，第 273—299 页；郑泽隆：《军人从政——抗日战争时期的李汉魂》，第 377—384 页。

③ 郭绪印主编：《国民党派系斗争史》，"序"，上海：上海人民出版社 1992 年版，第 9 页。

④《顾祝同报告刘湘表示四川愿出兵参战密电》(1937 年 7 月 16 日)、《刘湘呈送该部作战部署报告》(1937 年 11 月 20 日)，中国第二历史档案馆编：《国民政府抗战时期军事档案选辑》上，第 421、431 页。

有出色的表现。该集团军由孙震第四十一军、邓锡侯第四十五军和李家钰第四十七军编组而成,邓锡侯、孙震分任集团军正副总司令(1938年初邓锡侯调任重庆行营副主任,孙震继任总司令)。该集团军在抗战开始后即驰援山西第二战区,随后主力转战第五战区,先后参加徐州会战、随枣会战、枣宜会战等重大战役,集团军总司令孙震于1943年升任第五战区副司令长官。而继续留在山西的李家钰亦于1939年冬升任第三十六集团军总司令。

抗战期间,迁都到重庆后方的国民政府一度试图统一川政,但在川籍各将领的抵制下亦无成效。各方一番角逐后,川军众将领达成各自率领一支队伍发展的共识。最终,"众将或领衔一集团军",或任川康绥署官员。① 在此后的数年抗战中,川军各将领在原有队伍的基础上,力量逐渐有所壮大。例如,第二十军军长杨森先后升任第二十七集团军总司令、第九战区副司令长官等职务,并在抗战末期出任贵州省主席。唐式遵、王缵绪、王陵基亦分别升任第二十三、第二十九、第三十集团军总司令。

川军之外,西北的马家军在抗战时期也有所扩大。西北马家军是活跃在宁夏、甘肃、青海以及陕西、新疆一带的地方武装势力,其代表人物有马鸿逵、马鸿宾、马步芳、马步青以及马仲英等人,均为回族地方实力派。马家军内部又因主要活动地域的青海和宁夏之别而有"青马"和"宁马"之分。

七七事变爆发后,宁夏的马鸿逵及马鸿宾部被国民政府统编组为第十七集团军,马鸿逵任总司令,马鸿宾任副总司令兼第八十一军军长。与此同时,青海的马家军亦接受国民政府改编,组建为

---

① 顾祝同:《墨三九十自述》(二),《传记文学》1987年第3期,第64—70页;刘文辉:《走到人民阵营的历史道路》,北京:三联书店1979年版,第10—18页。

第八十二军及骑兵第五军两个军,分别由马步芳和马步青担任军长,受第八战区统辖。① 在此后的抗战中,马鸿宾、马鸿逵先后升任第八战区副司令长官,马步芳亦升任第四十集团军总司令。

如果说桂系、晋系、粤系、西北军系及川系等地域派系在抗战中实力或多或少都有所发展的话,那以东北军系、滇系、湘系为代表的其他地方派系则在抗战中被消解,他们或被国民政府"中央化",或被其他派系兼并。

西安事变后,随着少帅张学良被扣押,实力强劲的东北军各将领群龙无首,意见分歧,国民政府亦有意将其消解、缩编。1937 年初,东北军主力由西北调往河南、安徽、江苏等地进行整编,最终被缩减为六个军。② 全面抗战开始后,国民政府又依据所定战斗序列,将东北军以军为单位,配备到不同的战区、集团军中分割使用,作为一个军事派别的东北军即行瓦解。③ 但是,抗战中东北军将领除第五十七军军长缪澄流因谋与日军媾和被"锄奸"外,其余第四十九军军长王铁汉、骑兵第二军军长何柱国、第五十一军军长于学忠、第五十三军军长万福麟等人在抗战中均有较好的表现,第六十七军军长吴克仁更是在淞沪会战中英勇献身。但到抗战结束后,东北军已经由 1937 年春的 20 个师缩减到八个师,势力和地位不复存在。④

---

① 王希亮:《少数民族与抗日战争》,北京:团结出版社 2015 年版,第 200—203 页。

② 李宝明:《国民革命军陆军沿革史》,北京:中华书局 2018 年版,第 555—556 页。

③ 《何应钦为依战斗序列东北军以军为单位密电》(1937 年 7 月 22 日),中国第二历史档案馆编:《中华民国史档案资料汇编》第五辑第二编,"军事"(一),第 745 页;《蒋介石关于调整第一集团军宋哲元部作战部署密电稿》(1937 年 10 月 25 日),中国第二历史档案馆编:《中华民国史档案资料汇编》第五辑第二编,"军事"(二),第 174 页。

④ 李宝明:《"国家化"名义下的"私属化"——蒋介石对国民革命军的控制研究》,北京:社会科学文献出版社 2010 年版,第 173 页。

内部凝聚力薄弱的湘系将领在抗战中的"中央化"趋势极为明显。尽管湘军在抗战中一度扩编到六个军十多个师,但都因派系、派别的不同各自发展,其中大多数被"中央化"。抗战前,留驻湖南的各将领由省主席何键统辖,但何键与第四路军总指挥刘建绪早有矛盾,何、刘交恶后湘军已渐成两部。除何、刘之矛盾外,刘建绪与所部将领李觉亦有矛盾。1936 年夏刘建绪奉中央之令将第四路军主力开赴闽、浙、赣、皖边区担任"清剿"任务。抗战开始后,刘建绪所部被编组为第十集团军。起初刘氏尚握有数个湘军编成的师,并一度出任第三战区副司令长官,但所部逐渐被调入第三战区其他集团军,并被分散使用。[1] 此后,第十集团军因第七十军李觉先后升任第二十三集团军副总司令、第二十五集团总司令等职,所部逐渐"中央化"。刘建绪亦于 1941 年改任福建省主席,第十集团军也交由王敬久改编为中央军嫡系。

何键下各将领在 1937 年底张治中入主湖南,何键调任中央内政部部长后,即于无形中瓦解。亲近国民政府中央的第十五师师长王东原并非湘籍,在率部出湘抗战后即脱离刘建绪的序列,编为第七十三军,改属陈诚中央军系。唯有陶广率领的第二十八军系何键的起家部队,在第二十三集团军唐式遵部的序列中,尚保持了一定独立性,直至战争末期始被顾祝同改造为中央军。[2] 此外,抗战时期前即失势的在国民政府中央任职的湘籍将领程潜和唐生智亦一度被国民政府起用,程潜先后出任第一战区司令长官、天水行营主任、军委会副总参谋长等要职,唐生智则在南京保卫战中出任

---

[1]《蒋介石关于调动部队及分配作战任务密电》(1937 年 8 月),中国第二历史档案馆编:《中华民国史档案资料汇编》第五辑第二编,"军事"(二),第 199—200 页。

[2] 彭松龄、黄维汉、胡达:《何键军事集团的形成和瓦解》,湖南省政协文史资料研究委员会编:《湖南文史资料选辑》第 7 辑,长沙:湖南人民出版社 1964 年版,第 40—52 页。

南京卫戍总司令。① 已经"中央化"的湘籍将领谭道源、李韫珩在抗战初期亦分别担任第十军团军团长和第十六军军长等职务,率部参加淞沪、徐州和武汉会战。②

"云南王"龙云自1927年取代唐继尧后,在云南形成自己的独立王国。抗战开始后,龙云为响应和支持抗战,将云南的滇军主力六个旅组建为第六十军,卢汉任军长,下辖张冲、安恩溥、高荫槐三个师。此后,该军转战山东、鄂南等地,参加了徐州会战和武汉会战。③ 徐州会战后第六十六军扩编为第三十军团,但实际仍只有一个军。1938年10月,到达前线的孙渡第五十八军和与第六十军合编为第一集团军,扩增新编第三军(张冲升任军长),由龙云在云南遥领总司令,职权则由副总司令卢汉代行。④

1939年初龙云辞去第一集团军总司令职,由卢汉接任。1945年初,第一集团军扩编为第一方面军,卢汉升任总司令,下辖第六十军、第九十三军及关麟征的中央军第九集团军;而龙云则出

① 朱汉国、杨群主编:《中华民国史》第7册,成都:四川人民出版社2006年版,第444—445页;胡必林、方灏编:《民国高级将领列传》,北京:解放军出版社2006年版,第22—23页。

② 李宝明:《"国家化"名义下的"私属化"——蒋介石对国民革命军的控制研究》,第219—220页。

③ 安恩溥:《抗日战争中第六十军第一百八十二师在台儿庄作战经过回忆》,云南省政协文史资料研究委员会编:《云南文史资料选辑》第20辑,昆明:云南人民出版社1982年版,第183—235页;高蕴华:《六十军在鲁南抗日简述》,云南省政协文史资料研究委员会编:《云南文史资料选辑》第2辑,昆明:云南人民出版社1963年版,第170—174页;《陈诚关于该部在台儿庄一线战况密电》(1938年5月2日),中国第二历史档案馆编:《中华民国史档案资料汇编》第五辑第二编,"军事"(二),第577页。

④ 抗战开始后西北军宋哲元部编为第一集团军,1938年初宋哲元辞集团军总司令后,该集团军遂取消。参见孙代兴、吴宝璋主编《云南抗日战争史》,昆明:云南大学出版社2015年版,第31—39页。

任陆军总司令部副总司令兼第二预备军司令长官。抗战胜利后，国民政府委派卢汉率第一方面军赴越南受降，利用滇军主力调离之机改组云南省政权，罢免龙云省政府主席等本兼各职，并将其胁至南京中央担任军事参议院院长的闲职，卢汉则取代龙云继任省主席，但驻越滇军主力却被调往东北参加内战，卢汉亦失去兵权，滇系军事集团逐渐瓦解。[①]

抗战期间，不仅地方各高级将领中存在明显的省籍地域派系，国民政府中央军中也存在这一现象。作为国民政府中央军系统帅的蒋介石自身的省籍观念就极为突出。[②] 从北伐时期开始，随着蒋介石的崛起，国民政府党政军各界中"浙江化"的痕迹极为明显。抗战时期，国民政府中央军中浙江籍将领陈诚、汤恩伯、胡宗南因备受蒋介石信任、倚重而逐渐形成各自的军事集团，成为区别于老派何应钦系外的新兴军事派别。

陈、胡、汤三系分别由核心部队第十八军、第一军、第十三军扩展而来。抗战开始不久，陈诚军事集团经过扩充后，计有第十八军、第五十四军、第七十五军、第七十九军、第九十四军、第九十九军等七个军，[③]而第十、第二十、第二十六集团军也先后归属过陈诚集团。[④] 胡宗南的直属部队亦有十个军以上，抗战时期归其支配的

① 朱汉国、杨群主编：《中华民国史》第 7 册，第 42—50 页。

② 金以林：《地域观念与派系冲突——以二三十年代国民党粤籍领袖为中心的考察》，《历史研究》2005 年第 3 期，第 118 页。

③ 宋瑞珂：《陈诚及其军事集团的兴起和没落》，中国人民政治协商会议全国委员会文史资料研究委员会编：《文史资料选辑》第 81 辑，北京：文史资料出版社 1982 年版，第 5 页。

④ 覃道善：《陈诚及其军事集团概况》，中国人民政治协商会议全国委员会文史资料研究委员会编：《文史资料存稿选编》"军政人物"（下），北京：中国文史出版社 2002 年版，第 57—71 页。

集团军包括第二十九、第三十四、第三十七、第三十八军等部。① 而汤恩伯除拥有九个正规军外，还控制了挺进纵队以及独立旅、补充团等名目繁多的部队，先后计支配第四、第十九、第二十八、第三十一集团军各部。② 陈诚直属的部队虽然较少，但却是第六、第九战区乃至远征军中各长官倚重的劲旅，在各个战场皆拥有极大的影响力；胡宗南的部队经过多年训练，其质量也较高，只是多控置在后方占据了大量地盘，未经战事的考验；汤部人马虽多，但良莠不齐，非正规军占到了较大比重，加之在抗战后期日益"经济化"，③以至于在豫湘桂作战中一溃千里。

论职位、资历在同级将领中并不占优的陈诚、胡宗南、汤恩伯在抗战时期拥有绝对的实权，晋升之路也十分平坦：1939 年始晋升二级上将的陈诚从政治部部长职务上离任后，先后担任过若干兼职，其中以 1940—1944 年的第六战区司令长官最为长久稳定，陈诚同时还兼任湖北省主席，其在战时的地位和权力已经超过白崇禧、徐永昌、何成濬、商震等军衔、官职高于他的将领。

胡宗南和汤恩伯在抗战时虽仅为中将，但亦权倾一方。胡宗南长期担任第八战区副司令长官，拥有相对独立于战区长官部之

---

① 张新：《我所知道的胡宗南》，中国人民政治协商会议全国委员会文史资料研究委员会《文史资料选辑》编辑部：《文史资料选辑》第 116 辑，北京：中国文史出版社 1988 年版，第 102—104 页；裴昌会、姚国俊等：《胡宗南集团的形成、发展到最后灭亡的经过简述》，李日基：《胡宗南军事集团的发展和衰败》，中国人民政治协商会议全国委员会文史资料研究委员会编：《文史资料存稿选编》"军事派系"（下），第 413—430、432—437 页。

② 文强：《"中原王"汤恩伯》，中国人民政治协商会议全国委员会文史资料研究委员会编：《文史资料选辑》第 32 辑，北京：中华书局 1962 年版，第 179—190 页。

③ 抗战后期，汤恩伯部在第一战区走私、经商日益严重。时人讽刺汤恩伯部在豫湘桂战役中是以"经济化"的部队对抗日军"机械化"的部队，焉能不败。

外的副长官部,并在抗战末期升任第一战区司令长官,以至于黄埔嫡系将领对其扩充颇有忌心。① 汤恩伯在1941年也组建了自己半独立的副长官部,同时就任鲁苏豫皖四省边区总司令,对四省的广大边缘地带拥有广泛的支配权,使其与其他同样兼任战区副司令长官的集团军司令在权力上有实质性的区别。胡宗南和汤恩伯部的发展壮大很大程度上得益于蒋介石的培植和纵容。到抗战后期,陈诚在总结汤恩伯在豫湘桂战役中的溃败时,称其"确已成为姑息之骄子,猖獗之势已到横流之时",东北军将领何柱国更是直接称汤恩伯的失败在于蒋介石授以特权。② 因此,当抗战后期蒋介石决定对汤、胡两部进行整顿挽救时,陈诚、张治中、熊式辉等人都认为"以胡之神秘,汤之粗暴及委座过去之放纵,不易解决"。③

此外,陈诚、胡宗南、汤恩伯集团内部除陈诚系较为兼容并蓄,没有明显的地域之分外,胡宗南、汤恩伯集团内部各将领之间不同程度地存在着小的地域派别和圈子。胡宗南集团中主要为浙江派与湖南派之争,前者在胡宗南的偏袒下占据优势;汤恩伯集团中则分为江西派和其他实力派。④

---

① 陈诚著,林秋敏、叶惠芬、苏圣雄编辑校订:《陈诚先生日记》(一),1943年3月18日,第435页。

② 陈诚著,林秋敏、叶惠芬、苏圣雄编辑校订:《陈诚先生日记》(一),1944年6月10日"上星期反省录",1944年10月21日,第578、648页。

③ 陈诚著,林秋敏、叶惠芬、苏圣雄编辑校订:《陈诚先生日记》(一),1944年6月15日,第579—560页。

④ 方秉性:《我所知道的胡宗南》,中国人民政治协商会议全国委员会文史资料研究委员会编:《文史资料存稿选编》"军事派系"(下),第448页;文强:《"中原王"汤恩伯》,中国人民政治协商会议全国委员会文史资料研究委员会编:《文史资料选辑》第32辑,第184页。

## 第二节　高级将领的出身与用人

学缘关系是军队中用人的主要来源之一,同时也是军队中派系集团形成的潜在基础。学缘包括同学关系和师生关系。同学关系自古即是中国社会中一种重要的人际关系。近代新式教育兴起后,学生多离家在外就读,同学之间接触的机会大为增加,军事学校学生由于彼此朝夕与共,关系尤为密切,日后在事业上互相援引、提携,亦是极为自然之事。① 另一方面,军校之设,某种程度上也为打破军队中以省籍为代表的地域性樊笼创造了条件。因此,对抗战时期国民政府高级将领的军事出身背景进行观察分析,对理解各高级将领的派系分际也不无裨益。

根据相关的统计,全面抗战开始前夕,国民政府陆军将领有上将 124 人、中将 418 人、少将 1 240 人,共计 1 782 人。其中,所有陆军军官中黄埔出身的比例最高,达到 31.6%。显然,中央军将领的崛起已然成为事实。② 但就总体而言,国民政府高级别的将领中出身保定军校者较多,黄埔军校出身者所占比例较低。③

以抗战初期为例,当时国民政府各主要战区的司令长官中,李宗仁毕业于广西陆军小学,冯玉祥为行伍出身,蒋介石、何应钦、阎

---

① 张瑞德:《山河动:抗战时期国民政府的军队战力》,北京:社会科学文献出版社 2015 年版,第 39 页。

② "Report: Statement on Commissioned Personnel Strength and Classification as to training, January 28, 1936," *U. S, Military Intelligence Report: China, 1911 - 1941, Rell* V, pp. 521 - 524. 转引自张瑞德:《抗战时期国军各阶层成员出身背景及素质的分析》,《抗日战争研究》1993 年第 3 期,第 155 页。

③ 张瑞德:《抗战时期国军各阶层成员出身背景及素质的分析》,《抗日战争研究》1993 年第 3 期,第 146 页。

锡山、程潜则是留学背景。此外,副司令长官韩复榘为行伍出身,副司令长官余汉谋和身居要职的白崇禧、陈诚均毕业于保定军校。黄埔出身的将领仅刘峙、顾祝同二人出任战区副司令长官。集团军总司令中黄埔将领亦少,仅有蒋鼎文、刘峙等数人。

据统计,1936 年国民政府陆军各将领的军事教育背景如下:

表 4 - 1　　陆军重要军职人员出身背景统计(1936 年)

| 出身/官阶 | 总计(%) | 上将(%) | 中将(%) | 少将(%) |
|---|---|---|---|---|
| 黄埔 | 92(7.38) | 0(—) | 17(5.65) | 75(8.19) |
| 保定 | 388(31.11) | 8(25.81) | 95(31.56) | 285(31.15) |
| 留学 | 159(12.75) | 6(19.35) | 51(16.94) | 102(11.15) |
| 陆大 | 215(17.24) | 2(6.45) | 43(14.29) | 170(18.58) |
| 地方军校及行伍 | 393(31.52) | 15(48.39) | 95(31.56) | 283(30.93) |
| 总计 | 1247(100.00) | 31(100.00) | 301(100.00) | 915(100.00) |

资料来源:张瑞德:《抗战时期国军各阶层成员出身背景及素质的分析》,《抗日战争研究》1993 年第 3 期,第 145 页。

但是,随着抗战战争的进行,黄埔军校出身的将领得到迅速晋升。到抗战后期,高级将领中出身黄埔军校的数量急剧增加,集团军正副总司令、军长、师长中黄埔军校出身的将领比例均已超过 1/3。但是,多数战区的正副司令长官仍是保定军校和地方军校及行伍出身,黄埔军校出身的战区司令长官仍属少数。其详情对比如下:

表 4 - 2　　陆军重要军职人员出身背景统计(1944 年)

| 出身/职称 | 战区正副司令长官 | 集团军正副总司令 | 军长 | 师长 |
|---|---|---|---|---|
| 黄埔 | 1(3%) | 31(33%) | 40(36%) | 132(42%) |
| 保定 | 18(50%) | 36(38%) | 37(33%) | 48(15%) |
| 留学 | 4(11%) | 5(5%) | 0(0%) | 0(0%) |
| 地方军校及行伍 | 13(36%) | 23(24%) | 34(31%) | 101(32%) |
| 不详 | 0(0%) | 0(0%) | 0(0%) | 33(11%) |
| 总计 | 36(100%) | 95(100%) | 111(100%) | 314(100%) |

资料来源:张瑞德:《抗战时期国军各阶层成员出身背景及素质的分析》,《抗日战争研究》1993 年第 3 期,第 147 页。

通过对比抗战前夕和抗战末期的数据统计,可以发现,抗战时期国民政府陆军高级将领的教育背景有以下趋势:

第一,抗战期间国民政府陆军高级将领"黄埔化"趋势明显。战前保定军校和地方军校及行伍出身所占的重要地位在战时逐渐为黄埔军校所取代。在军长、师长这一级别中,这种趋势尤为明显。但是,抗战时期出身黄埔军校的将领大多毕业于前几期,当时黄埔的训练相当粗浅,时间也较短,大体属于速成类型,所学到的专业技能较为有限。

第二,抗战期间陆军高级将领将出身地方军校及行伍的比例都呈下降趋势,显示战时将领的素质有所提高。出身地方军校或行伍的将领,或许极为勇敢、战场经验丰富,但是对于现代战争的性质,整体上普遍缺乏认识。

第三,抗战期间陆军将领出身陆大者甚少,陆大为国民政府高级将领教育深造的主要机构,但是毕业人数有限。①

实际上,抗战伊始,国民政府的军官即处于紧缺状态。1938年,何应钦在军事报告中称:

> 军官补充人数,在平时,经前训练总监部曾经按国军现有数目,加以概括之统计,每年需养成补充军官六千人,以半数为行伍与由军士升充初级干部计算,每年仍须由中央军校养成约三千名之军官学生。只以频年以来限于经费及器材种种困难,军校每年招考新生,只能招收一千五百名上下,而各分校只召集各部队行伍出身之初级军官,施以补习教育,故军校平时每年所养成之军官毕业生,为数较少,在平时即不足适应

---

① 张瑞德:《抗战时期国军各阶层成员出身背景及素质的分析》,《抗日战争研究》1993年第 3 期,第 148 页。

各部队之要求。现在对敌抗战，此项补充军官，需要激增，且极迫切。①

据国民政府战后的统计，全面抗战期间，国民政府累计通过养成教育培养的军官为 127 853 人。② 但是，因战争形式的严峻与军事干部缺失的矛盾，战时速成教育的局限极大：一是简易而粗略的学习内容难以满足多类型战争的需要；二则由于所学知识与现实的脱节，与带兵多年的行伍职官相比并无突出表现。一般说来，自行伍升上来的军官，每多善于作战，在战场上常被指挥官及官兵视为比仅受过速成教育的军官更值得信赖。但是，行伍出身的军官缺点则为未入过军校，相对说来对于军官的要素——指挥能力较为缺乏，训练部队也比不上军校出身的军官，加以知识水准较低，因此在部队中常不被视为正途出身而遭排斥，升迁速度也较慢。另一方面，抗战时期，因战事的紧张和军官的缺口，各陆军将领自离开学校后，除了短期的训练班队外，很少有机会继续接受兵科学校和陆大的正规深造教育，也极大影响各将领的整体素质。③

实际上，国民政府军队自黄埔建军开始，由于连年作战，各军官因此升迁容易，常是一战一升官，也减少了历练的机会。战前德国顾问对国民政府军队此种快速升迁的方式即引以为忧，多次向蒋介石建言，认为一个军人如果不先任下级军官，遍充排、连、营、团长各职，积累经验，则无法胜任高级指挥官的职务，无论如何勇

---

① 何应钦：《何上将抗战期间军事报告》，周谷城主编：《民国丛书》第 2 编第 32 辑，上海：上海书店出版社 1990 年版，第 149 页。

②《抗战期间国军军官养成教育之人数统计表》，何应钦编著：《八年抗战之经过》，第 431 页。

③ 张瑞德：《抗战时期国军各阶层成员出身背景及素质的分析》，《抗日战争研究》1993 年第 3 期，第 157—158 页。

敢,也无济于事。① 抗战开始后不久,高级将领经验能力上的这种弱点即暴露无遗,陈诚甚至称"能指挥两师以上之军长,实不多也"。② 1937 年 9 月,实际负责第一战区的副司令长官刘峙因京汉线指挥不利被蒋介石撤职查办。陈诚即感叹称:"此次战事均因初期所用将领无能,致使战局陷于被动不利,非独京汉线然也。"③

抗战开始后,由于人员伤亡大,加以部队屡次扩编,各级干部补充率提高,乃至官职晋任超越常规,因此许多军官升到将官时仍很年轻。例如,1939 年 5 月,国民政府即以抗战以来陆空军军官佐人事多已变迁,"平时人事法规间有不尽适合者,就中以任官一项尤然,自应略事变通,以期应合现状",将此前规定的战列部队各阶官佐之停年缩短。其中,上尉晋少校由 4 年缩短至 2 年,少校晋中校由 3 年缩短至 2 年,中校晋上校由 3 年缩短至 2 年,上校晋少将由 4 年缩短至 3 年。而且对晋任之审核增列勋绩一项。④ 据统计,到抗战后期的 1944 年,国民政府陆军一般高级将领的年龄大多在 50 岁以下,有些总司令、军长、师长的年龄,甚至只有三四十岁,而当时日军一般将官的年龄,则大多在 50 岁以上。⑤ 即便忽略高级将领的军事教育素养差距不计,两国将领在经验履历上也存在相

① 《德国军事顾问佛采尔而关于整顿中国军队致蒋介石呈文两件》,《民国档案》1988 年第 4 期,第 39 页。
② 陈诚著,林秋敏、叶惠芬、苏圣雄编辑校订:《陈诚先生日记》(一),1937 年 10 月 14 日,第 170—171 页。
③ 陈诚著,林秋敏、叶惠芬、苏圣雄编辑校订:《陈诚先生日记》(一),1937 年 9 月 30 日,第 165 页。
④ 《军令部奉发战时任官暂行办法训令》(1939 年 5 月 7 日),中国第二历史档案馆编:《国民政府抗战时期军事档案选辑》上,第 71—72 页。
⑤ Hsi-sheng Ch'i, *Nationalist China at War: Military Defeats and Political Collapse, 1937-1945* (Ann Arbor: University of Michigan Press, 1982), p. 230.

当距离。

抗战时期，国民政府高级将领升迁迅速，各将领的学识、能力、经验更显不足。而且，升迁过速，不仅使一般将领对于职务上的历练不足，同时也使得一般官佐产生"五日京兆"的心理，无心安定服务，更有少数将领年纪轻轻即已身居方面大员之位，自易骄矜自满。蒋介石为此曾呼吁各高级将领注意这一现象：

> 现在你们一般高级将领年龄都在五十岁上下，而且有的总司令、军长、师长的年龄还在三四十岁左右。处在中国现在这样的社会环境之下，如果稍一不慎，就没有不腐败堕落的……现在敌国的情形，就和我们不同，他们一般将官的年龄大多在五十岁以上，所以他们的阅历深、修养好，学问能力都要比我们高，这是值得大家格外警惕的一点。①

抗战后期，美国先后派遣来华的中国战区参谋长史迪威和魏德迈，即对国民政府高级将领的素质多表示不满。1942 年 5 月 26 日，史迪威在呈蒋介石的长文中表示国民政府军队军官的素质与其阶级、职务成反比：低级军官对于命令，每能迅速执行；营长和团长的素质不一，但是不乏优秀之士。在这些阶层要将缺乏效率者淘汰较为容易，擢优弃劣后，对于士气将有好的影响。至于军长和师长，则问题颇大。这些人中很少是有效率的，他们很少亲临前线，更极少监督命令是否执行……这些军官中，有许多是相当勇

---

① 蒋介石：《第三次南岳军事会议训词（二）》（1941 年 10 月 20 日），秦孝仪主编：《"总统"蒋公思想言论总集》卷 18"演讲"，台北：中国国民党中央委员会党史委员会 1984 年版，第 347 页。

敢,但是大多数的人均缺乏道德的勇气。① 稍后,接替史迪威职务的魏德迈对国民政府高级军官的评价也较低:"在我所接触的国军高级军官中,我发现很少能视为是有效率或是受过良好专业训练的。我并不怀疑他们对于委员长的忠诚,但是作为蒋的参谋长,我必须评估他们的作战能力和知识、他们带兵的资格以及他们配合全盘作战计划,执行命令的意愿。"②陈诚在与魏德迈的谈话中,也发现魏德迈对中国一般将领"太轻视"。③ 史迪威、魏德迈等人对国民政府高级将领的批评或许过于苛刻,不无站在其自身立场和标准上求全责备的味道,但作为国民政府统帅的蒋介石对于这些批评实际上也是默认,认为各高级将领应加以检讨。④

　　事实上,抗战开始后不久,蒋介石即指出包括其在内的国民政府军队将领的学问和技能远不如外国的同级军官,也比不上日军的军官:"从本委员长说起,我自己即深深感觉到当统帅的学问技能不够,以此例推,各位当总司令、军团长、军长师长的都要知道,我们各人自己的学问能力精神等等都不如人。我们作总司令的,只比得上人家一个团长,我们的军长师长只当得人家一个营长和连长。"⑤1941 年 10 月,蒋介石在总理纪念周讲话中分析高级将领

_____

① Charles F. Romanus and Riley Sunderland, *Stilwell's Command Problems* (Washington D. C. : Office of the Chief of Military History, Department of the Army, 1953), p. 153.

② Albert C. Wedemeyer, *Wedemeyer Report* (New York: Henry Holt & Company, 1958), p. 325.

③ 陈诚著,林秋敏、叶惠芬、苏圣雄编辑校订:《陈诚先生日记》(一),1944 年 11 月 14 日,第 660 页。

④ 蒋中正:《整军的目的与高级将领的责任》(1946 年 4 月 3 日),秦孝仪主编:《"总统"蒋公思想言论总集》卷 21"演讲",第 288—289 页。

⑤ 蒋中正:《抗战检讨与必胜要诀(下)》(1938 年 1 月 12 日),秦孝仪主编:《"总统"蒋公思想言论总集》卷 15"演讲",第 28 页。

成功立业之道时亦强调指出：我军不能歼敌制胜的原因，在于高级将领指挥部队太大，而能力有所不胜，更由于自身不研究，不学习。① 国民政府中的李宗仁等高级将领，也认为日军高级将领之中虽然缺乏出色的战略家，但在基本战术、战略原则上，均能一丝不乱，绝少发生重大错误；做事也多能脚踏实地，一丝不苟，令人生敬生畏。②

平心而论，国民政府将领中也不乏杰出之士，如中央军的陈诚、汤恩伯、罗卓英、孙立人、关麟征、杜聿明、邱清泉等，战时均是日军的首要攻击对象。地方军系中桂系的李宗仁、白崇禧在整个抗战期间一直担负一方面的重任，西北军系统的部队如冯治安、张自忠、刘汝明各部以及孙连仲、孙桐萱等部，均善于打硬仗，粤军的张发奎、薛岳等也都是抗战中坚人物。

在中央军将领中，蒋介石最为器重的是黄埔军校出身，并与其具有师生关系的嫡系将领。国民政府中央军嫡系主要由黄埔党军发源而来，因而带有浓厚的黄埔色彩。中央军嫡系中担任战区长官、集团军司令的多系担任过黄埔教官或北伐时党军师、团长的高级将领，③军、师长则多是黄埔军校前六期学生，这样的人事结构使他们对校长蒋介石保持了极高的忠诚度。

在传统中国，保举原为科举以外的特殊用法，但到民国时期，

---

① 《蒋中正出席总理纪念周为讲分析最近敌情并说明高级将领成功立业之道一文等》（1941 年 10 月 20 日），台北："国史馆"藏，蒋中正"总统"文物，002/060100/00157/020。

② 李宗仁口述，唐德刚撰写：《李宗仁回忆录》（下），第 618 页。

③ 据卫立煌秘书回忆：在蒋介石中央军嫡系部队中有所谓的"五虎上将"：刘峙、顾祝同、蒋鼎文、陈诚、卫立煌。"这五个人都是北伐时期蒋介石老本钱第一军当中的团长，和蒋介石历史关系最深。后来他们升师长，升军长，升总司令，步子都差不多。"参见赵荣声：《回忆卫立煌先生》，北京：文史资料出版社 1985 年版，第 69 页。

却成为军政界主要的用人方式,结果不免产生引用私人的流弊。[1]
抗战时期,长官越级笼络干部成为普遍的现象。例如,抗战时期的
广东部队第四军始终由薛岳控制,该军团长以上的人事调动,非经
薛岳批准不可,以致有人讽刺第四军为"薛家军"。[2] 但总体而言,
中央军由于流动性大,因此主官引用故旧、同学、学生的情形较多;
而地方部队由于乡土色彩较浓,用人常以血缘、地缘关系为主。[3]

抗战时期,各地域性派系的高级将领多任用自己集团的私人。
在滇军第一集团军中,连长以上的干部均是云南人,对外省人极为
排斥。[4] 有的集团军甚至连兵士都由地方将领在家乡募补。但是,
用人愈重血缘、地缘关系的将领,其干部素质愈低。至于中央军各
将领的用人,则各集团不同,需视其领袖的喜好而定。何应钦好用
日本士官学校及陆大出身者,陈诚的用人特点颇有不拘一格、唯才
是举之风,保定、黄埔、陆大三分天下,其集团中高级将领也来自全
国各地。例如,其左膀右臂罗卓英为广东人,郭忏为浙江人,其他
骨干将领亦遍布各省。[5] 因此,陈诚集团人才众多,且不乏能战善
战能谋善断之辈。何柱国即评价称陈诚与胡宗南、汤恩伯的不同
点为"在人和方面比较能收效果"。[6] 但陈系将领中老牌的保定生
与黄埔生、黄埔生内部、黄埔生与陆大生之间矛盾亦多。另一方

---

① 张瑞德:《山河动:抗战时期国民政府的军队战力》,第 47 页。

② 罗平野:《镇江江防第四军的覆灭》,中国人民政治协商会议全国委员会文史资料研究
委员会编:《文史资料选辑》第 65 辑,北京:文史资料出版社 1979 年版,第 96 页。

③ 张瑞德:《山河动:抗战时期国民政府的军队战力》,第 44 页。

④ 张赣萍:《弹雨余生录》第 2 册,香港:香港文史出版社 1968 年版,第 225 页。

⑤ 方靖:《追随陈诚二十年》,浙江省政协文史委员会编辑部编:《陈诚传》,北京:华艺出
版社 1991 年版,第 48 页。

⑥ 陈诚著,林秋敏、叶惠芬、苏圣雄编辑校订:《陈诚先生日记》(一),1944 年 10 月 21 日,
第 648 页。

面,陈诚从黄埔军校时期即开始与黄埔学生发生密切关系,此后又大量罗致任用黄埔学生(陈系中下级军官绝大多数出身黄埔),不仅得到蒋介石的信任,也为其在黄埔系中形成自己的军事集团创造了有利的条件。①

　　黄埔出身的胡宗南用人标准向来有"黄、陆、浙、一"的四字传说,即必须是黄埔军校毕业、陆军大学毕业、浙江籍、第一师的旧部(胡宗南为第一师起家),因而非此四字出身的将领在胡宗南集团中多遭冷落。胡宗南作为黄埔一期生中的佼佼者,自然引得众多黄埔生前来投奔。抗战时期,胡宗南倚重同乡王徵为军师,任用了李铁军、李文、罗列、罗泽闿、盛文、李正先、钟松等黄埔前几期同学为其所属集团军司令和重要军、师的主官;而下级干部则多由抗战时期其掌握的中央军校七分校的学生担任。抗战期间,随着胡系集团的扩大,胡宗南开始放宽标准,标榜"广收慎用",而实际上非"黄、陆、浙、一"的人才往往得不到信任。② 与蒋介石类似,胡宗南

---

① 杨伯涛:《陈诚军事集团发展史纪要》,中国人民政治协商会议全国委员会文史资料研究委员会编:《文史资料选辑》第 57 辑,北京:文史资料出版社 1978 年版,第 183 页;宋瑞珂:《陈诚及其军事集团的兴起和没落》,中国人民政治协商会议全国委员会文史资料研究委员会编:《文史资料选辑》第 81 辑,北京:文史资料出版社 1982 年版,第1—49 页;王凤起:《抗战时期陈诚势力的扩展》,中国人民政治协商会议全国委员会文史资料研究委员会编:《文史资料存稿选编》"军政人物"(下),第 102—106 页;陈诚著,林秋敏、叶惠芬、苏圣雄编辑校订:《陈诚先生日记》(一),1944 年 6 月 10 日"上星期反省录",1944 年 10 月 21 日,第 578、648 页。

② 孟丙南:《"西北王"胡宗南》,中国人民政治协商会议全国委员会文史资料研究委员会编:《文史资料选辑》第 18 辑,北京:中华书局 1961 年版,第 117—120、126—127 页;乐典:《胡宗南侧记》,中国人民政治协商会议全国委员会文史资料研究委员会编:《文史资料存稿选编》"军事派系"(下),第 449—450 页。

对所部各将领往往不十分信任，往往直接命令到团长一级。①

　　汤恩伯则喜欢用自己所毕业的日本陆军士官学校的学生，同时偏重于浙江人，对自己曾经担任过大队长的黄埔第六期毕业生也较为垂青。抗战时期，汤恩伯以第十三军为其干部来源，但他生性多疑，对人多不信任，因而其系统具有排他性，所部将领人才亦有所局限。汤恩伯集团的核心成员除石觉外，还有张雪中、陈大庆、王仲廉、万建藩等人。②

　　此外，各地域性高级将领中，用人和领导能力也各有区别。一般认为，一良好的指挥官，须能带兵、练兵，而后方能用兵。在国民政府中常流传冯玉祥善于练兵，李宗仁善于用兵。③淞沪战役期间，冯玉祥出任第三战区司令长官，顾祝同为副司令长官。当时，冯玉祥住在远离淞沪战场的宜兴张公洞，并不实际负责淞沪战役的指挥。时任副参谋总长的白崇禧认为，这与第三战区的部队多为国民政府中央和西南方面部队，冯玉祥无法指挥有关，而第一战区内的西北军部队宋哲元、石友三、孙连仲、石敬亭、刘汝明、冯治安等部皆为冯此前之部属，第一战区司令长官程潜（接替蒋介石出任）指挥不便，建议调冯回去指挥。1937 年 9 月初，国民政府军委会决定在津浦路北段——黄河以北、山东北部、河北等地设第六战区，由冯玉祥任司令长官。但任命发表不久，山东韩复榘方面即向

---

① 陈诚著，林秋敏、叶惠芬、苏圣雄编辑校订：《陈诚先生日记》（一），1944 年 8 月 9 日，第
　608 页。

② 葛天：《我所知道的汤恩伯》，中国人民政治协商会议全国委员会文史资料研究委员会
　编：《文史资料选辑》第 144 辑，北京：中国文史出版社 2000 年版，第 168 页；文强：
　《"中原王"汤恩伯》，中国人民政治协商会议全国委员会文史资料研究委员会编：《文
　史资料选辑》第 32 辑，第 184 页。

③ 白崇禧口述：《白崇禧口述自传》（上），第 207 页。

国民政府表示宁愿隶属李宗仁的第五战区,国民政府只能将韩部划入第五战区。但冯就职后不久,宋哲元、石友三等西北军将领又纷纷向国民政府表示畏惧与不信任,冯玉祥只能辞职回任军委会副委员长之职,第六战区即行撤销,第六战区部队遂分散到各战区之中。①

对比之下,抗战时期李宗仁第五战区内的第三集团军总司令孙桐萱、第二集团军孙连仲、第三十三集团军张自忠及冯安邦、庞炳勋等人皆为原冯玉祥的部下,"官兵纪律良好,尤能刻苦耐劳,其构筑野战工事,全国闻名",在徐州会战、枣宜会战中皆有良好的表现。② 当然,这与李宗仁善于"用兵",协调各将领之关系密切相关。

## 第三节 高级将领间的派系冲突

抗战期间,在共同抗日的救国背景下,各高级将领原来的地域派系继续保存,并在此基础上分化整合。此外,各地域派系所控制的军队以军、师的形式编入集团军,进入各战区作战,也使各战区、集团军不同程度上带有一定的地域派性。各高级将领之间的派别冲突这一客观事实的存在,使国民政府在下达军事命令前,一般先要进行复杂而微妙的政治协调。抗战时期,国民政府战略的成功与否,除了战略本身的合理性外,还取决于各高级将领之间的关系。因此,决定某场战役胜负的因素除了敌人的实力外,各高级将领之间的政治军事权力对比和派系冲突也极为微妙。

桂系对国民政府中央向有明显的疏离意识。以李宗仁、白崇

---

① 白崇禧口述:《白崇禧口述自传》(上),第 85 页。

② 白崇禧口述:《白崇禧口述自传》(上),第 207 页。

禧为代表的桂系不仅是国民政府众多地域派系中存在时间最持久，也是对蒋介石中央军系挑战威胁最大的集团。抗战时期，桂系虽在民族大义的背景下，与国民政府共同御敌，但其与蒋介石及其中央军系之间的冲突仍是此伏彼起。

七七事变发生后不久，李宗仁出任第五战区司令长官，当时的第五战区极为松散混乱，不仅作战区域辽阔，囊括长江中下游以北，黄泛区以南、津浦路以西的鄂豫皖等省大部分地区，而且所辖军队之情况亦复杂，既有为数众多的"杂牌军"，也有李宗仁指挥不动的中央军嫡系部队。各部队的战斗力和训练水平参差不齐，可谓"大""杂""差"。[1] 在此复杂情况下，李宗仁的第五战区却在1938年春的徐州会战中取得台儿庄大捷。台儿庄战役为李宗仁带来了莫大的荣誉，捷报传至全国后，各界的贺电、贺信如雪片般地飞到第五战区长官司令部。

然而，在中央的蒋介石和陈诚却对李宗仁的"大捷"取低调态度。[2] 或许，蒋介石和陈诚这一做法的背后不无担心日军报复的考量。在台儿庄取胜之际，蒋介石即担忧日军"台儿庄惨败必图报复，其攻俄计划因此停顿，转以全力攻我乎"。因此，接台儿庄捷报后，蒋介石即令宣传部勿事铺张，"免敌不得下场也"。[3] 但李宗仁不会也不可能理解陈诚、蒋介石等人的这一做法。多年之后，李宗仁对此事追述称：

> 当台儿庄捷报传出之时，举国若狂，爆竹震天。蒋先生在

---

[1] 张寿龄：《在李宗仁戎幕中的十年》，中国人民政治协商会议全国委员会文史资料研究委员会编：《文史资料存稿选编》"军事派系"（下），第147页；郭绪印主编：《国民党派系斗争史》，上海：上海人民出版社1992年版，第354—355页。

[2] 荣维木：《李宗仁大传》，北京：团结出版社2008年版，第264页。

[3]《蒋介石日记》（手稿本），1938年4月7日。

武昌官邸听到街上人民欢闹，便问何事。左右告诉他说，人民在庆祝台儿庄大捷。蒋先生闻报，面露不愉之色，说："有什么可庆祝的？叫他们走远点，不要在这里胡闹。"蒋先生并不是不喜欢听捷报，他所不喜欢的只是这个胜仗是我打的罢了。①

李宗仁的这一描述系与蒋介石分道扬镳后的说辞，不无添油加醋的成分，但大体反映出李宗仁与蒋介石为代表的国民政府中央在抗战开始后彼此之间继续存在嫌隙和隔阂。实际上，抗战时期，蒋介石与桂系之间始终互相有所保留，互不信任。

1938年广州失守后，蒋介石赴韶关视察，为便于指挥第三、第四、第九三个战区，统筹抗日战争南方战场，拟设立军事委员会委员长桂林行营。② 对于行营主任人选，蒋介石最初有意以嫡系将领陈诚出任，但桂系李宗仁、白崇禧为避免中央军系力量渗透广西，多方挡驾，蒋介石不得已最终决定以白崇禧出任行营主任。为使蒋介石放心，白崇禧主动邀请蒋介石侍从室主任林蔚出任行营参谋长。此后，桂林行营内白崇禧与陈诚等蒋介石嫡系将领之间明争暗斗甚烈。当时，杜聿明的机械化部队第五军驻扎广西全州等地，除作为第三、第四、第七、第九战区的总预备队之需要，便于调动外，另一方面也有监视桂系的作用。③

而在台儿庄大捷到来前夕，从武汉前往第五战区访问的黄旭初、白崇禧即向李宗仁建议："须注意功高震主，应将战功推之于上

---

① 李宗仁口述，唐德刚撰写：《李宗仁回忆录》下，第663页。

②《徐永昌日记》第4册，1938年11月16日，台北："中央研究院"近代史研究所1991年版，第423页。

③ 倪仲涛：《军事委员会桂林行营的矛盾》，中国人民政治协商会议广西壮族自治区委员会文史资料委员会编：《广西文史资料》第30辑，1990年，第41—43页。

下及友军"。① 徐州会战结束后不久,为让李宗仁、白崇禧安心在第五战区作战,蒋介石"决以鄂东半部交桂系重要将领李品仙负责,并兼第九战区右翼总司令"。② 1940 年 4 月 19 日,蒋介石召开最高幕僚会议,决定取消桂林、西安两行营时,对白崇禧对此事的反应也是顾虑重重。蒋介石最终勉励自己:"此举既经决议,则必断行,健生心理如何,不必过虑也。"③

　　抗战开始后,为适应战争时期的特殊局面,国民政府多以战区司令长官兼任辖区内省政府主席,李宗仁、廖磊、李品仙等桂系将领先后担任第五战区辖区内的安徽省政府主席。1940 年陈诚到湖北负责第六战区后,在第五战区安徽、鄂东等地驻扎的桂系与陈诚所负责的第六战区和湖北省政府之间更是不断发生冲突。1940 年7 月,在宜昌失守后,国民政府为拱卫陪都后方,重设第六战区,并以陈诚出任战区司令长官兼湖北省政府主席。在蒋介石的鼓励下,陈诚自始即以"第六战区第一"自命,由此与桂系的第五战区在军粮和鄂东人事等问题上发生严重冲突。④

　　武汉会战后,第五战区的辖境由鄂北、豫南、鄂东以至皖北。当时,鄂北、鄂东有 30 余县为桂系第五战区的作战地带,桂系军队即在辖境内自行组织购粮机构,就地征粮。湖北省政混乱,陈诚出任第六战区司令长官兼湖北省主席后,认为"鄂北五战区之种种不法行为,恐非使民变不止也","桂系以抗战为名,争取地盘为实,中央不能不顾李某之面子,而使民众受屈",决定以职权所在,一面努

---

① 黄旭初:《黄旭初回忆录:李宗仁、白崇禧与蒋介石的离合》,第 216 页。

② 黄自近、潘光哲编:《蒋中正"总统"五记:困勉记》,台北:"国史馆"2011 年版,第171 页。

③ 黄自近、潘光哲编:《蒋中正"总统"五记:困勉记》,第 711 页。

④ 陈诚:《陈诚回忆录——抗日战争》,第 100—102 页。

力尽人事,一面准备补救,试图统一省政。为此,决定向鄂东增派军队,向鄂南调派专员,同时商讨解决鄂北因粮食而引起的与第六战区的政治问题。①

先是 1941 年陈诚即呈请国民政府将第五战区军粮改由湖北省政府统筹代购,剥夺第五战区在湖北自行收购军粮的权力。同时,陈诚以鄂北灾情严重为由,先后将 1941 年和 1942 年拨配第五战区的军粮呈请国民政府核减,坚持在中央核定之数以外的要求绝不答应,由此引起与李宗仁方面的严重冲突。陈诚坚持粮食问题完全是有无问题,"鄂北不到二十万人,要三十万人十五个月之粮之无理";李宗仁则认为湖北的粮食问题并非有无问题,而是方法问题,彼此相持不下。② 对此,国民政府中央为缓和与桂系第五战区的关系,一度有将陈诚调离第六战区之议。③

其次,在鄂东的行政人事问题上,陈诚更是与桂系发生严重冲突,以致第五战区与陈诚所属的鄂东行署保安团之间几乎演成火并形势。源自武汉失陷以后,鄂东与湖北省政府脱节。为处理鄂东行政问题,湖北省政府组建了鄂东行署及配合推行政令的游击队。在战时"军事第一"的最高原则之下,政治配合军事本是天经地义,但陈诚上任后,采取强硬立场,认为"政治仍有其本身的任务,不能随便抹杀,更不能含有被征服的意味"。为减少第五战区干涉地方行政的可能性,陈诚于 1941 年 4 月成立游击总指挥部。

①　陈诚著,林秋敏、叶惠芬、苏圣雄编辑校订:《陈诚先生日记》(一),1942 年 1 月 31 日、1942 年 2 月 1 日"本月大事预定表"、1942 年 2 月 15 日,第 347、349、354 页。

②　陈诚著,林秋敏、叶惠芬、苏圣雄编辑校订:《陈诚先生日记》(一),1942 年 3 月 4、10日,1942 年 5 月 1 日,1942 年 10 月 9 日,1942 年 11 月 4、5 日,第 359、361、369、387、396—397 页。

③　陈诚:《陈诚回忆录——抗日战争》,第 213—215 页。

自此,鄂东行署"上马管兵,下马管民,俨然与第五战区有分庭抗礼之势",双方矛盾逐渐公开化。①

1941 年 5 月,李宗仁以"增强抗战力量"为由,通知陈诚撤销鄂东行署,改设专员负责,并由桂系推荐军事人员出任鄂东行政专员:

> 顾两年来,鄂东政治,隐忧实深。兹为调整人事,刷新吏治,俾与抗战军事配合起见,拟请裁撤鄂东行署,恢复专员制,如鄂省政府一时无相当人选,拟请推荐现任一七二师副师长曹茂琮暂行承乏。②

次月,李宗仁更是直接单方面宣布收编鄂东行署游击队,将鄂东游击总指挥部接收改组。当时,行署是仅次于省政府的行政机构,陈诚自不能接受,即针锋相对采取措施,决定恢复第二区行政督察专员公署和保安司令部,其职位继续由鄂东行署主任程汝怀兼任,并责令程汝怀将原属游击部队改编为保安旅团,缜密戒备,严防意外。双方自此"剑拔弩张,有战火一触即发之势"③。

陈诚认为其出任第六战区司令长官和湖北省政府主席期间,为了第五战区的军粮和游击队问题,可谓煞费苦心,"因为求取五战区的合作,才尽量压抑自己","委曲求全"。④ 但是,鄂东问题的产生,实与陈诚上任后的强势态度不无关系。战争时期,地方政治为军事服务本是无可争议,但陈诚为蒋介石之嫡系爱将,以代表国民政府中央自命,又身兼第六战区司令长官,不愿意屈从于桂系第

① 陈诚:《陈诚回忆录——抗日战争》,第 219—220 页。
② 陈诚:《陈诚回忆录——抗日战争》,第 220 页。
③ 陈诚:《陈诚回忆录——抗日战争》,第 221 页。
④ 陈诚:《陈诚回忆录——抗日战争》,第 162 页。

五战区亦是自然。双方矛盾虽经中央多次调解,仍愈演愈烈,以致蒋介石不得不亲自出面。

1942年9月初,蒋介石与李宗仁详谈数日,认为"陈辞修只知爱誉而不知受人包围,以致与李长官之间感情不良,关于鄂省府应拨之军粮与鄂东人事问题更起摩擦,应设法调整"。① 为此,蒋介石规劝陈诚,"望弟对于五战区李长官(宗仁)等,应特别发挥同寅协恭之精神,增进彼此感情,并尽量协助友军,体谅其困难,不可听任地方人士任意讥评,重加忧虑"。② 在蒋介石的再三劝导和解释下,陈诚始在军粮和鄂东人事问题上对桂系第五战区做出让步。但陈诚对桂系并不谅解,认为桂系乃假抗战之名,行争夺地盘扩张势力之实,并由此与蒋介石发生言语上的冲突。③

在蒋介石的调和下,鄂东问题以陈诚方面做出妥协得以告一段落。诚然,在国难之际,为平衡各派利益,化解各方矛盾,稳定抗战阵营,蒋介石亦不得不对陈诚等嫡系将领有所约束。④ 但是,陈诚认为这"只算治标办法,仅能苟安一时",根本办法在取消第五战区。因此而对桂系更无好感,乃至在与部属的通信中公然指责桂系李宗仁确为一部落思想最重而有做法,有计划之人,其深沉不露,延揽各方,实超过于白崇禧,"由桂随出者,无论新派、老派、文职、武职,皆夜郎自大,均贪污奢侈"。⑤

---

① 《蒋介石日记》(手稿本),1942年9月8日。
② 《手谕对李宗仁等应发挥同寅协恭之精神增进彼此情感》,何智霖编辑:《陈诚先生书信集:与蒋中正先生往来函电》下,第529—530页。
③ 陈诚:《陈诚回忆录——抗日战争》,第214页;陈诚著,林秋敏、叶惠芬、苏圣雄编辑校订:《陈诚先生日记》(一),1942年10月12日,第388—389页。
④ 肖如平:《蒋介石对黄埔嫡系陈诚的培植》,《近代史研究》2013年第2期,第42页。
⑤ 陈诚著,林秋敏、叶惠芬、苏圣雄编辑校订:《陈诚先生日记》(一),1942年7月20、22日,第382、383页。

在国民政府中央层面,历任军委会政治部部长、三青团书记长的陈诚与副参谋总长兼军训部部长白崇禧的冲突更为直接。为了争夺黄琪翔部,陈诚和白崇禧二人相互挖角,陈诚还将应属于军训部的战干团控制权纳入自己的政治部。而在军校的招生问题上,陈诚对白崇禧也有所干涉。[①] 另外,"准陈诚系"将领薛岳与白崇禧亦多次发生冲突。1944 年桂柳会战期间,在衡阳失守前,蒋介石和白崇禧命令薛岳将第九战区主力调赴湘西,均被薛岳拒绝。相反,薛岳将所辖部队从衡阳外围撤退后调往湘东。其间,白崇禧曾七次命令第七、第九两个战区进攻敌后,负责截断日军后路,以保卫桂林,但薛岳均未接受。[②] 白崇禧对此只能"深致愤慨"。[③]

地域派系将领与中央军系将领的矛盾之外,国民政府中央军高级将领中亦存在重重矛盾和冲突。抗战前后,中央军将领中主要有何应钦派、陈诚的"土木系"、"西北王"胡宗南派、"中原王"汤恩伯派及戴笠的军统特务系统等派别。[④] 蒋介石视黄埔系将领为门生嫡系,各将领亦奉蒋为领袖,二者互为依存,荣辱与共。蒋介石地位的巩固与提高有赖于黄埔系势力的扩充,黄埔系的发展则有赖于蒋介石的培植。抗战时期黄埔系骨干大多身居要职,不仅对国民党内其他派系颇为轻视,甚至对黄埔系内部其他成员亦不服气。[⑤] 其中,以陈诚和何应钦两派的矛盾最为明显。

---

① 杨安铭:《我所知道的陈诚》,中国人民政治协商会议全国委员会文史资料研究委员会编:《文史资料存稿选编》"军政人物"下,第 97—98 页。

② 陈诚著,林秋敏、叶惠芬、苏圣雄编辑校订:《陈诚先生日记》(一),1944 年 11 月 3 日,第 655 页。

③《徐永昌日记》第 7 册,1944 年 10 月 31 日,第 470—471 页。

④ 曹剑浪:《国民党军简史》上,北京:解放军出版社 2004 年版,第 6—7 页。

⑤ 肖如平:《蒋介石对黄埔嫡系陈诚的培植》,《近代史研究》2013 年第 2 期,第 33—36 页。

如果说蒋介石是以黄埔学生作为班底,陈诚则是以第十一师和第十八军作为根基向外输送军事干部,所扩大的部队也就逐渐成为陈诚的嫡系部队,形成所谓的"土木系"。第十八军前师、旅长一级的方天、彭善、霍揆彰、夏楚中、傅仲芳、黄维等成为抗战时期陈诚集团的高层干部,担任集团军主官或主力军军长,而旅、团长一级的罗广文、方靖、柳际明、李及兰、宋瑞珂、赵秀昆、胡琏、覃道善等人则担任了中层干部,控制集团中的基层军、师。因此,第十八军可视为"陈诚的黄埔军校",奠定了陈诚在国民政府军队中的地位。① 抗战时期,"土木系"重要将领有周至柔、罗卓英、郭忏、宋希濂、王敬久、胡琏、霍揆章、阙汉骞、夏楚中、黄维、方天等人。② 此外,第四军出身的粤籍将领薛岳、吴奇伟也被视为"准陈诚系"。在陈诚的保荐下,薛岳出任第九战区兼湖南省政府主席等要职,吴奇伟则出任第六战区副司令长官兼集团军总司令等职务。③ 此外,孙连仲、周喦等人因缘际会亦成为"准陈诚系"。④

贵州兴义系军人出身的何应钦资历较老,辛亥革命之前即与同在日本军校的蒋介石相识,辛亥革命爆发后又与蒋介石一起在上海都督陈其美手下共事。黄埔军校创办之初,何应钦出任总教官,是黄埔系中仅次于蒋介石的人物。抗战时期,何应钦担任国民政府军事委员会的参谋总长、军政部部长等要职,黄埔系将领在听

---

① 郭大风:《在陈诚身边的日子里》,《武汉文史资料》1987 年第 2 辑,第 42—43 页。

② 宋瑞珂:《陈诚及其军事集团的兴起和没落》,中国人民政治协商会议全国委员会文史资料研究委员会编:《文史资料选辑》第 81 辑,第 5 页。

③ 宋瑞珂:《陈诚及其军事集团的兴起和没落》,中国人民政治协商会议全国委员会文史资料研究委员会编:《文史资料选辑》第 81 辑,第 22 页。

④ 郭绪印主编:《国民党派系斗争史》,上海人民出版社 1992 年版,第 565—566 页。

命于蒋介石的同时，也围绕何应钦形成一个松散、庞杂的团体。①
其中，刘峙、顾祝同、蒋鼎文、钱大钧被称为何派的"四大金刚"，关
麟征、杜聿明亦为何派的重要人物。此外，汤恩伯、胡宗南、李延年
等人亦曾被视为何派之将领。②

何应钦性格谦恭和蔼，控制欲不强，乐于提携黄埔学生，颇具
人缘，有"武甘草"之称。③ 但是，何应钦本人在中央军中并无实际
的控制力。源自 1927 年桂系等各方逼迫蒋介石下野过程中，何应
钦的"糟糕"表现让其开始失去蒋介石的信任，在黄埔将领中的地
位也开始动摇，此后何应钦虽然仍居高位，但基本不被蒋介石授予
实际的权柄。④ 卢沟桥事变后不久，蒋介石又因何应钦此前与日方
签订的"何梅协定"而对其更形不满："应钦愚劣，私陋毋使预闻政
治，否则害国误国，必此人也。"⑤

因此，并不是所有的黄埔将领均环绕在何应钦的周围，陈诚、
胡宗南、汤恩伯等备受蒋介石倚重的嫡系将领在抗战时期实力急

---

① 参见李仲公：《我所知道的何应钦》，《文史资料选辑》第 36 辑，北京：中华书局 1963 年
　版，第 218 页；谢伯元：《我所了解的何应钦》，中国人民政治协商会议全国委员会文史
　资料研究委员会编：《文史资料存稿选编》"军事派系"（下），第 798—799 页；姜理惟：
　《北伐至国共内战间国军部队的演变：由派系观点研究(1926—1950)》，台湾淡江大学
　硕士学位论文，2011 年，第 75—76 页；李仲明：《何应钦大传》，北京：团结出版社 2008
　年版，第 237—238 页。
② 郭绪印主编：《国民党派系斗争史》，第 566 页。
③ 抗战后期，陈诚在与林蔚批评何应钦时，即共认何应钦"年来为人受过，并是非不分，
　以致众叛而亲未离"。陈诚著，林秋敏、叶惠芬、苏圣雄编辑校订：《陈诚先生日记》
　（一），1943 年 8 月 4 日，第 469 页。
④ 李毓澍访问，周道瞻记录：《蒋鼎文先生访问纪录》，《口述历史》1999 年第 9 期，第
　21 页。
⑤ 《蒋介石日记》（手稿本），1937 年 7 月 22 日。

剧增长,发展成为中央军中何应钦圈子之外的新生派别。① 虽然同为蒋介石所属之中央军,但胡宗南、卫立煌等后起之秀对"倚老卖老"的何应钦颇为看不起。认为何应钦"军事思想已落伍,其建议、思想皆为北伐时代小兵团之办法。政治思想倾向于政学系,官僚派头太重,自视为第二领袖,因之削弱领袖之威望"。② 尤其是陈诚相对胡宗南和汤恩伯二人资历较老,且在抗战前即已身居高位,对何应钦成见更大,经常嘲讽何应钦是"烂好人"。③

陈诚与何应钦的芥蒂始于北伐时期陈诚被何应钦免去师长一事。④ 1930 年前后,陈诚日渐被蒋介石器重,宋美龄更是出面将其干女儿谭祥(谭延闿之女)许配给陈诚。中原大战中,陈诚因功升任第十八军军长,实力和声望日渐增长。身居高位的何应钦则不失时机地试图打击陈诚。⑤

抗战开始后不久,陈诚军事集团经过扩充后,所部军事实力大增。⑥ 与此同时,陈诚身兼党、政、军多项要职,跻身国民党政权重

---

① 参见陈诚《陈诚回忆录——抗日战争》,第 100—124 页;《军政部兵役署关于设立军委会直辖鲁苏皖豫边区总司令部代电》,中国第二历史档案馆编:《中华民国史档案资料汇编》,第五辑第二编,"军事"(一),第 20 页。

② 胡宗南著,蔡盛琦、陈世局编辑校订:《胡宗南日记》(上),1941 年 5 月 3 日,台北:"国史馆"2015 年版,第 31 页。

③ 杜伟:《我所知道的陈诚》,中国人民政治协商会议全国委员会文史资料研究委员会编:《文史资料选辑》第 12 辑,北京:中华书局 1961 年版,第 143—144 页;覃道善:《陈诚及其军事集团概况》,中国人民政治协商会议全国委员会文史资料研究委员会编:《文史资料存稿选编》"军政人物"(下),第 59 页。

④ 宋瑞珂:《陈诚及其军事集团的兴起和没落》,中国人民政治协商会议全国委员会文史资料研究委员会编:《文史资料选辑》第 81 辑,第 5 页。

⑤ 徐济德:《陈诚的军政生涯》,长春:吉林文史出版社 1989 年版,第 90—92 页。

⑥ 宋瑞珂:《陈诚及其军事集团的兴起和没落》,中国人民政治协商会议全国委员会文史资料研究委员会编:《文史资料选辑》第 81 辑,第 5 页。

要位置,与何应钦之间的明争暗斗更为明显。1940年6月,日军猛攻重庆门户宜昌,陈诚临危救火,以第五战区右兵团长身份驰赴前线指挥,但终无济于事,宜昌于6月中旬失守。宜昌战役失利后,何应钦等人立即提出处理陈诚的两个办法:(1)放弃政治兼职,专任军事职务;(2)放弃军事,专任政治。陈诚不得已放弃政治职务后在报上发表谈话称:“目前在后方确实有许多令人看不惯,尤其政治上的,兄弟此次辞去政治部的职务,便是想离开后方,专心前线的工作。”此后,在前线负责军政的陈诚不时从前线回到重庆后方,“所闻皆为敬之对辞修之恶意攻击,及种种不利于领袖之活动,其居心实令人莫测”。① 与之相对,陈诚对何应钦主持的军政部的各种问题和弊端亦极为不满,不时向各将领乃至蒋介石提出军政部的贪污腐败情形,批评其“专用一班落伍军人,误人误国”。②

但是,因为陈诚能够坚持抗战,并在危难时刻敢于受命,在国内外亦赢得了一定的声誉,加之有蒋介石的支持与提携,其个人及团体的势力在抗战时期实际上得到了迅速发展。在此过程中,何应钦则是以其参谋总长兼军政部部长的身份和地位或明或暗地设置障碍。1943年初,蒋介石有意让陈诚出任中国远征军司令长官,负责主持滇缅地区中国军队的整训和对日作战。对此,何应钦先是向陈诚表示如不进攻,则陈诚不必去,以免牵动太大,并提出于卫立煌、商震、张发奎中择一出任。陈诚则认为何应钦别有用心。③

---

① 《中国内幕》第2辑,南京:[汪伪]新中国报出版社1943年版,第13、46页。转引自郭绪印主编:《国民党派系斗争史》,第571、572页。

② 陈诚著,林秋敏、叶惠芬、苏圣雄编辑校订:《陈诚先生日记》(一),1942年7月16日、1944年7月12日,第380、593页。

③ 陈诚著,林秋敏、叶惠芬、苏圣雄编辑校订:《陈诚先生日记》(一),1943年1月26、30日,第415、418页。

最终,陈诚仍在蒋介石的支持下出任远征军司令长官。当时,陈诚的嫡系部队黄维的第五十四军被划归关麟征集团军。陈诚赴任后不久,黄维与何应钦派的关麟征就五十四军的军粮、军需及军长问题发生针锋相对的冲突,导致黄维被调。此事最终以陈诚另调嫡系将领方天出任五十四军军长而告一段落。①

　　1943 年 6 月,从远征军职位紧急返回湖北救急的陈诚在鄂西会战的一片胜利声中,再次因何应钦的缘故而忧心忡忡:"今虽获得胜利,然仍不胜恐惧,概以如何应钦之流负责一日,即国家之危险始终不能解决也。尤其连〔联〕想今后对于远征军之责任重大,更不知何等如何阻挠也。"②陈诚的担忧很快成为事实。陈诚返回远征军职位不久,何派将领关麟征、杜聿明等人即因陈诚的大力整顿而愈生不满和不安。关麟征公然对陈诚表示:"谁报告不吃空额是欺骗长官","现在可以吃空额维持军队是好干部"。③ 1943 年 10 月中旬,在远征军职务上屡屡受气的陈诚即因病而不得不离开远征军。

　　陈诚离开远征军职位后不久,蒋介石即有意让陈诚取代何应钦出任军政部部长,"因何对外(指美国)、对内均无法再拖下去",但终因陈诚的婉拒而作罢。④ 稍后,汤恩伯、胡宗南等部在豫湘桂战役中溃败,蒋介石决定派陈诚前往第一、第八战区整顿,陈诚拟

① 郭绪印主编:《国民党派系斗争史》,第 572—574 页;陈诚著,林秋敏、叶惠芬、苏圣雄编辑校订:《陈诚先生日记》(一),1942 年 4 月 7 日,第 442 页。
② 陈诚著,林秋敏、叶惠芬、苏圣雄编辑校订:《陈诚先生日记》(一),1943 年 6 月 15 日,第 462 页。
③ 陈诚著,林秋敏、叶惠芬、苏圣雄编辑校订:《陈诚先生日记》(一),1943 年 9 月 26 日、1943 年 10 月 2 日,第 476,477 页。
④ 陈诚著,林秋敏、叶惠芬、苏圣雄编辑校订:《陈诚先生日记》(一),1943 年 12 月 19 日,第 481—482 页。

受命前往,但对何应钦"一定为权责关系"予以妨碍颇为顾忌。在与周至柔等部属商议此事时,众人均认为不能去,"惟去后,困难甚多,如能得何之谅解,成功必大,不然其余人员均爱莫能助,因现在唯一办法在整军,而整军先决条件须有积极之精神与方法,只要积极去做,障碍必多"。而且,即使蒋介石对所要求各项均能同意,但执行在何应钦,"彼纵不会正面妨碍,但只要消极使各单位拖延时间,即无办法"。①

抗战胜利前夕,陈诚和何应钦二人的权势对比出现转折。1944 年豫湘桂战役大溃败后,蒋介石让何应钦让贤的意图更加明显。对此,何应钦推荐钱大钧继任军政部部长。② 在蒋介石的力保下,陈诚最终取代何应钦出任军政部部长一职,何应钦则转而对陈诚组织军政部的人事问题予以掣肘。③ 何应钦在卸任之前一度下令肢解陈诚的基本部队第七十九军,但陈诚上任后即收回前令,将第七十九军调入四川归军委会直辖,同时扩充编制。④ 1945 年初,在国民政府商讨西南 36 个师的改编充实方案中,陈诚对何应钦的意见和主张更是颇多微词,尤其对何应钦欲让其侄子何绍周的第八十二军多保留一个师表示坚决反对。⑤

除陈诚和何应钦外,中央军系内陈诚、胡宗南和汤恩伯之间也

① 陈诚著,林秋敏、叶惠芬、苏圣雄编辑校订:《陈诚先生日记》(一),1944 年 6 月 20、24 日,第 584、582 页。

② 何应钦:《何应钦呈恳请解除军政部长兼职并于陈诚等人择一继任》(1944 年 11 月 3 日),台北:"国史馆"藏,国民政府档案,001/080102/00019/012。

③ 陈诚著,林秋敏、叶惠芬、苏圣雄编辑校订:《陈诚先生日记》(一),1944 年 11 月 11、13、18、27 日,第 658—659、661、667 页。

④ 郭绪印主编:《国民党派系斗争史》,第 574 页。

⑤ 陈诚著,林秋敏、叶惠芬、苏圣雄编辑校订:《陈诚先生日记》(二),1945 年 2 月 1、2、5 日,第 682—683 页。

存在潜在的派系冲突。三人私交不深，又都自视甚高，而且相互之间存在潜在的竞争关系，故暗中的倾轧也极为激烈。但在 1944 年豫湘桂战役中，汤恩伯、胡宗南部的大溃败，让其失去与陈诚竞争的资本。战事失利后，陈诚奉命以"钦差大臣"——第一战区司令长官身份前往西北、华北对胡、汤二部进行整顿。[①] 陈诚一度拟将汤恩伯的第一战区副司令长官部、胡宗南的第八战区副司令长官部均压缩为第一战区下的两个指挥所。自知失去凭借的胡宗南极力向陈诚表示服从，并希望由陈诚掩护其与汤恩伯，再次力图振作。[②] 此外，汤恩伯隶属于李宗仁第五战区时即对桂系李宗仁违令不遵，后来调到第一战区任副司令长官时，又发展到公然与战区司令长官蒋鼎文唱对台戏，对蒋鼎文的命令阳奉阴违，双方竟闹到不能见面的地步。[③]

抗战时期，国民政府军事将领整体上的学问和技能远不如日军军官。再加上各派系高级将领之间的矛盾和冲突，无疑更加剧了中日两国高级将领之间的差距。

传统中国社会所赖以联系的，主要是血缘、地缘、业缘等关系，而非制度。实际上，自清末科举制度废除后，除了少数与外人有关的机构（如海关、邮电、铁路）人事较为走上轨道外，其余均为赡徇流行之地。国民政府成立以后，虽欲仿效德、日等国建立军队的人

---

① 陈诚著，林秋敏、叶惠芬、苏圣雄编辑校订：《陈诚先生日记》（一），1944 年 5 月 8 日，第 531 页。

② 陈诚著，林秋敏、叶惠芬、苏圣雄编辑校订：《陈诚先生日记》（一），1944 年 7 月 10、16、17 日、1944 年 9 月 18 日，第 592、595、596、629 页。

③ 文强：《"中原王"汤恩伯》，中国人民政治协商会议全国委员会文史资料研究委员会编：《文史资料选辑》第 32 辑，第 192—194 页。

事制度,但因长期的战乱,人事作业无法按照正常轨道进行。① 因此,不少官长以某一地域、派系或历史为用人范围,逐渐发展而为有形或无形的派系集团。

　　抗战时期,蒋介石虽然名义上为全国的领袖,但实际上的处境仍是十分艰难。② 抗战开始后,国民政府中央能指挥调动的部队,仍不足总数之半。③ 正如中国战区参谋长魏德迈将军所观察指出的,蒋介石只是一支拼凑而成的军队的领袖,有时尚很难让其部属服从其指挥。实际上,抗战时期,蒋介石不仅在指挥各地域派系将领时遭遇重重困难,甚至在指挥中央军系将领如胡宗南、汤恩伯时亦不能保证如臂使指。④

　　军队是高级将领的权力基础,也是各地方实力派赖以存在并与国民政府中央抗衡的支柱。抗战期间,国民政府在"共同御侮"的背景下,继续推进"军队国家化"。⑤ 在战区—集团军体制下,多数地方派系中的主力军、师被调离其原来的生存土壤,进入相对陌生的战区作战。将各地域派系将领所掌控的军队编配到各战区或集团军中分割使用,使其无法集中互相照应,成为国民政府削弱、

---

① 张瑞德:《山河动:抗战时期国民政府的军队战力》,第237—239页。

② 黄仁宇:《蒋介石的历史地位》,黄仁宇:《放宽历史的视野》,台北:允晨文化公司1988年版,第265—266页。

③ 徐乃力:《抗战时期国军兵员的补充与素质的变化》,《抗日战争研究》1992年第3期,第47页。

④ 陈诚著,林秋敏、叶惠芬、苏圣雄编辑校订:《陈诚先生日记》(一),1944年9月2日,第620页。

⑤ 抗战伊始,蒋介石的嫡系将领陈诚即有意识地利用战事部署的时机,极力打破部分"封建式"军人的地方观念,意欲使其"由个人工具完全变为国家武力"。提出将所有部队,"尤其带有封建观念之部队,调至前方作战,以转其观念",安定国家基础。陈诚著,林秋敏、叶惠芬、苏圣雄编辑校订:《陈诚先生日记》(一),1937年9月25日、1937年10月15日、1940年1月2日,第163、171、322页。

控制地方实力派的重要手段。[1] 但即便如此,各地域派系中仅东北军以及韩复榘、何键、龙云等少数势力逐渐消亡,分裂的派系如晋军、川军等,不仅没有削弱,某种意义上还得到了发展。至于那些统序完好的大小派系,有的保持原样,有的遭到削弱,但有的却得到了扩张。各地方军系仍继续与代表中央的国民政府以合作的方式并存,各地方军系的"国家化"仅仅体现在番号和编制的形式上,国民政府"军队国家化"的目标并未真正实现。更为糟糕的是,蒋介石主导的中央军系内部也进一步分化,形成新的军系派别,直接侵蚀其统治的基础。

---

[1] 抗战时期,除了阎锡山部晋系外,其余的地方军系均被或多或少分割使用。参见王续添《试论抗战时期地方实力派与蒋介石集团的矛盾斗争》,《近代史研究》1990 年第 6 期,第 207 页。

# 第五章　高级将领与抗战军事

　　抗战期间,国民政府军队在正面战场先后进行了 22 次大型会战,分别是:1937 年 8 月至 11 月的淞沪会战、10 月的忻口会战,1938 年 5 月的徐州会战、6 月至 10 月的武汉会战,1939 年 3 月的南昌会战、5 月的随枣会战、9 月的第一次长沙会战、11 月至 12 月的桂南会战,1940 年 1 月的豫南会战、5 月至 6 月的枣宜会战,1941 年 3 月的上高会战、5 月的晋南(中条山)会战、9 月的第二次长沙会战、12 月的第三次长沙会战,1942 年 5 月的浙赣会战,1943 年 5 月的鄂西会战、11 月的常德会战,1944 年 4 月的豫中会战、6 月至 8 月的长衡会战、9 月至 11 月的桂柳会战,1945 年 3 月的豫西鄂北会战,以及 1945 年 4 月开始的湘西会战。[①] 在这些会战中,高级将领扮演着至为重要的角色,他们的抗战意志与决心、军事战略与战术、决策与指挥均直接影响会战的成败得失。

---

① 何应钦:《日军侵华八年抗战史》,台北:"国防部"史政编译局 1985 年版,图表二。

## 第一节　李宗仁与徐州会战

1937 年 12 月,日军占领南京后,急谋夺取徐州,打通津浦线,连贯南北战场。为此,日军以南京、济南为基地,以打通津浦路为战略目标,从南北两端向李宗仁负责的第五战区发起进攻。1938 年 1 月至 5 月,第五战区在司令长官李宗仁的指挥下,以徐州为中心,与日军进行了一场大规模的会战,是为"徐州会战"。

徐州是江苏北部的一个重要城市,位于黄、淮两河之间,地据鲁豫皖苏四省要冲,为津浦、陇海两铁路交会之要点,向为兵家必争之战略要地。抗战爆发后,国民政府军鉴于徐州及中原战场的重要性,决定全力防守。1937 年 8 月底,国民政府统帅部决定将津浦线划为第五战区,任命李宗仁为第五战区司令长官,驻节徐州,指挥津浦路沿线的作战。[①] 李宗仁起初谦辞,转推已经飞赴南京的白崇禧担任,之后再经国民政府方面敦促,始允接受。

1937 年 10 月初,李宗仁在桂林就任第五战区司令长官。[②] 10 月中旬,李宗仁在完成广西的抗日动员工作后,从桂林飞赴南京就任第五战区司令长官,旋即前往徐州,指挥津浦线防御战。沪宁战事结束之际,李宗仁判断:"在战略上说,京沪战事一旦结束,津浦线必然是敌人攻击的次一目标。"因此,李宗仁向蒋介石表示:"津浦线位于南北两面夹攻之中,敌人且可随时自海州、青岛登陆。目前的七个军的兵力,断难应付。"在李宗仁的一再要求下,蒋介石决

---

[①] 黄旭初:《黄旭初回忆录:李宗仁、白崇禧与蒋介石的离合》,第 211 页。

[②]《李宗仁电中央党部国民政府等遵于十月一日在桂林军次就第五战区司令长官职》(1937 年 9 月 30 日),台北:"国史馆"藏,蒋中正"总统"文物,典藏号:002/090106/00001/198。

定将江北部队划归第五战区节制。①

　　李宗仁到达徐州后即着手进行军事部署。当时，第五战区所辖作战区域为：北至济南黄河南岸，南达浦口长江北岸，东自长江吴淞口向北延伸至黄河口的海岸线。辖境辽阔，包括山东全省和长江以北江苏、安徽两省的大部。② 所属部队除桂军李品仙第十一集团军和廖磊第二十一集团军以外，尚有孙连仲的第二集团军、韩复榘的第三集团军、孙震的第二十二集团军、韩德勤的第二十四集团军、徐源泉的第二十七集团军、庞炳勋的第三军团、冯治安的第十九军团、汤恩伯的第二十军团、张自忠的第二十七军团等，共计27 个步兵师、3 个步兵旅。③ 但这些部队，除少数如汤恩伯部为中央军嫡系外，其他大部"久被中央列为'杂牌部队'，蓄意加以淘汰之不暇，更谈不到粮饷和械弹的补充了。因此，这些军队的兵额都不足，训练和士气也非上乘"。④

　　为组织第五战区的作战任务，李宗仁十分注重发挥其擅统杂牌军的能力，以及以德威感人的领导能力。⑤ 李宗仁发现：这些被目为杂牌军的将领，一面激于民族义愤，都想和日军一拼；一面却顾虑部队作战损失后，不仅得不到中央器械兵员的补充，恐还要被申斥作战不利，甚或撤职查办，撤销部队番号，因此都怀着沉重惶惑的心情。但是，这些"杂牌部队"久经磨炼，将士之战阵经验丰富，"若在上者能推心置腹，一视同仁，并晓以国家民族大义和军人

---

① 李宗仁口述，唐德刚撰写：《李宗仁回忆录》下，第 529—530 页。

② 李宗仁口述，唐德刚撰写：《李宗仁回忆录》下，第 527 页。

③《徐州会战第五战区战斗序列》，转引自申晓云：《桂系元戎——李宗仁》，第196 页。

④ 李宗仁口述，唐德刚撰写：《李宗仁回忆录》下，第 529 页。

⑤ 曾在第五战区作战的石敬亭回忆称：第五战区的部队最为复杂，而团结合作比任何战区为好。黄旭初：《黄旭初回忆录：从辛亥到抗战》，第 210 页。

应尽的天职,必能激发良知,服从命令,效命疆场"。① 基于这一认识,李宗仁对第五战区的各色部队竭诚以待,礼遇有加。如川军孙震的第二十二集团军,最初奉命调赴第二战区作战。该军一上火线就被日军快速部队击溃,以致阎锡山向蒋介石控诉,称该部"抗日不足,扰民有余",要求将其撤离第二战区,军事委员会不得已令孙震率部开赴河南归第一战区程潜指挥,但程潜也不愿收留。最后,白崇禧征求李宗仁的意见,将其拨归第五战区。② 李宗仁不仅为其补充弹械,还多次亲往川军驻地韩庄慰劳劝勉。"川军以在一、二战区,到处遭人白眼,今看到李宗仁视如亲人,不禁感激涕零,士气为之大振"。③

再如,第三军团军团长庞炳勋,向为中央所歧视,而李宗仁却对其优礼以待,向庞炳勋表示:"庞将军久历戎行,论年资,你是老大哥,我是小弟,本不应该指挥你。不过这次抗战,在战斗序列上,我被编列为司令长官,担任一项比较重要的职务而已。所以在公事言,我是司令长官,在私交言,我们实是如兄如弟的战友,不应分什么上下。"李宗仁继又指出,过去大家都在内战的漩涡中打转,"黑白不明,是非不分,败虽不足耻,胜亦不足武",而现在是抗日报国,"今后如能为国家民族而战死沙场,才真正死得其所"。庞氏听了甚为感动,当即表示:"能在长官之下,为国效力,天日在上,万死不辞,长官请放心,我这次决不再保存实力,一定同敌人拼到底。"④

此外,张自忠和庞炳勋早结宿仇,张自忠到第五战区后即向李宗仁表示,在任何战场皆可拼一死,唯不愿与庞氏在同一战场,因

① 李宗仁口述,唐德刚撰写:《李宗仁回忆录》下,第529页。
② 李宗仁口述,唐德刚撰写:《李宗仁回忆录》下,第544—545页。
③ 程思远:《政坛回忆》,南宁:广西人民出版社1983年版,第117页。
④ 李宗仁口述,唐德刚撰写:《李宗仁回忆录》下,第538—539页。

庞氏资望较张自忠高,如在同一战场,其必受庞氏的指挥。了解这一情况后,李宗仁即派参谋长徐祖诒去做张、庞的协调工作。并亲自请张自忠到战区长官部,分析此中的利害得失:"你和庞炳勋有夙怨,我甚为了解,颇不欲强人之所难。不过以前的内战,不论谁是谁非,皆为不名誉的私怨私仇。庞炳勋现在前方浴血抗战,乃属雪国耻,报国仇。我希望你以国家为重,受点委屈,捐弃个人前嫌。"①此后,正是张自忠捐弃前嫌,驰援临沂,让第五战区赢得临沂保卫战的胜利,为台儿庄歼敌创造了有利条件。

　　淞沪会战结束之际,李宗仁根据视察情况拟订保卫徐州的作战计划,其要旨是利用黄河和淮河,对日军的南北攻势分别加以阻截,遏制其攻势,而后伺机与日军在徐海附近展开决战。② 1937 年12 月初,第五战区鉴于"沿津浦线南侵之敌活动于黄河以北青河镇、齐河、临清之间,平汉线之敌,由大名向黄河各口活动,均有企图南渡之模样,连云港亘日照、青岛、烟台、龙口之海岸,敌舰出没无常,烟台一带已有匪军暗中活动",为确保山东要地,决定以现有的前方部队直接守备东海、青岛及胶东半岛各海岸,沿黄河阻止由津浦路北段南下之敌,以后方部队集结于徐州、商邱一带,准备策应。③

　　日军攫取上海、南京后,为打通津浦线及陇海线东段,必先攻取徐州。为此先后集中八个师团左右的兵力,南北对进,夹击徐州。李宗仁负责的第五战区则将主力集中于徐州以北,抗击北线

---

① 李宗仁口述,唐德刚撰写:《李宗仁回忆录》下,第 543 页。

② 申晓云:《桂系元戎——李宗仁》,第 196 页。

③《第五战区作命第一号》(1937 年 12 月 7 日),中国第二历史档案馆编:《中华民国史档案资料汇编》第五辑第二编,"军事"(一),第 637 页。

日军南犯;一部部署于津浦铁路南段,阻止南线日军北进。① 1937年 12 月中旬,南路日军华中方面军指挥第十三师团从镇江、南京渡江,沿津浦路北上。第五战区以江南之敌似将以其主力沿津浦路北上,威胁战区之后方,而"黄河北岸济阳齐河间及观城、朝城、阳谷等地之敌各一部,最近颇形活跃,似有与北上之主力呼应渡河攻击本战区之企图",决定以一部仍守备海岸及黄河沿岸,以大部转移于淮河之线,拒止北上之敌,相机转移攻势。② 1938 年 1 月下旬,北进的日军先后占领滁县、明光等地。

2 月初,津浦路南段日军一个师团以上兵力,以主力向定远,一部沿津浦线进攻。第五战区拟将津浦南段之敌拒止于淮水以南地区,由其侧方予以打击,渐次驱除肃清。同时巩固鲁南山地,对津浦北段及陇海东段取侧击之势,牵制日军南下或西上,以拱卫铜山,而达保持南北两根据地,阻止敌人打通津浦路之目的。③ 与此同时,日军开始强渡淮河,李宗仁部署刘士毅第三十一军、李品仙第十一集团军、于学忠第五十一军等部在淮河北岸采取"敌进我退,敌退我进"的策略节节阻击。2 月 14 日,李宗仁重新部署第五战区各部作战,令川军第二十四集团军以主力集结滕县,全力驱逐邹县之敌。④ 因李宗仁部署得当,至 2 月中旬,该路日军被迫退回

① 军事科学院军事历史研究部:《中国抗日战争史》中,北京:解放军出版社 2015 年版,第 133 页。

②《第五战区作命第二号》(1937 年 12 月 14 日),中国第二历史档案馆编:《中华民国史档案资料汇编》第五辑第二编,"军事"(一),第 639 页。

③《第五战区作命第三号》(1938 年 2 月 3 日),中国第二历史档案馆编:《中华民国史档案资料汇编》第五辑第二编,"军事"(一),第 640—641 页。

④《李宗仁重新部署五战区作战任务及邓锡侯部署廿二集团军作战任务电》(1938 年 2 月 14 日),中国第二历史档案馆编:《中华民国史档案资料汇编》第五辑第二编,"军事"(二),第 512—513 页。

淮河南岸，其南北对进的战略目标无法实现。

北线方面，日军以华北方面军矶谷廉介第十师团和板垣征四郎第五师团为前锋，在山东兵分两路南进，一路循津浦路进攻滕县，一路经诸城、莒县进攻临沂，企图在台儿庄会师后攻取徐州。[①]板垣师团在沿胶济铁路东进，与其海军会师青岛后旋即南下，企图夺取鲁南要地临沂，从东路进攻徐州。1938 年 2 月 21 日，板垣师团开始向临沂突击，庞炳勋部在张自忠部的配合支援下，取得两次临沂保卫战的胜利，打破该师团与矶谷师团会师台儿庄的计划。另一路矶谷师团则沿津浦路南下，因第五战区副司令长官兼第三集团军总司令韩复榘不战而逃，日军长驱直入，于 1937 年 12 月底占领济南，泰安、济宁等地亦相继弃守，北段津浦路正面大开。为确保徐州地区安全，李宗仁令继任第三集团军总司令的孙桐萱指挥所部向济宁、汶口等地反攻，吸引、钳制第十师团主力。虽然日军南北两线节节推进，但中国军队的顽强阻击，尤其是临沂保卫战的胜利使日军两个师团会师的企图挫败。

其间，一度传闻日军在徐州南北遭遇意外之坚强抵抗后，“以该处（第五战区）最高司令长官之严厉，必能继续抗战”，而“平汉线之军队比较被动，最高司令长官比较软弱，敌方亦势必明了，故欲向此弱点进行攻击”。[②]　更有情报称，日军鉴于津浦线南北方向上中国守军阵地坚强，拟变更战略，分三路进攻，改以夺取归德为目的。1938 年 3 月初，李宗仁亦获悉日军有放弃直接打通津浦线之计划，改由鲁南及济宁会攻徐州。3 月 5 日，李宗仁根据密报向蒋

---

① 荣维木：《李宗仁大传》，第 261 页。

②《施太乃斯呈蒋中正平汉线国军比较软弱日军欲向此弱点进攻》(1938 年 2 月 15 日)，
　　台北：“国史馆”藏，蒋中正“总统”文物，002/020300/00010/011。

介石汇报称:"徐州攻略战津浦南段之敌军,因被我军侧击,改攻合肥为中心,故敌方对徐州攻略改以北支军负责,由西尾中将指挥第五师团、第十师团之全部,第二师团之一部、第七师团之一部等约10万人之兵力,由山东省及东南部津浦路北段,分为东、西两方面分进合击南下。以沂州为中心,重用早先攻徐州之计划。先以临沂县攻略战为重要据点,以威迫徐州、海州间,然后由济宁南进之敌军第十师团,亦即同时开始攻击商丘(归德),作津浦路南北两段之军事声援。"①

与此同时,日军在获得大本营的批准后,令第十师团继续南进,第五师团攻占临沂进入峄城,配合第十师团作战,企图将第五战区军队在大运河以北消灭或驱除。3月14日,日军第十师团濑谷支队由邹县两下店下店出动,15日到达滕县。② 同时,日军第五师团坂本支队向临沂进犯,企图由东面南下支持濑谷支队。滕县方面,由川军第二十二集团军第四十一军第一二二师王铭章部担任守卫。川军进入滕县阵地之前,李宗仁特呈军事委员会,要求拨发新枪500支,另从第五战区库存中拨出大批子弹及迫击炮,补充该部。为鼓舞士气,李宗仁亲赴军中训话,勉励川军将士。③ 16日拂晓,日军在飞机、坦克、重炮掩护下向滕县发动猛烈攻势,台儿庄外围战打响。当时王铭章奉蒋介石电令代理第四十一军军长,指挥所部死守滕县三日,17日城破后率部与日军巷战,伤亡甚重,王

---

① 《李宗仁致蒋介石密电》(1938年3月5日),中国第二历史档案馆编:《抗日战争正面战场》上,第630—631页。

② 《李宗仁致蒋介石等密电》(1938年3月14日),中国第二历史档案馆编:《抗日战争正面战场》上,第634页。

③ 李宗仁口述,唐德刚撰写:《李宗仁回忆录》下,第545—546页。

铭章以身殉国。[①] 与此同时,临沂方面之敌被中国守军击破,击毙俘获甚众。[②] 20 日,冒险深入的濑谷支队相继攻占临城、韩庄、峄县,[③]并于 23 日组成台儿庄派遣队,开始进攻台儿庄。

台儿庄位于徐州东北 30 公里的大运河北岸,北连津浦路,南接陇海线,扼运河咽喉,是徐州的门户,其得失关系津浦、陇海两线之全部战局。[④] 李宗仁抓住日军矶谷师团急于直扑台儿庄,以期一举而下徐州,打通津浦线的骄狂心理,定下"固守台儿庄及运河一线,诱敌来犯,断敌后路,相机实施反包围,聚歼日军"的作战方针。[⑤] 21 日,李宗仁决定第五战区以收复鲁中广大地域为目的,以一部在运河之线取攻势防御态势,以主力由峄县东南方及东北山地侧击南下之敌,将其聚歼于临枣支路与韩庄运河地区。[⑥] 据此,李宗仁对台儿庄防务做出如下部署:令善于防守的孙连仲第二集团军三个师扼守台儿庄正面阵地;令汤恩伯的第二十军团以一部担任台儿庄至韩庄间运河南岸防务,以两个军向峄县、枣庄日军侧

①《孙震电蒋中正遵办补充连坐法并请将第一二二师第一二四师之殉职参谋长一并入祀忠烈祠》(1944 年 6 月 30 日),台北:"国史馆"藏,蒋中正"总统"文物,002/080200/00299/032;《邓锡侯等致蒋介石密电》(1938 年 3 月 18 日),中国第二历史档案馆编:《抗日战争正面战场》上,第 641 页。

②《李宗仁致蒋介石密电》(1938 年 3 月 18 日),中国第二历史档案馆编:《抗日战争正面战场》上,第 640—641 页。

③《李宗仁致蒋介石密电》(1938 年 3 月 20 日),中国第二历史档案馆编:《抗日战争正面战场》上,第 645—646 页。

④《台儿庄大捷之意义》,《申报》1938 年 4 月 11 日,第 1 版。

⑤ 王成斌等:《民国高级将领列传》第 1 集,北京:解放军出版社 1988 年版,第 186—188 页。

⑥《李宗仁致蒋介石等密电》(1938 年 3 月 21 日),中国第二历史档案馆编:《抗日战争正面战场》上,第 647—648 页。

背攻击,准备配合孙连仲部围歼敌人。①

　　3月24日,日军濑谷支队开始向台儿庄猛攻,与中国守军展开激战。② 此后,日军不断增加兵力,配以坦克、重炮实施攻击。③ 27日濑谷支队主力一部突入北门,守军第三十一师与日军展开拉锯战。至此,日军主力全被吸引于台儿庄附近。李宗仁见歼敌时机已经成熟,即令第二十军团以一部监视当面之敌,主力迅速南下围歼台儿庄的日军。28日,突入台儿庄的日军被守军围攻,损失甚重。30日,李宗仁令汤恩伯军团除留以一部监视峄县之敌,以钳制该敌南下外,亲率主力前进,协助第二集团军解决台儿庄附近之敌,遮断峄县与台儿庄之联络,并与进攻峄县之友军部队竭力阻止峄县南下之敌。④ 当日,蒋介石下达死守台儿庄的命令,李宗仁遂令第二集团军死守台儿庄阵地,并催促汤恩伯部迅速南下,夹击日军。但汤部却因种种原因,迟迟不前。对此,李宗仁一面电请蒋介石督促汤氏立即发兵,一面警告汤氏"如再不听军令,致误戎机,当照韩复榘的前例严办"。⑤ 在李宗仁的三令五申下,汤恩伯部南下,向进攻台儿庄的日军侧背发起猛攻。

　　31日,李宗仁判断日军攻势已挫,令各部准备向日军压迫合

---

① 《蒋介石致李宗仁等密电稿》(1938年3月21日),中国第二历史档案馆编:《抗日战争正面战场》上,第648—649页;李宗仁口述,唐德刚撰写:《李宗仁回忆录》下,第547页。

② 《台儿庄血战详纪》,《申报》1938年3月31日,第1版。

③ 《李宗仁致军令部密电》(1938年3月25日),中国第二历史档案馆编:《抗日战争正面战场》上,第653—655页。

④ 《李宗仁致蒋介石密电》(1938年3月30日),中国第二历史档案馆编:《抗日战争正面战场》上,第667页。

⑤ 李宗仁口述,唐德刚撰写:《李宗仁回忆录》下,第548页。

围:"此次决战为我整个国家民族生死关头,不使一人漏网为要。"①
4月1日,蒋介石责令李宗仁等前方将领对于台儿庄之敌务须歼
灭,倘兵力不足可用援军。李宗仁则表示台儿庄"我方兵力已占优
势","自当恪尊钧嘱达成任务"。②但此时,日军亦增调台儿庄外围
与汤恩伯对峙的第十联队增援台儿庄,台儿庄战局呈胶着之象,蒋
介石对此亦极为顾虑。③

　　4月3日,日军攻入台儿庄南门,守军在伤亡大半后被迫退至
西北一隅,台儿庄大部为日军占领。其间,第三十一师师长池峰城
担心全军覆没,请求转移阵地暂时撤退到运河南岸,以为第二集团
军"留点种子"。李宗仁以战局正处于胜败关键时刻,不可有一丝
一毫的动摇,否则将功亏一篑。因此训令该部:"敌我在台儿庄已
血战一周,胜负决定于最后五分钟。援军明日中午可到,我本人也
将于明晨亲来台儿庄督战。你务必守至明天拂晓。这是我的命
令,如违抗命令,当军法从事。"同时命令守军组织敢死队,实行夜
袭,"胜负之数,在此一举!"是日晚,师长池峰城亲率敢死队向日军
突袭,夺回庄镇内大半阵地。④

　　4月5日,蒋介石对战局僵持不下愈发担忧,再次电令汤恩伯:
"台儿庄附近会战,我以十师之众对师半之敌,历时旬余未获战果,
该军团居敌侧背,态势尤为有利,攻击竟不奏效,其将何以自解?

①《李宗仁致军令部电摘要》(1938年3月31日),中国第二历史档案馆编:《抗日战争正
　面战场》上,第667页,第668页。
②《蒋介石与李宗仁等来往密电》(1938年4月1日),中国第二历史档案馆编:《抗日战
　争正面战场》上,第670—671页。
③《蒋介石日记》(手稿本),1938年4月2日。
④ 李宗仁口述,唐德刚撰写:《李宗仁回忆录》下,第549—550页。

急应严督所部于六、七两日奋勉图功歼灭此敌,毋负厚望。"①6日,李宗仁严令各部队于最短时间内歼灭台儿庄附近之敌人。② 当晚,中国军队全线攻击,数路合围。7日凌晨,除一部日军突围至峄县附近困守待援外,台儿庄被围之敌悉数被击溃。③ 台儿庄大捷是全面抗战开始后,国民政府军队首次获得的重大胜利,有力地打击了日军的侵略气焰,增强了国人的抗战信念和团结力。④

台儿庄战役后,日军大本营发现中国在徐州地区集结重兵集团,决定对徐州进行大包围,予中国军队主力以严重打击。4月7日,日军大本营陆军部制定《徐州附近作战指导要领案》,决定华北方面军以四个师团向陇海线进攻,以主力南下进攻徐州,以一个师团从兰封向商丘方向进攻,切断中国军队退路;同时令华中派遣军以两个师团从南面策应华北方面军作战,企图一举消灭中国军队主力,并占领徐州要地和津浦铁路全线,歼灭第五战区军队。⑤ 此后,国民政府陆续获悉日军鉴于鲁南惨败,拟向华增兵后沿津浦路南北猛攻,会攻徐州。⑥

另一方面,蒋介石在台儿庄大捷后决定"扩大台儿庄战果",因

---

① 《蒋介石致汤恩伯密电》(1938年4月5日),中国第二历史档案馆编:《抗日战争正面战场》上,第674—675页。

② 《李宗仁致蒋介石密电》(1938年4月6日),中国第二历史档案馆编:《抗日战争正面战场》上,第677页。

③ 《蒋介石日记》(手稿本),1938年4月8日;《李宗仁等致蒋介石密电》(1938年4月9日),中国第二历史档案馆编:《抗日战争正面战场》上,第682—683页。

④ 《台儿庄大捷之意义》,《申报》1938年4月11日,第1版。

⑤ 军事科学院军事历史研究部:《中国抗日战争史》中,第139页。

⑥ 《程潜呈蒋中正日军自山西被困决增加部队十万人来华以作最后挣扎》(1938年4月10日),台北:"国史馆"藏,蒋中正"总统"文物,002/020300/00010/019;《军令部呈蒋中正日本陆军计画沿津浦路南北猛攻并在海州登陆会攻徐州》(1938年4月18日),台北:"国史馆"藏,蒋中正"总统"文物,002/020300/00010/022。

此，国民政府陆续向以徐州为中心的第五战区派遣大批军队，准备在徐州地区同日军决战。当时，国民政府拟定的徐州作战指导方案为："国军以确保徐州之目的，应对沿津浦铁道及沂河南下之敌切实阻止，并以有力部队威胁敌之侧背，俟迂回部队达到临沂、费县、滕县线上并集结相当兵力于徐州附近后，然后以主力由南面转取攻势，歼灭敌军。至万不得已时则用逐次抵抗，退守洪泽湖至微山湖中间地区。第二、三战区除以一部直接或间接支援徐州方面之作战外，主力应积极进攻当面之敌，使敌不得放胆转用其兵力于津浦北段。"具体作战指导要领为："第五战区之部队，应以主力固守郯城以南经邳县至韩庄二线，并以四师以上之兵力，由济宁至东平间地区突入敌后方，对峄县、郯城之敌攻击，并以集结之兵力加入南北夹击，以收歼灭当面之敌之效。至不得已时，我南面部队须利用逐次抵抗退守洪泽湖、微山湖中间地区，待机转移攻势。迂回部队则专任敌后之游击。"总之，即以现在控置于后方之部队，向徐州附近集结，准备将来之攻势转移。①

但此时第五战区迟迟未能解决困守峄县等处的残敌，给后期的徐州会战造成不利的影响。其实，早在台儿庄战役结束之际，蒋介石即令第五战区速予解决残敌。② 但是，李宗仁鉴于日军改攻为守，凭借峄县附近山地为据点，以枣庄为犄角，不赞成蒋介石进攻围歼日军之要求：

　　我因阵线过广，处处薄弱，连日攻击，甚难成效，欲彻底消

---

① 《徐州会战作战指导方案》(1938 年 4 月)，中国第二历史档案馆编：《抗日战争正面战场》上，第 623—624 页。

② 《蒋介石致李宗仁等密电稿》(1938 年 4 月 12 日)，中国第二历史档案馆编：《抗日战争正面战场》上，第 684 页。

灭敌人,事实上恐难如愿。第二期抗战之方针原在避免阵地战,以运动战消耗敌之兵力,而收集小胜为大胜之功。拟在包围阵线上仅配置少数监视兵,将主力分别集结于便于机动之位置,一面破坏敌后方交通,一面以小部先游击,诱致敌人于阵地外求决战,无论敌由何方增援,均可应付裕如。①

4月中旬,日军自从各方抽调兵力增援鲁南。蒋介石急令各战区"本前颁游击计划,严督所属积极行动牵制敌人,使鲁南作战容易,用期彻底歼灭该方面敌军以收最后胜利为要"。② 但此时,蒋介石尚对日军不重犯徐州抱有幻想,其日记写道:"敌对鲁南战局似不取积极行动乎","如敌真面目进攻徐州,则应定进退与攻守之方"。③ 15 日,鉴于第五战区进攻峄县不能速克,敌援渐增。蒋介石开始考虑变更战略,重新集结兵力。④ 此时,李宗仁亦获悉,日军因在台儿庄惨败后,非但打通津浦线之企图已成泡影,华北各战线亦有总奔溃之趋势。日军陆军大臣因此特秘密飞赴北平,紧急协商改变华北作战计划:

甲、再由国内朝鲜、关东等线[调]约十万军力,仍以徐州为目标。

乙、如在一两个月内不能攻下徐州,则集中兵力择徐、郑间陇海线之弱点而突破之。

丙、如仍难得逞,择退守黄河北岸,先肃清晋鲁豫各省内

---

①《李宗仁等致军令部密电》(1938 年 4 月 13 日),中国第二历史档案馆编:《抗日战争正面战场》上,第 684 页。

②《蒋介石致程潜等电稿》(1938 年 4 月 14 日),中国第二历史档案馆编:《抗日战争正面战场》上,第 685 页。

③《蒋介石日记》(手稿本),1938 年 4 月 14 日。

④《蒋介石日记》(手稿本),1938 年 4 月 15 日。

部之游击队,再行待机南犯。①

稍后,又有报告称日军在台儿庄失败后除拟增援五师团之外,又增加三师团,同时由上海抽调 1 万部队入鲁。② 此时,李宗仁始急于解决峄县之敌,为此向参谋总长何应钦请求称:"我如能把握台[儿]庄胜利之果而早日解决峄县之敌,则可扩大敌之反战运动,怂动国际之观听。确立我胜利基础,在此一举。"请求蒋介石集中所有力量争此一着。③ 然而,此时峄县、临沂等地增援日军已陆续到达,而济南方面之敌仍在陆续运输中,至平汉线山西之敌亦在纷纷东向转移于津浦线。"似此各方之敌,集中于津浦方向,似欲在鲁南一带与我决战。"④4 月 20 日以后,临沂、郯城等重地先后为日军攻陷。⑤

面对日军抽调兵力集中于津浦北段以求与中国军队决战的形势,国民政府决定调后方已整理之部队及其他战区可抽调之精锐部队,迅速集中于第五战区,以求与日军决战。同时令第一、第二、第三战区及相关游击部队相机反攻牵制日军,以求得决战方面的胜利。⑥ 4 月 25 日,李宗仁决定第五战区以消灭敌主力为目的,

————————

① 《李宗仁电蒋中正台儿庄日军空前惨败后改变之作战计画》(1938 年 4 月 16 日),台北:"国史馆"藏,蒋中正"总统"文物,002/020300/00010/021。

② 《傅作义电蒋中正日军于台儿庄失败拟增援五师团之外现又增三师团》(1938 年 4 月 18 日),台北:"国史馆"藏,蒋中正"总统"文物,002/020300/00010/023。

③ 《李宗仁致何应钦等密电》(1938 年 4 月 17 日),中国第二历史档案馆编:《抗日战争正面战场》上,第 685—686 页。

④ 《李宗仁关于津浦沿线敌情及作战方针密电》(1938 年 4 月 20 日),中国第二历史档案馆编:《中华民国史档案资料汇编》第五辑第二编,"军事"(二),第 599 页。

⑤ 《李宗仁致蒋介石密电》(1938 年 4 月 21 日)、《庞炳勋致蒋介石密电》(1938 年 4 月 24—25 日),中国第二历史档案馆编:《抗日战争正面战场》上,第 688、689 页。

⑥ 《军令部作战计划》(1938 年 4 月),中国第二历史档案馆编:《抗日战争正面战场》上,第 624 页。

"拟以鲁南兵团向左旋回攻击该敌,并与鲁西兵团相策应,围困之于峄县附近山地而逐次击破之"。鲁西兵团以全力西出津浦线,阻止敌南下之增援及遮断其补给,并以有力之部队南下与鲁南兵团策应,夹击峄枣附近之敌。[①] 这一部署获蒋介石批准,希望第五战区坚决实施,同时指示第五战区"须着眼求敌主力包围于战场而歼灭之,勿为作战地境及到达线所限制"。[②]

　　但直至 4 月下旬,国民政府最高当局对鲁南之进退仍未下定决心。蒋介石认为:"如敌不增援兵,则维持现状,我亦不能再增大兵,成败关键全在于下一星期之内也。""应先发展运动战,以固守运河南岸,阻止敌军侵徐,勿使我军丧失战斗力,以求持久,争取最后胜利也。"[③] 4月底,蒋介石认为"对鲁南敌军惟有在战略上设法阻制其攻徐企图"。[④] 但次日,蒋介石又判断"敌国内已不敢抽兵,且其在津浦南北二段,总兵力不过八师,而其三师已被我击破,决再向鲁南增兵六师",以贯彻在鲁南继续与日军决战方针。[⑤] 为此迭次指示李宗仁在鲁南方面全线转取攻势,予日军以更大之打击,

---

① 《李宗仁致蒋介石密电》(1938 年 4 月 25 日),中国第二历史档案馆编:《抗日战争正面战场》上,第 691—692 页。

② 《蒋介石复李宗仁电稿》(1938 年 4 月 26 日),中国第二历史档案馆编:《抗日战争正面战场》上,第 692—693 页。

③ 《蒋介石日记》(手稿本),1938 年 4 月 23 日。

④ 《蒋介石日记》(手稿本),1938 年 4 月 28 日。

⑤ 《蒋介石日记》(手稿本),1938 年 4 月 29 日;《蒋中正条谕何应钦第六第十三等各师补充兵每师拨补三团限期运徐州》(1938 年 4 月 29 日),台北:"国史馆"藏,蒋中正"总统"文物,002/020300/00010/030;《刘斐致白崇禧密电》(1938 年 4 月 29 日),中国第二历史档案馆编:《抗日战争正面战场》上,第 695 页。

迅将鲁南之敌击破。① 李宗仁亦获悉日军计划集中精锐于津浦线，务于5月上旬占领徐州，恢复南北交通，以收军事上之便利、政治上之发展早期明朗化。② 由此，李宗仁决定第五战区贯彻与日军决战方针，移动兵力，准备一切，"竭力增强右翼攻击军之力量，向西压迫，求敌之主力，与之决战"，并于5月1日全力出击津浦线，阻止敌南下之增援及遮断其补给。③

　　5月初，日军集中兵力打通津浦线，包围徐州的企图日渐明显。至此，国民政府方面始确定日军将集中兵力打通津浦线，以求击破中国军队主力。对此，国民政府被迫放弃与日军决战的计划，并调整部署："国军以阻止敌打通津浦路之目的，在鲁南集结相当限度的兵力，行攻势防御。但敌如由国内大举增援至兵力较我绝对优势时，则应避免决战，逐次抵抗，以消耗敌之战力。同时在武汉及郑州以西集结兵力，准备诱敌深入与之决战。"④5月4日，李宗仁向蒋介石报告日军大本营决于5日总攻徐州。⑤

---

① 《蒋介石关于鲁南等地作战部署密电》(1938年4月27—30日)，中国第二历史档案馆编：《中华民国史档案资料汇编》第五辑第二编，"军事"(二)，第515—516页；《李宗仁致蒋介石密电》(1938年4月30日)、《蒋介石致李宗仁密电稿》(1938年4月30日)，中国第二历史档案馆编：《抗日战争正面战场》上，第695、696页。

② 《李宗仁致军令部密电》(1938年4月28日)，中国第二历史档案馆编：《抗日战争正面战场》上，第693页。

③ 《李宗仁致蒋介石密电》(1938年4月28日)，中国第二历史档案馆编：《抗日战争正面战场》上，第694页；《李宗仁等报告鲁南会战方针及兵力部署密电》(1938年4月30日)，中国第二历史档案馆编：《中华民国史档案资料汇编》第五辑第二编，"军事"(二)，第516页。

④ 《中国军队作战指导方案》(1938年5月1日)，中国第二历史档案馆编：《抗日战争正面战场》上，第625—628页。

⑤ 《李宗仁电蒋中正日军大本营联会决于五月五日再总攻徐州》(1938年5月4日)，台北："国史馆"藏，蒋中正"总统"文物，002/020300/00010/031

5月初开始,南北各路日军都开始向徐州推进,对徐州实施战略包围。李宗仁指挥第五战区部队进行了激烈的逐次抵抗,但未能挡住日军攻势。7日,蒋介石以鲁南之敌攻势已经顿挫,"徒以地形及装备关系,我军既难以迅速歼敌,即应讲求持久之方策",指示李宗仁速拟具计划。① 此时,李宗仁判断:"敌企图策应其鲁南方面之作战,于淮北方面所用兵力将达两师团,自必力求猛进,窥伺徐州。且淮北地形开阔,地域广大,阻止困难……淮北情况实较鲁南为紧急",拟集中兵力于固镇分设阵地,将敌击破,以解徐州后顾之忧。②

起初,蒋介石认为鲁南战场不宜急转消极,应处处采取战术上之攻击,"不仅我军交替容易,敌之抽出转用自必困难,尤以严防敌向鲁西转用,粉碎其策应由蒙城直趋归德使徐州不攻自陷之企图"。③11日后,蒋介石始赞同李宗仁的调整,并指示李宗仁应趁日军兵力分散且离开据点的时机,对鲁南日军暂取战略守势,以优势兵力先行击灭超越淮河之敌。④ 12日,蒋介石复指示李宗仁:(1)国军决先击灭淮北及鲁西之敌。(2)鲁南方面在敌抽调兵力转用鲁西之情况下,除应以有力部队增强右翼防敌包围外,须即刻

---

① 《蒋介石交替部署冯治安等部作战地境与任务密电》(1938年5月),中国第二历史档案馆编:《中华民国史档案资料汇编》第五辑第二编,"军事"(二),第607—608页。

② 《李宗仁转报集中兵力攻击淮北以解除徐州之危密电》(1938年5月7日),中国第二历史档案馆编:《中华民国史档案资料汇编》第五辑第二编,"军事"(二),第608—609页。

③ 《李宗仁致蒋介石密电》(1938年5月9日)、《蒋介石致李宗仁密电稿》(1938年5月10日),中国第二历史档案馆编:《抗日战争正面战场》上,第699、700页。

④ 《蒋介石关于五战区各部暂取守势反击敌包围徐州之企图密电》(1938年5月11日),中国第二历史档案馆编:《中华民国史档案资料汇编》第五辑第二编,"军事"(二),第610页。

设法抽出三、四师兵力位置徐州,为该战区预备队,必要时用蒙城方面之攻势。(3)鲁南方面即决心取守势,于必要时可依运河逐次抵抗,至不得已时则固守徐州国防工事线,以获得攻势方面决胜之时间。① 14日,蒋介石仍希望第五战区与日军展开决战:"敌军逼近陇海线,深入重地,且其兵力不足,我军不仅可以打破其战略之包围,而且必能包围敌寇,此为歼敌惟一之良机,以其淮北、鲁西方敌军皆无后方安全之交通,只要我军能共同动作,协力夹击,则不出旬日,即可得最后之胜利。"②

　　15日以后,日军切断陇海路,完成对徐州地区的合围,国民政府始决定放弃徐州。次日,第五战区下令突围。起初,李宗仁拟以孙连仲部扼守萧徐,拒止陇海线以北之敌,以汤恩伯指挥各部以宿县为轴心,从萧、宿间向永、蒙间攻击,将日军击破向北旋回,再与黄杰、刘汝明各军夹击陇海线、砀山以南之敌。同时廖磊所部亦由东向西截击敌人,以使鲁南各军逐渐全师而退。但因日军迅速迫近,宿县先行弃守,该计划实施困难。③ 此后,第五战区以刘汝明部于徐州掩护撤退,以第二十四集团军留苏北,第六十九军及海军陆战队在鲁南、鲁中进行游击作战,主力分五路向徐州西南方向的豫、鄂、皖地区突围。④ 17日晚,李宗仁在各方面的撤退部署就绪

---

① 《蒋介石致李宗仁密电稿》(1938年5月12日),中国第二历史档案馆编:《抗日战争正面战场》上,第703页。
② 《蒋中正电李宗仁等日军逼近陇海线兵力不足国军能共同协击必操胜算》(1938年5月14日),台北:"国史馆"藏,蒋中正"总统"文物,002/020300/00010/038。
③ 《李宗仁电蒋中正恐宿县有失令杨俊昌死守其竟不战自退拟请处以极刑》(1938年5月26日),台北:"国史馆"藏,蒋中正"总统"文物,002/020300/00010/063。
④ 张宪文主编:《抗日战争正面战场》,北京:世界图书出版公司2015年版,第122—124页。

后,将鲁南部队交由孙连仲指挥,带领长官部南下撤移。① 当日晚,第五战区长官司令部与国民政府失去联络,蒋介石对李宗仁离开徐州大为不满。认为:"如此重镇,正可固守,紧急之时,主帅更不能移动,只要主帅镇定,必可转危为安。今擅自弃移,亦不奉命,何以抗战? 何以立身?"②实际上,17日蒋介石仍以日军"兵力不足,军纪废弛,士气颓唐",希望李宗仁继续部署第五战区积极攻击:"其(日军)淮北主力已不敢北进,而鲁西主力亦为我后方各部牵制,其踌躇不决,畏缩不前已甚明显,只要我运河与徐州国防工事线能固守不动,则敌此次大包围之计划必可被我粉碎,而且可予以歼灭也。"③19日,第五战区各部队按原定部署撤出徐州地区,向皖北和豫南转移,日军围歼第五战区主力的计划落空。④

在第五战区各部突围之际,日军占领徐州及其附近地区。此时,蒋介石尚希望李宗仁考虑反攻徐州。5月21日,蒋介石指示李宗仁:"各军突围后,如能反攻徐州更好,否则暂时在亳州、颍州、正阳关之线集结整理后,再定部署。"⑤5月底,第五战区主力跳出日军的包围圈,李宗仁率部抵达阜阳。蒋介石对此极为欣慰,勉励李宗仁称:"鲁南撤退各军整然,殊为欣慰。吾兄公忠体国,备著辛

①《李宗仁电蒋中正为便利指挥拟于今晚移动指挥位置此间由孙连仲接驻》(1938年5月17日),台北:"国史馆"藏,蒋中正"总统"文物,002/020300/00010/046;《何应钦致蒋介石密电》(1938年5月22日),中国第二历史档案馆编:《抗日战争正面战场》上,第706—707页。

②《蒋介石日记》(手稿本),1938年5月17、18日。

③《蒋中正电李宗仁等针对敌情指示对淮北鲁西一带之作战计画》(1938年5月17日),台北:"国史馆"藏,蒋中正"总统"文物,002/020300/00010/043。

④ 蒋纬国总编著:《国民革命战史》第三部"抗日御侮"(第五卷),第164页。

⑤《蒋中正电李宗仁等盼国军突围后能反攻徐州更好否则暂在亳州再定部署》(1938年5月21日),台北:"国史馆"藏,蒋中正"总统"文物,002/020300/00010/051。

劳,至深怀念。希继续努力,完成复兴大业为盼。"①5 月底,日军分兵数路,越过兰封、归德、永城、蒙城地区,沿陇海路两侧继续追击。② 为阻止日军,国民政府被迫于 6 月 9 日炸开郑州东北的花园口大堤阻挡日军西进。12 日,日军遭受洪水泛滥的威胁,始组织东退。

徐州会战历时 5 个月,在李宗仁的指挥下,第五战区将士浴血奋战,给日军以严重杀伤,取得了台儿庄战役的大捷,迫使日军不得不倾其兵力打通津浦线,极大钳制和消耗了日军的力量,为国民政府部署武汉会战争取了宝贵的时间,对后方人心和社会秩序的安定亦发挥了重要作用,也为中国的抗战博得了更多的国际同情和好评。③

徐州会战前期的胜利,与李宗仁在临战指挥上坚决、沉着,看破战机,集中主力机动使用密切相关。这一阶段李宗仁吸取国民政府在此前会战中的经验教训,一改以往单纯防御,被动待敌的方针,实行阵地战的守势与运动战的攻势相结合的战略战术。④ 此外,也是李宗仁善统杂牌军,充分发挥以德威感人的个人魅力的结果。在李宗仁的指挥协调下,张自忠、于学忠、孙连仲、庞炳勋、曹福林、汤恩伯各部均能奋勇直前,不避牺牲。能以如许复杂的各色军队做集体会战行动,确是徐州会战的特有现象。⑤ 但是,徐州会

① 《蒋介石致李宗仁密电稿》(1938 年 5 月 27 日),中国第二历史档案馆编:《抗日战争正面战场》上,第 707 页。

② 军事科学院军事历史研究部:《中国抗日战争史》中,第 140 页。

③ 陈诚:《徐州会战清算》,《申报》1938 年 4 月 11 日,第 2 版。

④ 申晓云:《桂系元戎——李宗仁》,第 202 页。

⑤ 黄旭初:《黄旭初回忆录:从辛亥到抗战》,第 204—205 页。

战后期,"我军虽四倍于敌,但主动地位已失,终于失败"。[1] 由于在战略上和战术上的失误,在台儿庄战役后,"未能窥破敌之轨迹",继续调集大军企图与日军在徐州附近决战,致被日军牵制包围。[2] 而在具体部署中又疏于南面和西面之保护,使此次会战在后期陷于被动,最后不得不仓促撤退。参战将领李品仙战后总结称:"惟徐州之失原因固多,而事先忽略南段之敌鲁西之防亦为重要因素",一着之差摇动全局。[3] 多年之后,李宗仁在回忆徐州会战时,也承认会战后期在战略上的失当和无奈:

> 我方集大军数十万人于徐州一带平原地区之内,正是敌方机械化部队和空军的最好对象。以我军的装备,只可相机利用地形有利条件,与敌人作运动战,若不自量力而与敌人作大规模的阵地消耗战,必蹈京沪战场的覆辙。当徐州保卫战时,我军元气已有限,类似上海的会战,断不可重演。因此,当大军云集之时,我深感责任的重大和内线作战之无能为力之苦。[4]

## 第二节　薛岳与三次长沙会战

抗战时期,以湖南为核心的第九战区所辖兵力及牵制日军的

---

① 《程潜关于徐州战役的总结报告》(1937 年 7 月),中国第二历史档案馆编:《中华民国史档案资料汇编》第五辑第二编,"军事"(二),第 638 页。

② 《李宗仁等电蒋中正拟遵钧意捍卫齐鲁因措置无方丧师失地请从严议处》(1938 年 6 月 2 日),台北:"国史馆"藏,蒋中正"总统"文物,002/020300/00010/066。

③ 《蒋介石转告李品仙关于固守津浦线南段及巩固江防之作战原则快邮代电》(1938 年 5 月 31 日),中国第二历史档案馆编:《中华民国史档案资料汇编》第五辑第二编,"军事"(二),第 620—621 页。

④ 李宗仁口述,唐德刚撰写:《李宗仁回忆录》下,第 556 页。

兵力为各战区之首。在国民政府的 22 次大型会战中,基本上由第九战区独立进行的有六次,分别是南昌会战、第一次长沙会战、上高会战、第二次长沙会战、第三次长沙会战和长衡会战。与其他战区共同参加的有三次,分别是武汉会战(与第五战区合作),浙赣会战(与第三战区合作)以及常德会战(与第六战区合作),总共参加了九次大的会战。1939 年 9 月至 1941 年 12 月,日军先后三次进攻长沙,薛岳指挥的第九战区运用"天炉"战法,较为有效地打击、阻止了日军的进攻,尤其是第三次长沙会战,堪称薛岳"天炉"战法的经典战例。

　　1938 年 6 月,武汉保卫战期间,国民政府最高统率部为指挥便利起见,决定成立第九战区,任命陈诚为司令长官,薛岳为副司令长官①,并于 1939 年 4 月开始由薛岳代理第九战区司令长官职务。② 1940 年 7 月至抗战胜利前夕,薛岳一直担任第九战区司令长官。起初,第九战区统辖鄱阳湖以西,江西、湖南全省及鄂南地区,负责长江南岸之作战。③ 之后,第九战区的作战地域经历了多次变化,但基本以湖南省为核心,战区长官司令部也主要驻扎在长沙。当时的湖南是中国重要的粮仓,为国民政府粮食、兵源等重要战略资源的供给基地,而长沙在武汉失守以后,战略地位也更加重要,日军要打通粤汉铁路,亦须夺取长沙。

　　武汉、南昌会战后,中日双方渐转入对峙状态。第九战区则与日军对峙于洞庭湖东北岸、新墙河北岸一带,对当面日军"不断采

---

① 陈诚:《陈诚回忆录——抗日战争》,第 49 页。

② 郭廷以编著:《中华民国史事日志》第 4 册,台北:"中央研究院"近代史研究所 1985 年版,第 96 页。

③ 白崇禧口述:《白崇禧口述自传》上,第 117 页。

取游击及反击行动"。① 1939 年 8 月,日本阿部组阁成立后,全力谋求解决中日战争。9 月,日本欲趁欧战爆发之机,全力夺取长沙,进而攻略宜沙,同时也可为将于 10 月份成立的汪精卫南京伪政权壮大声势,影响国内外观瞻。② 为此,在日本大本营为统一指挥在华作战部队,决定撤销原华中派遣军司令部,在南京成立了以西尾寿造为总司令、板垣征四郎为参谋长的中国派遣军总司令部。驻武汉的日本第十一军划归中国派遣军总司令部直接指挥,其主要任务是:控制岳阳以东长江下游交通,"以武汉三镇及九江为根据地,摧毁中国之抗战企图"。③

9 月 1 日,第十一军下达备战命令,其作战方针为集中兵力打击第九战区主力部队,以稳固其对武汉地区的占领:"为了打击敌军继续抗战的意志,决定在九月中旬以后,开始奔袭攻击,以期在最短时间内,捕捉敌军第九战区主力部队,将其歼灭于湘赣北部平江及修水周围地区。"④国民政府中央则判断日军希望通过这一行动打通粤汉路,陈兵湘西,呼应鄂中日军西取宜昌,压迫中国方面早日投降,并借此扩大伪政权组织,激励其颓丧之民心士气。⑤

中国方面,在 1939 年春南昌会战进行之际,国民政府最高统帅部对长沙的防御问题即有过讨论。1939 年 3 月底,蒋介石判断:

---

① 防卫厅防卫研修所战史室『中国事变陆军作战』(2)、东京:朝云新闻社、1983 年、378 页。

②《长沙会战经过》(1939 年 10 月 12 日),台北:"国史馆"藏,陈诚"副总统"文物,008/010701/00089/001。

③ 蒋纬国总编著:《国民革命军战史》第三部"抗日御侮"(第六卷),第 29 页。

④ [日]防卫厅防卫研究所战史室著,天津市政协编译委员会译:《长沙作战》,北京:中华书局 1985 年版,第 4 页。

⑤《长沙会战经过及长沙会战概见表等》,台北:"国史馆"藏,陈诚"副总统"文物,008/010701/00089/001。

"敌如进攻长沙,其必求歼灭我新墙河一线之主力,故应即刻移动。"①4月11日,薛岳和陈诚一度拟订万一长沙被迫放弃时,各军的配备部署。② 4月15日,为全力反攻南昌,蒋介石甚至指示长沙可以放弃。③ 当日,蒋介石指示第九战区:"如敌进取长沙之动态已经暴露,则我军与其在长沙前方作强硬之抵抗,则不如作先放弃长沙,待敌初入长沙,立足未定之时,即起而与[予]其制[致]命打击之反攻。计划如能布置精密,运用得当,必可取得最大之胜利。"④蒋介石认为:"敌军必进攻长沙无疑,若能照令遵行,必可获胜。"⑤对于蒋介石裁定不守长沙,薛岳持反对意见。第九战区司令长官陈诚亦怀有隐忧,为此向蒋介石表示:

> 惟因各部队素质装备,各级指挥官之能力,及通讯联络困难,决先求立于不败之地……待敌企图暴露后,再令关麟征李仙洲两部利用现在第一线优势地形,及军民之协力机动,予敌以打击后,即由第二线部队掩护第一线部队,转进至长沙以东地区,再逐步掩护第二线部队转进,待敌到达长沙附近时,再行反攻。⑥

与此同时,陈诚委婉指出,经与第九战区代司令长官薛岳及汤

---

① 《蒋介石日记》(手稿本),1939年3月31日。

② 陈诚著,林秋敏、叶惠芬、苏圣雄编辑校订:《陈诚先生日记》(一),1939年4月11日,第223页。

③ 陈诚著,林秋敏、叶惠芬、苏圣雄编辑校订:《陈诚先生日记》(一),1939年4月15日,第226页。

④ 《蒋介石致薛岳陈诚电稿》(1939年4月15日),中国第二历史档案馆编:《抗日战争正面战场》中,第1079页。

⑤ 《蒋介石日记》(手稿本),1939年4月15日"上星期反省录"。

⑥ 《电呈委员长蒋(蒋中正)报告长沙会战部署意见》(1939年4月16日),台北:"国史馆"藏,陈诚"副总统"文物,008/010101/00001/120。

恩伯、周恩来等人再三研究,均以为蒋介石的部署如能做到,定可收大的功效,唯以现在部队情形,不易配合。因此,"这一部署恐届时因通讯联络之不确,各级均脱离掌握,演成此次南浔路之覆辙,或致诱敌未成,反自先溃乱,无法站稳阵地,更难言反攻。如此则影响国际观感以及民心士气,关系抗战前途太大,似以先为不可胜,以待敌之可胜,较为万全"①。但蒋介石仍坚持前定战略,4月下旬,蒋介石复指示陈诚、薛岳:"此次战略虽在诱日军深入,而目的则仍在消耗其兵力,使我容易达成最后歼灭之任务。故照现在部署,凡留在第一线第二线各部队,除诱敌部队以外,其正面主力部队皆应积极抵抗死守,与阵地共存亡,非有该司令长官命令不得任意撤退,而该长官亦非有本委员长命令亦不能擅自转移阵地。"②

南昌会战后,国民政府最高统帅部复对第九战区此后的作战做出指示:赣北方面,改以游击战,消耗牵制敌人。湘北方面作战应先立于不败之地,以利用湘北有利地形及既设数线阵地,逐次消耗敌人,换取时间。③

9月上旬,日军向湘北、鄂南集结兵力,进犯长沙的行动日见明显。④ 第九战区判断"敌似在九月中开始南犯,将以主力由湘北直趋长沙,于赣北、鄂南施行策应作战"。为此制定了"诱敌深入于长

---

① 《电呈委员长蒋(蒋中正)报告长沙会战部署意见》(1939年4月16日),台北:"国史馆"藏,蒋中正"总统"文物,008/010101/00001/120。

② 《蒋中正电陈诚薛岳此次长沙会战战略在诱日军深入消耗其兵力达成歼灭目的故除诱敌部队外正面主力皆须抵抗死守阵地未获令不得擅离》(1939年4月21日),台北:"国史馆"藏,蒋中正"总统"文物,002/090106/00014/052。

③ 《第九战区关于战前最高统帅部之作战指导概要》(1939年10月),中国第二历史档案馆编:《抗日战争正面战场》中,第1079—1080页。

④ 《长沙会战经过》(1939年10月12日),台北:"国史馆"藏,陈诚"副总统"文物,008/010701/00089/001。

沙附近地区,将其包围歼灭之,赣北、鄂南方面应击破敌策应作战之企图,以保障主力方面之成功"的作战指导方针,同时令各部队根据战区指示,调整部署,准备作战。于积极方面,加强袭击工作,调整阵线形势。消极方面,则从事民众组训,道路破坏,物资收藏及疏散,以及军队之整训,厉兵秣马,严阵以待。[①]当时第九战区的部队在沿洞庭湖东岸的新墙河、通城、武宁、靖安、奉新及锦江沿岸与日军对峙,为防止日军南下长沙,第九战区在长沙以北借助新墙河、汨罗江、捞刀河、浏阳河等天然屏障设置防线,以阻击日军于湘北、赣北地区。

9 月 14 日夜,日军在赣北开始钳制性攻击,拉开第一次长沙会战的序幕。稍后,日军从赣西、鄂南和湘北三个方向向长沙进攻,其主力配于湘北方面,并在赣西、鄂南进行策应性作战。会战开始后,中国军队逐次抵抗、消耗敌人,日军赣北和鄂南两路被中国方面击败,成功阻击,唯湘北方面日军于 18 日开始大举进犯后,中国军队正面非常之大,兵力处处薄弱,虽然薛岳于 19 日调第七十、第七十三两军加入新墙河正面第十五集团军的阻击,日军仍强渡新墙河成功,与洞庭湖东岸登陆之日军形成对中国守军的夹击之效。24 日开始,新墙河守军主力向汨罗江防线撤退。26 日,日军以数纵队分向汨罗江猛攻,薛岳指令守军在节节抵抗后向株洲、醴陵之线转进。[②]

蒋介石对第九战区在汨罗江防线自动撤退极为不满,同时主

①《第九战区关于第一次长沙会战战前敌我形势概要及战场状态的报告》(1939 年 10月 11 日),中国第二历史档案馆编:《抗日战争正面战场》上,第 1076—1079 页。

② 陈诚:《陈诚回忆录——抗日战争》,第 77 页;《关麟征关于第十五集团军参加第一次长沙会战作战经过要报》(1939 年 10 月),中国第二历史档案馆编:《中华民国史档案资料汇编》第五辑第二编,"军事"(三),第 458—467 页。

张加强长沙反攻力量,并派陈诚前往督战。实际上,关于汨罗江自动撤退命令为桂林行营所下,薛岳第九战区不过是被迫执行。因此,薛岳倍感委屈,并为此大发牢骚,称"誓不再做军人"。同情薛岳的陈诚亦认为此次汨罗江撤退及长沙反攻部署在原则及事实上均不合理。① 9月26日,蒋介石电令第九战区在长沙附近与日军主力决战:"准备以六师兵力,位置长沙附近,由薛长官亲自指挥,袭击向长沙方面突进之敌,予以严重打击。"②

据此,薛岳制定了《在长沙以北地区诱敌歼灭战之指导方案》,确定第九战区以一部埋伏于福临铺、桥头驿附近及其迤北地区,以有力部队控制于金井及福临铺迤东地区,"俟敌进入伏击区域,突起包围敌人而歼灭之"。同时,将战区部队分为正面部队、伏击部队两部。正面部队的任务为"竭力诱致敌人于伏击区域,尔后转移于右侧后方待机",伏击部队的任务为"俟敌突入伏击区域,则突起奇袭敌人"。第九战区司令长官部则由长沙迁往衡阳,薛岳率少数幕僚至株州设立指挥部。③ 此后,中国军队采取且战且退的方针,向长沙方向退却集结,准备反击。但是,蒋介石对薛岳第九战区节节后撤甚为不满:"前方主将不肯积极,不肯负责,甚为抗战前途忧也。"④

至10月初,长沙以北的湘北地区大部为日军占领,但其捕捉第九战区主力部队,"将其歼灭于湘赣北部平江及修水周围地区"

① 陈诚著,林秋敏、叶惠芬、苏圣雄编辑校订:《陈诚先生日记》(一),1939年9月26、29日,第290、292页。

② 《蒋介石致薛岳电》(1939年9月26日),转引自张宪文主编:《抗日战争正面战场》,第212页。

③ 《第一次长沙会战战斗详报》,转引自张宪文主编:《抗日战争正面战场》,第212页。

④ 《蒋介石日记》(手稿本),1939年9月26日。

的作战计划未能实现。在赣北、鄂南进攻,策应湘北战场的日军,也遭到中国军队的不断阻击和伏击,进攻不利。至此,日军被迫停止攻击,计划退却。10 月 2 日,关麟征获悉日军主力溃退的迹象后,改变在长沙附近与敌决战的计划,命令各部队改防守为追击阵势,对日军进行跟踪尾追。① 同日,第九战区司令长官薛岳在断定日军退却之后,向各部队发出追击命令,同时要求已深入敌后的各挺进部队破坏日军交通,阻碍日军退却计划的实施。5 日,冈村宁次下令全线退却:"本军为避免不利态势,应速向原阵地转进,以图战斗力之恢复,并严密注意华军之追击。"②该命令为中方获悉,蒋介石当日断定"敌军对进攻长沙计划已粉碎"。③

　　然而,第九战区各部虽接到"超越追击"的命令,但忌于日军佯退,未敢果断截击日军,仅尾追日军收复失地。10 月 10 日,日军退至新墙河北岸,中日军队在湘北地区又回到战前的阵地,继续沿新墙河两岸对峙。

　　第一次长沙会战的成功,与薛岳的个人决断关系甚大。当时,对于第九战区的作战方针,国民政府各级指导和意见不一。④ 军令部部长徐永昌主张努力支持、节节抵抗,予以敌人重大打击;桂林行营主任白崇禧主张游击战,以为非万不得已,在任何处不采取力

---

① 《关麟征关于第十五集团军参加第一次长沙会战作战经过要报》(1939 年 10 月),中国第二历史档案馆编:《中华民国史档案资料汇编》第五辑第二编,"军事"(三),第470 页。

② 第九战区司令长官司令部编纂组编印:《长沙会战纪实》,台北:中国国民党中央委员会党史委员会 1976 年影印,第 35 页。

③ 《蒋介石日记》(手稿本),1939 年 10 月 5 日。

④ 《陈诚寄呈湘北作战经验与教训快邮代电》(1939 年 11 月 2 日),中国第二历史档案馆编:《中华民国史档案资料汇编》第五辑第二编,"军事"(三),第 487 页。

战；蒋介石则有意诱敌深入长沙而逆袭之。① 蒋介石起初赞成白崇禧等人提出的不坚守长沙之议，而时任第九战区司令长官的薛岳则反对轻易放弃阵地，抗辩甚力。② 日军南渡新墙河成功后，白崇禧指示第九战区撤守汨罗江一线，薛岳乃下令撤退，日军遂长驱直入，进至长沙附近。蒋急令陈诚、白崇禧等人驰赴长沙，促其贯彻"不守长沙"的作战计划。孰料，薛岳却以军人守土有责，坚持不撤，并与白崇禧发生争执。③ 当时，白崇禧从持久抗战出发，主张尽快撤退保全实力为急务。薛岳对此坚决反对，认为事实不可能而不执行，并表示："如此我上无以对中央，下无以对国人。"在陈诚的协调下，各方暂时同意第九战区因时制宜进行作战部署，④而蒋介石复有自长沙反攻之决定，薛岳遂进行反攻，造成胜利。⑤

　　第一次长沙会战的成功，对"屡战屡败"下中国军民抗战精神的振奋有着极大的作用。王世杰评述称："半年以来，敌攻鄂北，而有随枣之挫；敌攻晋东南而有太行、中条山脉之迭次失败；敌攻高安，旋得旋失；今兹又有湘北之失败。我后方人心，因而稳定，法币亦略有起色。湘北之役，我军事当局原预定先放弃长沙，而后反攻。今则长沙未被攻占，而敌已被击退，当地指挥长官薛岳之能

①《蒋介石日记》(手稿)，1939 年 9 月 24、26 日；王世杰著，林美莉编辑校订：《王世杰日记》上，1939 年 9 月 26 日，台北："中央研究院"近代史研究所 2012 年版，第 225 页；《徐永昌日记》第 5 册，1939 年 9 月 25、26 日，台北："中央研究院"近代史研究所 1991 年版，第 166—168 页。

② 陈诚：《陈诚回忆录——抗日战争》，第 77 页。

③ 陈诚：《陈诚回忆录——抗日战争》，第 77 页。陈寿恒等编著：《薛岳将军与国民革命》，台北："中央研究院"近代史研究所 1988 年版，第 338 页。

④ 陈诚著，林秋敏、叶惠芬、苏圣雄编辑校订：《陈诚先生日记》(一)，1939 年 9 月 27、29 日，第 291、292 页。

⑤ 王世杰著，林美莉编辑校订：《王世杰日记》上，1939 年 11 月 14 日，第 235 页。

战,实为主因。"①尤其是会战中,薛岳指导的第九战区改过去被动为主动,不死守阵地,"能握着时间、空间之有利情况,自由造定战场,依机动予敌以打击"。②

第一次长沙会战后,第九战区继续与日军隔河对峙于湘北一带。1941 年 4 月,日军阿南惟畿接任第十一军司令官后,又就 1941 年夏秋发动对第九战区长沙方面的进攻进行准备。但是,随着苏德战争爆发,日军加紧对苏、美、英备战,无力投入更多的机动兵力。因此,第十一军最后确定的作战目标是予第九战区一次沉重打击。

自 1941 年 8 月中旬开始,日军第十一军开始在湘北集结。此次日军吸取第一次长沙会战时兵力分散的教训,将主力"并列于狭窄的正面上,以期进行纵深突破"。③ 第九战区则在总结第一次长沙会战经验的基础上,于 1941 年初制订了《第九战区反击作战计划》,其作战方针为:"在赣北、鄂南方面,对非主攻方面之敌,力求夹击于崇仁、新淦以北,宜春、万载、铜鼓、修水以东地区,及修水、长寿街、梅仙以北地区,予以各个击破;在湘北方向,则诱敌主力于汨罗江以南金井、福临铺、三姐桥以北地区,反击而歼灭之。"④

9 月 18 日,日军主力在飞机和炮火的掩护下,强渡新墙河,开始南犯。当时,薛岳所指挥的第九战区继续根据年初拟定的反击作战计划进行部署:

> 敌如以主力由杨林街、长乐街、福临铺道及粤汉铁路两侧

① 王世杰著,林美莉编辑校订:《王世杰日记》上,1939 年 10 月 8 日,第 228 页。
②《陈诚寄呈湘北作战经验与教训快邮代电》(1939 年 11 月 2 日),中国第二历史档案馆编:《中华民国史档案资料汇编》第五辑第二编,"军事"(三),第 487 页。
③ 防卫厅防卫研修所战史室『香港・长沙作战』,朝云新闻社,1983 年、380 页。
④ 蒋纬国总编著:《国民革命军战史》第三部"抗日御侮"(第七卷),第 80 页。

地区,向长沙进犯时,则诱敌于汨罗江以南、捞刀河两岸地区,反击而歼灭之。本会战即基此要领指导作战,先于关王桥、大荆街及金井、福临铺、栗桥、三姐桥各一带地区,构成纵深强固阵地,节节抗拒敌人,消耗敌力。并彻底转用赣北、鄂南方面兵力于杨林街、关王桥、长乐街、平江、沙□□、永安市方面,自东向西对敌侧击。及以有力兵团紧衔敌尾,南渡汨罗江,对敌尾击。同时加强外翼,争取外翼,对敌形成反包围,为外线作战之典型,用能陷敌后路断绝、补给不能圆滑、弹尽援绝、死伤惨重之悲境,遂得战胜敌军。①

　　国民政府也本着确保长沙,并乘虚打击消耗日军之目的,拟定"第九战区应先以一部占领汨罗江以北地区,行持久战。并各以有力一部,固守汨罗江以南各既设阵地,以于平江附近外翼地区,求日军侧背反包围而击破之"②。因此,正面的第九战区军队在予日军以一定的杀伤后,即转移至翼侧阵地。19 日,突破新墙河的日军继续进逼汨罗江北岸。③ 此时,第九战区依照反击作战计划开始准备反击,但战区下达作战命令的无线电报却被日军破译。20 日,日军强渡汨罗江。此后,日军势如破竹,第九战区守军阵地先后被突破。虽然国民政府急调第六、第七战区邻近部队增援长沙,同时根据陈诚的建议,下令第五、第六战区积极发动攻势,反攻宜昌,牵制日军,但于事无补。25 日,薛岳被迫将第九战区长官司令部撤出长

---

① 《第九战区第二次长沙会战战斗详报》(1941 年 9 月),中国第二历史档案馆编:《中华民国史档案资料汇编》第五辑第二编,"军事"(三),第 501—502 页。

② 《军令部拟订第二次长沙会战之军事部署》(1941 年 9 月 19 日),中国第二历史档案馆编:《中华民国史档案资料汇编》第五辑第二编,"军事"(三),第 490 页。

③ 《薛岳报告五十八军等部在长沙以北战况密电》(1941 年 9—10 月),中国第二历史档案馆编:《中华民国史档案资料汇编》第五辑第二编,"军事"(三),第 491—492 页。

沙，移往湘潭。27 日，日军一部冲入长沙城。此后，日军陆续进入长沙，并向株洲方向突进。

但是，日军经连日作战，粮弹损耗亦大，后勤补给困难，由武汉各地抽派民夫赶筑新墙、汨罗后方交通线，增援补充之计划亦被第九战区处处截断。[①] 且中国各战区的反攻牵制，亦使日军无法转用兵力，被迫决定撤退。10 月 2 日，国民政府统帅部获悉日军退却后，下令第九战区进行追击。薛岳即指挥第九战区各部在汨罗江、捞刀河间对日军进行截击。6 日，第九战区追击部队渡过汨罗江。[②] 8 日，中国军队越过新墙河，逐渐恢复此前阵地，第二次长沙会战暂告结束。

第二次长沙会战历时 20 余日，日军作战的主要目标为湖南省政府及第九战区司令部所在地长沙。由于第九战区在战略指导上的失误，致使日军长驱直入，一度攻占长沙，基本达成作战目的。[③] 会战结束后不久，薛岳即主动向蒋介石电请处分，但其所述之罪却是不能立歼敌之功，讳饰第九战区之溃败："此次长沙会战，倭寇冢突冒进，予我军以可乘之机"，第九战区却未能收歼敌之功，且贻各将领处置失当之过，"此皆臣指挥无方之所致"。对此，蒋介石以"长沙恢复，功过相抵"，复电挽留薛岳。[④] 实际上，蒋介石原对长沙失而复得，"自觉可爱，尤其对第七十九军廿九日由岳麓山渡江占

---

① 《薛岳报告五十八军等部在长沙以北战况密电》(1941 年 9—10 月)，中国第二历史档案馆编：《中华民国史档案资料汇编》第五辑第二编，"军事"(三)，第 494 页。

② 《薛岳报告五十八军等部在长沙以北战况密电》(1941 年 9—10 月)，中国第二历史档案馆编：《中华民国史档案资料汇编》第五辑第二编，"军事"(三)，第 494—495 页。

③ 军事科学院军事历史研究部：《中国抗日战争史》下，第 140 页。

④ 《薛岳电蒋中正长沙会战钧座指示周详而未能收歼敌之功恳从严议处》(1941 年 10 月 19 日)，台北："国史馆"藏，蒋中正"总统"文物，002/020300/00013/085。

领长沙西南角,不令其撤退,与城敌对峙,决心牺牲,卒无甚损失,而获得逼退敌军最后之战果,是战事全在不惜牺牲,而得最后胜利之要诀,又多一明证也"。①

但是,随着第二次长沙会战中第九战区溃败实情被披露,蒋介石对第九战区进行了严厉的批评和整训。10 月中旬,蒋介石亲赴湖南召开第三次南岳军事会议,对于第九战区第二次长沙会战进行总结和训评,强调中国军队的战斗方略应争取时间,持久战斗,顿挫敌人攻势,再行乘机歼敌。指示第二次长沙会战第九战区长沙守卫兵力部署之错误及今后守卫之重要原则:"兵力部署宜先巩固战略基地,切忌陆续使用与逐渐推进之部署。而高级将领在作战时"挨日退却"的无耻心理应彻底扫除。"②

1941 年 12 月 8 日,日本偷袭美国太平洋舰队基地珍珠港,太平洋战争爆发。同日,驻广州的日军第二十三军也开始向香港等地进攻。9 日,国民政府下令各战区发起攻击,以策应英军在香港的作战。驻武汉的日军第十一军司令部发现中国暂编第二军和第四军有从长沙附近南下的迹象,认为"有必要牵制其南下的行动","即使不能拖住敌人,也将给予其他重庆军以严重威胁"。③ 于是,为牵制中国军队策应英美军在广九线、香港方面的作战及企图打通粤汉铁路,第十一军决定对长沙发起第三次进犯。④ 12 月 13

①《蒋介石日记》(手稿本),1941 年 10 月 4 日上星期反省录。
②《蒋中正出席总理纪念周为讲分析最近敌情并说明高级将领成功立业之道一文等》(1941 年 10 月 20 日),台北:"国史馆"藏,蒋中正"总统"文物,002/060100/00157/020。
③[日]防卫厅防卫研究所战史室:《长沙作战》,第 140 页。
④《军令部编第三次长沙会战经过概要》(1942 年 6 月),中国第二历史档案馆编:《中华民国史档案资料汇编》第五辑第二编,"军事"(三),第 544 页。

日,第十一军司令官阿南惟畿下达进攻长沙的作战命令。由于准备不足,兵力有限,日军的作战计划仅设想在汨罗江两岸分别击溃中国第二十军和第三十七军即结束作战,并把作战时间限定在"两周左右"。[①]

中国第九战区部队虽在第二次长沙会战中受挫,但由于保全了守备区域,部队战斗力恢复也较快。第二次长沙会战后,薛岳于1941 年 11 月召开"第二次长沙会战检讨会议",检讨过失,积极整训,以利再战。并根据前两次会战的经验教训,策定"天炉战"的后退决战战略方针。[②] 其要领是:彻底破坏道路,在中间地带空室清野,设置纵深的伏击地区,诱敌深入,从四面八方构成一个天然熔炉,将敌围而歼之。依此方针,第九战区制定了新的作战计划,要求在湘北方面,"应运用尾击、侧击及正面强韧抵抗,务于浏阳河、捞刀河间地区,将进攻长沙之敌军主力,反击而歼灭之"。[③] 在日军进攻长沙之际,蒋介石也相信,薛岳如果能切实遵行其在第三次南岳军事会议上的指示,则"此次或又可予敌以重大之打击也"。[④]

12 月初,第九战区察觉日军调动频繁,向湘北集中兵力,判断日军有再次进攻长沙,策应香港作战的可能,并积极进行战备。战区司令长官薛岳根据"天炉"战术原则,制定了"战区以诱敌深入后进行决战之目的,敌进攻时,以一部兵力由第一线开始逐次抵抗,随时保持我军于外线,俟敌进入我预定决战地区时,全力开始总反

---

① [日]防卫厅防卫研究所战史室:《长沙作战》,第 140—141 页。
②《第九战区第三次长沙会战战斗要报》(1942 年 1 月),中国第二历史档案馆编:《国民政府抗战时期军事档案选辑》下,第 957—958 页。
③ 蒋纬国总编著:《国民革命军战史》第三部"抗日御侮"(第八卷),第 95 页。
④ 周美华编辑:《蒋中正"总统"档案:事略稿本》第 47 册,台北:"国史馆"2010 年版,第 764 页。

攻,包围敌军而歼灭之"的作战方针。① 据此,薛岳对第九战区各部做出详细部署:第二十军,第一步于敌强渡新墙河南犯时,应在既设阵地强韧抵抗,逐次消耗敌军兵力,务血战 10 日以上,争取战略运用之充分时间;第二步于达成第一步任务后,待命转至关王桥、三江口侧面阵地,自东向西,侧击尾击向汨罗江北岸南窜之敌。第三十七军,第一步应在汨罗江南岸既设阵地,血战 15 日以上,争取战略运用之充分时间。达成第一步任务后,待命转至社港市、更鼓台、金井间山地;第二步俟敌向浏阳河、长沙进攻时,待命协同平江之第七十八军自东北向西南攻向长沙南犯之敌。第九十九军,第一步应确保三姐桥、归义、营田、湘阴一带既设据点工事,及洞庭湖南岸湖防;第二步待敌进至浏阳河北岸,向长沙进攻时,待命自西北向东南,夹击进犯之敌。第十军,第一步应固守长沙岳麓山,第二步待敌进至浏阳河北岸,向长沙攻击 3 天以后,待命自西向东,夹击敌军。②

　　12 月 23 日,日军第六、第四十师团将主力推进至新墙河岸。次日,日军三个师团相继强渡新墙河,第三次长沙会战由此开始。中国守军仍依在长沙外围决战之目的,按既定计划逐次抵抗后即于 27 日转移,"以一部留置正面,与敌保持接触,主力按原定计划向东南关王桥方面转移"。③ 日军进至汨罗江北岸后,继续渡江南

---

① 赵子立、王光伦:《会战兵力部署及战斗经过》,薛岳、余建勋等:《原国民党将领抗日战争亲历记——湖南会战》,北京:中国文史出版社 2010 年版,第 109 页。

② 《致第二十军杨军长号未函电》(12 月 20 日)、《致第三七军陈军长号未函电》(12 月 20 日)、《致第九军傅军长号未函电》(12 月 20 日)、《致第十军李军长号未函电》(12 月 20 日),路家榜、吴敬模编纂:《薛岳抗战手稿》,中国新光印书馆 1948 年版,第 83—84 页。

③ 《军令部编第三次长沙会战经过概要》(1942 年 6 月),中国第二历史档案馆编:《中华民国史档案资料汇编》第五辑第二编,"军事"(三),第 544—545 页。

下,中国汨罗江南岸的守军在予敌相当打击后,于 30 日按既定计划转移,准备待机向南窜之敌围击。① 31 日,日军进入薛岳预定的包围线内,第九战区在新墙河、汨罗江一带的守军在完成诱敌消耗日军的任务后,已转移到日军外线地区,"天炉"战术的第一步完成。② 在这一阶段,"我军按预定计划沿途节节阻击,使敌蒙受相当损失"。③

根据日军最初的设想,并没有进占长沙之意。而且,日军第二十三军已于 12 月 25 日攻占香港,第十一军在湘北作战牵制中国军队的作用已丧失,更应主动收兵。但是,第十一军司令官阿南惟畿始终积极主张占领长沙。开战前夕,阿南惟畿便提出"今后的作战是否伸展到长沙的问题,虽要与广州、香港方面的情况以及与法属印度支那方面的关系,统筹考虑决定,但从一般面临的敌情考虑……极易进入长沙、株洲,则对牵制广东有很大作用"。④ 29 日,阿南惟畿根据飞机侦察报告得知中国军队正向长沙退却的消息后,便命令第三师团向长沙方面追击。⑤

根据战前部署,李玉堂的第十军担任"天炉"战法之"炉心"——长沙的守卫。1942 年 1 月 1 日,日军开始猛扑长沙城,遭到第十军的顽强抵抗,"敌攻势之猛,实不亚于淞沪台儿庄之会战,

---

① 《军令部编第三次长沙会战经过概要》(1942 年 6 月),中国第二历史档案馆编:《中华民国史档案资料汇编》第五辑第二编,"军事"(三),第 545 页。

② 《薛岳报告新三军五十八军等部在赣北战况密电》(1941 年 12 月),中国第二历史档案馆编:《中华民国史档案资料汇编》第五辑第二编,"军事"(三),第 533—536 页。

③ 《中央社长沙 31 日电》,第九战区司令长官司令部编纂组编印:《第三次长沙会战纪实》,1942 年,第 26 页。

④ [日]防卫厅防卫研究所战史室:《长沙作战》,第 148 页。

⑤ [日]防卫厅防卫研究所战史室:《长沙作战》,第 161 页。

我以血肉作长城,恶战四昼夜,从未有一小时之间断"。① 与此同时,蒋介石亦下令薛岳和第十军死守长沙:"此次长沙会战之成败,全视我第十军之能否长期固守长沙,以待友军围歼敌人……我第十军如能抱定与长沙共存亡之决心,必能摧破强敌,获得无上光荣。"②

当日军主力向长沙进攻后,薛岳即实施"天炉"战法的第二步,令外线各部向进攻长沙的日军合围,与第十军合力四面猛烈围攻。③ 面对第九战区的围击,1 月 3 日,阿南惟畿迫于形势,决定下令于 4 日开始撤退。④ 日军从长沙的撤退,标志着"天炉"战术的第二步完成,第九战区部队按原定计划开始对日军进行包围总反攻。16 日,日军退至新墙河北原防地,双方基本上恢复会战前的态势。⑤

第三次长沙会战从作战方针的制定,到各军的部署,再到作战前期在新墙河、汨罗江一带对日军的引诱消耗,最后到长沙城下对日军的围歼,所有环节自始至终均按"天炉"战术的原则进行。战后,第九战区战地党政委员会分会在评论第三次长沙会战时,指出此次战役,"薛长官决定了诱敌至长沙近郊,然后一举聚歼的战略。

---

① 方先觉:《保卫长沙回顾与前瞻》,第九战区司令长官司令部编纂组编印:《第三次长沙会战纪实》,第 77 页。

② 《蒋介石指挥第三次长沙会战作战密电稿》(1942 年 1 月 2 日),中国第二历史档案馆编:《中华民国史档案资料汇编》第五辑第二编,"军事"(三),第 537—538 页。

③ 薛岳:《第三次长沙会战》,乐昌市政协文史资料研究委员会编:《抗日战争中的薛岳》,1995 年,第 206 页。

④ [日]防卫厅防卫研究所战史室:《长沙作战》,第 182—183 页。

⑤ 《军令部编第三次长沙会战经过概要》(1942 年 6 月),中国第二历史档案馆编:《中华民国史档案资料汇编》第五辑第二编,"军事"(三),第 545—547 页;《第九战区第三次长沙会战战斗要报》(1942 年 1 月),中国第二历史档案馆编:《国民政府抗战时期军事档案选辑》下,第 959—960 页。

所以当敌渡新墙河、越汨罗江的时候,我方只以少数部队应战,诱敌深入,而长沙方面,则老早布置下天罗地网,等候倭军前来送命。故倭军一进抵城郊,即遭我坚强部队之迎头痛击,而我留置敌后部队,亦同时齐出袭敌,将其交通线全切断,粮弹不继,倭军遂如瓮中之鳖,进既不能,退又不可"。①

第三次长沙会战,是太平洋战争爆发后,中国军队取得的一次重要胜利。而且适值同盟国推举蒋介石出任中国战区最高统帅,在国际上产生了重要影响。1941 年 12 月 31 日,伦敦《泰晤士报》在评论第三次长沙会战时,指出"十二月七日以来,同盟军唯一决定性之胜利,系华军之长沙大捷"。② 有趣的是,1943 年 5 月,重庆政府官员之间盛传:"长沙三次大捷后,薛司令长官岳的参谋长罗某曾函罗斯福总统,谓长沙之捷系出彼之计划,计划之重点在以粪秽之物散布湖北池沼,敌人到时,无水可饮,因而大溃。罗斯福总统得函即覆彼一函,彼以总统覆函及自己函一并呈报蒋委员长。委员长得报,勃然大怒,下令将彼扣押来渝。"③

作为一名从广东地方实力派中走出来的将领,薛岳在抗战时期尤其是三次长沙会战中有所作为,与陈诚在背后的绝对支持不无关系。作为蒋介石的非嫡系将领,薛岳在实际的指挥作战中,常常顶撞包括蒋介石在内的顶头上司,不服从蒋介石的命令,先斩后奏。加之薛岳的地域背景、反蒋历史等因素,让蒋介石对其"又爱又恨"。第一次长沙会战前夕,蒋介石曾于 1939 年 4 月 15 日电告

① 《半月时事述评》(1941 年 12 月 21 日至 1942 年 1 月 5 日),转引自隆鸿昊:《抗战时期第九战区军事史研究》,首都师范大学 2014 年博士学位论文,第 38 页。

② 第九战区司令长官司令部编纂组编印:《第三次长沙会战纪实》,第 519 页。

③ 陈方正编辑、校订:《陈克文日记:1937—1952》,1943 年 5 月 30 日,北京:社会科学文献出版社 2014 年版,第 718 页。

薛岳、陈诚："如敌进取长沙之动态已经暴露,则我军与其在长沙前方作强硬之抵抗,则不如作先放弃长沙,待敌初入长沙立足未定之时,即起而予其致命打击之反攻。"孰知,薛岳对蒋介石"弃守长沙"之方针却不以为然,主张坚守。[①]

此外,薛岳的独断专行亦时遭蒋介石的不满和猜忌。第二次长沙会战期间,蒋对薛岳不遵行中央部署极为不满,认为"敌军陷长沙,实因薛伯陵擅将长官部撤至渌口,因之敌军乘机窜入城内……我高级指挥部之无胆识,其移动位置时,无一不违反军事原则,殊堪痛心。此为国民革命军自成立以来,未有之怪象也"。[②] 此后,虽然日军因为作战目的完成,自长沙撤退,[③]但蒋仍对薛岳耿耿于怀:"伯陵对命令全不遵行,又不自知其败退之咎,诚令人失望之至。"[④]稍后,薛岳对第二次长沙会战失利原因的隐瞒和谎报更让蒋介石对其不满。据赴长沙实地之中外记者的观察,日军于 9 月底确曾占领长沙,当时城内已无守军。但薛岳第九战区的汇报中则称"我军始终未退出长沙"。对此谎报,蒋介石得悉后甚为愤怒。[⑤] 1941 年 11 月 24 日的军事会报上,"关于薛岳谎报,不实各节,及部队由于无训练与腐化乃至绝无战绩两问题,颇致俄顾问之菲薄,日前已见笑于考察武官及访问记者矣。当时宣传部以战区迭电其战绩,遂招待外人前往,不意其求荣反辱也。所幸各民主国人士多同

① 陈寿恒等编著:《薛岳将军与国民革命》,第 338 页;《徐永昌日记》第 5 册,1939 年 4 月 19 日,第 44 页。

② 周美华编辑:《蒋中正"总统"档案:事略稿本》第 47 册,第 202—203 页。

③ 日本防卫厅防卫研修所战史室著,黄朝茂译,《香港·长沙作战》,台北:"国防部"史政编译局 1987 年版,第 638—642 页。

④ 周美华编辑:《蒋中正"总统"档案:事略稿本》第 47 册,第 257 页。

⑤ 王世杰著,林美莉编辑校订:《王世杰日记》上,1941 年 11 月 1 日,第 387 页。

情抗战,不为我暴露耳"。①

　　实际上,第三次长沙会战的胜利,与蒋介石在南岳军事会议之指示和处置惩罚,以及薛岳接受检讨,总结经验不无关系。② 随后的第三次长沙会战中,薛岳在吸取第二次长沙会战的教训后,正确选定战机与战场,集中兵力争取局部优势,迫使日军溃退,于次年1月初取得会战的胜利,恢复战前态势。③

　　某种程度上,薛岳等地方主官不时违抗命令,也与蒋介石喜欢越级干预军事不无关系。据李宗仁的观察:第三次长沙会战时,第九战区司令长官薛岳本来打得很好,不料在作战正紧张时,蒋介石一个电话将军队调乱,薛岳一时无法补救。薛岳在一气之下,竟不顾统帅部要求将部队撤往湘西的命令,反将部队撤至江西,后来薛岳差点因此受到处分。有人问薛岳何以要如此做,薛岳称:"跑远一点,他(指委员长)电话便打不通了!"④

　　薛岳之所以能按其想法和计划放手部署三次长沙会战,与陈诚对其的支持和信任不无关系。抗战期间,陈诚深为蒋介石所倚重和信赖。1942年3月,有人向陈诚攻讦薛岳之短,陈诚笑称:"伯陵能有利国家,其他均可不计,至对余个人,为毁为誉,更无关系也。"⑤在指挥三次长沙会战期间,薛岳因各种困难和不悦,先后多次请辞,陈诚均予安慰挽留,并极力为其疏解。1940年8月24日,

---

① 《徐永昌日记》第6册,1941年11月24日,第269页。

② 《戴笠电宋子文进犯长沙之敌由捞刀河两岸地区分股北窜刻我军正追击聚歼中此次胜利全系去年南岳军事会议之指示及处置八月间长沙会战各将领赏罚适当之功效》(1942年1月7日),台北"国史馆"藏,戴笠史料,144/010103/0003/039。

③ 吕芳上主编:《蒋中正先生年谱长编》第7册,台北:"国史馆"、中正纪念堂、中正文教基金会2015年版,第8、12—13页。

④ 李宗仁口述,唐德刚撰写:《李宗仁回忆录》下,第631页。

⑤ 陈诚:《陈诚回忆录——抗日战争》,第329页。

陈诚致电薛岳,勉励其共体时艰,再接再厉:"弟与兄名虽为同袍,情实重于骨肉。年来因弟累及吾兄,使人见忌者固多;而吾兄所用之人,言行失检而为他人所借口,累及盛名者亦在所难免,此吾人亟须注意及之者……弟始终认为,委座之对吾辈,实无异子侄,每次告诫,无不出之于至诚与爱护。"①第三次长沙会战结束后不久,薛岳因湖南人事问题又通过陈诚向国民政府请求辞职。对此,陈诚又勉励其继续努力勿轻言辞职:"吾兄公忠体国,勋劳卓著,委座倚俾特殷,希望尤切,吾人处此艰巨之局,绝不宜言辞……总之,今日委座对于人事极为重视,吾人之出处,一唯委座之命令与革命之需要而定,以减委座对于人事上之困难,想吾兄当以为然也。"②

　　抗战期间,身兼第九战区司令长官及湖南省政府主席的薛岳因三次长沙会战之"战功"而颇获蒋介石的欣赏。将介石在陈诚的进言劝说下,对薛岳独断一方,违背自己命令、意图的行为尚能听之任之。但至抗战结束前夕,随着薛岳在湖南"坐大",加之第九战区在日军"一号作战计划"下惨败,蒋介石对薛岳的信任逐渐丧失,对其行为越发不满、怀疑。抗战结束后不久,薛岳即被剥夺在湖南的军政大权。

## 第三节　陈诚与鄂西会战

　　抗战进入相持阶段以后,以鄂西为中心的第六战区在拒敌西进,拱卫陪都重庆方面具有相当重要地位。1943年5月至6月,第六战区在战区司令长官陈诚、副司令长官孙连仲的指挥下,为阻击

---

① 陈诚:《陈诚回忆录——抗日战争》,第563页。
② 陈诚:《陈诚回忆录——抗日战争》,第565页。

日军攻势,组织了鄂西会战,取得意义重大的鄂西大捷。

1940 年枣宜会战中宜昌失守,不仅川东第一道门户大开,国民政府陪都重庆受威胁,也妨碍长江南北两岸中国军队的联络与战略重点之作用。① 国民政府于 1940 年 7 月决定重设第六战区,以陈诚为战区司令长官,寻图反攻,以为亡羊补牢之计。战区辖境包括鄂西、鄂中、鄂南、湘北及湘西、川东、黔东等地。据陈诚的描述,当时的第六战区因地理位置关系,使命和责任相当重大,"一般的看法,都觉得当时抗战的重心所在,就是第六战区",因该战区"如能运用得宜,进可以反攻宜昌,光复武汉,退可以拱卫川、黔,保障陪都安全。且敌如来犯,尚可选择适当地点,予敌以歼灭之打击"。蒋介石在一次重大集会时甚至当众提出"军事第一""第六战区第一"的口号。②

第六战区成立后,为确保三峡入川门户,拒止日军入川,国民政府即以第六战区为中重点,拟具《拱卫行都作战计划》《长江上游要塞守备计划》。③ 陈诚鉴于第六战区职责所在,出任第六战区司令长官后不久即向蒋介石辞去所兼各职,专任第六战区司令长官兼湖北省政府主席,并着手制定第六战区收复宜沙作战方针,拟反攻宜昌。④ 9 月底,第六战区反攻宜昌战役打响,经半个月的战斗,

---

① 《蒋介石日记》(手稿本),1940 年 6 月 12 日。

② 陈诚:《陈诚回忆录——抗日战争》,第 100—102 页。

③ 《拱卫行都作战计划》(1940 年 7 月)、《国民党政府拟长江上游要塞守备计划》(1940 年 8 月),中国第二历史档案馆编:《中华民国史档案资料汇编》第五辑第二编,"军事"(一),第 672—679 页。

④ 《陈诚拟收复宜沙歼灭襄河以西日军计划与蒋介石往来密电》(1940 年 7—8 月),中国第二历史档案馆编:《国民政府抗战时期军事档案选辑》下,第 876—877 页;宋瑞珂:《陈诚及其军事集团的兴起和没落》,中国人民政治协商会议全国委员会文史资料研究委员会编:《文史资料选辑》第 81 辑,第 39 页。

中国军队虽一度突入宜昌，但终被迫停止攻势。1941 年 5 月，国民政府为收复宜沙地区，又一度以第六、第五战区为中心，拟具攻势计划，①但终未成行，此后第六战区与日军保持对峙状态，未发生大的战事。

1942 年底以后，第二次世界大战开始朝着有利于反法西斯同盟国家的方向发展。1943 年 2 月，为扭转日趋不利的战略态势，日军大本营向其中国派遣军下达《1943 年度帝国陆军对华作战指导计划》，规定为确保并稳定现已占据地域，粉碎中国方面继续抗战的企图及反攻，同时，为扼制中国方面空军的活动，防止其空袭日本本土，决定于 1943 年春季后向中国方面增加空军力量，以协同其南方军击破中国内地特别是西南方面的中国空军势力。②

1943 年 4 月，日军第十一军抽调六个师团和一个独立混成旅，分别集结于宜昌、枝江、华容一带；并在汉口、荆门等地集中航空战队，准备协助陆军，向第六战区发起进攻。日军的战役企图是在长江南岸发动攻势，打击鄂西中国第六战区的主力部队和中美空军，打通湖北宜昌至湖南岳阳段的长江航路，并占领洞庭湖区粮仓，以打击中国方面的抗战意志。具体作战计划为：由南向北把作战区域划分为三个地区，即安乡、南县地区，枝江、公安地区和宜昌以西地区，按此顺序分期实施进攻，以确保能以优势兵力逐次消灭当面的中国军队。达成目的后，转入撤回作战，主力回返长江东岸，留

---

① 《军令部拟〈国军攻势作战计划〉》(1941 年 5 月)，中国第二历史档案馆编：《中华民国史档案资料汇编》第五辑第二编，"军事"(一)，第 681—686 页。

② 防卫厅防卫研修所战史室『1942、1943 年的中国派遣军』，东京：朝云新闻社、1983 年、310 頁。

置部分兵力占领和守备长江西岸。①

当时，第六战区司令长官陈诚已于 1943 年 3 月奉命调任远征军司令长官，第六战区司令长官由孙连仲以第六战区副司令长官身份代理。② 起初，关于第六战区兵力配备的问题，颇多异议。因当时第六战区的正面，右翼自湖南南县起，沿湖沿江经石牌要塞而至江北之远安县属，左翼则至襄河西岸一带。一般认为日军如来进犯，必由两翼发起攻势，因此主张第六战区的兵力应保持重点于两翼，不应置于敌人进犯公算较小的江防方面。但陈诚则认为日军已占据宜昌，"如因利乘便，溯江西犯重庆，仍为解决'中国事件'最简捷的途径"。因此，陈诚主张将兵力配置重点放在以石牌要塞为中心的江防，而不应偏重两翼。在陈诚的再三坚持下，第六战区的防御部署决定以江防正面为重点，配置了三个军的精锐部队。③

最终，为抵御日军的进攻，第六战区在宜昌西北的石牌至石首以南的南县，沿长江一线及其纵深地区，部署了四个集团军共计 14 个军的兵力：以第二十九集团军固守公安至安乡一线既设阵地；以第十集团军固守枝江至公安一线既设阵地；以江防军固守石牌要塞以南至宜都一线阵地；另以三个军固守石牌以北的既设阵地。先以坚强的抵抗不断消耗日军，诱敌深入至石牌要塞至渔洋关之间，然后转为攻势，压迫日军于长江西岸而歼灭之。此外，中国空

① ［日］防卫厅防卫研修所战史室『1942、1943 年的中国派遣军』、369—377 页。

② 《第六战区司令长官陈诚副司令长官孙连仲电军事委员会委员长蒋中正与参谋总长何应钦为孙连仲遵于三月一日在恩施就第六战区副司令长官职并代理司令长官职务》(1943 年 3 月 1 日)，台北："国史馆"藏，陈诚"副总统"文物，008/010701/00071/003。但实际上，第六战区代长官孙连仲有名无实，战区部署主要由时任第六战区参谋长的陈诚嫡系将领郭忏指挥。

③ 陈诚：《陈诚回忆录——抗日战争》，第 113—114 页。

军的四个大队和驻华美国陆军航空兵第十四航空队准备支援地面作战。①

　　实际上,从 1943 年初开始,日军即开始从鄂南、湘北抽调部队向鄂西集结,2 月中旬开始窜犯江北,发动江汉菱形地带的"扫荡战"。3 月,日军陆续强渡长江,进占华容、石首、藕池等滨湖各县,中日双方展开各据点之争夺战,互有胜负。② 相持至 4 月下旬,各路日军增援渐多,有大举进犯之势。③ 此时,陈诚再次从云南电令孙连仲死守江防,如果秭归、巴东失守,将动摇国本。此时澧县以北之敌向西北方向移动,宜昌西岸及古老背之敌逐渐增加,兵锋指向石牌要塞江防。石牌要塞位于长江三峡之西陵峡右岸,水路离宜昌城 30 公里,宜昌失守后,它就成为拱卫重庆的第一道门户。陈诚因此确定以保卫石牌要塞为轴心的作战方针,派江防军的精锐部队凭险固守,正面部队逐次抵抗,击阻日军;第三十三集团军第七十九、第七十四军在石门以北防守;第十集团军沿清江南岸进

_____

① 参见蒋纬国总编著《国民革命军战史》第三部"抗日御侮"(第八卷),第 17、69 页。

② 《陈诚孙连仲电蒋中正华容方面之敌经我阻击十三日仍在明山头沙口各附近对战中弥陀寺方面一六一师转取攻势敌一部回窜江北其余敌据弥陀寺顽抗等战报》(1943年 3 月 14 日),台北:"国史馆"藏,蒋中正"总统"文物,002/090200/00081/274;《陈诚孙连仲电蒋中正据高卓东称十二日八十七军以一一八师协同四十四军围攻藕池口敌机轮流轰炸正面之敌亦增援反扑另在黄水套横堤市敌登陆势甚凶猛等情》(1943 年 3月 19 日),台北:"国史馆"藏,蒋中正"总统"文物,002/090200/00081/277;《陈诚孙连仲电蒋中正八十七军以新二十二师及四十三师之第一加强营分向藕池口攻击九十四军以炮兵掩护一二一师之三六一团攻击弥陀寺等战报》(1943 年 3 月 31 日),台北:"国史馆"藏,蒋中正"总统"文物,002/090200/00081/281。

③ 杨培新:《鄂西会战记》,重庆《大公报》,1943 年 6 月 17 日,第 3 版;《陈诚孙连仲电蒋中正报告华容敌军两部分向我一五○师阵地一部渡至谭复湾等处西窜另一六二师前往堵截均遭击退及各部袭敌战果》(1943 年 4 月 16 日),台北:"国史馆"藏,蒋中正"总统"文物,002/090106/00016/310;陈诚:《陈诚回忆录——抗日战争》,第 114 页。

行持久战;待后续部队到达后,从两翼反攻,将来犯之敌歼灭在石牌三斗坪、资邱、渔洋关、长阳关地区。① 事实证明,这一战略与鄂西会战的最后成败有着极大的关系。

5月5日,日军按照第一期作战部署,分别从藕池口、华容等地向洞庭湖北岸发起进攻,直指安乡、南县地区。中国守军第七十三军等部按预定计划节节抵抗,其间尤以南县附近的战斗最为激烈。② 6日,蒋介石电令孙连仲:"一、查三峡要塞扼四川门户,为国军作战之枢轴,无论战况如何变化,应以充分兵力坚固守备。二、江防军不得向宜都下游使用。三、南县、津市、公安、松滋方面,应以现有兵力与敌周旋,并掩护产米区。四、特须注意保持重点于左翼松滋、宜都方面,以获得机动之自由。"③蒋介石电令到达后,第六战区调整原有部署,停止东调江防军。安乡、南县一带防线在优势日军的攻击下形势迅速恶化,南县和安乡先后失陷,该地中国守军撤向洞庭湖南岸。对此,陈诚于5月11日向国民政府中央指出洞庭湖战事如不利,影响太大,关系湘、鄂、粤三省民军及第六、第七、第九三个战区军粮。建议国民政府令第六战区江南部队死守,江北部队猛攻,同时令第五、第九两个战区进行策应作战。④

12日,日军转入第二期作战,企图捕捉聚歼枝江、公安一带的第六战区第十集团军第八十七军和第九十四军。日军第十三师团主力和第五十八师团一部在董市西南渡过长江,由北而南向枝

① 于丽、田子渝:《陈诚与湖北抗战》,《抗日战争研究》2000年第3期,第140—141页。

② 〔日〕防卫厅防卫研修所战史室『1942、1943年的中国派遣军』,383页。

③ "国防部"史政编译局编印:《抗日战史》"鄂西会战"(一),1980年,第87—99页,第58页。

④ 陈诚著,林秋敏、叶惠芬、苏圣雄编辑校订:《陈诚先生日记》(一),1943年5月11日,第455页。

江—观音寺—西斋大路及其以西地区攻击前进,攻取公安、枝江各县。15日,日军进至宜都以南之刘家场、暖水街南北一线。此后,日军继续向西猛攻,第六战区第十集团军在予日军较大杀伤,且自身亦伤亡较大的情况下被迫向西转移。

　　面对日军的凶猛攻势,蒋介石顾虑重重。一方面,蒋介石断定日军在渡江攻取公安、枝江各县城后,将向南直进,企图进攻常德,担心日军将乘虚攻取湘西,决定抽调王耀武军驰援常德,自己亲赴恩施指挥,以固军心。① 与此同时,第六战区参谋长郭忏向陈诚报告称部队紊乱,"各级均脱离掌握,战事前途颇成问题"。对此,陈诚决定自告奋勇,向蒋介石提出由其回鄂西指挥,获蒋赞同。② 17日,陈诚飞抵恩施。当时,第六战区代司令长官孙连仲已离开鄂西前往常德,人心浮动,陈诚回鄂消息传来后人心渐稳。③

　　19日,日军全力西犯,中国守军节节后退,情势危急。蒋介石对陈诚到鄂西后不迅速挽回战局,以致"渔洋关方面毫无预备队,官兵战意之低落"有所不满。决令空军装备出动,同时抽调前方有限之部队出击。④ 21日,日军集中第数个师团以及部分伪军,沿宜昌至枝江一线发起第三期进攻,企图歼灭宜昌以西地区的中国守军。同时以一个独立混成旅在大堰墙一线掩护其主力之侧背。是时,日军"狼奔豕突,猛烈西犯"。正面守军第十集团军兵力薄弱,"几经转进,多失联络,情势甚危"。陈诚当即训令各总司令及军长一致奋发,勠力同心,共歼顽寇。同时根据蒋介石的指示,令第十

①《蒋介石日记》(手稿本),1943年5月14、15、16日。

② 陈诚著,林秋敏、叶惠芬、苏圣雄编辑校订:《陈诚先生日记》(一),1943年5月14、15日,第457页。

③ 陈诚:《陈诚回忆录——抗日战争》,第114页。

④《蒋介石日记》(手稿本),1943年5月20日。

集团军在清江南岸进行持久抵抗,告诫其嫡系部队——石牌要塞的江防军第十八军官兵须有誓死固守之准备与决心。[①] 由于中国守军凭借山岳地带的有利地形顽强抵抗,各路日军的协同进攻受到破坏。22 日,日军从宜都渡过长江,23 日推进到长阳附近,占领渔洋关及附近地区。在宜昌附近待机的日军也发起攻势,突破宜昌西面第六战区守军阵地,守军被迫退至长阳西北及清江北岸。

至此,最高统帅蒋介石始明白日军战略目的在于攻取石牌要塞,以确保其汉宜航路,决定调回在川、黔之准备远征各军,以确保长江上游。[②] 陈诚、孙连仲亦以石牌要塞为江防唯一门户,电令江防军第十八军誓死固守。[③] 24 日,宜昌西岸两个师团的日军主力亦开始向石牌外围及要塞攻击。陈诚判断,日军企图一面由正面强攻石牌要塞,一面向江防军右翼包围攻击,以一举击破江防军部队,占领石牌,以继续西犯。当时,日军使用于清江两岸及攻击石牌要塞之部队多达 6 万余人,石牌江防军仅 6 个师,而第十集团军则有待收容整理,无法与日军决战。陈诚遂决定按照 1940 年预定的待敌深入至山岳地带后再行截断其归路而求歼灭之腹案,同时综合蒋介石的指示拟定战区作战指导方略。[④] 25 日,日军在飞机的掩护下,各路并进,连日向江防军阵地猛攻。26 日至 27 日,江防军正面激战进入白热化阶段:"敌每一寸土之展进,必须付与同等

①《电呈委员长蒋(蒋中正)报告回施后指挥鄂西会战经过》(1943 年 6 月 18 日),台北:"国史馆"藏,陈诚"副总统"文物,008/010101/00002/045。

②《蒋介石日记》(手稿本),1943 年 5 月 22 日。

③《陈诚孙连仲等电蒋中正以石牌要塞为江防唯一门户特电饬十八军誓死固守兹据方天电称全军官兵益为振奋矢遵旨意全力以赴》(1943 年 5 月 28 日),台北:"国史馆"藏,蒋中正"总统"文物,002/090200/00081/293。

④《电呈委员长蒋(蒋中正)报告回施后指挥鄂西会战经过》(1943 年 6 月 18 日),台北:"国史馆"藏,陈诚"副总统"文物,008/010101/00002/045。

血肉之代价"[1]。到 28 日晚,正面进攻之日军,经中国军队的猛烈还击,攻势顿挫。次日,第十集团军从五峰、资丘侧击日军,截断其与后方的联络线,使日军陷于包围之中。

是时,国民政府为拱卫陪都,指示第六战区"以各一部守备常德、津澧间各要点及江北现阵地,以主力守备三峡及其南北既设阵地,依正面韧强抵抗,及节节侧击尾击,击灭进犯之敌于资邱、石牌之线以东山地。如敌极优势,应死守石牌、庙河两要塞及庙河南北各要点,以待增援。江防军应沿三峡要塞线纵长配备,并指定部队分任各要塞之守备,对石牌、庙河两要塞,特须以充分兵力死守。同时拟将军委会直辖之第三十、九十三、五十三、八军加入第六战区作战序列"。[2]

蒋介石一度指示陈诚石牌要塞须坚守 10 天,希望以石牌造成中国的斯大林格勒。如无命令撤退,即实行连坐法。[3] 在连日激战,逐次抵抗,迟滞敌军的情况下,第六战区在军事委员会的指导下,决定固守石派要塞,暂不决战,待后方增援部队集中后,在清江两岸对向江防军进攻之日军南北夹击歼灭之。预定决战时间为 5 月底 6 月初,决战线为资丘、木桥溪、曹家畈、石牌一线,据此调整作战部署。[4] 29 日,日军攻势达到顶峰,石牌要塞日军攻势甚烈,江防军总司令吴奇伟一度请求变换阵地。陈诚在审慎考虑后,决

---

[1] 《鄂西会战经过概要》,秦孝仪主编:《中华民国重要史料初编——对日抗战时期》第二编,"作战经过"(二),台北:中国国民党中央委员会党史委员会 1981 年版,第603 页。

[2] 《军令部拟〈拱卫陪都作战计划〉稿》(1943 年 5 月 26 日),中国第二历史档案馆编:《国民政府抗战时期军事档案选辑》上,第 368—371 页。

[3] 陈诚:《陈诚回忆录——抗日战争》,第 116 页。

[4] 《电呈委员长蒋(蒋中正)报告回施后指挥鄂西会战经过》(1943 年 6 月 18 日),台北:"国史馆"藏,陈诚"副总统"文物,008/010101/00002/045;《蒋介石日记》(手稿本),1940 年 5 月 28 日。

心贯彻原定作战计划,令江防军竭力死守阵地。同时,为减轻江防军正面的压力,命令各部提前准备反攻。[①]

至 30 日,经中国军队的阻击,日军攻势顿挫,再加上中国空军和美国第十四航空队的频繁空袭,日军不仅增援困难,而且弹药、粮食的补充也日趋困难。此外,第八十七军已攻克渔洋关,切断了日军的后方联络线,日军开始全线动摇,而中方援军陆续兼程赶到。据此,陈诚决定下达全线出击令:第十集团军三个军沿汉阳河及清江河两岸,向枝江、宜都截击,江防军就现态势反击正面之敌,第七十四军及周喦、冯治安两个集团军,亦悉力反攻。并确定追击开始时间为 6 月 1 日拂晓。[②] 第六战区的部队在中美空军的支援下,展开全面反攻。日军全线动摇,遂成溃退形势。6 月 3 日,中国江防军正面进展顺利,已经恢复了战前的态势。[③] 6 月中旬,南岸各地除华容、石首外,均已次第克复,鄂西会战暂告段落。[④]

历时月余的鄂西会战,日军虽暂时打通了长江航路,但其歼灭中国第六战区野战军主力的企图未能达成。第六战区在日军进攻中虽有所挫折,但充分依托要塞工事和长江天险,基本实现了逐次防御、消耗日军之后再转入全面反击的预定作战方案。尤其在 5

---

① 陈诚:《陈诚回忆录——抗日战争》,第 116 页。

②《电呈委员长蒋(蒋中正)报告回施后指挥鄂西会战经过》(1943 年 6 月 18 日),台北:“国史馆”藏,陈诚“副总统”文物,008/010101/00002/045;《徐永昌日记》第 7 册,1940 年 5 月 25 日,第 92—93 页。

③《鄂西会战经过概要》,秦孝仪主编:《中华民国重要史料初编——对日抗战时期》第二编,“作战经过”(二),第 603—604 页。

④《陈诚孙连仲电蒋中正日军增兵进犯四十四军各师撤至津澧宜当等处集结另进犯敖家嘴西斋之敌已被七十四军击溃残敌千余续向公安磨盘洲方向与各师伤亡战果》(1943 年 6 月 11 日),台北:“国史馆”藏,蒋中正“总统”文物,002/090106/00016/311;陈诚:《陈诚回忆录——抗日战争》,第 116 页。

月底、6 月上旬的全面反攻作战阶段,以有效的地面和空中协同进攻,打乱了日军的撤退部署,给日军造成了重大损失。

鄂西会战中,最引人注目的变化是中国空军的活跃。整个会战,尤其是 5 月 19 日以后,中国空军在美方第十四航空队的协助下,对汉口、荆门、沙市、宜昌等地的日军机场和前线部队进行了猛烈攻击,共计出动驱逐机 326 架次、轰炸机 80 架次,给日方航空力量予以严重打击,逐渐控制战场制空权。① 据日军战史记载,会战中日军伤亡人数的 11.21％是由中国空军造成的,这在以前的作战中是从未有过的现象,以至于日军惊呼:"空中优势出现了彼我易势的征兆"②,中日双方空中的优劣态势开始反转。

鄂西会战亦为中国赢得了良好的国际声誉。伦敦路透社远东观察家评论称:"日军最近在华所遭受显著而可耻之失败,乃中国于第六年对日作战期间一有意义之新页之开始。"③对于嫡系爱将在关键时刻取得的重要胜利,蒋介石自然极为欣慰。认为此次石牌战役得以转危为安,实为抗战六年中最重要之关键。④ 在鄂西战役检讨会议开幕典礼及国民政府成立 18 周年纪念大会上,蒋介石亲临会场,肯定鄂西会战之胜利是中国抗战以来一次决定的胜利,对全国人心的振奋、士气的提高、社会经济的稳定、国际观感的转变,尤其是在中国抗战最艰苦时期,对后方人心的安定有着极大之作用。⑤ 当时的《中央日报》发表社论评论称:

———————————

① 何应钦编著:《八年抗战之经过》,第 350 页。

② [日]防卫厅防卫研修所战史室『1942、1943 年的中国派遣军』,436 页。

③ 陈诚:《陈诚回忆录——抗日战争》,第 118 页。

④《蒋介石日记》(手稿本),1943 年 6 月 6 日。

⑤《鄂西会战后吾人应有的认识与努力——出席省会党政军扩大纪念周讲话》(1943 年 7 月 4 日),台北:"国史馆"藏,陈诚"副总统"文物,008/010102/00019/010。

抗战六年，不可讳言，人心已相当疲惫。在鄂西胜利的前夕，一般人因不悉真相，对前方军事，自怀忧虑……及鄂西捷报接连由前方传来，且战果丰硕，为近年所罕见，这在后方人心上，不啻下了一场透雨，爽快滋润，生意盎然。①

1943 年 10 月，蒋介石决定对鄂西会战中作战有功之将领陈诚等 56 人颁发勋章，陈诚亦因指挥有方，勋劳卓著，被授予青天白日勋章。②

鄂西会战后，以蒋介石为首的统帅部对第六战区寄予更大的期待：第六战区必须为全国反攻之起点，为各战区反攻的先驱。陈诚即针对蒋介石部署此项"特殊任务"，要求第六战区各将领必须在两三天内研究出方案，并要求各将领从整编、训练、作战、谍报等方面着手详细检讨研究，改进充实。③ 但是，鄂西会战后，陈诚返回云南指挥远征军，实际上离开第六战区职位。1944 年 12 月底，陈诚获准辞去第六战区司令长官职务，孙连仲升任战区司令长官，同时升任郭忏为副司令长官。④

必须指出的是，虽然鄂西会战中国军队取得大捷，但陈诚等高级将领在实际指挥中仍存在诸多缺陷。会战结束后不久，陈诚在对此次会战进行检讨批评时即坦诚披露称：

---

① 陈诚：《陈诚回忆录——抗日战争》，第 118 页。
② 《行政院院长蒋中正呈国民政府为请颁给鄂西会战有功人员陈诚等五十六员勋章》（1943 年 10 月 4 日），台北："国史馆"藏，国民政府档案，001/035100/00081/008。
③ 陈诚：《陈诚回忆录——抗日战争》，第 356—357 页；《对于鄂西会战检讨会议军事组讲评——出席检讨大会讲》（1943 年 7 月 5 日），台北："国史馆"藏，陈诚"副总统"文物，008/010102/00019/011。
④ 陈诚著，林秋敏、叶惠芬、苏圣雄编辑校订：《陈诚先生日记》（一），1944 年 1 月 5 日，第 485 页。

关于统御指挥方面,我军缺点颇多,全战区现有兵力十四个军,实有三十万人,除了三十军六六军没有参战,十八军七四军比较尚无多大过失外,其余各部队无论攻守,都未能做到掌握确实,指挥灵活的地步。也就是说并没有发挥三十万人的力量。可见对于统御指挥,从本人起以至于各军师长每一级指挥官,都还有认真的检讨和修养。①

## 第四节　卫立煌与滇西会战

1942 年夏,中国远征军第一次入缅作战失利之际,日军沿滇缅路跟踪追进,占领了腾冲、龙陵、松山、平夏、芒市、遮放、畹町等地。此后,利用有利地形,赶筑工事,并配置第五十六师团全部,第二、第三十三师团各一部分兵力把守,中日双方在滇西地区形成隔江对峙的局面。②

1943 年初,第二次世界大战进入转折关头,反攻缅甸成为对日作战的主题之一。为反攻缅甸,美方在中国战区参谋长史迪威的建议下,向国民政府提出在印度蓝姆伽和云南昆明分别组建代号为"X""Y"的中国驻印军和远征军。1943 年 3 月,中国远征军司令长官部在云南楚雄成立,陈诚任司令长官。经过半年的操持,云南远征军五个军编练和装备基本完成。同年 11 月,陈诚因病离开远征军后,由卫立煌继任代司令长官,黄琪翔任副司令长官,萧毅肃任参谋长。卫立煌接任后的任务是消灭滇西怒江以西的日军,打

---

① 《对于鄂西会战检讨会议军事组讲评——出席检讨大会讲》(1943 年 7 月 5 日),台北:"国史馆"藏,陈诚"副总统"文物,008/010102/00019/011。

② 张宪文主编:《抗日战争正面战场》,第 338 页。

通中印公路，由此掀起滇西会战的帷幕。

　　卫立煌，字俊如，安徽合肥人。卫立煌为行伍出身，孙中山南下护法后曾入选孙中山卫队，此后辗转在粤军许崇智部效命，逐渐升至团长、旅长等职。北伐前夕，随着所部粤军被蒋介石收编，卫立煌出任国民革命军第一军第三师第九团团长，此后逐渐因功晋升。抗战开始后率部进入山西，出任第二战区前敌总指挥。1939年1月出任第一战区司令长官兼河南省省主席。其间，卫立煌与中国共产党方面过往密切，逐渐被国民政府中央所疑。[①] 1942年初，卫立煌被调离第一战区，免去本兼各职。1942年春，国民政府组建远征军入缅作战时曾拟以卫立煌为司令，后因各种原因改由罗卓英出任。[②]

　　卫立煌到任后，迅即召开各主管部门负责人联席会议，部署以消灭滇西日军、打通对外通道为唯一的工作中心，并着手在离怒江70公里的保山县马王屯建立前进指挥部（后成为司令长官部）。另一方面，为保障工作的顺利进行，卫立煌积极与云南省主席龙云建立良好关系，保证远征军之粮秣供应，同时与美国中缅印战区司令官兼中国战区参谋长史迪威建立友好联系。[③] 至1944年初，卫立煌在长官部做了三件大事：（1）继续与龙云保持友谊，用实际行动说明他是来打日寇的，使几十万的军队有足够的粮秣。（2）取得美

① 1940年蒋介石从部属报告中获悉卫立煌自忻口战役以后，"即阅共党宣传，去春王明、刘公侠同在卫寓，卫以汽车召陈铁到寓，介绍其入共党，经陈劝暂缓参加而罢。卫谓共党力量雄厚，且有苏俄帮助，可以成功，并称日军将由襄樊而取汉中，若不与共党合作，将自取灭亡等语。"《蒋介石日记》（手稿本），1940年反省录。

② 中国社会科学院近代史研究所中华民国史研究室编：《中华民国资料丛稿》"人物传记"第21辑，北京：中华书局1986年版，第19—20页。

③ 中国社会科学院近代史研究所中华民国史研究室编：《中华民国资料丛稿》"人物传记"第21辑，第20页。

方充足的弹药武器。（3）调整部队，激励士气。3 月，卫立煌的注意力转向准备反攻方面。他穿梭来往于重庆、昆明、保山之间，为落实各项措施，使反攻方案完善可行，做了各种技术性和科学性的工作，对将要进攻的几条路线，每一条都事先做了选择和研究；和将要担任主攻任务的指挥官，根据敌情缜密地进行了商讨。①

当时，怒江对岸有 5 万多日军，在滇西各战略要点腾冲、松山、龙陵、芒市、遮放、畹町等处，都筑有半永久性工事。日军的主力是具有"丛林之王"称号的第五十六师团全部，以及不是整编的第二师团和第三十三师团。第十八师团虽在密支那及其西北地区，但可及时支援滇西。卫立煌要求各有关人员注意日军各部队的历史和特点，必须做到知己知彼，才能百战百胜。中国远征军下辖宋希濂第十一集团军和霍揆彰第二十集团军，其中第十一集团军辖王凌云第二军（下辖第九师、第三十三师、第七十六师）、黄杰第六军（下辖新编第三十九师、预备第二师）、钟彬第七十一军（下辖新编第二十八师、第八十七师、第八十八师）；第二十集团军辖周福成第五十三军（下辖第一一六师、第一三〇师）、方天第五十四军（下辖第三十六师、第一九八师）。此外，尚有作为总预备队的何绍周第八军（下辖荣誉第一师、第八十二师、第一〇三师）及第二〇〇师。②

1943 年 12 月，在中国驻印军发动缅北反攻之际，国民政府军事委员会军令部即拟定远征军反攻缅甸作战计划，其方针是：以恢复中印交通之目的，以远征军一部，攻略滚弄敌桥头堡，并固守车里、佛海现阵地，掩护左侧；以主力强行渡过怒江，重点指向龙陵，

---

① 赵荣声：《回忆卫立煌先生》，第 288—291 页。

②《滇西反攻作战中国远征军指挥系统》（1944.5—1944.11），余戈：《1944 松山战役笔记》，北京：三联书店 2009 年版，第 52—53 页。

攻略腾冲、龙陵一带敌阵地,进出蛮允、畹町之线。整顿态势,再与驻印军会师八莫,攻略腊戍。该计划预定于 1944 年 3 月上旬开始进攻,但此后因各种准备未达到理想程度而未付诸实施。①

1944 年 3 月,美国方面以缅北方面对日作战接连告捷,希望国民政府速令滇西的中国远征军推进至腾冲或龙陵,牵制日军,以配合驻印军向密支那推进,被国民政府方面婉拒。② 4 月初,美国总统罗斯福再次以日军在伊姆法尔地区之攻击,"其始即在攻击可能输华物资之路线,如此次进攻日军得能完成其目的,则日军即可集中供给与消灭列多之部队与转而从容攻击阁下之远征军","然萨尔温江前线则仍无动静,其结果乃使日军得能转用五十六师团,以抵御史迪威之攻入猛拱流域与长距离渗透部队于北缅之威胁",催促蒋介石速令滇西远征军攻占领腾冲、龙陵。③

4 月中旬,为配合驻印军反攻密支那,肃清滇西之敌及打通中印公路,国民政府综合卫立煌的报告,拟具远征军策应驻印军作战指导方案,调整中国远征军的部署和战斗序列,以第二十集团军为攻击集团,第十一集团军为防守集团,着手对怒江以西日军实施反攻,各部队作战准备限于 4 月底前完成,待命开始攻击。④ 卫立煌立即据此拟定具体渡江作战计划:

(1)远征军为策应驻印军攻击密支那,打通中印公路,以

---

① 蒋纬国总编著:《国民革命军战史》第三部"抗日御侮"(第九卷),第 170 页。

②《贺安转罗斯福请中国远征军出击与蒋介石往来电》(1944 年 3 月),中国第二历史档案馆编:《中华民国史档案资料汇编》第五辑第二编,"军事"(四),第 408—410 页。

③《罗斯福电蒋中正请令滇西远征军迅即占领腾冲龙陵》(1944 年 4 月 4 日),台北:"国史馆"藏,蒋中正"总统"文物,002/020300/00018/032。

④《徐永昌拟远征军策应驻印军作战指导方案呈稿(1944 年 4 月 20 日)》,中国第二历史档案馆编:《中华民国史档案资料汇编》第五辑第二编,"军事"(四),第 411—413 页。

第二十军为攻击军，由栗柴坝、双虹桥渡江，以腾冲为攻击目标。

（2）第二十一军为防守军，负责怒江左岸防守之责。另以该集团军之新编第三十九师、第八十八师、第七十六师、新编第三十三师备派加强团渡江攻击，策应第二十集团军之作战。

（3）攻击准备限 4 月底以前完成，攻击开始时间，另命之。①

蒋介石对远征军的反攻极为重视。4 月 25 日，蒋介石再次叮嘱远征军司令长官卫立煌等人："此次渡江出击之胜负，不仅关乎我国军之荣辱，且为我国抗战全局成败之所系，务希各级将领，竭智尽忠，达成使命。"②

5 月 10 日，卫立煌电令各集团军总司令及渡江指挥人员，迅速按计划准备攻击。11 日，卫立煌下令远征军开始强渡怒江，揭开滇西远征军反攻的序幕。渡河各攻击部队奏效后，国民政府军委会鉴于中国驻印军已开始攻击密支那，判断日军难于短期内增援滇西，决定远征军以主力渡河，迅速攻占领腾冲、龙陵、芒市，扩张战果，与驻印军会师缅北，打通中印陆地交通线。③ 据此，卫立煌指挥的远征军司令长官部于 5 月 20 日调整作战部署，令担任防守的第十一集团军也全部渡江，参加攻击。以第二十集团军为右集团军，攻击腾冲；以第十一集团军为左集团军，攻击龙陵、芒市。

---

① 李洪文：《卫立煌全传》，北京：团结出版社 2019 年版，第 182 页。

②《蒋委员长致远征军司令长官卫立煌参谋长萧毅肃指示渡江出击任务等电》（1944 年 4 月 25 日），秦孝仪主编：《中华民国重要史料初编——对日抗战时期》第二编，"作战经过"（三），第 472 页。

③《徐永昌提议远征军扩大战果呈》（1944 年 5 月 20 日），中国第二历史档案馆编：《中华民国史档案资料汇编》第五辑第二编，"军事"（四），第 416—417 页。

6月初,渡江后的第二十集团军乘胜追击,全力攻击腾冲北部据点北斋公房。6月14日,攻占北斋公房。接着,卫立煌下令第二十集团军乘日军主力由腾冲转向龙陵之际迅速南下,向腾冲日军攻击,第十一集团军立即集结主力,击破当面日军的攻势。[①] 21日,第二十集团军攻下南斋公房,准备围攻腾冲。28日,第五十四军以迅雷不及掩耳之势,攻占南北宝凤山。7月3日,第五十三、第五十四军攻占茧凤山。至此,第二十集团军"打破腾城屏障,三面迫近城郊"。此时日军一部仓皇南窜,其主力编成一个混成联队,死守来凤山及腾冲城。[②]

日本第三十三师团不甘心于在滇西的受挫,7月上旬,该师团拟定新的作战计划。其作战方针为:"将主力集结于芒市周围,在龙陵方面击灭云南远征军主力之后,前出到怒江一线,在救援腊勐、腾越(今腾冲)守备队的同时,切断印中联络路线。"由于这次作战目标是要切断驻印军和远征军作战部队的地面联络,又被称为"断作战"。[③]

7月26日,第二十集团军主力"在我空军掩护之下,以优势之兵力,向敌最后唯一之屏障来凤山四个堡垒群同时猛攻",当晚攻占来凤山。27日晨又"将城东、南两城门外繁华市区之敌全部肃清"。尽管第二十集团军已将腾冲"四面包围"。但"该城之墙概为坚石砌成,高而且厚,兼有大盈江及饮马水河环绕东西北面,形

---

① 《卫立煌报告滇西作战部署密电》(1944年6月22日),中国第二历史档案馆编:《国民政府抗战时期军事档案选辑》下,第1089—1090页。

② 《第二十集团军腾冲战役战斗经过》(1944年9月),中国第二历史档案馆编:《抗日战争正面战场》中,第1531—1532页。

③ 日本防卫厅防卫研究所战史室著,天津市政协编译委员会译:《中华民国史资料丛稿》(译稿),"缅甸作战"(下),北京:中华书局1987年版,第125页。

势天然,有险可凭,况城墙上端堡垒环列,其距离不过十公尺,而城之四角更有坚固堡垒侧防,欲求接近,良非易事",①给中国军队攻城带来极大难度。经过近一个月的围困,攻击部队只得以空军对腾冲城实施猛烈轰炸,炸出缺口,各部队得以趁势登城。8月20日,攻击部队"始将东、南、西三面城墙上之敌大部肃清",21日晨向城内日军发起攻击,激战至9月14日,将困守腾冲城之日军全部歼灭。②

　　负责攻击龙陵、芒市的第十一集团军主力在5月底强渡怒江后,向攀枝花、毕寨渡、火石地、葛蒲厂及平戛各地区集结,以重点置于右翼,向指定目标包围攻击。其中,第七十一军负责右翼攻龙陵,第二军负责左翼攻芒市。③

　　6月3日,第十一集团渡江完毕,4日开始攻击。左翼方面第二军以一团攻击平戛,其余向象达、芒市推进。6月22日克复象达,8月上旬攻克放马桥,遮断龙陵、芒市之间公路。④ 而右翼军由惠通桥向龙陵攻击,必须经过战略要地腊勐。日军在这里构筑了以松山和滚龙坡互为犄角的两大据点。因日军退入既设坚固阵地,凭险据守,第七十一军对松山高地发起数次进攻均不能克复,

---

①《第二十集团军腾冲战役战斗经过》(1944年9月),中国第二历史档案馆编:《抗日战争正面战场》中,第1532页。

②《第二十集团军腾冲战役战斗经过》(1944年9月),中国第二历史档案馆编:《抗日战争正面战场》中,第1533页。

③ 宋希濂著,知之整理:《第十一集团军滇西龙芒地区作战经过报告》,中国社会科学院近代史研究所《近代史资料》编辑部编:《近代史资料》总第131号,北京:中国社会科学出版社2015年版,第244—246页。

④《中国远征军反攻缅北战斗概况》(1945年10月21日),中国第二历史档案馆编:《抗日战争正面战场》中,第1555页。

且死伤过大。①

　　松山在腾冲与龙陵之间,日军占据于此,既可将远征军右集团军与左集团军分隔开来;又可成为由芒市方面来的日军的内应,使远征军左集团军侧面受到威胁,其战略意义极大。6 月底,卫立煌根据宋希濂的建议,调整作战部署,重点攻击松山,决定将第八军渡江加入松山的攻击,第七十一军则以主力负责龙陵方面的进攻。② 7 月 12 日,第八军另定战法,实施近迫作业:"先以炮击迫敌于堡垒部内,步兵乃乘射击之瞬间一举跃入敌壕,而以手榴弹、冲锋枪、机枪、火焰放射器消灭敌于掩蔽部",于 14 日将滚龙坡日军肃清。但对松山日军的攻击却毫无进展。"作战两月,兵力由一个团迭次增至六个团,伤亡重大。"③从 9 月 1 日起,该军工兵营在松山顶峰向日军阵地垂直挖掘地道,构成两个炸药室,9 月 8 日,第八军将松山整个山顶炸翻,在山内工事困守的日军全军覆没。而中国军队血战百余日,伤亡官兵亦达 6 000 余人。④ 松山战役的胜利,彻底粉碎日军"断作战"的计划,远征军初步赢得战局的主动权。

　　龙陵方面,第七十一军主力第八十七师和第八十八师于 6 月 10 日攻克龙陵城郊大部分,但未能"将敌防御核心迅速扫荡"。14 日以后,日军陆续增援反扑。16 日,第七十一军被迫退居龙陵东北

①《何绍周致何应钦密电》(1944 年 9 月 10 日),中国第二历史档案馆编:《抗日战争正面战场》中,第 1534—1535 页。

②《卫立煌致蒋介石密电》(1944 年 6—7 月),中国第二历史档案馆编:《抗日战争正面战场》中,第 1533—1534 页。

③《何绍周致何应钦密电》(1944 年 9 月 10 日),中国第二历史档案馆编:《抗日战争正面战场》中,第 1535 页。

④ 日本防卫厅防卫研究所战史室著,天津市政协编译委员会译:《中华民国史资料丛稿》(译稿),"缅甸作战"(下),北京:中华书局 1987 年版,第 163—164 页。

郊与敌对峙,是日,日军突破第八十七师阵地,冲入龙陵。"各官兵目睹功败垂成,各个虚声叹气。"宋希濂鉴于"腾敌主力已南移龙陵……企图向我七十一军先行击破。为谋整顿态势,事先站稳脚步,即令七十一军除以一部固守现有阵地外,主力暂转移镇安街以西垒田坝、赵家寨、五四五〇高地及红木树之线"。① 此后,日军不断增援龙陵,日军倚仗大量的物资和坚固工事,负隅顽抗,滇西战场因龙陵难于夺取而陷入胶着状态。

蒋介石接获第七十一军败退的消息,十分气愤,立即饬令卫立煌"查明放弃龙陵系何人所下命令"。对此,宋希濂向卫立煌解释称:"龙陵收复,本已指顾可期,惟敌工事坚固,决非步兵兵器所能摧毁,乃因连日天雨,飞机既未能输送弹药,又不能协力轰炸。兵站输力薄弱,亦不能及时迫送粮弹,以致迁延数日……激战两日,我以伤亡甚大,铣日黄昏被敌突破阵地左翼,冲入龙陵。"②

20日以后,日军在龙陵的兵力不断得到加强。22日,蒋介石敦促卫立煌、宋希濂等人速谋克复腾冲、龙陵:"此次渡河攻击,在盟军热心协力之下,以优势之兵力进攻劣势之敌,不特进展迟缓,且龙陵竟因少数敌之反攻得而复失,实有损国军荣誉。现我驻印军节节进展,缅北之敌行将就歼,该长官等宜督率所部积极进攻,排除困难,迅□□□□复腾冲、龙陵。"③同日,卫立煌命令第十一集

---

① 《宋希濂卫立煌关于龙陵得而复失情形与蒋介石往来密电》(1944年6月),中国第二历史档案馆编:《中华民国史档案资料汇编》第五辑第二编,"军事"(四),第418—419页。

② 《卫立煌致何应钦抄电》(1944年6月17日),中国第二历史档案馆编:《抗日战争正面战场》中,第1536—1537页。

③ 《蒋介石复电》(1944年6月22日),中国第二历史档案馆编:《中华民国史档案资料汇编》第五辑第二编,"军事"(四),第419页。

团军"应立即集结主力，击破当面敌之攻势，至少亦须于黄草坝以西地区利用地形，站稳脚跟，拒止当面之敌，非有命令不得向东移动"。同时命令第二十集团军乘日军主力转向龙陵之际，迅速攻占腾冲。① 而且，卫立煌将荣誉第一师主力调往龙陵，加入第八十八师方面的战斗，第六军新三十九师也奉命调往龙陵以南张金坡、南天门防守，阻击从芒市向北增援的日军。此外，卫立煌以"十一集团军方面，现受敌反扑，该集团一再支持，在此情况下，亟须增强兵力，以保既得战果，尤便作攻略腾、龙之积极准备，故第二线兵团之第八军全部似应集中力量以赴有利战机"，电请蒋介石允许将该军留驻祥云之一○三师车运保山参战，获蒋介石批准。②

　　在得到增援后，钟彬率第七十一军在腾龙桥、达摩山、黄花坝、镇安街一线阻击日军向松山的增援。6 月 28 日，日军由龙陵向东进击，猛攻第八十七师阵地。③ 7 月 7 日，第七十一军将原有阵地恢复，此后，继续进迫龙陵市郊。8 月上旬，远征军变更攻击部署，锐意准备攻击。在战斗机、轰炸机的联合支援下，激战至 20 日，第十一集团军将龙陵外围据点全部占领。

　　为挽回局势，日军于 8 月 26 日决定派第二师团主力从南坎出发，利用三天的夜行军，"跃进到芒市附近"，参与"断作战"，以救援龙陵、腾冲一线的日军。30 日，第三十三师团下达作战命令："迅速击破龙陵周围之敌，前出到怒江线，首先救出拉孟守备队，继而营

---

① 《卫立煌致蒋介石密电》(1944 年 6 月 22 日)，中国第二历史档案馆编：《抗日战争正面战场》中，第 1537 页。

② 《卫立煌为远征军伤亡惨重迭请增援与蒋介石往来密电》(1944 年 6—10 月)，中国第二历史档案馆编：《中华民国史档案资料汇编》第五辑第二编，"军事"(四)，第 420 页。

③ 《卫立煌致蒋介石密电》(1944 年 6 月 27—29 日)，中国第二历史档案馆编：《抗日战争正面战场》中，第 1538 页。

救腾越、平戛守备队。"①

中国方面，蒋介石于 8 月 23 日下令将第二〇〇师从昆明调往保山，归远征军指挥，迂回攻击日军龙陵、芒市间交通线。② 此外，卫立煌又以龙陵情况紧急，将第二十集团军第三十六师划归第十一集团军指挥，令该师立刻渡过龙川江，夹击向龙陵北犯之敌。③ 9 月 7 日，卫立煌又以日军大量向芒市、龙陵增援，判断龙、芒地区将有大战，"惟自我军以四月以来之攻坚作战，伤亡特大，各战斗力均已失去十分之七、八。本日已攻下松山，最短时日亦可攻克腾冲，但第八军及廿集团军均已无力再战"，为确保既得战果，击破增援之敌，请求蒋介石迅将第五军军部及第九十六师迅速开赴滇西参战。④ 至 9 月中旬，中日军队在龙陵外围阵地展开激战，均伤亡惨重。日军鉴于反攻未遂，且松山、腾冲已相继被中国远征军攻克，决定停止作战，乃留一部固守龙陵市区，主力窜回芒市。⑤

10 月 13 日，蒋介石指示卫立煌："龙、芒残敌势已疲困，且无后续增援，希即就该战区现有兵力，迅速调整部署，积极发动攻势，以

---

① 《云南战线的危机及第 33 军的攻势准备》《第 33 军下达开始攻势的命令》，日本防卫厅防卫研究所战史室著，天津市政协编译委员会译：《中华民国史资料丛稿》（译稿），"缅甸作战"（下），第 128—130 页。

② 《蒋介石致杜聿明密电稿》（1944 年 8 月 23 日），中国第二历史档案馆编：《抗日战争正面战场》中，第 1539 页。

③ 《霍揆章与蒋介石往来电》（1944 年 9 月），中国第二历史档案馆编：《抗日战争正面战场》中，第 1539—1540 页。

④ 《卫立煌密电》（1944 年 9 月 7 日），中国第二历史档案馆编：《中华民国史档案资料汇编》第五辑第二编，"军事"（四），第 421 页。

⑤ 宋希濂著，知之整理：《第十一集团军滇西龙芒地区作战经过报告》，中国社会科学院近代史研究所《近代史资料》编辑部编：《近代史资料》总第 131 号，第 254—255 页。

期一举克复龙、芒后,转取守势,确实掩护中印公路之修筑为要。"①
29 日,卫立煌在经充分准备后,下令远征军再次对龙陵发起攻击。
经五日激战,将龙芒公路截断,并逐次攻略龙陵城区外围据点。11
月 3 日,第十一集团军完全克复龙陵,日军残敌突围后向芒市
逃窜。②

　　第十一集团军第二军自 8 月上旬起即对芒市发起攻击,日军
凭据坚固工事据守,加之日军第二师团于 8 月底抵达芒市,攻势不
得不停顿。收复龙陵后,在第七十一军和第六军的支援下,远征军
复于 11 月 19 日凌晨向芒市发起围击,20 日,"芒市境内余敌悉被
我肃清,芒市完全克复"。③ 远征军攻克龙陵、芒市后,集中主力继
续向遮放追击前进,并于 12 月 1 日攻克遮放。④

　　日军在一系列的失败后退守中缅边境最后的据点畹町,企图
凭借回龙山与远征军作最后的抵抗,远征军亦于 12 月上旬在龙
陵、芒市一带进行休整。另一方面,蒋介石迭次催促卫立煌积极向
畹町推进,限于 12 月 21 日前攻占畹町。⑤ 对此,卫立煌表示现时
进攻畹町存在困难。首先,远征军各部在经过数次战役之后缺额
甚大,尤其缺少下级干部。而畹町之日军为数不少,且地形险峻、

---

① 《蒋介石密电稿》(1944 年 10 月 13 日),中国第二历史档案馆编:《中华民国史档案资
　料汇编》第五辑第二编,"军事"(四),第 421 页。
② 《卫立煌报告我军克复龙陵密电》(1944 年 11 月 3 日),中国第二历史档案馆编:《中华
　民国史档案资料汇编》第五辑第二编,"军事"(四),第 429 页。
③ 《宋希濂等致蒋介石密电》(1944 年 11 月 20 日),中国第二历史档案馆编:《抗日战争
　正面战场》(中),第 1543 页。
④ 《宋希濂等致何应钦密电》(1944 年 12 月 2 日),中国第二历史档案馆编:《抗日战争正
　面战场》中,第 1545 页。
⑤ 《蒋介石饬远征军从速推进与何应钦卫立煌往来密电》(1944 年 11 月—12 月),中国
　第二历史档案馆编:《中华民国史档案资料汇编》第五辑第二编,"军事"(四),第
　430—432 页。

工事坚强。"就本军现有兵力,发动大规模攻势,实胜算难操。"其次,弹药、汽油、交通、通讯器材等后勤物资的筹备运输尚需时日,无法及时完成。第三,本军胜利与否关系抗战至巨。"事实所在,不敢出以轻率从事,贻钧座南顾之忧。"与此同时,卫立煌请求蒋介石饬令兵役部"在最短期内设法空运补充兵六万名,并予以训练时期",借以完成一切作战准备,一并收复畹町。① 但是,鉴于驻印军方面此时已攻克八莫,进迫南坎,蒋介石再三催促卫立煌从速进攻畹町,以期与驻印军早日会师。②

12月下旬,卫立煌根据蒋介石的指令,陆续部署远征军各部向南推进。③ 25日,第十一集团军下达进攻畹町作战部署。④ 28日,远征军开始对畹町发动进攻,"敌惟步步凭坚固守顽抗"。1945年1月19日,陷入三面包围的畹町日军弃城突围,20日,远征军克复畹町。⑤ 与此同时,反攻缅北的中国驻印军沿南(坎)畹(町)公路向东北进击,于27日攻占芒友,同反攻滇西的中国远征军胜利会师。至此,"全国上下所深切期望之国际路线,始告打通",中印公路至

① 《卫立煌复蒋介石密电》(1944年12月15日),中国第二历史档案馆编:《抗日战争正面战场》中,第1546页。

② 《蒋介石致卫立煌密电稿》(1944年12月19日)、《蒋介石致何应钦、卫立煌密电稿》(1944年12月21日),中国第二历史档案馆编:《抗日战争正面战场》中,第1546、1547页。

③ 《卫立煌致蒋介石密电》(1944年12月23—27日),中国第二历史档案馆编:《抗日战争正面战场》中,第1547页。

④ 《中国远征军第十一集团军进攻畹町作战命令》(1944年12月25日),中国第二历史档案馆编:《国民政府抗战时期军事档案选辑》下,第1246页。

⑤ 《卫立煌等报告远征军、驻印军会师中印公路通车等情密电》(1945年1月),中国第二历史档案馆编:《国民政府抗战时期军事档案选辑》下,第1264—1265页。

此贯通。①

　　1 月 28 日,中美两军暨驻印军和远征军在芒友举行盛大会师典礼,陆军总司令何应钦、中国远征军代司令长官卫立煌、中国驻印军总指挥索尔登、新一军军长孙立人等参加典礼。卫立煌致辞说:"今天的会师,是会师东京的先声……滇缅战场中美的合作是值得我们永远记忆的。同盟国不但在战时要合作,在战后更要合作来共建世界的和平。"②

　　滇西会战歼灭并消耗了日军的重要力量,配合了盟军反法西斯战场的作战。经过远征军半年多的艰苦作战,盘踞在滇西和中缅边境两年之久的日军被击败,彻底打通了中印公路。卫立煌亦因此次战役声震中外,被国民政府授予青天白日最高勋章。③ 国民政府军事委员会发表战讯称:"自 1943 年 10 月底以来,我缅北滇西部队抱攻击决心及勇敢精神,先后发动攻势,转战迄今,共死伤79 154 人,除毙敌 48 858 人及大量虏获品外,打通封锁数年之中印交通,扫清滇缅敌寇,歼灭精锐师团,如第十八、第五十六两个师团全被歼灭,第五十三、第二、第四十七等师团及第二十四混成旅团被击溃。此皆我滇西及驻印军健儿之丰功伟烈。"④

---

① 《孙立人报告所部攻取南坎作战经过密电》(1944 年 12 月—1945 年 1 月),中国第二历史档案馆编:《中华民国史档案资料汇编》第五辑第二编,"军事"(四),第 439 页。

② 何铁华、孙克刚:《印缅远征画史》,上海时代书局 1946 年版,第 111 页。

③ 中国社会科学院近代史研究所中华民国史研究室编:《中华民国史资料丛稿》"人物传记"第 21 辑,第 20 页。

④ 中国社会科学院近代史研究所中华民国史研究室编:《中华民国史资料丛稿》"大事记"第 31 辑,北京:中华书局 1990 年版,第 17 页。

## 第五节　何应钦与湘西会战

　　湘西会战,亦称"湘西战役""芷江战役",是中国军队装备美国军械后第一次同日军的正面大交锋。此次会战,日军在整体战略形势不利的情况下,以冒险的进攻开始,遭到中国军队的沉重打击,以狼狈的溃逃告终。中国军队参与作战的第四和第三方面军在会战中根据既定部署,凭借整体优势,基本实现了预定的作战计划。尤其是负责指挥此次会战的陆军总司令何应钦于会战初期,"即明示以攻为守之原则,迨攻势转移及追击时,亦均适时适切,明确指示以方针,遂能把握战机,以勇敢果断之行动,击灭敌人"。[①]

　　1945年初,尽管日军通过"一号作战"打通了粤汉铁路线,但中美空军仍牢牢掌握制空权,从鄂西北老河口和湘西芷江两个机场起飞的机群不断对平汉线、长江下游等重要交通线进行轰炸,严重威胁日军的后勤供应与后方安全。为此,日军中国派遣军总司令官冈村宁次于1945年1月29日下达有关老河口、芷江作战的命令,分令华北方面军迅速占领老河口,第六方面军则尽速占领芷江,摧毁当地的机场,破坏中美空军力量。[②]

　　日军负责芷江方面作战的部队主要为第六方面军所属之第二十军,该军下辖四个师团,司令官为坂西一良。其作战计划是从新化、新宁和宝庆(即邵阳)三方面同时发起进攻,分别西进。主力由宝庆—洞口—安江(即黔阳)沿线以北地区进攻,以期将中国军队

---

①《第四方面军湘西会战作战检讨》,中国第二历史档案馆编:《抗日战争正面战场》中,
　　第1413—1414页。
② 军事科学院军事历史研究部:《中国抗日战争史》下,第394页。

包围在洞口、武冈地区,或是在沅江以东地区捕捉围歼,随即占领并摧毁芷江机场。① 自3月下半月开始,湖南日军第七十四、第六十四、第六十八、第一一六、第四十七、第四十等师团"为攻占芷江及破坏我一切反攻准备,巩固其湘桂、粤汉路之交通",先后分别集结。至4月初旬,日军准备兵力已达8万余人,企图分进合击,一举进出安江、洪江,包围歼灭湘西中国野战军主力,占领东南要地芷江。②

　　中国方面,豫湘桂会战后,国民政府为联系盟军,对敌转移攻势,于1944年冬在昆明设立中国陆军总司令部,由军委会参谋总长何应钦兼任总司令,负责西南各战区部队的统一指挥和整训,并充实部队的美械装备,尤其是加强炮兵火力,以完成反攻之准备。③1944年12月13日,蒋介石下令长江以南的国民政府军队,"除去重庆之本会总预备队(第十四军、第七十五军及第七十六军)及第三、六、七、九各战区之部队外",均归陆军总司令部指挥。其任务为"与敌军保持接触,并拒止敌由湘桂路各地及越南向昆明及重庆两处之攻击。"④

　　稍后,为适应此后的攻势作战,何应钦将陆军总司令部所辖的部队改编为四个方面军及昆明防守司令部,分别以卢汉、张发奎、

---

① 张宪文主编:《抗日战争正面战场》,第446页。

② 《湘西会战前敌我形势概要》(1945年4月8日止),中国第二历史档案馆编:《抗日战争正面战场》中,第1373页。

③ 《蒋介石日记》(手稿本),1944年9月2日、10月31日"本月反省录"、11月16日;《蒋介石为整军颁告中国陆军总司令部所辖各将领书手令》(1945年2月2日),《军令部拟〈中国陆军作战计划大纲〉》(1945年2月12日),中国第二历史档案馆编:《中华民国史档案资料汇编》第五辑第二编,"军事"(一),第724—727、728—730页。

④ 《蒋介石颁陆军总司令所部作战指导要领命令》(1944年12月13日),中国第二历史档案馆编:《中华民国史档案资料汇编》第五辑第二编,"军事"(一),第719—722页。

汤恩伯、王耀武为方面军司令，以杜聿明为昆明防守司令。此外，陆军总司令部尚辖有卫立煌的远征军及杜聿明、李玉堂等部。① 其中，王耀武统率的第四方面军为国民政府的精锐部队。该方面军系 1945 年 3 月由第二十四集团军改编而成，此后即在湘西一线休整补充，其中第十八、第七十三、第七十四等军全部换上了美式装备，第一〇〇军的美式装备率也达 1/3 以上。"迄三十四年四月初旬，方面军之一部，守备广西资源经湖南新宁及邵阳、湘乡、宁乡各西郊至益阳亘洞庭湖北岸，广达千一百余里正面之阵地，主力分别控置于武冈、洞口、新化、桃源各附近筑工整补。"②

日军的大规模调动，使第四方面军判明其目的在于"攻占芷江及破坏我一切反攻准备，巩固其湘桂、粤汉路之交通"。③ 实际上，在 3 月份，何应钦负责的陆军总司令部方面也判断粤汉、湘桂两路之敌，有抽集三个师团以上兵力，分路会犯芷江要地，以排除其大陆交通线及空中威胁之企图。并确定了初步作战方针："陆军总部及第六战区以策应确保芷江要地之目的，各准备有力兵力，适时进出宝榆公路、桂穗公路及常、桃方面，协同王耀武集团击破进犯之敌，并拟于 3 月下旬完成作战准备，并于贵州镇远预设指挥所。"④

4 月初，蒋介石根据日军的调动，指示何应钦："一、湘、粤、桂敌似有抽集约三至五个师团兵力，向芷江及常（德）、桃（源）进犯之

---

① 《国民党陆军兵力统计战斗序列附驻地表》(1945 年 4 月 1 日)，中国第二历史档案馆编：《中华民国史档案资料汇编》第五辑第二编，"军事"（一），第 782—784 页。

② 《湘西会战前敌我形势概要》(1945 年 4 月 8 日止)，中国第二历史档案馆编：《抗日战争正面战场》中，第 1373—1374 页。

③ 《湘西会战前敌我形势概要》(1945 年 4 月 8 日止)，中国第二历史档案馆编：《抗日战争正面战场》中，第 1373 页。

④ 《陆军总部及第六战区策应王耀武集团保卫芷江作战指导方案》(1945 年 3 月)，中国第二历史档案馆编：《抗日战争正面战场》中，第 1374—1375 页。

企图。二、以确保芷江机场，并利尔后反攻为目的，以第四方面军所属部队为主，务于洪江、溆浦以东地区，选定主阵地，与敌作战。三、第六战区及第三方面军，应以有力部队策应湘西方面作战。四、各部队应从速完成作战准备。"①据此，何应钦为策应王耀武第四方面军在湘西的作战，即对陆军总司令部有关各战区及方面军下达作战指示，将暂编第六师改归王耀武第四方面军指挥，担任芷江机场守备，即速完成一切作战准备，待命向芷江附近推进；第三方面军即增强黔桂路、桂穗路之防务，并作策应第四方面军作战之准备；第六战区策应军即与王耀武方面军密切联系，并迅速完成应准备，以主力适时推进至常德、桃源以北地区，协力第四方面军之作战。②

稍后，何应钦又根据蒋介石指示，对所部的协同作战要领进行调整：(1) 第四方面军应以主力于武冈、新化附近之线，与敌决战。(2) 第三方面军应以一个军(第九十四军)，先集结通道、靖县地区，准备向武冈以东进击，参加第四方面军之决战。(3) 第六战区第十集团军王敬久率所部三个师及第十八军之一个师，准备由桃、常向新化以东进出，参加第四方面军之决战。(4) 由上一、二、三项之部署，期于武冈、新化以东之地区击破来攻之敌。(5) 新六军应准备一个师空运芷江，为第四方面军之总预备队。(6) 为保障第四方面军之作战安全起见，第三方面军应确实拒止黔桂路及桂穗路之敌，

---

① 《蒋介石致何应钦密电》(1945 年 4 月 9 日)，中国第二历史档案馆编：《抗日战争正面战场》中，第 1377—1378 页。

② 《何应钦致蒋介石密电》(1945 年 4 月 11 日)，中国第二历史档案馆编：《抗日战争正面战场》中，第 1378 页。

使其不得越过南丹、龙胜两要地。并对各部队下达具体的行动部署。① 根据何应钦的指令,第四方面军决定以第七十四军、第一〇〇军从正面阻击日军,另以第十八、第七十三两军向日军两翼侧后攻击,将日军包围在武冈、新化之间的雪峰山区。5 月初,何应钦又将廖耀湘新六军(下辖第十四师、新二十二师、第二〇七师)划归第四方面军指挥。②

4 月 9 日开始,日军第二十军采取分进合击战术,兵分三路由益阳、邵阳、东安之线向湘西芷江地区发动进攻。③ 何应钦则针对日军分路太多,兵力不足,易于被各个击破的弱点,以及湘西地形险阻、易守难攻的特点,在初期针锋相对地采取了攻势防御的战略,逐次阻击消耗敌人,待诱敌进入有利地带,再进行全力反攻。④具体部署为:第四方面军工耀武部在武冈、江口、新化一带行坚强抵抗,阻敌于雪峰山,第十集团军王敬久部阻敌于宁乡、益阳之线,并牵制敌之行动,嗣第三方面军汤恩伯部进出武冈攻击日军侧背。⑤

4 月 15 日,日军第六十八师团第五十八旅团关根支队从左路发动攻势,由东安向新宁进击。17 日,新宁城失陷。该支队主力在新宁—白沙间集结之后,为策应中路日军第一一六师团的进攻,以主力突向瓦屋塘,从西南及南面压迫中国军队,准备在其突向雪峰

---

① 《何应钦复蒋介石密电》(1945 年 4 月 14 日),中国第二历史档案馆编:《抗日战争正面战场》中,第 1378—1380 页。

② 张宪文主编:《抗日战争正面战场》,第 448 页。

③ 军事科学院军事历史研究部:《中国抗日战争史》下,第 396 页。

④ 王成斌、刘炳耀、叶万忠等:《民国高级将领列传》第 4 集,北京:解放军出版社 1989 年版,第 324 页。

⑤ 何应钦编著:《八年抗战之经过》,第 281 页。

山山岳地带之前形成包围圈。20 日起,关根支队在武冈附近遭到第四方面军第七十四军的顽强阻击。① 29 日,第二十军司令部命令该支队"应立即沿瓦屋塘—水口—两路口—洪口地区向洪江突进,与第一一六师团相策应,断敌退路,攻敌侧背"。② 但该支队在中方军队陆空优势炮火面前举步维艰。5 月 2 日,该支队主力第二一七团被第五十八师包围,大部被歼灭。③

在右路发起进攻的是重广三马大佐率领的第四十七师团步兵第一三一联队(又称重广支队)。4 月 16 日起,该支队一面对新化方向的中国军队实施警戒,一面沿小塘至木龙的道路扑向洋溪。21 日开始,该军与中方凭险抵抗的第七十三军交火,遭到中国守军的猛烈阻击。29 日,重广支队到达洋溪西南地区后,经数度攻击,亦无法突击前进。④

中路是日军的主攻战线,投入该方面作战的为第一一六师团。11 日开始,该部自邵阳一带出发,兵分三路,试图将中方第四方面军主力聚歼在高沙、洞口、花园、武冈西北地区。中方第七十九和第一〇〇两军按预定计划逐步抵抗,将日军主力诱向雪峰山区。14 日夜,该师团先头部队一个大队逼近罗洪界,第一〇〇军抽集第十五师主力及第六三师一部,由都家堡向敌合力围攻,将敌全部击溃。16 日,该股日军猛扑中国守军第六十三师第一八七团阵地,战

---

① 《何应钦致蒋介石密电》(1945 年 4 月 28 日),中国第二历史档案馆编:《抗日战争正面战场》下,第 1365 页。

② 日本防卫厅防卫研究所战史室编纂,天津市政协编译委员会译校:《日本军国主义侵华资料长编》下,成都:四川人民出版社 1987 年版,第 580 页。

③ 《何应钦致蒋介石密电》(1945 年 5 月 3 日),中国第二历史档案馆编:《抗日战争正面战场》中,第 1399—1400 页。

④ 《何应钦致蒋介石密电》(1945 年 4 月 30 日、5 月 1 日),中国第二历史档案馆编:《抗日战争正面战场》中,第 1397—1399 页。

斗至烈。① 10 天以后，日军各纵队抵达洞口、江口、放洞一线山地，到达了雪峰山的中南部地区。中方的阻击则变得更加猛烈，日军陷入苦战，无法继续西进。②

在逐次阻击日军突进的过程中，何应钦根据战事的进展，有计划地进行反攻部署和准备。4 月 24 日，何应钦调整湘西作战各部队的行动及任务：王敬久集团（第九十二军、暂五十一师）迅以主力接替第十八军常德、桃源、益阳、宁乡方面之防务，拒止当面之敌，限于月底接替完毕；第四方面军主力七十四军、一〇〇军、七三军应于武冈、洞口、新化线，竭力阻止来攻之敌，以使此后之决战有利。其中，第十八军主力于 4 月底前集结于沅陵，并视情况由沅陵、溆浦道南下，参加该方面主力决战。第十八师则于交防后，沿安化、蓝田、邵阳方向挺进，以遮断敌后之交通，使主力军作战有利；新二十二师则控置于芷江，保持机动；第三、第四两方面军，对新宁、城步、绥宁方面之作战，应密切协同。③ 26 日，何应钦又将第九十四军调归李玉堂部指挥，并令其以第二十七集团军主力固守桂穗路及其两侧地区，拒止日军于龙胜以南，以第九十四军迅速向城步推进，求敌之外翼而击破之，并随战况的发展，以第九十四军主力向武冈东南地区进出，参加第四方面军的决战。④

5 月初，中国军队基本完成将日军主力诱至新化、武冈间雪峰

---

① 《何应钦致蒋介石密电》（1945 年 4 月 18 日），中国第二历史档案馆编：《抗日战争正面战场》中，第 1391—1392 页。

② 《何应钦致蒋介石密电》（1945 年 4 月 26、28 日），中国第二历史档案馆编：《抗日战争正面战场》中，第 1396—1397 页。

③ 《何应钦致蒋介石密电》（1945 年 4 月 23 日），中国第二历史档案馆编：《抗日战争正面战场》中，第 1380 页。

④ 《何应钦致蒋介石徐永昌密电》（1945 年 4 月 26 日），中国第二历史档案馆编：《抗日战争正面战场》中，第 1381—1382 页。

山地区的目标。何应钦综合第四方面军情况及一般态势"极有利于攻势转移",于5月4日向第四方面军及其两翼有关部队下达转入攻势的命令:

（一）攻势转移之目标,为击灭进犯之敌,恢复我资水西岸之原阵地,并相机攻略宝庆。

（二）发动攻势转移全期间所需之粮弹补给,应尽速于五月十五日左右,全部准备完竣,并分屯。完成攻势转移开始之日期,即以粮弹准备完成之日期为准。

（三）着新六军归王司令官指挥。其新廿二师应立即向江口北推进,协同江口附近作战之部队,担任江口正面公路上之防御,掩护新六军、军直属部队及新十四师,向安江附近集中。

（四）李玉堂集团之九四军主力,应与第四方面军在安江及宝庆以南之部队密切协同,务于五月十五日以前,击灭城步以北地区之敌,进出于武冈附近,准备协同第四方面军,担任安江、宝庆公路以南地区间攻击,务求敌之外围,予以包围攻击。约详细由汤、王两司令官自行协定。

（五）王敬久集团应竭力拒止当面之敌,掩护我攻势部队之左翼。

（六）第四方面军所属各部队作战之部署,由王司令官依情况自行决定,并立即拟定计划具报。

（七）攻势转移开始后,我各部队应密切协同,全军一齐猛烈进攻,如敌动摇,应不分昼夜,与敌保持接触。并应以钻隙、迂回、超越、追击诸法,分别截断包围退却之敌而歼灭之。①

①《何应钦致蒋介石密电》(1945年5月4日),中国第二历史档案馆编:《抗日战争正面战场》中,第1382—1383页。

5月6日,何应钦又指示第三、第四两方面军之作战要领:(1)右翼方面应照4日命令之规定,立即驱逐武冈附近及其以南之敌,并向武冈以东继续攻击前进;(2)中路及左翼方面,在补给确已无顾虑之条件下,其攻击开始时间,由王耀武自行决定;(3)关于新六军之使用,其新二十二师可参加此次攻击,但其攻击之目标,须有限制,第十四师应在新二十二师之后方集结,在未集结完毕以前,暂不使用。①

接到攻势转移的指令后,王耀武第四方面军即决定于5月8日拂晓全面转移攻势,"置主决战于两翼,协力右翼友军,压迫日军于雪峰山东麓捕捉歼灭之"。其具体作战部署为:"(一)第七十四军于武冈、唐家坊、瓦屋塘、金屋塘之线担任守备,并攻击当面之敌;(二)新六军推进至江口附近,逐次攻击肝溪、平江、下查坪及洞口附近之敌;(三)第一〇〇军迅速肃清放洞附近之敌,随即协力新六军向上查坪、半江峰一带之敌攻击;(四)第十八军集结于小沙江、隆回司、黄泥井间地区,攻击当面之敌;(五)第七十三军以主力迅速击灭洋溪之敌,以有力一部,即集结于大桥边附近,向滩头、巨口铺等处之敌攻击。"②

此时,突入雪峰山地带的日军各部处境日益艰难,特别是左右两翼的关根、重广两支队分别受阻,中路第一一六师团处于孤军深入之势。于是,第二十军司令官坂西一良于5月3日请求第六方面军增援,"给敌以彻底打击"。但第六方面军判断中方"相当数量的大部队正陆续空运到芷江,感到今后若不慎重指导,恐将陷于危

---

① 《何应钦致蒋介石密电》(1945年5月6日),中国第二历史档案馆编:《抗日战争正面战场》中,第1383页。

② 《第四方面军湘西会战之攻势转移计划要旨》,中国第二历史档案馆编:《抗日战争正面战场》中,第1383—1384页。

险"，认为"以现有兵力，即使只进到沅江河畔，也需要很长的时间，并付出极大牺牲"。① 因此坂西一良的请求被第六方面军和中国派遣军接连否决。4 日，坂西一良被迫下令前方部队呈"整理态势"：要求第一一六师团"应适时脱离战线，向山门、洞口一带后转集结"；关根支队"要适时脱离战线，向花园市附近后转集结"。② 9 日，日第六方面军接到了中国派遣军中止芷江作战的正式命令，正式下令第二十军"中止芷江作战及时返回原态势"。③ 此时，中方的优势兵力已完成了对第一一六师团等部的包围，日军的撤退旋即变成伤亡惨重的溃逃。

　　5 月 8 日开始，第四方面军各部在空军的协助下，全面转移攻势，各部奋勇出击，进展迅速。④ 5 月 7 日夜，日军开始全面退却。第一一六师团在突围过程中遭遇中国军队的坚强阻击和围攻，伤亡惨重，16 日后残余部分始跳出包围圈。⑤ 重广支队自 5 月 8 日奉命从洋溪附近回撤，被中方第七十三军围攻，直到 15 日才脱出包围圈。而关根支队自 5 日起便溃不成军，从 8 日至 10 日晨，关根支队在"渤港、翟家祖、唐家岭、武家冲一带集中火力，作困兽斗之举，企图反攻"，但先后被李玉堂等部围追堵截，陷入混乱。至 19 日始

----

① 日本防卫厅防卫研究所战史室著，天津市政协编译委员会译：《昭和二十(1945)年的中国派遣军》第 2 卷第 1 分册，北京：中华书局 1982 年版，第 56 页。

② 日本防卫厅防卫研究所战史室著，天津市政协编译委员会译：《昭和二十(1945)年的中国派遣军》第 2 卷第 1 分册，第 57 页。

③ 日本防卫厅防卫研究所战史室著，天津市政协编译委员会译：《昭和二十(1945)年的中国派遣军》第 2 卷第 1 分册，第 58 页。

④《何应钦致蒋介石密电》(1945 年 5 月 11 日)，中国第二历史档案馆编：《抗日战争正面战场》中，第 1404 页。

⑤《何应钦致蒋介石密电》(1945 年 5 月 20 日)，中国第二历史档案馆编：《抗日战争正面战场》中，第 1409 页。

于桃花坪南面渡过资水。① 第一一六师团被重兵围困时,日军第四十七师团主力和第三十四师团一度奉命增援,以掩护其突围,但当两支部队抵达战场时,双方的交战已近尾声。至 5 月 27 日,日军大部被歼,余部则悉数溃逃。6 月初,湘西地区又恢复到了战前的态势。②

湘西会战是第二次中日战争史上日军发动的最后一次会战。湘西会战,日军前后投入的兵力达 8 万人,中国方面直接参战的军队亦达 6 个军 10 余个师,近 20 万人。在持续两个月之久的战役中,日军迭遭重创,伤亡近 2.5 万余人。③ 中方伤亡亦惨重,仅参战的主力部队第四方面军的统计就达 11 223 人之多。④ 此次战役,国民政府军队不仅在地面上占尽了人力、火力和地利的优势,而且得到了中美空军的有力支援。但在此有利的情况下,最终却未能全歼来犯日军,未免不无遗憾。这与何应钦的谨慎态度和有限的反攻计划不无关系。国民政府最高统帅蒋介石曾指示何应钦以衡阳为追击目标,但何应钦对此表示婉拒,仅拟于攻略宝庆或恢复原阵地后,再依情况相机攻略衡阳,其理由为:

(一)距离太远,此次准备之兵力及补给,仅能先恢复原阵地,并相机收复宝庆,如欲攻略衡阳,须于收复宝庆后,另作一

---

① 《何应钦致蒋介石密电》(1945 年 5 月 17 日)、《何应钦致蒋介石密电》(1945 年 5 月 19 日),中国第二历史档案馆编:《抗日战争正面战场》中,第 1407—1409 页。

② 何应钦编著:《八年抗战之经过》,第 281 页。

③ 《何应钦致蒋介石密电》(1945 年 6 月 1 日),中国第二历史档案馆编:《抗日战争正面战场》中,第 1417 页。

④ 《第四方面军湘西会战敌我伤亡统计表》(1945 年 4 月 9 日至 6 月 17 日),中国第二历史档案馆编:《抗日战争正面战场》中,第 1415—1416 页;日本防卫厅防卫研究所战史室编纂,天津市政协编译委员会译校:《日本军国主义侵华资料长编》下,第588 页。

次攻势准备，否则恐有受挫之虞。

（二）衡阳为四战之地，我攻略衡阳尚须更大兵力及更充分之补给，并须其他方面同时策应。

（三）我军此次反攻，为仅以宝庆为目标，则可吸引多数之敌集中于衡阳附近，以便利我军尔后对另一目标之作战。

（四）我军装备整训，全未完成，尚须照原定整训计划，从事加强全部战力，以备尔后之大攻势作战。

（五）目前第四方面军之七十三军、七十四军损伤颇大，亟待于反攻后整补，以备再战。①

尽管如此，湘西会战仍具有极大意义。此次战役惨败后，日军在中国的战略自此变更为全面的收缩防守，中国军队以此为契机转入大规模的反攻。

---

① 《何应钦致蒋介石密电》（1945 年 5 月 7 日），中国第二历史档案馆编：《抗日战争正面战场》中，第 1385 页。

# 第六章　国民政府将领的牺牲与抚恤

　　抗日战争,中国以弱胜强,付出了巨大的牺牲。根据 1947 年国民政府的统计,整个抗战期间,国民党军队伤亡总数达 3 227 926人。[①] 某种程度上,抗战的胜利可以称之为"惨胜"。其中,一大批国民政府高级将领在抗战中牺牲,用生命的代价推动了中华民族抗日战争的胜利进程。

## 第一节　抗战将领的牺牲

　　"天下兴亡,匹夫有责"。2005 年 9 月,胡锦涛在纪念中国人民抗日战争暨世界反法西斯战争胜利 60 周年大会的讲话中指出"在

---

[①]《行政院关于抗战损失和日本赔偿问题报告》,中国第二历史档案馆编:《中华民国史档案资料汇编》第五辑第三编,"外交",南京:江苏古籍出版社 2000 年版,第 232 页。关于抗战时期国民政府军队的伤亡总数说法不一,但各种争议均是在 1947 年国民政府行政院这一数据的基础上进行补充和修订的。如何应钦《八年抗战之经过》中对陆军官兵伤亡的统计为 3 211 419 人,参见《作战以来历年我陆军官兵伤亡统计表》,何应钦编著:《八年抗战之经过》,第 429 页。迟景德的《中国对日抗战损失调查史述》(台北"国史馆"1987 年版)一书中统计的数据则为 3 405 461 人。

波澜壮阔的全民族抗战中,以国民政府军队为主体的正面战场,组织了一系列大会战,给日军以沉重打击","杨靖宇、赵尚志、左权、彭雪枫、佟麟阁、赵登禹、张自忠、戴安澜等一批抗日将领和众多英雄群体,就是中国人民不畏强暴、英勇抗争的杰出代表"。① 目前,限于各种条件,国民政府因抗战而牺牲的将领具体人数一直未有较为全面而准确的统计,相关统计和论述因标准口径不一,数据也截然不同。②

抗战时期,国民政府实行作为正式军衔的"官位"(也称"军阶")和作为职务等级的"职级"两套制度。一般情况下,师长官阶为中将,旅长为少将,团长为上校,师部参谋长为少将或上校。③ 虽然当时国民政府对军官的晋任有实职年资的规定(即停年),但在战时环境下,因各级干部补充率提高,"乃至官职晋任超越常规,而职高于官或有职无官者",比比皆是,各级军官的官职往往不相称,官低于现职一阶成为常则。④ 因此,资历较浅的军官也会被任命为"少将军长";资历较深或立有特殊战功的团长,也会被晋升为"少将团长"。而且,抗战期间,国民政府对于作战中殉职的军官,多采

① 胡锦涛:《在纪念中国人民抗日战争暨世界反法西斯战争胜利60周年大会上的讲话》,《人民日报》2005年9月4日,第002版。

② 参见茅海建主编《国民党抗战殉国将领》,郑州:河南人民出版社1987年版;党德信、杨玉文主编《抗日战争国民党阵亡将领录》,北京:解放军出版社1987年版;胡博、王戡《碧血千秋:抗日阵亡将军录》,武汉:武汉大学出版社2013年版;何德廷、辜宗秀《对抗战时期牺牲的国民党将领的统计与分析》,《湖北科技学院学报》2012年第32卷第10期。

③《军事委员会颁布陆军暂行编制纲领》(1938年12月),中国第二历史档案馆编:《国民政府抗战时期军事档案选辑》上,第41—59页。

④《军令部奉发战时任官暂行办法训令》(1939年5月7日)、《军事委员会公布陆军官职调整办法暨陆军官佐军职组编成办法训令》(1943年12月17日),中国第二历史档案馆编:《国民政府抗战时期军事档案选辑》上,第71、206页。

用追晋或追赠一级"官位"予以褒扬抚恤，少将旅长晋级中将，上校团长晋级少将。

一般情况下，"少将"级以上即可称为高级将领，但时人习惯上所指的高级将领主要指师级以上将领。例如，1941 年蒋介石在第三次南岳军事会议上训话时称"现在你们一般高级将领年龄都在五十岁上下，而且有的总司令、军长、师长的年龄还在三四十岁左右"。[①]

1946 年 4 月，蒋介石在陆军大学将官班开学典礼的演讲中亦称："如果我们一般高级将领——军长、师长和参谋长等，都能具备外国军官一样的精神和学问，负责任、守纪律，实事求是，精益求精，那我们军队的力量就一定精强，精神就一定振奋，国家民族就不致遭受今天这样的耻辱。"[②]

而且，抗战时期，因战争的损耗和需求，国民政府将领的晋升较快。因此，将抗战时期国民政府的高级将领限定在师长以上当较为合适。据此，从 1937 年 7 月开始到 1945 年 8 月，国民政府牺牲的高级将领约为 48 人。[③]

抗战时期国民政府牺牲如此之多的高级将领，主要与中日双方实力对比悬殊，不得不用牺牲换取时间和空间有关。开战不久，

---

① 《第三次南岳军事会议训词（二）》（1941 年 10 月 20 日），秦孝仪主编：《"总统"蒋公思想言论总集》卷 18"演讲"，第 347 页。

② 蒋中正：《整军的目的与高级将领的责任》（1946 年 4 月 3 日），秦孝仪主编：《"总统"蒋公思想言论总集》卷 21"演讲"，第 288 页。

③ 参见胡博，王戡《碧血千秋：抗日阵亡将军录》；《行政院院长蒋中正呈国民政府为军事委员会函送抗敌殉难将领名册请准入祀首都忠烈祠》（1942 年 12 月 31 日），台北："国史馆"藏，国民政府档案，001/036130/00001/001；《国民政府明令抗敌殉难将领张自忠等三十八员入祀首都忠烈祠并同时入祀全国各省市县忠烈祠》（1942 年 12 月 31 日），台北："国史馆"藏，国民政府档案，001/036130/00001/002。

蒋介石经过总结分析，决定：

> 通令前线各官兵我军抗战必须以攻为守，以近为远，以积极牺牲行动方能达到消极抗战，坚持到底之目的。须知敌军优长者惟飞机与炮兵，而步兵之怯弱不堪言状。然而战场决战之主兵在步兵，以我精勇之步兵而抗战敌军萎靡怯弱之步兵，必可操最后之胜利。开战以来得一战斗最大的经验，即我军如不自动撤退，则敌军决不能击退我军也。于此，我军官兵只要能在阵地内坚忍不拔，一面沉着应战，一面以屡次之经验，研究应敌之战术，减少我军之杀伤，加强工事，多设伪装，虽至最后之一兵一弹，亦必与敌在阵中抗战到底。上下共存，一息尚存，此志不懈之决心，凡我中国之寸土失地，皆洒满吾中华民族黄帝子孙之血迹，使我世世子孙皆踏此血迹而前进，永久不忘倭寇侵略与惨杀之痛史，必使倭寇侵略之武力摧毁灭绝，期达我民族斗争最后胜利之目的。①

此外，国民政府最高统帅蒋介石较为注重高级将领的"冒险与牺牲精神。"在抗战前夕的军官团暑期训练要旨中，蒋介石即强调将领"为国家牺牲一切"的精神。② 抗战开始后，在中日实力悬殊，敌强我弱的情势下，蒋介石倍加强调各高级将领以身作则，亲临前线督师，"严令各军特重牺牲报国，以苟安偷生为耻之精神教育"。③ 时常要求高级将领轻伤不下火线，"攻击与牺牲之决心须坚强"，以

---

① 《蒋介石日记》（手稿本），1937 年 9 月 11 日"本周反省录"。
② 《蒋介石日记》（手稿本），1937 年 5 月 8 日。
③ 陈诚著，林秋敏、叶惠芬、苏圣雄编辑校订：《陈诚先生日记》（一），1937 年 9 月 13 日，第 159 页；《蒋介石日记》（手稿本），1939 年 1 月 11 日。

稳定、振奋军心。①

　　1939 年 10 月 30 日，蒋介石在南岳会议上对各高级将领训话称："不诿过，不居功，牺牲一己，顾全大局，是我们高级将领应有的德性。"②1940 年 2 月初，国民政府桂南会战失利。稍后，国民政府方面证实第九师师长兼副军长郑作民在指挥部队从昆仑关撤退时中弹阵亡。郑作民在参加昆仑关战役之时，已预留遗书，称"早具成功成仁决心"③。于是，蒋介石又以此为榜样，要求各高级将领要发扬这一为国牺牲精神。在军委会总理纪念周上，蒋介石训话称："还有一件事今天要告诉各位，就是此次分发给各位的第九师师长郑作民的遗嘱，大家不要随便看过！回去以后，务要将此次事实报告各位主官，更要藉纪念周或其他集会的机会告诉一般官兵！郑师长是此次昆仑关战役阵亡，遗嘱是他在战前预立的。其平生不多说话，不争权位，本来他早就可以作师长，但直到去年才得升任。此次他担任守卫昆仑关，遭遇敌人的攻击，我就料到他决不会畏死逃避！所以当时一再电令前方高级指挥官密切去救援他，因为当时前后左右皆失却指挥，以致殉国阵亡！希望大家回去将郑师长遗嘱与殉国的情形告诉一般官兵，人人都要有这样为国牺牲的准备和决心，知廉耻，重气节，然后才不愧为总理的信徒，才不愧为革命军的军人！"④

---

①《蒋介石日记》(手稿本)，1937 年 9 月 30 日"本月反省录"，1937 年 10 月 31 日"本月反省录"，1938 年 3 月 20 日，1938 年 4 月 16 日。

②秦孝仪总编纂：《"总统"蒋公大事长编初稿》卷 4(上)，台北：中国国民党中央委员会党史委员会 1978 年版，第 434—435 页。

③《行政院长蒋中正呈国民政府请褒恤陈安宝郑作民张自忠钟毅等四员》(1940 年 7 月 8 日)，台北："国史馆"藏，国民政府档案，001/036000/00131/001。

④《参谋长会议训词(五)》(1940 年 3 月 11 日)，秦孝仪主编：《"总统"蒋公思想言论总集》卷 17"演讲"，第 170 页。

到 1941 年 10 月,国民政府已经牺牲了张自忠等一大批高级将领。但相较而言,多数将领临战怯敌,仓促撤退的现象仍属常态。在第三次南岳军事会议上,蒋介石又对各高级将领批评称:

> 我们一般将领最大的一个缺点,就是与敌人打了一两天或三五天,只待挨过了这个时间,就算尽了能事,尽了职责,随即撤退下来,这种心理,充分表现我们各级指挥官都没有歼敌、杀敌、自动寻敌拼战的决心与精神,以致一到接战,往往为少数敌军所眩惑牵制,而不能有所为。结果,只是急切要求撤退,完全忘却了他自己指挥作战的职责之所在;这就是根本上由于他心中还存着一种畏敌避战的怕死观念不能打破,实在是我们革命军最大的羞耻! 你看我们现在打着这样的大战,几年以来,无论在那一个战区,将官战死的究有几个? 可见在我们一般高级将领之中,真正能够为民族为主义而牺牲的很少很少……从开战以来,我们集团军总司令光荣殉职的仅张自忠一人,我每次为将士英灵默念祷告的时候,就以张自忠总司令作代表,来纪念我全体阵亡将士的英灵! 但现在我们高级将领完全忘却了他这种冒险犯难的精神,不能将民族大义发挥出来,所以一般部下官兵也就更加士气消沉,而日以畏难怕死、偷倖避战过生活了。①

因此,蒋介石继续对各高级将领强调称革命军有一个惯例,就是"受伤不退"。高级将领如在前方受了伤,只要能够勉强支持,可以不退,就要留在前方,不可退到后方;譬如伤了手指或伤了手臂,类此轻伤,尽可以就前方军医治疗,不必退到后方。否则,如果高

---

① 《第三次南岳军事会议开会训词(三)》(1940 年 10 月 21 日),秦孝仪主编:《"总统"蒋公思想言论总集》卷 18"演讲",第 372—373 页。

级将领稍受微伤，即行退下，那所指挥的一师人或一团人就都不能勇敢作战了。所以除非是重伤，不能行动或不能再用脑筋了，否则，终是要留在前方继续指挥，切不可因手足轻伤擅自退下。这种"受伤不退"的精神和纪律，要由高级将领能够率先做到，才能够感化部属，蔚成风气。①

蒋介石苦口婆心地告诫广大将领要以身作则，"奋发忠勇"，"恢复大无畏的革命精神"，以"尽到指挥作战的任务"。这在某种程度上也反映出进入相持阶段以后，国民政府军队普遍存在的军心士气低落，动员工作乏力。对此，蒋介石总结称："我们各战区这几次战役以来，一般将领的精神、决心和意志，实在是一天不如一天。在抗战开始的两年，大家都有拼战制胜的决心，有消灭敌人的志气，但到现在几乎完全消沉了！如长此下去，不图振作，最后必致前功尽弃，则抗战失败，国家危亡，我们不仅作敌人的奴隶牛马，而且成了中华民族千古的罪人！希望大家要时刻警惕，本此自勉，并互相勉励，本委员长必时时自勉，决不愧为你们的上官，你们亦要时时自反，总要不愧为现代的军人，不愧为本委员长的一个将领！大家要共同努力，克尽职责，来安慰我们总理与一般先烈将士在天的英灵，完成我们抗战建国的使命！"②

1942 年，蒋介石又继续援引美方将领史迪威对中国将领的批评，强调高级将领的牺牲精神："缅甸战役，史蒂威批评中国军队团长以下，是中国最好军队，团长以上，对指挥所及司令部多不能表演决心，配不上下级勇敢。高级将领是避战（怕死），下级是拼死

---

① 《第三次南岳军事会议开会训词（三）》（1940 年 10 月 21 日），秦孝仪主编：《"总统"蒋公思想言论总集》卷 18"演讲"，第 371 页。

② 《第三次南岳军事会议开会训词（三）》（1940 年 10 月 21 日），秦孝仪主编：《"总统"蒋公思想言论总集》卷 18"演讲"，第 374 页。

的、勇敢的……高级将领，不在最危险的地方，部队士气建立不起来，所以高级将领在战时位置，特别须注意。"[1]

1938 年秋，武汉、广州失守后，撤退到西南的国民政府损兵折将，丧失了大片国土。日军的攻势亦因战线的拉长而放缓，中日战争进入相持阶段。一般认为，随着日军攻势削弱，国民政府与日军之间大规模的攻守作战减少。实际上，因中日双方战略部署的需要，国民政府仍不时与日军发生惨烈的战役。其间，更是有张自忠和李家钰两名集团军将领在作战中英勇殉国，成为抗战时期国民政府牺牲的最高级别将领。

张自忠，字荩忱，山东临清人，生于 1891 年。1914 年秋，张自忠赴东三省新民屯投奔陆军车震部当兵，得到车震的赏识，随后被推荐到冯玉祥的第十六混成旅。1919 年，张自忠入冯部教导团学习，因学业优秀，被冯玉祥誉为"标准学员"。此后，张自忠在冯玉祥麾下历任连长、营长、团长、旅长、师长等职。1927 年 5 月，冯玉祥就任国民革命军第二集团军总司令后，张自忠被任为第二十五师师长。1933 年初，日军侵略山海关及热河省，张自忠率第三十八师在喜峰口至罗文峪一线阻击日军，获颁青天白日勋章。[2] 1935年 11 月，国民政府任命张自忠代理察哈尔省省政府主席。1936 年5 月，又被调任天津市市长。

卢沟桥事变后，宋哲元在离京之际将"冀察政务委员会"委员长、北平绥靖主任、北平市市长等职交由张自忠代理，难以有所作为的张自忠由此蒙上"汉奸"及不抵抗的骂名。1937 年 11 月，赴京请罪的张自忠在得到国民政府当局的谅解后返回第五十九军（由

---

[1] 胡宗南著，蔡盛琦、陈世局编辑校订：《胡宗南日记》上，1942 年 9 月 8 日，第105 页。
[2] 黄旭初：《黄旭初回忆录：从辛亥到抗战》，第 226—227 页。

原第三十八师扩编)任军长,辖黄维纲第三十八师和刘振三第一八○师。1938年2月,张自忠奉调至李宗仁的第五战区,参加鲁南会战。台儿庄战役中,张自忠率部驰援临沂,与日军板垣第五师团鏖战。此役后,升任第二十七军团军团长兼第五十九军军长。武汉保卫战中,张自忠以孤军在潢川一带阻击敌人,其后又转战豫南、鄂北一带。10月,升任第三十三集团军总司令,后兼任第五战区右集团军总司令。1939年5月,又因随枣会战战功被国民政府授予陆军中将加上将衔。① 是年,中国军队发动冬季攻势,张自忠亲率所部出击,获重大战果。②

　　第五战区自1939年底发动冬季攻势,予日军以相当打击后,驻武汉的敌军常感威胁。为确保武汉外围,达成以战养战之目的,从1940年3月底开始,日军从赣南、湘北方面抽掉兵力,企图对第五战区做孤注之一掷,击溃第五战区主力,减少武汉之威胁。4月中旬以后,日军先后集结于京钟、随县、信阳各方面,议决以占领第五战区老河口、宜城一线为目的,发动豫南、鄂北战事,兵分三路会师襄樊。③ 5月1日起,日军分由鄂北、鄂中、豫南三路向中国军队发起进攻,并以襄阳、樊城为目标,采取分进合击战术,试图在襄河

---

① 黄旭初:《黄旭初回忆录:从辛亥到抗战》,第226—231页;《行政院长蒋中正呈国民政府请明令追晋张自忠为陆军上将》(1940年6月8日),台北:"国史馆"藏,国民政府档案,001/036000/00131/008;《国民政府明令故陆军上将衔陆军中将张自忠追晋为陆军上将》(1940年7月7日),台北:"国史馆"藏,国民政府档案,001/036000/00131/009。"加上将衔"系根据国民政府公布之《陆军中将加衔暂行条例》:"合于晋任上将之规定者,因为员额所限得先加上将衔","陆军第二级上将出缺由已加上将衔之中将择优转补"。

② 郭雄等编著:《抗日战争时期国民党正面战场》,成都:四川人民出版社2015年版,第135—136页。

③ 《第五战区枣宜会战经过及检讨》(1940年),中国第二历史档案馆编:《中华民国史档案资料汇编》第五辑第二编,"军事"(三),第334页。

以东的枣阳地区及南阳地区消灭中国军队,枣宜会战的大幕由此拉开。

在第五战区的部署中,张自忠所负责的右集团军辖第二十九、第三十三集团军及第五十五军,"除各以一部固守襄河西岸阵地与巩固大洪山南侧各隘路口外,应以主力适宜控制于长寿店以北地区,依机动击破进犯之敌"。①

自抗战以来,张自忠早具为国牺牲的决心。此次各路日军开始猛烈进犯之时,张自忠即谕告所部各将领:

> 看最近情形,敌人或要再来碰一下钉子,只要敌来犯,兄即到河东与弟等共同牺牲。国家到了如此地步,除我等为国家死,别无其他办法。更相信只要我等能本此决心,我们的国家及我五千年历史之民族,决不致亡于区区三岛倭奴之手。为国家民族死之决心,海不枯,石不烂,决不半点改变。②

会战开始不久,右集团军正面一部于 5 月 2 日被日军突破,窜入长寿店附近。③ 战区方面即严令第三十三集团军"虽一点被敌突破,全线不可动摇,努力恢复原阵地,并积极尾击敌人"。④ 6 日,方家集、丰乐河亦陷入敌手。第五战区除调孙震部堵击北进之敌外,由张自忠亲率部渡河督战截击。7 日,当日军一部窜至襄樊附近

---

① 《第五战区枣宜会战经过及检讨》(1940 年),中国第二历史档案馆编:《中华民国史档案资料汇编》第五辑第二编,"军事"(三),第 311 页。

② 《军事委员会电各行营行辕办公厅主任等略述张自忠殉国事迹请昭告国军全体将士》(1940 年 5 月 28 日),台北:"国史馆"藏,蒋中正"总统"文物,002/080102/00027/001。

③ 《张自忠报告一三二师等部在长寿店及附近地区战况密电》(1940 年 5 月),中国第二历史档案馆编:《国民政府抗战时期军事档案选辑》下,第 867—868 页。

④ 《第五战区枣宜会战经过及检讨》(1940 年),中国第二历史档案馆编:《中华民国史档案资料汇编》第五辑第二编,"军事"(三),第 314—315 页。

时,张自忠亲自率领第七十四师、骑兵第九师由宜城以南渡河,截击南窜之日军。渡河之日,张自忠给副总司令冯治安留信交代称:

> 因为战区全面战事之关系,及本身之责任,须过河与敌一拼。现已决定于今晚往襄河东岸进发,到河东后,如果能与卅八师、一七九师取得联系,即率该两部与马师,不顾一切,向北进之敌死拼。设若与一七九师、卅八师取不上连络,即带马师之三个团,奔着我们最终之目标(死)迈进。无论作好作坏,但求良心得到安慰,以后公私均得请我弟负责。由现在起,以后或暂别或永别,不得而知。①

张自忠率部渡河后,即不断率部与日军激战,在南瓜店附近将日军截为两段,并将其后路节节切断。北窜之敌,顿形恐慌。10日,日军捕捉围歼第五战区主力的计划被粉碎,而中方的合围之势形成,日军开始大部退却。据此,蒋介石判断鄂北之敌"经我多日围攻,粮弹殆尽,必将向原阵地退却",电令第五战区应趁日军态势不利,退却困难的时机,以全力围攻,"捕捉歼灭之于战场附近",同时指示张自忠集团军应以主力先向枣阳间进攻,遮断公路,再转攻敌军背后。为收重创日军的效果,蒋介石训诫第五战区称:"以往湘北、粤北诸役缺乏有计划的进击,致成果不良。此次我各部战力健在,应乘胜穷追,扩张战果。其作战不力,不能达成任务者,自总司令以下应予处罚。"②13日,蒋介石再次电令第五战区各部,"鄂北之敌主力已开始退却","第五战区应以遮断敌退路,断其给补为

---

① 《军事委员会电各行营行辕办公厅主任等略述张自忠殉国事迹请昭告国军全体将士》(1940 年 5 月 28 日),台北:"国史馆"藏,蒋中正"总统"文物,002/080102/00027/001。
② 《蒋介石部署各军襄东作战任务密电稿》(1940 年 5 月 10 日),中国第二历史档案馆编:《中华民国史档案资料汇编》第五辑第二编,"军事"(三),第 295—296 页。

眼,克服一切困难,迅速围歼枣阳一带敌之主力,获得伟大胜利"。
责令"各总司令亲到前线指挥,以励士气。其逗留后方者,决处
罚"。①

　　第五战区司令长官部随即令张自忠率部往枣阳以南追击,张
自忠奉命后星夜东进,逢日军第十三师团大部由枣阳附近南窜,激
战后敌军继续南退,继续奉命追击。当日军向东撤退时,张自忠集
团军为防范敌之漏网,乃积极迎头痛击日军于方家集黄龙垱一线,
毙敌甚多。14 日,日军 4 000 余人窜抵南瓜店附近。是时,日军企
图由宜城附近渡河窜扰,张自忠即复亲率特务营及第七十四师之
两团驰往南瓜店截击,敌军亦回师反攻。② 5 月 15 日,日军集中其
第十三师团主力围攻驰往南瓜店堵截之张自忠部。16 日拂晓开
始,日军增加大部反攻,在战机和地面炮火的助攻下,对张自忠总
司令部指挥所展开三面环攻。左右人员皆以众寡不敌,劝张自忠
率部转移,张自忠则以"我奉最高统帅及长官之命截击敌人,焉有
自行退却之理",并训诫所部称:"汝等当知中国今日,唯有军人宁
死不退之决心,始能抗强敌,救国家。汝等幸毋以余个人之安危为
念。"③此后,中日军队展开白刃搏斗,罗家榨屋附近之山头得而复
失者四次。战至下午,张自忠所率领的七十四师及特务营伤亡殆
尽,最终阵地为日军突破,总部官佐及特务营营长以下壮烈牺牲,
生存无几。张自忠苦战至最后时分,终因身负七伤,腹部洞穿,壮

---

① 《蒋介石命五战区各部围歼枣阳随县一带敌军密电稿》(1940 年 5 月 13 日),中国第二
　　历史档案馆编:《中华民国史档案资料汇编》第五辑第二编,"军事"(三),第296 页。
② 《张和重检呈枣宜会战资料两件密函》(1941 年 2 月 11 日),中国第二历史档案馆编:
　　《中华民国史档案资料汇编》第五辑第二编,"军事"(三),第 336 页。
③ 《军事委员会电各行营行辕办公厅主任等略述张自忠殉国事迹请昭告国军全体将士》
　　(1940 年 5 月 28 日),台北:"国史馆"藏,蒋中正"总统"文物,002/080102/00027/001。

烈殉国。①

据总司令部幸存的卫士汇报：当敌人大部向张自忠部包围时，张自忠即登山督战，于 16 日中午左肩臂受伤，卫士请其回部包扎，"张自忠坚不肯回，神色自若，后大呼向前冲杀，未几胸部又受重伤即拔枪自决，为随从副官朱增源所夺，随即倒地微声曰'你们快走，我自己有办法'，又曰'对国家对民族对长官良心很平安，大家要杀敌报仇'，遂瞑目殉国"②。其视死如归，每战必抱必死之决心的精神跃然纸上。

张自忠的牺牲与国民政府最高统帅方面责令第五战区各将领长官亲到前线指挥，以求扩大战果不无关系。会战开始不久，蒋介石研究第五战区情况，判断"敌军此次集中平汉路，约四个师团，其主力在泌阳附近，其企图犯我第五战区，消灭我孙连仲部队，而未计及我汤恩伯部队亦在该方面，如指挥得当，此战又可与敌以重大打击也。""惜李宗仁、白崇禧，估计敌军，往往失之过高，故不愿积极抵抗，而以退缩避为能事耳。"5 月 6 日，蒋介石又判断称："敌攻我第五战区，仍为投机动作，而无深远企图，我汤部埋伏在泌阳西北之管庄一带，如运用得法，此次必可与敌以重大打击。"11 日，蒋介石审察战况，认为："第五战区战事，将告结束，敌军此次扑空，惜

①《第三十三集团军枣宜地区战斗详报》(1940 年 5 月 16 日)，中国第二历史档案馆编：《中华民国史档案资料汇编》第五辑第二编，"军事"(三)，第 297 页。

②《李宗仁电蒋中正日军向阵地反攻张自忠督战受伤仍不退所部伤亡殆尽》(1940 年 5 月 19 日)，台北："国史馆"藏，蒋中正"总统"文物，002/020300/00013/026；《冯治安电蒋中正先总司令张自忠遗体已运回总部及其殉国情形等》(1940 年 5 月 20 日)，台北："国史馆"藏，蒋中正"总统"文物，002/090200/00065/056；《行政院长蒋中正呈国民政府请褒恤陈安宝郑作民张自忠钟毅等四员》(1940 年 7 月 8 日)，台北："国史馆"藏，国民政府档案，001/036000/00131/001。

我各将领畏缩不敢乘机反击，与敌以重大打击，为可耻耳！"①可见，最高统帅蒋介石对于战况持乐观态度，且一味急于取得对日军的"重大打击"。

5 月 20 日，蒋介石闻枣阳复失，则埋怨道："此固预料所及；惟我前方将领，对于敌军后方，有否控制部队，不加注意，而以小胜轻进，恐损失必大也！"21 日，汤恩伯、孙连仲各部，向新野退却，第五战区司令长官部亦向后移动，蒋介石又责备说："此关乎全般战局之影响甚大，何其无胆无识至此哉！"②稍后，蒋介石在检讨第五战区战局称："此次转胜为败，乃战区长官无胆识、乏判断，小胜则骄、小败则怯，敌军未进，而长官部先退，使上下各级，不能联系者。"③

其次，张自忠的牺牲也与战时中方通讯情报不够严密和准确有关。通信联络良否，左右战斗之胜负者甚大。国民政府方面在枣宜会战结束后的总结检讨中也指出："各级情报多不确实，且对情况过度乐观。如五月十至十八日间之战斗，各集团情报均不加缜密考虑，咸报敌已溃退，且甚狼狈，殊不□敌系转用兵力，致使上级指挥部为扩大既得胜果，不惜投以全力，以求决战，而奏全功。殆敌悉力反击，遂发生五月十九日之变化。嗣后关于情报应力求翔实，尤以敌在战略上随意放弃据点，而竟夸张捏报如何击溃敌人等，更所深戒。"④第五战区在战后的总结中也指出："五月十三日至十五日，张故总司令在南瓜店东北罐子口附近时，有线电报、电话

① 黄自近、潘光哲编：《蒋中正"总统"五记：困勉记》，台北："国史馆"2011 年版，第 712—714 页。

② 黄自近、潘光哲编：《蒋中正"总统"五记：困勉记》，第 712—714 页。

③ 黄自近、潘光哲编：《蒋中正"总统"五记：困勉记》，第 715—716 页。

④ 《第五战区枣宜会战经过及检讨》(1940 年)，中国第二历史档案馆编：《中华民国史档案资料汇编》第五辑第二编，"军事"(三)，第 329—330 页。

均不能通,三日间断联络,十五日后仅赖无线通信,因之不能适时得知该方面战况。"①此外,友军运动迟缓,各部之间协调失当也是导致张自忠殉国的原因之一。第五战区原命荆当部队北上堵击敌人,但该部5月10日以后始渡过襄河,致使日军达成掩护其第十三师团专用于各个击破张自忠集团军之企图。②

集团军总司令张自忠殉国的消息传来,举国为之悲痛,对最高统帅蒋介石的打击甚大。5月17日,蒋介石日记记道:"闻张自忠受伤,生死莫卜,无任忧痛!"18日,"张自忠阵亡,已证实矣,痛哉!荩臣实抗战中最忠勇之一人也,失我良将,悲伤之至!"③5月19日,张自忠遗体始被部属寻回装殓。5月下旬,张自忠灵柩运抵重庆,蒋介石亲自率国民政府各中央常委和各院部委迎接,并亲自主持丧务,同时呈请国民政府特颁抚恤费1万元,以慰忠魂。④蒋介石同时下令将张自忠抗战以来屡战日寇的英勇事迹及此次殉国情形通告各战区、各集团军及所属官兵,以激励全军将士同仇敌忾,共矢忠勇,杀敌报国,誓成先烈未竟之功:

> 张总司令荩忱(自忠)殉国之噩耗传来,举国震悼,全军举哀,今其灵柩已于本晨运抵重庆,中正于悲恸之余,谨述其英伟事迹,为我全体将士告。追维荩忱生平与敌作战,始于二十

①《第五战区枣宜会战经过及检讨》(1940年),中国第二历史档案馆编:《中华民国史档案资料汇编》第五辑第二编,"军事"(三),第329—330页。

②《第五战区枣宜会战经过及检讨》(1940年),中国第二历史档案馆编:《中华民国史档案资料汇编》第五辑第二编,"军事"(三),第330页。

③黄自近、潘光哲编:《蒋中正"总统"五记:爱记》,台北:"国史馆"2011年版,第205页。

④《蒋中正通令各军官兵将亲临主持张自忠等丧务并特予抚恤》(1940年5月28日),台北:"国史馆"藏,蒋中正"总统"文物,002/010300/00034/061。

二年喜峰口之役,迄于今兹豫鄂之役,无役不身先士卒,当喜峰口之役,歼敌步兵两联队,骑兵一大队,是为荩忱与敌搏战之始。抗战以来,一战于淝水,再战于临沂,三战于徐州,四战于随枣,而临沂之役,荩忱率所部疾趋战地,一日夜达一百八十里,与敌板垣师团号称铁军者,鏖战七昼夜,卒歼敌师,是为我抗战以来克敌制胜之始……今荩忱虽殉国,而我三民主义之精神,实由荩忱而发挥之,中华民国历史之光荣,实由荩忱而光大之,其功虽未竟,吾辈后死之将士,皆当志其所志,效忠党国,增其敌忾,歼此寇仇,以完成荩忱未竟之志,是荩忱虽死犹不死也。愿我全体将士,其共勉之。①

1940 年 6 月,国民政府以张自忠壮烈殉国,依据陆军任官暂行条例施行细则予以追晋陆军上将衔,以表彰其英雄业绩。② 与此同时,国民政府根据蒋介石的提请,将张自忠入祀忠烈祠,以示褒扬和优恤:

> 盖阅威宣战阵,鼎钟旌大将之忠,气壮山河,春秋享崇祠之祀。此故激扬士气,虎发疆场,振作军心,魂愉马革。窃查第三十三集团军张总司令自忠,抗战以来,勋猷迭著,若临沂、淝水、台儿庄、随枣诸役,皆能独张一军,发挥战略,创彼顽寇,振我军威,迩者鄂北豫南,强敌倾巢强犯,该总司令手提劲旅,屡奏凯歌,欲宏一鼓蚁歼之功,不避深入狼巢之险,追奔逐北

① 《通电勖勉全体将士效法张自忠将军之尽忠殉国精神》(1940 年 5 月 28 日),秦孝仪主编:《"总统"蒋公思想言论总集》卷 37"别录",第 215—216 页。

② 《行政院长蒋中正呈国民政府请明令追晋张自忠为陆军上将》(1940 年 6 月 8 日),台北:"国史馆"藏,国民政府档案,001/036000/00131/008;《国民政府明令故陆军上将衔陆军中将张自忠追晋为陆军上将》(1940 年 7 月 7 日),台北:"国史馆"藏,国民政府档案,001/036000/00131/009。

威稷偪人，策遣雄狮，断敌归路，卒以众寡悬殊，从容玉碎。大星虽陨，浩气长存，成功成仁，兼有其美，似此翊赞元戎，捍卫党国，矢忠矢勇，不惜牺牲，自宜入祀忠烈祠，以慰英灵。①

张自忠的牺牲在国内外产生了很大的影响。1943 年 5 月，在张自忠殉国三周年之际，周恩来撰写《追念张荩忱上将》一文，高度评价张自忠的爱国主义精神："张上将是一方面的统帅，他的殉国，影响之大，决非他人可比。张上将的抗战，远起喜峰口，十年回溯，令人深佩他的卓识超群，迫主津政，忍辱待时，张上将殆又为人之所不能为。抗战既起，张上将奋起当先，所向无敌，而临沂一役，更成为台儿庄大捷之序幕。他的英勇坚毅，足为全国军人楷模。而感人最深的，乃是他的殉国一役。每读张上将于渡河前亲致前线将领及冯治安将军的两封遗书，深觉其忠义之志，壮烈之气，直可以为我国抗战军人之魂！""在他的精神感召之下，我们相信，全国军人定能踏着他的血迹，为中华民族打出一条胜利的康庄大道！"②

1943 年是第二次世界大战进程中具有转折意义的重要年头。日本自中途岛战役后在太平洋上转入战略守势，逐渐陷入被动，美军则乘势开始战略反攻。面对美军的反攻和每况愈下的战局，日本统帅部不得不考虑收缩战线并着手调整战略。另一方面，中国战场上的美国空军自 1943 年春的鄂西会战后逐渐占据制空优势，并不断袭击长江和沿海的日军运输船只。因此，日军大本营在 1943 年 9 月制定的《今后应采取的战争指导大纲》中将对中国的战

①《行政院长蒋中正呈国民政府为院会决议张自忠入祀忠烈祠一案呈请备案》（1940 年 7 月 15 日），台北"国史馆"藏，国民政府档案，001/036000/00131/012；《国民政府指令行政院据呈为本院会议决议陆军第三十三集团军总司令张自忠入祀忠烈祠一案照准》（1940 年 7 月 20 日），台北："国史馆"藏，国民政府档案，001/036000/00131/013。
② 郭雄等编著：《抗日战争时期国民党正面战场》，第 136—137 页。

略确定为:"对重庆继续施加强大压力,特别是遏止从中国大陆到其本土的空袭与对海上交通的破坏。同时,伺机谋求解决中国问题。"①这样,日军在太平洋上进行战略收缩的同时,在中国大陆却将进攻提上了日程。

1944 年 4 月至 12 月,日军为了扭转在亚洲战场上的不利局面,同时摧毁中国西南的空军基地,消除中美空军对日军和日本本土的威胁,打通纵贯中国大陆的铁路,发动了代号为"一号作战"的豫湘桂战役。豫湘桂战役主要包括豫中会战、长衡会战、桂柳会战三个阶段。在豫湘桂战役的 8 个月内,日军向前推进近 2 000 公里,中国军队在全局上接连败退,国民政府损丧失了河南、湖南、广西、广东等省的大部分和贵州省的一部分,丢失洛阳、长沙、桂林等数个省会和郑州等百余座中小城市。尽管如此,在豫湘桂会战中,国民政府爱国官兵浴血奋战,在诸如洛阳保卫战、衡阳保卫战、桂平反击战中都曾局部地给予日军以沉重打击,李家钰等一批高级将领在抵抗日军的铁蹄中殉职牺牲。

李家钰,字其相,四川蒲江人。清末入四川陆军小学。1913 年夏,参加上海及南京讨袁之役,事败返川,入四川陆军军官学校。毕业后任职川军排、连、营长,递升至川军第三师(师长邓锡侯)第六旅团长。② 1926 年 12 月,邓锡侯出任国民革命军第二十八军军长,李家钰仍任该军第一师师长,此后逐渐脱离邓锡侯部自树一帜。

1936 年,在四川的整军调整中,李家钰被国民政府任命为陆军

① 《今后应采取的战争指导大纲》(1943 年 9 月 30 日),复旦大学历史系日本史组编译:《日本帝国主义对外侵略史料选编(1931—1945)》,上海:上海人民出版社 1975 年版,第 442 页。

② 刘绍唐主编:《民国人物小传》第 4 册,上海:上海三联书店 2014 年版,第 106 页。

第四十七军军长,陆军中将军衔。全面抗战爆发后,李家钰部编入第二十二集团军(总司令邓锡侯、副总司令孙震),率部开赴晋东南第二战区作战。1938年2月,升任第二十二集团军(总司令孙震)副总司令,1939年又因战功升任第三十六集团军总司令。1941年夏奉令南渡黄河,驻扎在洛阳以西的新安县,担负陕县、灵宝、阌乡一线河防,改隶第一战区指挥。

1944年春,日军集中大量兵力,发动豫中之役,攻占郑州、许昌、洛阳等地,第一战区洛阳前线各军西撤,李家钰奉令担任战区后卫总指挥,节节阻止日军,掩护友军,以待潼关内抽调各军出关增援。5月21日,李家钰部行至陕县,遭日军围攻,身负重伤,壮烈殉职,时年53岁。① 6月下旬,国民政府根据第一战区总司令蒋鼎文的呈请,以李家钰"久绾军符,身膺重寄,历参战役,卓著功勋。此次豫中会战亲冒锋镝,壮烈殉国,忠勇之风尤足矜式,允宜从优抚恤",决定追晋李家钰为陆军上将。②

7月,国民政府下令褒扬李家钰,入祀忠烈祠,将其生平事迹存备宣付国史馆:"陆军上将第三十六集团军总司令李家钰,器识英毅,优娴韬略。早隶戎行,治军严整,由师旅长洊领军符,绥靖地方,具著勋绩。抗战军兴,奉命出川,转战晋、豫,戍守要区,挫敌筹防,忠勤弥励。此次中原会战,督部急赴前锋,喋血兼旬,竟以身殉。为国成仁,深堪轸悼。应予明令褒扬,交军事委员会从优议

---

① 刘绍唐主编:《民国人物小传》第4册,第107页。
② 《行政院长蒋中正呈国民政府请追赠李家钰陆军上将》(1944年6月20日),台北:"国史馆"藏,国民政府档案,001/036000/00139/010;《国民政府明令故陆军中将李家钰追晋为陆军上将》(1944年6月22日),台北:"国史馆"藏,国民政府档案,001/036000/00139/011。

恤，并入祀忠烈祠。生平事迹，存备宣付国史馆，用旌壮烈，而示来兹。"①与此同时，中共中央南方局机关报《新华日报》也发表评论："我们哀悼李家钰将军抗战殉国"，"李家钰将军在此役中杀敌殉国，是应受到全国尊敬的"。著名诗人柳亚子先生在悼诗中说："万里中原转战来，前师急报将星颓。归元先轸如生面，化碧苌弘动地哀。军令未闻诛马谡，思纶空遣重曹丕。灵旗风雨无穷恨，丞相祠堂锦水隈。"1945 年，蒋介石为其题词"勋烈常昭"。②

中国的抗战是第二次世界大战的重要组成部分，是东方的主战场。其间，中国远征军入缅作战成为国民政府与美、英等大国进行军事合作的最初尝试。1940 年，日本加紧对东南亚侵略的步伐。同年 9 月，日军侵入越南，切断了中越通道，不仅严重威胁中国国际交通要道滇缅路的安全，也把侵略矛头直指缅甸、马来亚、新加坡等英国殖民地。在日军咄咄逼人的进攻下，英国逐渐改变对日本的妥协态度，开始酝酿与国民政府建立军事同盟。为保持唯一的国际通道滇缅路的畅通，国民政府迫切希望加强与英国的军事合作。1941 年底，太平洋战争爆发后不久，日军开始向缅甸进攻，英国代表魏菲尔在重庆蒋介石主持的东亚联合军事会议上要求中国派军队入缅协助英军保卫缅甸，蒋介石表示同意，双方签订《中英共同防御滇缅路协定》，建立军事同盟。1942 年元旦，中、美、苏、英等 26 国签署联合国宣言，宣布共同对轴心国作战。③

实际上，日军开始向缅甸进攻之初，中国政府即向英国政府提

---

① 《国民政府明令褒恤陆军第三十六集团军总司令李家钰》（1944 年 7 月 10 日），台北："国史馆"藏，国民政府档案，001/036000/00139/018。
② 何立波：《抗战中牺牲的第二位集团军总司令李家钰》，《文史春秋》2013 年第 11 期，第 47—50 页。
③ 张宪文主编：《抗日战争正面战场》，第 273 页。

议,迅速派中国军队入缅与英军协防。英国政府先表同意,后又出尔反尔,请中国军队暂勿入缅,以致延误入缅作战时机。到 1942 年 1 月下旬,日军已从泰国向缅甸发动攻势,2 月 16 日,仰光告急,英国不得已再次要求中国军队迅速入缅。国民政府决定组织远征军入缅协同英军作战,以卫立煌、杜聿明分任中国远征军第一路正、副司令长官,率第五军(军长杜聿明兼)、第六军(军长甘丽初)、第六十六军(军长张轸),正式入缅作战。

国民政府对远征军出国作战非常重视,3 月初,蒋介石飞抵缅甸腊戍,多次视察戴安澜等部。① 但是,因与盟军协调不当,指挥失措,远征军自始至终呈被动之态势。5 月初以后,缅甸形势骤变,蒋介石对滇缅战局的命运忧心忡忡:"敌向我滇境进逼不已,而我新编残部,连战连北,万一敌入滇境,则滇局堪虞,八万吨物资皆存边境,而罗(罗卓英)、杜(聿明)各官长之通信设备不周,未克直接通电。呜呼! 近年来心神之忧虑,此亦最剧之一也。"②随着日军节节进逼,远征军被迫分途向印度和国境转进撤退。但因日军围追堵截及缅北复杂的地形和恶劣的行军环境——"上淋下湿,粮秣不继",远征军入缅作战不仅未能完成作战任务,保护西南唯一的国际通道滇缅公路,反而损兵折将,由出征时的 10 万人直至仅剩 4 万余人,大量将士鲜血洒在撤退途中。其中,第五军第二〇〇师师长戴安澜、第九十三师副师长胡义宾及第六军新三十八师副师长齐学启在异乡殉职。

戴安澜,原名戴炳阳,字衍功,号海鸥,1904 年出生于安徽省无为县。1925 年进入黄埔军校第三期学习,1926 年参加北伐。此后

① 黄自近、潘光哲编:《蒋中正"总统"五记:困勉记》,第 827 页。
② 黄自近、潘光哲编:《蒋中正"总统"五记:困勉记》,第 839 页。

历任副官、参谋、连长、营长等职。1933 年春,在第十七军第二十五师关麟征部任团长的戴安澜参加了长城抗战,因战功获授宝鼎勋章。全面抗战开始后,戴安澜转战冀晋鲁豫数省之间,迭创战功。在 1938 年春的台儿庄会战中,"火攻陶墩,智取朱庄,形成有利之势态,以成歼敌之战果",被擢升旅长,同年春升任第五军第八十九师副师长。1939 年春又以战功升任当时机械化师第五军第二〇〇师师长。① 同年被晋任为陆军少将。1939 年 12 月,桂南会战中戴安澜率第二〇〇师在广西昆仑关与日军第五师团鏖战,身先士卒,重伤不退,"攻坚克险,连战皆捷"。② 昆仑关三次失而复得,击毙敌少将旅团长中村正雄。"开抗战以来转守为攻之先例,收迂回包围歼敌之战果",赢得著名的昆仑关大捷。③ 国民政府为奖励戴安澜的战功,特颁予四等宝鼎勋章,赞扬他为"当代标准之青年将领"。

　　入缅之初,戴安澜在全师动员大会上,勉励所部要以"鞠躬尽瘁,死而后已"的精神勇敢杀敌,扬威于异域,为国争光。1942 年 3 月,戴安澜率第二〇〇师西出云南,旋即奉命作为远征军前锋据缅甸同古,掩护英军侧背,以待后续中国部队集中。④ 但因英军先弃仰光,致日军先行集中,以数倍之众围攻同古。面对强敌,戴安澜带头立下遗嘱,以示必死无还之决心,全师各级指挥官纷纷效仿,誓与同古共存亡。他在致夫人王荷馨的信中写道:"余此次奉

①③《汤恩伯刘汝明陈诚等呈国民政府主席蒋中正请国葬抗战殉国之戴安澜及宋哲元佟麟阁赵登禹等人》(1948 年 4 月 22 日),台北:"国史馆"藏,国民政府档案,001/036000/00022/005。

②《白崇禧等报告反攻昆仑关高峰坳等地激战情形密电》(1939 年 12 月 19 日—31 日),中国第二历史档案馆编:《国民政府抗战时期军事档案选辑》下,第 808—810 页。

④《史迪威报告致中国远征军作战命令》(1942 年 3 月 21 日)、《戴安澜关于同古与盟军部队位置及为独立作战提出请求数点与蒋介石往来密电》(1942 年 3 月),中国第二历史档案馆编:《国民政府抗战时期军事档案选辑》下,第 962 页。

命固守同古，因上面大计未定，后方联络过远，敌人行动又快，现在孤军奋斗，决心全部牺牲，以报国家养育。为国战死，事极光荣。"[1] 是役，第二〇〇师抵挡了数倍于己之日军的多次疯狂进攻。[2] 蒋介石对戴部的"忠勇壮烈"甚为欣慰，认为"不仅增我军之荣誉，且足寒敌胆，而不敢北侵焉"，决定将戴部事迹发表褒扬。[3] 3 月 30 日，因远征军反攻计划无法实施，后援无继，戴安澜部奉命转进至叶达西，以图配合英军准备曼德勒会战，阻击日寇，而英军守乔克巴塘告急，第二〇〇师又奉命西援，击退日寇。4 月下旬，戴安澜率部收复棠吉。美国总统罗斯福赞其作战勇敢，颁赠其缅甸作战中国将领首席勋章。[4] 但因腊戍失守过快，第二〇〇师陷入重围，又奉令转进。

　　此后，戴安澜率第二〇〇师自罗列姆转进，循山地北上，且战且退。5 月 18 日，戴安澜在指挥所部撤退途中，遭日军埋伏阻击，腹部不幸中弹，只能由士兵担架前行。[5] 但由于医药缺乏，治疗艰难，更无静养时间，伤口化脓溃烂，戴安澜于 5 月 26 日在缅甸茅邦

① 安徽省政协文史资料研究委员会：《戴安澜将军》，合肥：安徽人民出版社 1985 年版，第 42 页。

②《杜聿明肖毅肃等关于同土敌我战况文电》（1942 年 3 月），中国第二历史档案馆编：《中华民国史档案资料汇编》第五辑第二编，"军事"（四），第 352—357 页。

③ 黄自近、潘光哲编：《蒋中正"总统"五记·爱记》，第 252 页。

④《汤恩伯刘汝明陈诚等呈国民政府主席蒋中正请国葬抗战殉国之戴安澜及宋哲元佟麟阁赵登禹等人》（1948 年 4 月 22 日），台北："国史馆"藏，国民政府档案，001/036000/00022/005。

⑤《高吉人报告第二百师缅甸作战及突围归国情形报告》，（1942 年 7 月 11 日），中国第二历史档案馆编：《中华民国史档案资料汇编》第五辑第二编，"军事"（四），第 373—374 页。

村殉国,时年 38 岁。① 戴安澜伤重殉国的消息传来,蒋介石极为愤怒,认为杜聿明指挥处置不当,"如当时能遵令由河膀向景东转进,则决无此事。痛哉!"②

戴安澜牺牲后,国民政府明令予以褒扬,追晋陆军中将,入祀全国忠烈祠,并由军事委员会从优抚恤。1942 年底,国民政府发布了戴安澜入祀首都忠烈祠和入省、县忠烈祠的命令。1943 年 4 月 1 日,国民政府在广西全州香山寺隆重举行全国性的万人追悼大会。蒋介石特派李济深致祭,悼词说:"戴故师长为国殉难,其身虽死,精神则永垂宇宙,为中国军人之模范。"灵堂内外陈放着国共两党主要领导人敬献的挽词、挽联。毛泽东为其提赠挽联诗称:"外侮需人御,将军赋采薇。师称机械化,勇夺虎罴威。浴血东瓜③守,驱倭棠吉归。沙场竟殒命,壮志也无违。"④

## 第二节　牺牲将领的构成分析

目前,关于抗战时期国民政府牺牲的将领未见官方的统计数据,而各相关的研究和论述的统计标准不一,数据亦悬殊。在综合相关资料和研究的基础上,通过初步的甄别统计,抗战时期国民政府牺牲的将领为 130 余人。具体情况统计如下:

---

① 《汤恩伯刘汝明陈诚等呈国民政府主席蒋中正请国葬抗战殉国之戴安澜及宋哲元佟麟阁赵登禹等人》(1948 年 4 月 22 日),台北:"国史馆"藏,国民政府档案,001/036000/00022/005。

② 黄自近、潘光哲编:《蒋中正"总统"五记:困勉记》,第 844 页。

③ 东瓜即同古。

④ 郭雄等编著:《抗日战争时期国民党正面战场》,第 171—175 页。

表6-1 抗战时期牺牲的国民政府将领统计表（1937年7月—1945年8月）

| 序号 | 姓名 | 籍贯① | 军事出身② | 牺牲时间 | 牺牲地点 | 牺牲年龄 | 职衔③ |
|---|---|---|---|---|---|---|---|
| 1 | 赵登禹 | 山东省曹州县（今菏泽市） | 西北军 | 1937年7月28日 | 北平南苑 | 39 | 第二十九军第一三二师中将师长 |
| 2 | 佟麟阁 | 河北省高阳县 | 西北军 | 1937年7月28日 | 北平南苑 | 45 | 第二十九军中将副军长 |
| 3 | 黄梅兴 | 广东省平远县 | 黄埔军校 | 1937年8月14日 | 上海 | 40 | 第八十八师第二六四旅少将旅长 |
| 4 | 马玉田 | 山东省曹州县（今菏泽市） | 西北军 | 1937年8月15日 | 察哈尔省张北县 | 42 | 察哈尔省保安第一旅少将旅长 |
| 5 | 睦宗熙 | 江苏省丹阳县 | 黄埔军校 | 1937年8月17日 | 上海 | 32 | 第九十八师政训处少将主任 |
| 6 | 蔡炳炎 | 安徽省合肥县 | 黄埔军校 | 1937年8月25日 | 上海 | 38 | 第六十七师第二〇一旅少将旅长 |
| 7 | 张成义 | 河北省正定县 | 晋军 | 1937年9月17日 | 绥远省丰镇县 | 41 | 绥远省国民兵绥东分区少将司令 |

① 此处籍贯概指各将领祖籍或当时租籍（当时的行政区划），大多数情况下租籍即其出生地，也有少数例外，不一一注明。

② 此处所谓的军事出身，主要指各将领最初从军时接受的军事训练学校或大致所属的军事派别。

③ 当时各将领多有兼职，此处只列举其主要的军事职衔。

续表

| 序号 | 姓名 | 籍贯 | 军事出身 | 牺牲时间 | 牺牲地点 | 牺牲年龄 | 职衔 |
|---|---|---|---|---|---|---|---|
| 8 | 梁鉴堂 | 河北省蠡县 | 日本陆军士官学校 | 1937年9月28日 | 山西省应县 | 39 | 第二〇三旅少将旅长 |
| 9 | 姜玉贞 | 山东省菏泽县 | 晋军 | 1937年10月11日 | 山西原平 | 42 | 第六十六师第一九六旅少将旅长 |
| 10 | 郝梦龄 | 河北省藁城县 | 西北军 | 1937年10月16日 | 山西忻口 | 39 | 第九军中将军长 |
| 11 | 刘家麒 | 湖北省武昌县 | 保定军校 | 1937年10月16日 | 山西忻口 | 39 | 第五十四师少将师长 |
| 12 | 郑廷珍 | 河南省柘城县 | 西北军 | 1937年10月16日 | 山西忻口 | 41 | 独立第五旅少将旅长 |
| 13 | 庞汉桢 | 广西省靖西县 | 广西讲武堂 | 1937年10月23日 | 上海 | 38 | 第一七〇师第五一〇旅少将旅长 |
| 14 | 秦霖 | 广西省桂林县 | 广西讲武堂 | 1937年10月23日 | 上海 | 33 | 第一七一师第五一一旅少将旅长 |
| 15 | 官惠民 | 广西省曲江县 | 黄埔军校 | 1937年10月28日 | 江苏省嘉定县 | 32 | 第九十师第二七〇旅少将旅长 |
| 16 | 张毅中 | 湖南省醴陵县 | 湖南讲武堂 | 1937年10月30日 | 江苏省太仓县 | 37 | 第十五师第四四旅少将旅长 |

续表

| 序号 | 姓名 | 籍贯 | 军事出身 | 牺牲时间 | 牺牲地点 | 牺牲年龄 | 职衔 |
|---|---|---|---|---|---|---|---|
| 17 | 李伯蛟 | 湖南省邵阳县 | 湘军 | 1937 年 11 月 5 日 | 江苏省金山县 | 42 | 第六十三师第一八七旅少将旅长 |
| 18 | 朱芝荣 | 河北省东光县 | 保定军校 | 1937 年 11 月 7 日 | 江苏省松江县 | 40 | 第一〇七师第三一九旅少将旅长 |
| 19 | 刘启文 | 河南省淅川县 | 直隶讲武堂（东北军） | 1937 年 11 月 11 日 | 江苏省松江县 | 38 | 第一〇八师第三二二旅少将旅长 |
| 20 | 吴克仁 | 吉林省宁安县 | 保定军校 | 1937 年 11 月 10 日 | 江苏省青浦县 | 43 | 第六十七军中将军长 |
| 21 | 吴桐冈 | 辽宁省沈阳市 | 东北讲武堂 | 1937 年 11 月 10 日 | 江苏省青浦县 | 32 | 第六十七军少将参谋长 |
| 22 | 邓玉琢 | 辽宁省安东县 | 东北讲武堂 | 1937 年 11 月 10 日 | 江苏省青浦县 | 34 | 第一〇七师少将参谋长 |
| 23 | 吴继光 | 安徽省嘉山县 | 黄埔军校 | 1937 年 11 月 11 日 | 江苏省青浦县 | 39 | 第五十八师第一七四旅少将旅长 |
| 24 | 夏国璋 | 广西省容县 | 保定军校 | 1937 年 11 月 21 日 | 浙江省吴兴县 | 41 | 第一七四师少将副师长兼旅长 |
| 25 | 饶国华 | 四川省资阳县 | 川军 | 1937 年 11 月 30 日 | 安徽广德 | 41 | 第一四五师中将师长 |

续表

| 序号 | 姓名 | 籍贯 | 军事出身 | 牺牲时间 | 牺牲地点 | 牺牲年龄 | 职衔 |
|---|---|---|---|---|---|---|---|
| 26 | 杨鹰谓 | 湖南省长沙县 | 黄埔军校 | 1937年12月11日 | 南京市 | 38 | 首都卫戍总司令部少将高级参谋 |
| 27 | 朱赤 | 江西省修水县 | 黄埔军校 | 1937年12月12日 | 南京市 | 34 | 第八十八师第二六二旅少将旅长 |
| 28 | 高致嵩 | 广西省岑溪县 | 黄埔军校 | 1937年12月12日 | 南京市 | 38 | 第八十八师第二六四旅少将旅长 |
| 29 | 易安华 | 江西省宜春县 | 黄埔军校 | 1937年12月12日 | 南京市 | 34 | 第八十七师第二五九旅少将旅长 |
| 30 | 姚中英 | 广东省平远县 | 黄埔军校 | 1937年12月12日 | 南京市 | 39 | 第一五六师少将参谋长 |
| 31 | 司徒非 | 广东省开平县 | 保定军校 | 1937年12月12日 | 南京市 | 44 | 第一六〇师少将参谋长 |
| 32 | 罗策群 | 广东省兴宁县 | 保定军校 | 1937年12月13日 | 南京市 | 42 | 第一五九师少将副师长 |
| 33 | 萧山令 | 湖南省益阳县 | 保定军校 | 1937年12月13日 | 南京市 | 45 | 南京卫戍军宪兵部队少将副司令兼参谋长 |

续表

| 序号 | 姓名 | 籍贯 | 军事出身 | 牺牲时间 | 牺牲地点 | 牺牲年龄 | 职衔 |
|---|---|---|---|---|---|---|---|
| 34 | 赵锡章 | 河北省河间县 | 保定军校 | 1938年2月21日 | 山西隰县 | 37 | 第七十师第二一五旅少将旅长 |
| 35 | 刘震东 | 山东省沂水县 | 行伍（东北军） | 1938年2月21日 | 山西莒县 | 44 | 第五战区第二路游击司令（陆军少将） |
| 36 | 张培梅 | 山西省崞县 | 保定军校 | 1938年2月26日 | 山西省隰县 | 53 | 第二战区军法执行总监部少将总监 |
| 37 | 王铭章 | 四川新都县 | 四川陆军军官学校 | 1938年3月17日 | 山东省滕县 | 45 | 第一二二师中将师长 |
| 38 | 赵渭滨 | 四川省成都县 | 四川陆军军官学校 | 1938年3月17日 | 山东省滕县 | 44 | 第一二二师少将参谋长 |
| 39 | 邹绍孟 | 四川省荣县 | 四川陆军军官学校 | 1938年3月17日 | 山东省滕县 | 43 | 第一二四师少将参谋长 |
| 40 | 刘桂五 | 热河省凌南县 | 西北军 | 1938年4月22日 | 绥远省安北县 | 34 | 骑兵第六师少将师长 |
| 41 | 陈钟书 | 云南省安宁县 | 云南讲武堂 | 1938年4月24日 | 山东省崞县 | 48 | 第一八三师第五四二旅少将旅长 |

续表

| 序号 | 姓名 | 籍贯 | 军事出身 | 牺牲时间 | 牺牲地点 | 牺牲年龄 | 职衔 |
|---|---|---|---|---|---|---|---|
| 42 | 庞先梅 | 河南省安阳县 | 东北陆军讲武堂（奉系） | 1938年4月28日 | 山东省峄县 | 43 | 第一一四师第三四〇旅少将旅长 |
| 43 | 周元 | 广西省明江县 | 南宁军校 | 1938年5月9日 | 安徽省蒙城县 | 44 | 第一七三师中将副师长 |
| 44 | 江惟仁 | 安徽省庐江县 | 私塾（奉系） | 1938年5月12日 | 安徽省蒙城县 | 53 | 江苏绥靖公署少将参议 |
| 45 | 黄启东 | 湖南省平江县 | 黄埔军校 | 1938年5月14日 | 山东省菏泽县 | 46 | 第二十三师少将参谋长 |
| 46 | 李必蕃 | 湖南省嘉禾县 | 保定军校 | 1938年5月14日 | 山东省菏泽县 | 46 | 第二十三师中将师长 |
| 47 | 邓佐虞 | 河北省高阳县 | 保定军校（晋军） | 1938年5月18日 | 山东省萧县 | 38 | 第三九师少将参谋长 |
| 48 | 朱家麟 | 河北省满城县 | 保定军校 | 1938年5月18日 | 江苏省沛县 | 42 | 第三九师第一一五旅少将旅长 |
| 49 | 彭璋 | 湖南省湘乡县 | 广西讲武堂 | 1938年5月20日 | 安徽省灵璧县 | 39 | 第五十师少将副师长 |
| 50 | 易式谷 | 湖南省湘乡县 | 湖南弁目学堂 | 1938年5月22日 | 安徽省灵璧县 | 47 | 第二十二军副官少将处长 |

续表

| 序号 | 姓名 | 籍贯 | 军事出身 | 牺牲时间 | 牺牲地点 | 牺牲年龄 | 职衔 |
|---|---|---|---|---|---|---|---|
| 51 | 马威龙 | 广西省龙州县 | 黄埔军校 | 1938年5月24日 | 河南省兰封县 | 30 | 第四十六师第一三六旅少将旅长 |
| 52 | 陈德馨 | 河南省鄢陵县 | 西北军 | 1938年9月10日 | 湖北省武汉市 | 33 | 第二十九师第八十六旅少将旅长 |
| 53 | 王锡山 | 辽宁省凤城县 | 东北讲武堂 | 1938年10月11日 | 江西省德安县 | 36 | 第九十一师第二七一旅少将旅长 |
| 54 | 钟芳峻 | 广东省河源县 | 行伍（粤军） | 1938年10月18日 | 广东省增城县 | 42 | 第一五三师第四五九旅少将旅长 |
| 55 | 陈先正 | 湖北省江陵县 | 西北陆军军官学校 | 1938年10月21日 | 湖北省广水县 | 35 | 第一一九师少将参谋长 |
| 56 | 范荩 | 江西省丰城县 | 保定军校 | 1938年10月24日 | 湖北省黄陂县 | 39 | 第一九八师少将副师长 |
| 57 | 朱炎晖 | 浙江省瑞安县 | 行伍（粤军） | 1938年10月25日 | 湖北省大冶县 | 37 | 第一八五师第五四六旅少将旅长 |
| 58 | 冯安邦 | 山东省无棣县 | 行伍（西北军） | 1938年11月3日 | 湖北樊城 | 53 | 第四十二军中将军长 |
| 59 | 张镜远 | 安徽省含山县 | 西北陆军军官学校 | 1938年11月10日 | 湖南省岳阳县 | 32 | 新编二十三师第二旅少将旅长 |

续表

| 序号 | 姓名 | 籍贯 | 军事出身 | 牺牲时间 | 牺牲地点 | 牺牲年龄 | 职衔 |
|---|---|---|---|---|---|---|---|
| 60 | 徐积璋 | 山西省襄陵县 | 晋军 | 1938年12月5日 | 山西省闻喜县 | 32 | 第二〇五旅少将旅长 |
| 61 | 林英粲 | 湖北省黄冈县 | 保定军校 | 1939年1月13日 | 广东省花县 | 44 | 第一五二师少将副师长 |
| 62 | 李国良 | 湖南省长沙市 | 日本陆军士官学校 | 1939年3月7日 | 甘肃省天水县 | 43 | 天水行营中将处长 |
| 63 | 张谞行 | 浙江省杭县 | 保定军校 | 1939年3月7日 | 甘肃省天水县 | 36 | 军事委员会委员长驻天水行营中将副参谋长 |
| 64 | 赵翔之 | 河北省清苑县 | 保定军校 | 1939年3月7日 | 甘肃省天水县 | 41 | 军事委员会委员长驻天水行营参谋处少将副处长 |
| 65 | 绍存诚 | 江苏省宜兴县 | 黄埔军校 | 1939年3月18日 | 江西省吉安县 | 35 | 第三战区司令长官部参谋处少将处长 |
| 66 | 龚选登 | 广东省乐会县 | 黄埔军校 | 1939年3月21日 | 江西省永修县 | 40 | 第七十六师少将参谋长 |

续表

| 序号 | 姓名 | 籍贯 | 军事出身 | 牺牲时间 | 牺牲地点 | 牺牲年龄 | 职衔 |
|---|---|---|---|---|---|---|---|
| 67 | 王禹九 | 浙江省黄岩县 | 浙江陆军干部学校 | 1939 年 3 月 29 日 | 江西省奉新县 | 34 | 第七十九军参谋处长 |
| 68 | 王澄尘 | 山东省昌乐县 | 山东陆军将校讲习所（东北军） | 1939 年 4 月 9 日 | 河南省渑池县 | 50 | 第一〇六师少将副师长 |
| 69 | 陈安宝 | 浙江省黄岩县 | 保定军校 | 1939 年 5 月 6 日 | 江西南昌 | 46 | 第二十九军中将军长 |
| 70 | 唐聚五 | 吉林省双城县 | 东北讲武堂 | 1939 年 5 月 18 日 | 河北迁安 | 41 | 东北抗日游击队少将司令 |
| 71 | 方叔洪 | 山东省历城县 | 日本陆军士官学校 | 1939 年 6 月 25 日 | 山东省蒙阴县 | 32 | 第一一四师少将师长 |
| 72 | 马秉忠 | 甘肃省临夏县 | 西北军 | 1939 年 10 月 12 日 | 河南省淮阳县 | 29 | 暂编骑兵第一师第二旅少将旅长 |
| 73 | 金镜清 | 辽宁省本溪县 | 保定军校 | 1939 年 10 月 31 日 | 广西桂林市 | 47 | 军训部驻桂林办事处少将主任 |
| 74 | 马玉仁 | 江苏省盐城县 | 行伍（旧军人） | 1940 年 1 月 3 日 | 江苏阜宁 | 65 | 军事委员会少将参议兼鲁苏战区第一路游击司令 |

续表

| 序号 | 姓名 | 籍贯 | 军事出身 | 牺牲时间 | 牺牲地点 | 牺牲年龄 | 职衔 |
|---|---|---|---|---|---|---|---|
| 75 | 郑作民 | 湖南省新田县 | 黄埔军校 | 1940 年 2 月 3 日 | 广西昆仑关 | 38 | 第二军少将副军长兼第九师师长 |
| 76 | 钟毅 | 广西省扶南县（今属扶绥县） | 韶关讲武堂 | 1940 年 5 月 9 日 | 湖北苍台镇（今属河南） | 39 | 第一七三师少将师长 |
| 77 | 张敬 | 福建省福州市 | 日本陆军士官学校 | 1940 年 5 月 16 日 | 湖北枣阳 | 32 | 第三十三集团军少将高级参谋 |
| 78 | 张自忠 | 山东省临清县 | 山东法政学校（西北军） | 1940 年 5 月 16 日 | 湖北省宜城县 | 49 | 第三十三集团军总司令陆军中将加陆军上将衔 |
| 79 | 朱鸿勋 | 辽宁省农安县 | 东北讲武堂 | 1940 年 12 月 30 日 | 湖北藕池口 | 41 | 第五十三军中将副军长兼第一三〇师师长 |
| 80 | 蒋志英 | 浙江省诸暨县 | 黄埔军校 | 1941 年 4 月 19 日 | 浙江省临海县 | 39 | 台州守备指挥部少将指挥官 |
| 81 | 金述之 | 云南省曲靖县 | 云南讲武堂 | 1941 年 5 月 8 日 | 山西省垣曲县 | 48 | 第三军军械处少将处长 |

续表

| 序号 | 姓名 | 籍贯 | 军事出身 | 牺牲时间 | 牺牲地点 | 牺牲年龄 | 职衔 |
|---|---|---|---|---|---|---|---|
| 82 | 王竣 | 山西省蒲城县 | 黄埔军校 | 1941 年 5 月 9 日 | 山西中条山 | 38 | 新编第二十七师少将师长 |
| 83 | 陈文杞 | 福建省莆田县 | 黄埔军校 | 1941 年 5 月 9 日 | 山西省垣曲县 | 34 | 新编第二十七师少将参谋长 |
| 84 | 梁希贤 | 山西省同官县 | 黄埔军校 | 1941 年 5 月 10 日 | 山西省垣曲县 | 40 | 新编第二十七师少将副师长 |
| 85 | 刘克信 | 河北省获鹿县 | 保定军校 | 1941 年 5 月 11 日 | 山西省垣曲县 | 48 | 河北民军总指挥部少将参谋长 |
| 86 | 唐淮源 | 云南省江川县 | 云南省讲武堂 | 1941 年 5 月 12 日 | 山西中条山 | 55 | 第三军中将军长 |
| 87 | 寸性奇 | 云南省腾冲县 | 云南省讲武堂 | 1941 年 5 月 13 日 | 山西中条山 | 44 | 第十二师中将师长 |
| 88 | 万金声 | 河南省潢川县 | 保定军校 | 1941 年 5 月 13 日 | 山西省阳城县 | 50 | 第十五军少将附员 |
| 89 | 张世惠 | 河北省河间县 | 保定军校 | 1941 年 5 月 16 日 | 山西省垣曲县 | 43 | 第十四集团军参谋处少将处长 |

续表

| 序号 | 姓名 | 籍贯 | 军事出身 | 牺牲时间 | 牺牲地点 | 牺牲年龄 | 职衔 |
|---|---|---|---|---|---|---|---|
| 90 | 金崇印 | 河北省通县 | 县立高小（西北军） | 1941年7月16日 | 山西省绛县 | 45 | 第十七军少将参谋长 |
| 91 | 章亮基 | 湖南省长沙市 | 保定陆军军官学校 | 1941年8月11日 | 江西省宜春县 | 45 | 第九战区司令长官部军法执行监（中将） |
| 92 | 石作衡 | 山西省浑源县 | 北方陆军军官学校（晋军） | 1941年9月6日 | 山西中条山 | 34 | 第七十师少将师长 |
| 93 | 赖传湘 | 江西省南康县 | 黄埔军校 | 1941年9月24日 | 湖南长沙 | 38 | 第一九〇师少将副师长 |
| 94 | 李翰卿 | 山东省蒲县 | 福建随营学堂（闽军） | 1941年10月 | 湖南长沙 | 44 | 第五十七师少将指挥官 |
| 95 | 王禹钦 | 陕西省蓝田县 | 保定军校 | 1941年9月29日 | 山西省沁水县 | 52 | 第四十二师少将参谋长 |
| 96 | 武士敏 | 察哈尔省怀安县 | 西北军 | 1941年9月29日 | 山西太岳山 | 49 | 第九十八军中将军长 |
| 97 | 周名琳 | 湖南省茶陵县 | 黄埔军校 | 1942年3月4日 | 湖南省长沙市 | 36 | 第三十七军少将参谋长 |

续表

| 序号 | 姓名 | 籍贯 | 军事出身 | 牺牲时间 | 牺牲地点 | 牺牲年龄 | 职衔 |
|---|---|---|---|---|---|---|---|
| 98 | 闵季连 | 四川省奉节县 | 黄埔军校 | 1942 年 3 月 18 日 | 云南省保山县 | 41 | 第三十六师少将副师长 |
| 99 | 董续严 | 河北省威县 | 朝阳大学法政系（山东军） | 1942 年 5 月 18 日 | 浙江省诸暨县 | 41 | 新编第三十师少将参谋长 |
| 100 | 左权 | 湖南省醴陵县 | 黄埔军校 | 1942 年 5 月 25 日 | 山西省辽县 | 37 | 第十八集团军副参谋长 |
| 101 | 戴安澜 | 安徽省无为县 | 黄埔军校 | 1942 年 5 月 26 日 | 缅甸毛邦 | 38 | 第二〇〇师少将师长 |
| 102 | 姜宝德 | 辽宁省营口县 | 保定军校 | 1942 年 6 月 3 日 | 浙江省临川县 | 47 | 临川戒严司令部少将司令 |
| 103 | 胡义宾 | 江西省兴国县 | 黄埔军校 | 1942 年 7 月 2 日 | 缅甸埋通 | 35 | 第九十六师少将副师长 |
| 104 | 王凤山 | 山西省五台县 | 北方陆军官学校（晋军） | 1942 年 4 月 | 山西万泉 | 36 | 暂编第四十五师少将师长 |
| 105 | 张庆澍 | 山东省东阿县 | 保定军校 | 1942 年 8 月 20 日 | 山东省莒县 | 47 | 鲁苏战区司令部少将高级参谋 |

续表

| 序号 | 姓名 | 籍贯 | 军事出身 | 牺牲时间 | 牺牲地点 | 牺牲年龄 | 职衔 |
|---|---|---|---|---|---|---|---|
| 106 | 王立业 | 山西省运城县 | 北方陆军军官学校（晋军） | 1943年2月18日 | 山西省稷山县 | 36 | 第七十师少将副师长 |
| 107 | 胡武禹 | 河北省唐县 | 保定军校 | 1943年2月21日 | 山东省安丘县 | 47 | 山东省挺进总指挥部军事处少将处长 |
| 108 | 周复 | 江西省临川县 | 黄埔军校 | 1943年2月21日 | 山东省安丘县 | 43 | 鲁苏战区政治部中将主任 |
| 109 | 张职桙 | 河北省大城县 | 保定军校 | 1943年2月21日 | 山东省安丘县 | 42 | 第一一三师少将参谋长 |
| 110 | 魏凤韶 | 山东省黄县 | 直隶陆军讲武堂（东北军） | 1943年5月14日 | 山东省新泰县 | 50 | 鲁苏战区总司令部副官处少将处长 |
| 111 | 邵恩三 | 山东省济宁县 | 西北军 | 1943年5月4日 | 河南省林县 | 38 | 第二十四集团军少将高级参谋 |
| 112 | 黄德心 | 河南省永城县 | 东北讲武堂 | 1943年8月1日 | 山东省邹县 | 38 | 第一一四师少将师长 |
| 113 | 彭士量 | 湖南浏阳 | 黄埔军校 | 1943年11月15日 | 湖南石门 | 38 | 暂编第五师师长 |

续表

| 序号 | 姓名 | 籍贯 | 军事出身 | 牺牲时间 | 牺牲地点 | 牺牲年龄 | 职衔 |
|---|---|---|---|---|---|---|---|
| 114 | 许国璋 | 四川成都 | 合川军官传习所 | 1943 年 11 月 21 日 | 湖南常德 | 46 | 第一五〇师少将师长 |
| 115 | 孙明瑾 | 江苏宿迁 | 黄埔军校 | 1943 年 12 月 1 日 | 湖南常德 | 38 | 预备第十师少将师长 |
| 116 | 黄永准 | 四川省安岳县 | 黄埔军校 | 1944 年 5 月 1 日 | 河南省许昌县 | 37 | 新编第二十九师少将副师长 |
| 117 | 吕公良 | 浙江省开化县 | 黄埔军校 | 1944 年 5 月 2 日 | 河南省许昌县 | 36 | 新编第二十九师少将师长 |
| 118 | 卢光伟 | 辽宁省凤城县 | 东北讲武堂 | 1944 年 5 月 5 日 | 安徽省颍上县 | 42 | 骑兵第八师少将副师长 |
| 119 | 王宇震 | 河南省汲水县 | 河南军官讲习所 | 1944 年 5 月 20 日 | 河南省洛阳县 | 47 | 第六十四师少将参谋长 |
| 120 | 李家钰 | 四川省蒲江县 | 四川陆军军官学校 | 1944 年 5 月 21 日 | 河南省陕县 | 52 | 第三十六集团军中将总司令 |
| 121 | 萧孝泽 | 四川省富顺县 | 行伍（川军） | 1944 年 5 月 21 日 | 河南省陕县 | 32 | 第三十六集团军少将高级参谋 |
| 122 | 陈绍堂 | 四川省邻水 | 行伍（川军） | 1944 年 5 月 21 日 | 河南省陕县 | 48 | 第一〇四师少将步兵指挥官 |

续表

| 序号 | 姓名 | 籍贯 | 军事出身 | 牺牲时间 | 牺牲地点 | 牺牲年龄 | 职衔 |
|---|---|---|---|---|---|---|---|
| 123 | 王剑岳 | 湖南省澧县 | 黄埔军校 | 1944 年 6 月 10 日 | 河南省灵宝县 | 38 | 第八师少将副师长 |
| 124 | 余子武 | 广东省台山县 | 日本陆军士官学校 | 1944 年 7 月 22 日 | 湖南省衡阳县 | 43 | 第一五一少将副师长 |
| 125 | 王甲本 | 云南省平彝县 | 云南讲武堂 | 1944 年 9 月 7 日 | 湖南省东安 | 43 | 第七十九军中将军长 |
| 126 | 史蔚馥 | 江苏省溧阳县 | 保定军校 | 1944 年 10 月 31 日 | 广西省永福县 | 52 | 广西绥靖公署少将高级参谋 |
| 127 | 阚维雍 | 广西省柳州市 | 广西陆军讲武堂 | 1944 年 11 月 10 日 | 广西桂林 | 44 | 第一三一少将师长 |
| 128 | 陈济桓 | 广西省岑溪县 | 桂军 | 1944 年 11 月 10 日 | 广西桂林 | 52 | 桂林防守司令部中将参谋长 |
| 129 | 吕旃蒙 | 湖南省零陵县 | 黄埔军校 | 1944 年 11 月 10 日 | 广西桂林 | 39 | 第三十一军少将参谋长 |
| 130 | 胡厚基 | 湖北省天门县 | 日本陆军士官学校 | 1944 年 11 月 10 日 | 广西桂林 | 41 | 第一七〇师少将副师长 |
| 131 | 陈克球 | 湖南省宝庆县 | 保定军校 | 1944 年 11 月 25 日 | 广西省南丹县 | 47 | 军训部步兵监部中将副监 |

续表

| 序号 | 姓名 | 籍贯 | 军事出身 | 牺牲时间 | 牺牲地点 | 牺牲年龄 | 职衔 |
|------|------|------|----------|----------|----------|----------|------|
| 132 | 王辉武 | 湖北省汉川县 | 黄埔军校 | 1944年11月25日 | 广西省南丹县 | 38 | 第四战区司令长官部参谋处少将处长 |
| 133 | 岑锓 | 广东省台山 | 黄埔军校 | 1944年11月25日 | 广西省南丹县 | 38 | 高射炮第三防空区少将指挥官 |
| 134 | 齐学启 | 湖南省宁乡县 | 美国诺维奇大学 | 1945年5月 | 缅甸仰光 | 45 | 新编第三十八师少将副师长 |

说明：1. 收录标准为经过国民政府或军方正式任命的少将职位以上军官。2. 因事故或疾病亡故者不予收录。3. 地方武装任命的将领不予收录。4. 牺牲时无法判断是否为少将以上职务者不予收录。5. 除上述资料外，参考了《国民政府公报》（1942年12月31日）、台北"国史馆"藏《行政院长蒋中正呈国民政府为军事委员会函送抗敌殉难将领令抚敌殉难将领忠良等烈首都忠烈祠》（1942年12月31日）、台北"国史馆"藏《国民政府档案，001/036130/00001/001》、国民政府为抗敌殉难将领张台忠等三十八员入祀首都忠烈祠并同时入祀全国各省市县忠烈祠》（1942年12月31日）、台北"国史馆"藏《汤恩伯刘汝明陈诚等呈国民政府主席蒋中正青国国殇中正戴安澜及朱绍良恩阁经繁等人》（1948年4月22日）、台北"国史馆"藏《国民政府档案，001/036130/00001/002》、胡博、王戡《碧血千秋：抗日阵亡将军录》，武汉：武汉大学出版社 2013年版；《正面战场主要阵亡将领》，成都：四川人民出版社 2015年版，第133—231页；刘绍唐主编《民国人物小传》，上海：上海三联书店 2014年版；民政部优抚安置局主编《著名抗日英烈和英雄群体》，北京：中国社会出版社 2015年版。

　　根据上表,可以从年龄、籍贯、学历、出身背景、牺牲时间阶段、派系等方面对抗战时期国民政府牺牲的将领进行简略的分析和探讨。

　　首先,从高级将领牺牲的时间段来看,抗战进入相持阶段以后,国民政府军队在正面战场与日军依然进行了惨烈的战斗,国民党将领继续进行了英勇的作战。1937 年全面抗战爆发至 1938 年 10 月抗战进入相持阶段,牺牲的将领人数为 57 人,约占牺牲将领总数的 42.5%;1938 年 10 月至抗战胜利,牺牲的将领为 77 人,占牺牲将领总数的 57.5%。①

　　全面抗战开始后的 1937 年和 1938 两年,是整个抗战期间战斗最惨烈的两年。根据相关的统计,国民政府军队这一时期每天阵亡官兵达 693 人,负伤 1 348 人。② 与之相应,在抗战开始后的一年多时间里,国民政府牺牲的将领占了整个抗战时期总数的四成之多,反映在全面抗战初期的战略防守阶段,国民政府军队在正面战场进行了英勇的抵抗,也付出了巨大的牺牲和代价。另一方面,进入相持阶段后,国民政府牺牲的将领亦为数不少。一般认为,1938 年秋抗战进入相持阶段后,随着中日双方战略调整,国民政府正面战场压力减轻,大规模战役减少。事实上,相持阶段的正面战场仍承受着巨大的牺牲,仍时常发生惨烈的战斗,如常德会战、枣宜战役、豫湘桂战役等,众多的国民政府将领在相持阶段殉职。

　　其次,从牺牲的高级将领的出身看。在上表 134 位牺牲的国民政府将领中,国民党中央军(黄埔军校出身)34 人,约占牺牲将领

---

① 虽然抗战从 1945 年初开始尚有短暂的局部反攻阶段,但鉴于该阶段牺牲的唯一将领齐学启实际上是 1942 年远征军入缅作战期间被日军俘虏,后于 1945 年 5 月在狱中遇害。因此,战略反攻阶段的牺牲将领人数可忽略不计。

② 迟景德:《中国对日抗战损失调查史述》,台北:"国史馆"1987 年版,第 123 页。

总数的 25.4%；非中央军校背景出身的将领 100 人，约占牺牲将领的 74.6%，其中具体为：西北军 15 人、东北军 13 人、川军 8 人、晋军 6 人、桂军 6 人、滇军 6 人、湘军 3 人、粤军 2 人、鲁军 1 人、浙军 1 人、豫军 1 人、闽军 1 人。此外，保定军校 29 人、留日军校 6 人、留美军校 1 人、旧军人 1 人。其中，西北军、东北军、晋军、桂军牺牲将领数目也大体与全面抗战开始前后各地方实力派的军事实力相符合。而且，地方军队将领的牺牲人数亦不少，其总数远高于中央军的 34 人，这充分说明了地方军在抗战期间也积极活跃于抗战前线，敢于作战，不畏牺牲。此外，保定军校出身的牺牲将领仅比黄埔军校略少，这也反映出保定军校在当时中国军界的地位。

再次，从牺牲将领的年龄看，黄埔出身的军人显得相对年轻。在牺牲的国民政府将领中，虽然最年轻的将领不是黄埔出身的中央军，而是牺牲时年仅 29 岁的西北军将领马秉忠，但中央军牺牲的将领明显年轻于地方军牺牲的将领：黄埔军校出身的将领牺牲时平均年龄为 37 岁，地方军将领牺牲时的平均年龄为 41 岁，即黄埔出身的将领年龄比地方军出身的将领小 4 岁余。与保定军校出身将领牺牲时的平均年龄 44 岁相比，黄埔军校出身将领显得更加年轻化。

在牺牲的国民政府将领中，最年长的将领是行伍出身的旧军人马玉仁少将，殉职时年龄高达 65 岁。50 岁以上的老将领共 11 人，分别为保定军校的张培梅、万金声、王儒钦、史蔚馥，东北军的王淦尘、魏凤韶，西北军的冯安邦，旧军人马玉仁，滇军唐淮源，川军李家钰，桂军陈济桓。11 人中并无黄埔军校毕业者。这在一定程度上也反映出抗战时期黄埔将领的升迁速度较快，一般陆军将领有"黄埔化"的趋势，战前保定军校所占的重要地位，战时逐渐为黄埔所取代,在直接掌握兵权的军长、师长阶层,这种趋势尤为明显。①

此外,从牺牲将领的军衔、职务来看,军衔最高为上将(含追赠和追晋),职务分别为集团军总司令张自忠和李家钰,二人军事出身分别为西北军和川军,均为地方军将领。军长以上职务者(含副军长)12人,分别为:佟麟阁、郝梦龄、吴克仁、冯安邦、陈安宝、张自忠、郑作民、朱鸿勋、唐淮源、武士敏、李家钰、王甲本。其中只有郑作民为中央军黄埔军校出生,非中央军将领占军长职衔的牺牲人数的90%以上。

总体而言,抗战时期,多数国民政府将领是抱着必死的决心报效国家,投身战场,具有强烈的以死捍卫国家尊严和军人荣誉的血性。佟麟阁说:"战死者光荣,偷生者耻辱。荣辱系于一人者轻,而系于国家民族者重。国家多难,军人应当马革裹尸,以死报国。"②枣宜会战前夕,张自忠给所部团长以上军官写了一封亲笔信,充分表达了战时一名血性将领决心为国家和民族尽最大努力,不死不已的决心。③

此外,抗战时期,中国共产党领导的八路军、新四军以及东北和华南等地的抗日部队,除了少数将领在抗战初期开始改编时被国民政府授予正式军衔外,在此后长期的抗战和部队发展过程中,不再得到国民政府的正式任命或授予军衔。按照当时国民革命军的旅级指挥员相当于少将军衔的一般标准,八路军、新四军等中国共产党领导的抗日军队牺牲的将领除了副参

---

① 张瑞德:《山河动:抗战时期国民政府的军队战力》,第6页。
② 党德信、杨玉文主编:《国民党抗战骁将》,北京:解放军出版社1994年版,第45页。
③ 党德信、杨玉文主编:《国民党抗战骁将》第16页。

谋长左权外,尚有 100 多位。①

## 第三节　牺牲将领的抚恤

中国的抚恤政策源远流长。自商周以来,抚恤作为国家权威
与恩泽的象征之一就已经存在。太公吕尚(姜子牙)辅佐武王从政
治军,提出:"凡行军吏士有伤亡者,给其丧具,使归邑墓,此坚军全
国之道也。"②可见,最初的抚恤对象即为行军战斗中的伤者和亡
者。晚清以后,随着西方军事管理技术的传入和军事近代化的开
始,中国各政府在原有抚恤传统的基础上,开始仿效西方,建立起
专业的军队抚恤体系。1927 年南京国民政府建立不久,即于 1928
年制定颁布了《陆海空军平战时抚恤条例》,1935 年又分别修订颁
行新的《陆军平战时抚恤暂行条例》《海军平战时抚恤暂行条例》
《空军平战时抚恤暂行条例》。此后,经补充和完善,国民政府逐步
建立起一套较为成熟的军人抚恤体系。③

抗战前夕,时任国民政府军事委员会副委员长的冯玉祥再三
强调称:北伐能够取得胜利,"未三年而北达燕冀,底定中国",除因
"本党主义使将士甘于用命",更在于将士具有"牺牲精神",政府理
应特别优恤。况且,"今国家多难,外患日亟,欲图御侮救亡,固宜
物质经济尽量筹备",但"首要则实在乎人心,必先使将士有敢死之

---

① 耿雨霞:《抗战期间牺牲的中共将领群体的考证与定位》,南京师范大学硕士学位论
　文,2009 年,第 23 页。

② [唐]杜佑撰,王文锦、王永兴等校:《通典》卷一四九《兵典》,北京:中华书局 1988 年
　版,第 3808 页。

③ 姜迎春:《国家保障:民国时期公职人员抚恤问题研究》,北京:中国社会科学出版社
　2017 年版,第 29—80 页。

心，然后可操必胜之券"。军事委员会即根据冯玉祥的提案，制定了更为详细的《历次阵亡残废受伤革命军人特别优恤办法全案》，其中包括《各县设立忠烈祠办法》《各地建筑阵亡将士公墓办法》，由行政院通令各地办理。①

抗战初期，国民政府的抚恤制度基本是沿用 1935 年颁布的条例，以恤金抚恤为主。但实际上，全面抗战开始后的情况与此前对比已发生了很大的变化。因战局发展变化过快，发恤不及时等因素的影响，国民政府抚恤的效果不尽人意。1938 年 7 月通过的《中国国民党抗战建国纲领》中再次强调："抚慰伤亡官兵，安置残废，并优待抗战人员家属以增高士气，而为全国动员之鼓励。"②

对于伤亡将士的抚恤问题，国民政府最高统帅蒋介石十分重视，先后多次催促各部队认真办理伤亡抚恤事宜。③ 1939 年 7 月，在抗战两周年纪念日上，蒋介石在发表通电慰问阵亡将士家属的同时，"督促主管抚恤机关，恪谨处理，务臻周详，以期消灭各家属颠沛流离之痛苦"。④ 在蒋介石的指示下，国民政府针对前期抚恤问题进行纠正改进：（1）对于积压恤案，"凡各部长官对于阵亡官兵，务须随时申报事实及其籍贯，世居亲属情形，迅速请恤，不得积压"。（2）对于地方政府发恤，"各级地方政府凡奉核定应发当地阵亡将士家属之恤金，无论财政如何困难，此款必须随到随拨，否则一经查处，或经家属告发，定予严惩不贷"。（3）对于考核抚恤落实状况，"凡党政军各机关派往前后方视察与检阅之文武官员，每至

---

① 《军政部训令》，《军政公报》第 228 号，1936 年 5 月 30 日，第 137—144 页。

② 《国民政府训令》（1938 年 7 月 2 日），国民政府文官处印铸局：《国民政府公报》第 134 册，第 8 页。

③ 《蒋介石日记》（手稿本），1938 年 3 月 15 日、11 月 24 日，1943 年 10 月 23 日。

④ 《慰问阵亡将士家属　蒋委员长昨发出通电》，《中央日报》1939 年 7 月 8 日，第 2 版。

一地应即查访该地阵亡将士之遗族，其应领抚恤应否照章领得，此为出差人员考成之一"。①

然而，直至 1941 年，国民政府军事委员会始公布施行新的《陆军抚恤暂行条例》，责令陆军伤亡官佐、士兵的抚恤均依照该条例办理。抚恤分为战时和平时两类，其抚恤金又分"一次恤金"和"年抚金"两种。其中，"一次恤金"按死亡者议准给恤时，依照恤金表数目，给予该死亡者遗族恤金一次；"年抚金"则按伤亡者阶级议准给恤时，依照恤金表数目，分别给予受伤者及死亡者遗族年抚金。②与此同时，军委会亦针对海军、空军的特点，颁行新的抚恤条例。③

另一方面，为优恤伤亡官兵并救济其遗族，国民政府军事委员会抗战开始后不久即以"自抗战军事发动以来，全国将士上下一心，喋血浴战，所有伤亡亟应从事抚恤，用慰忠魂"，决定根据 1938 年 6 月 30 日颁布的《国民政府军事委员会抚恤委员会组织条例》设置抚恤委员会，统辖抗战时期全部恤政。④此后，抚恤委员会根据业务办理的需要，在全国地方设置分支机构，将全国划分为若干抚恤区，在重要省份如陕西、河南、湖南、广西等地设立抚恤处，分区处理抚恤事宜。⑤ 1939 年 3 月，军委会又颁行《陆军各部队抚恤事务委员会组织规程》，规定以师为单位设立抚恤事务委员会。这些

---

① 《抚恤法规补充办法》，《中央日报》1939 年 7 月 8 日，第 2 版。
② 《军事委员会抄发陆军抚恤暂行条例训令》(1941 年 3 月 17 日)，中国第二历史档案馆编：《中华民国史档案资料汇编》第五辑第二编，"军事"(一)，第 514—520 页。
③ 《国民政府公布海军抚恤暂行条例指令》(1942 年 4 月 22 日)、《国民政府公布空军抚恤条例训令》(1943 年 8 月 31 日)，中国第二历史档案馆编：《中华民国史档案资料汇编》第五辑第二编，"军事"(一)，第 521—538 页。
④ 《军事委员会公布抚恤委员会组织条例训令》(1938 年 6 月 30 日)，中国第二历史档案馆编：《中华民国史档案资料汇编》第五辑第二编，"军事"(一)，第 157—158 页。
⑤ 姜迎春：《国家保障：民国时期公职人员抚恤问题研究》，第 126—127 页。

措施与办法的实施,无疑有助于战时抚恤业务的进行。据统计,抗战期间,国民政府共抚恤了 458 039 名官兵,占伤亡总数的 9.2%。[1]

　　抚恤包括抚慰和恤赈两部分,前者主要是精神上的抚慰和政治荣誉,后者乃是给予钱款或物质照顾。[2] 抚恤金作为抚恤的重要载体,是衡量抚恤水平的一个重要标志。国民政府亦将残废军人与遗族之抚恤教养作为提高人民生活水准之起点之一。[3] 1938 年以后,随着物价渐趋上涨,通货膨胀日重,国民政府采取多项措施,对恤金数额进行了数次调整。到抗战后期,抗战阵亡将领的抚恤金由最初的 800 元最高可涨到 20 万元。恤金种类则在抗战前原定的一次恤金和年恤金两项之外,于 1944 年开始增列特恤金及救济金,1945 年增列公粮贷金。[4] 即便如此,与高涨的物价相比较,实际所得仍是杯水车薪。[5] 此外,国民政府对抗战牺牲将士亦拨发一定的埋葬费,以购备棺木衣衾及埋殓之用。如由其遗族自行埋殓,或在给假回籍途中死亡者,埋葬费则发给其遗族。[6] 但实际上,抚恤条例所规定的埋葬费,金额有时尚不足以买一张草席。[7]

　　对于抗战时期的广大官兵,国民政府在予以抚恤金补偿的同

① 张瑞德:《抗战时期的国军人事》,台北:"中央研究院"近代史研究所 1993 年版,第 105 页。

② 孟昭华:《中国民政史稿》,哈尔滨:黑龙江人民出版社 1986 年版,第 130 页。

③《蒋介石日记》(手稿本),1943 年 10 月 23 日。

④ 许高阳:《国防年鉴》,香港:香港中美图书公司 1969 年版,第 133—134 页;《行政院长蒋中正呈国民政府请明令褒扬故第三十六集团军总司令李家钰》(1944 年 7 月 5 日),台北:"国史馆"藏,国民政府档案,001/036000/00139/017。

⑤ 张瑞德:《抗战时期的国军人事》,第 91 页。

⑥《军事委员会颁行陆军暂行给与规则》(1944 年 9 月),中国第二历史档案馆编:《中华民国史档案资料汇编》第五辑第二编,"军事"(一),第 471 页。

⑦ 张治中:《张治中回忆录》,北京:华文出版社 2014 年版,第 293 页。

时，亦通过多种精神上的纪念和抚恤，慰藉亡故者之亲属、遗族，激发后来者前进。1938 年 7 月，国民政府军事委员会即制定初步纪念办法，规定每年于 7 月 7 日的双七节追悼全体阵亡将士及死难同胞，全国各省市县镇设立公共祭场，举行公祭，并须于适当地点建立抗日阵亡将士纪念碑或抗日阵亡将士墓。① 国民党中央党部同样命令各省党部"于各省、各地普设抗战阵亡将士纪念碑"②。1938年《战地守土奖励条例》提出的奖励方式之一是"建造纪念坊塔"。③1941 年，军事委员会又与行政院联合公布《国殇墓园设置办法》，提出"国殇墓园"类型。④

　　在具体的实施过程中，国民政府逐渐发展形成一套针对各级官兵及其遗族的精神抚恤方案，具体包括政府褒扬、国葬、公葬、入忠烈祠、建纪念牌坊、公祭等方式。具体则依据牺牲者的社会地位和贡献而定，以使亡者声名传诸后世，同时激励生者。⑤

　　抗战期间，由政府明令褒扬者包括张自忠等 148 人。这 148 人

① 《行政院关于举行七月七日追悼全体阵亡将士及死难同胞复宁夏电》(1938 年 7 月 3 日)，宁夏档案局(馆)编：《抗战时期的宁夏：档案史料汇编》上，重庆出版社 2015 年版，第 276—277 页。

② 《抗战阵亡将士纪念碑中央令饬各省普设并定完成日期赶建》，《申报》，1939 年 2 月 13 日，第 10 版。

③ 《战地守土奖励条例》(二十七年三月二十五日公布)，《四川省政府公报》第 115 期，1938 年 5 月 1 日，第 21—23 页。

④ 《国殇墓园设置办法》(三十年七月十三日军委会行政院公布)，《浙江省政府公报》第 3317 期，1941 年 9 月 11 日，第 2—3 页。

⑤ 姜迎春：《国家保障：民国时期公职人员抚恤问题研究》，第 142—145 页。

中,大多为国民政府将领。① 1940 年七七纪念日之际,国民政府决定根据蒋介石的提案,对南昌战役、桂南战役、鄂中战役中"忠勇为国,壮烈牺牲"的第二十九军军长陈安宝、第九师师长郑作民、第三十三集团军总司令张自忠等四人予以明令褒扬抚恤,并将生平事迹"存备宣付史馆,以彰忠烈"。② 国民政府在对张自忠的褒扬令中称:

> 陆军上将第三十三军集团军总司令张自忠久膺军旅,夙著忠贞。卢沟桥事变后转战前方,屡建奇勋,方冀干城永寄,翊成复兴大业,乃以鄂中战役,亲当前锋,抱成仁取义之决心,奋勇渡河截敌,重创喋血,犹复猛进不已,并谆谆以效忠国家民族,雪耻复仇勖勉部众,终因伤重殉职,全军感痛,政府追怀壮烈,轸悼良深,应予明令褒扬,交军事委员会从优议恤,生平事迹存备宣付国史馆,以示国家笃念忠勋之至意。③

"国之大事,在祀与戎"。祭祀在传统中国意义重大,且具有相当长的历史传统与渊源。④ 从北伐时期提出初步的忠烈祭祀制度规划开始,到抗战时期,国民政府逐渐建立起一整套从营造、入祀、

---

① 许高阳:《国防年鉴》,第 135—136 页。其中的高级将领并非完全是在战场上牺牲殉职的。例如,褒扬将领中的川军将领刘湘、桂系将领廖磊均是因病逝世。1938 年,川康绥靖主任、四川省主席刘湘在率川军出川抗日不久后积劳病故,鉴于"该故主席矢志忠贞,功在党国",国民政府明令予以褒恤,追赠陆军一级上将并派员致祭,特予国葬。《国民政府令》,《国民政府公报》(1938 年 2 月 14 日),第 131 册,第 10 页。

②《行政院长蒋中正呈国民政府请褒恤陈安宝郑作民张自忠钟毅等四员》(1940 年 7 月 8 日),台北:"国史馆"藏,国民政府档案,001/036000/00131/001。

③《国民政府明令褒扬张自忠》(1940 年 7 月 7 日),台北:"国史馆"藏,国民政府档案,001/036000/00131/002。

④ 王学军、贺威丽:《"国之大事,在祀与戎"的原始语境及其意义变迁》,《古代文明》2012 年第 2 期,第 92 页。

公祭、日常管理到调查统计的国家忠烈祭祀制度。通过祠墓营建和忠烈入祀，以褒扬死者，安慰、鼓励生者。①

对于阵亡将领，国民政府一般会视其情形进行国葬或公葬。1930 年 10 月，国民政府公布的《国葬法》规定，有殊勋于国家者身故后举行国葬，葬礼费用由国民政府承担并派员组织国葬典礼。而且国葬举行之日凡公务人员均须臂缠黑纱，全国停止娱乐，各机关团体及商店民居均下半旗以志哀悼。② 抗战开始前夕，国民政府对《国葬法》《国葬墓园条例》及国葬仪式进行了修订。③ 规定"中华民国国民有特殊勋劳，或伟大贡献，足以增进国家地位民族光荣，或人类福利者"，在其身故后经行政院提请国民党中政会投票，2/3 以上同意者，即由国民政府明令予以国葬，由内政部设立国葬典礼办事处。国葬举行之日，由国民政府派员致祭，全国下半旗志哀。凡国葬者均应葬于国葬墓园，国葬费用为 1 万元。如愿择地另葬者，应经国民政府核准，由其家属领费自行安葬，但仍应于国葬墓园内，建筑碑记。④ 与此同时，国民政府规定公葬费用最多不得超过 5 000 元。⑤

---

① 王余辉：《安生慰死：南京国民政府国家忠烈祭祀制度的建立》，《抗日战争研究》2018 年第 2 期，第 44—62 页。

②《国葬法》，《内政公报》1930 年第 3 卷第 10 期，第 5 页。

③《国民政府训令行政院关于公葬及公葬墓园暂行条例修正草案经中国国民党中央政治委员会决议通过转饬行政院以院令公布施行等情令仰遵照办理》(1937 年 4 月 8 日)，台北："国史馆"藏，国民政府档案，001/012111/00010/011；《国民政府明令修正公布国葬仪式训令直辖各机关通饬施行》(1937 年 7 月 29 日)，台北："国史馆"藏，国民政府档案，001/012111/00010/010。

④《修正国葬法》，《新闻杂志》第 1 卷第 24 期，1937 年 4 月 24 日，第 3 页。

⑤《国民政府主计长徐堪呈主席蒋中正为遵谕会同行政院考试院改拟国葬公葬费支给标准呈请鉴核》(1947 年 8 月 8 日)，台北："国史馆"藏，国民政府档案，001/012111/00011/007。

抗战开始不久，国民政府先后议决为牺牲的将领郝梦龄、刘家麒等人举行国葬。① 但是，随着战事的进行，为节约人力物力，国民政府即将国葬公葬一事搁置到战后再行处理。1939 年 6 月，国民政府决议"在抗战期间，所请国葬公葬等案，应俟战事结束时提出决议"②。1940 年 7 月 6 日，行政院呈请明令褒扬张自忠，并入忠烈祠，亦未规定国葬典礼。③ 1942 年，国民政府继续决定抗战阵亡将士之葬典应俟战事结束后再行汇案办理。例如，1944 年 6 月，李家钰在豫中会战中牺牲后不久，四川省参议会即电请国民政府褒扬李家钰并予国葬。④ 对此，国民政府决定按此前的规定，将国葬一节暂从缓议，俟战后再行办理。与此同时，以李家钰"为国成仁"，应先优予褒扬并入祀忠烈祠："率师抗战，时逾七载。此次保卫河洛，激战兼旬，虽寇势未摧，而凶锋已遏，卒以众寡悬殊，忠烈殉国，不有褒恤，何励来兹"。⑤ 稍后，国民政府为"激励士气，体念忠良"，即据此办理李家钰的褒扬与抚恤事宜。具体包括："一、由国民政

---

① 《汤恩伯刘汝明陈诚等呈国民政府主席蒋中正请国葬抗战殉国之戴安澜及宋哲元佟麟阁赵登禹等人》（1948 年 4 月 22 日），台北："国史馆"藏，国民政府档案，001/036000/00022/005。

② 《国民政府训令行政院关于中央常会决议在抗战期间国葬公葬等案俟战争结束时提出决议令仰知照》（1939 年 6 月 23 日），台北："国史馆"藏，国民政府档案，001/012111/00011/005。

③ 《国民政府文官处函军事委员会委员长侍从室第二处为抗战期间所请国葬公葬案应俟战事结束时提出决议》（1944 年 6 月 16 日），台北："国史馆"藏，国民政府档案，001/036000/00139/009。

④ 《军事委员会委员长侍从室第二处函国民政府文官处为褒扬李家钰并予国葬等由查抗战将士之葬典似曾决定俟战后汇办请查明示复》（1944 年 6 月 15 日），台北："国史馆"藏，国民政府档案，001/036000/00139/008。

⑤ 《国民政府主席蒋中正电文官长魏怀据四川省临时参议会请褒扬李家钰一案应予优先褒扬并入祀忠烈祠》（1944 年 6 月 21 日），台北："国史馆"藏，国民政府档案，001/036000/00139/015。

府明令褒扬,生平事迹宣付国史馆,并入祀首都忠烈祠;二、由铨叙厅核定追赠官位;三、子女教养交教育部核办;四、发给特恤费 25 万元;五、公葬俟战后统筹举办;六、候补送请恤表从优核恤。"①

但是,对于国葬一节,国民政府在对李家钰的褒恤中未予讨论。9 月,国民参政会复向国民政府提出,"当此胜利在望,为激励将士起见",提议对李家钰先行颁布明令予以国葬,俟抗战胜利后再补行仪式。② 国民政府即以李家钰既经国民政府明令褒扬,国葬一节应仍照 1939 年关于国葬公葬的决议,俟抗战结束后再行汇案办理,不必先行颁令。③ 1944 年 12 月下旬,李家钰之胞弟又以空袭频仍,通过四川省临时参议会电请国民政府将尚停置在堂的李家钰棺椁先期厝殡,并派员组织国葬典礼委员会,主持厝殡事宜,俟战事结束再行遵照国葬仪式办理。④ 然而,这一请求仍被国民政

---

① 《行政院长蒋中正呈国民政府请明令褒扬故第三十六集团军总司令李家钰》(1944 年 7 月 5 日),台北:"国史馆"藏,国民政府档案,001/036000/00139/017。

② 《国民参政会参政员邵从恩等电国民政府主席蒋中正为李家钰抗战殉职可否先行颁布明令予以国葬俟抗战胜利后补行仪式是否有当伏乞睿裁》(1944 年 9 月 18 日),台北:"国史馆"藏,国民政府档案,001/036000/00139/023。

③ 《国民政府文官处呈主席蒋中正为故上将李家钰先行颁布明令予以国葬俟抗战胜利后补行仪式案伏乞睿裁》(1944 年 9 月 21 日),台北:"国史馆"藏,国民政府档案,001/036000/00139/024;《国民政府主席蒋中正电文官长魏怀为故上将李家钰既经明令褒扬国葬一节应仍照中常会决议俟战事结束后汇办不必先行颁令》(1944 年 11 月 22 日),台北:"国史馆"藏,国民政府档案,001/036000/00139/025。

④ 《四川省临时参议会第二届第四次大会电国民政府主席蒋中正请中央准予先期厝殡故上将李家钰并派员主持厝殡事宜俟战时结束再行国葬》(1944 年 12 月 20 日),台北:"国史馆"藏,国民政府档案,001/036000/00139/027。

府委婉拒绝。①

抗战胜利后,国民政府重新修订国葬法、公葬条例,②同时参酌当时的物价等情形将国葬费用增加为2亿元,公葬费用增加为1亿元。③ 1947年5月,国民政府以张自忠英毅超伦,矢心报国,"于抗日期间督军保卫疆土,勋劳炳著,见危授命,壮烈忠贞,允为军人模范。今抗战成功,自宜特予国葬,用慰英灵,而昭懋典"。④ 1948年3月,国民政府决定对抗战时期阵亡之将领佟麟阁、赵登禹、戴安澜等37人举行公葬。⑤ 同年5月,国民政府又决定对抗战牺牲的将领李家钰、郝梦龄二人予以国葬。⑥

_____

① 《国民政府主席蒋中正电文官长魏怀关于故上将李家钰国葬案仍应俟战事结束后汇案办理希即照签注意见婉覆可也》(1945年1月2日),台北:"国史馆"藏,国民政府档案,001/036000/00139/029;《国民政府文官处电四川省临时参议会关于故上将李家钰国葬案按国葬法第七条系指业经明令公布国葬者而言与李家钰国葬情形稍有不同相应查案转知》(1945年1月10日),台北:"国史馆"藏,国民政府档案,001/036000/00139/030。

② 《立法院长孙科呈国民政府主席蒋中正为呈送国葬法及公葬条例请鉴核公布施行》(1947年11月20日),台北:"国史馆"藏,国民政府档案,001/012111/00011/0011;《国民政府明令公布修正国葬法》(1947年12月05日),台北:"国史馆"藏,国民政府档案,001/012111/00011/0012;《国民政府明令公布公葬条例》(1947年12月05日),台北:"国史馆"藏,国民政府档案,001/012111/00011/0013。

③ 《国民政府主计长徐堪函文官处为改订国葬费为二亿元公葬费为一亿元案业经行政院会议通过》(1947年9月20日),台北:"国史馆"藏,国民政府档案,001/012111/00011/009。

④ 《国民政府明令故总司令张自忠特予国葬着内政部依法筹办定期举行》(1947年5月),台北:"国史馆"藏,国民政府档案,001/036000/00131/0018。

⑤ 《抗战殉职忠烈将领拟请公葬报告表》,见《汤恩伯刘汝明陈诚等呈国民政府主席蒋中正请国葬抗战殉国之戴安澜及宋哲元佟麟阁赵登禹等人》(1948年4月22日),台北:"国史馆"藏,国民政府档案,001/036000/00022/005。

⑥ 《国民政府明令准国葬张继等六人》(1948年5月19日),台北:"国史馆"藏,国民政府档案,001/036300/00001/029。

碑祠的修建主要为纪念一些著名的战役和普通将士。抗战时期,国民政府对阵亡将士入忠烈祠及建立纪念牌坊较为重视。1938年3月,中国国民党临时全国代表大会提出:"凡此次抗战牺牲之烈士,上至将校,下至士卒,均得就其籍贯分别令知各省县一律入烈士祠以祀之,无烈士祠者,从新修建或改造。"随后,行政院于同年7月30日通令各省市,再次要求各地按照前颁之《各县设立忠烈祠办法》办理,暂未设立之县份应普遍设立忠烈祠。[①] 1940年9月,国民政府鉴于抗战军兴,时越三年,地广万里,其间官兵人民之殉职死难者不可胜数,"或奋勇前驱,或致膏锋镝,或抗节不屈,慷慨捐躯,综其取义成仁,类皆可歌可泣,允宜建立祠坊,以资矜式,隆其享祀,而报德功"。决定参考现行法规及各地实施情形,颁行新的《抗敌殉难忠烈官民祠祀及建立纪念坊碑办法大纲》及《忠烈祠设立及保管办法》。[②]

根据《大纲》的规定,抗战殉难官兵有以下情事者,得入祀忠烈祠并建立纪念碑或纪念坊:"1. 身先士卒冲锋陷阵者;2. 杀敌致果建立殊勋者;3. 守土尽力忠勇特著者;4. 临难不屈或临阵负伤不治者;5. 其他抗敌行为足资矜式者。""忠烈祠设于省市县政府所在地,乡镇亦得设立之,国民政府则于首都所在地建立忠烈祠并得持准建立专祠专坊或专碑。忠烈特著及建有特殊勋绩者经国民政府

---

① 王余辉:《安生慰死:南京国民政府国家忠烈祭祀制度的建立》,《抗日战争研究》2018年第2期,第53页。

② 《国民政府明令公布抗敌殉难忠烈官民祠祀及建立纪念坊牌办法大纲》(1940年9月20日),台北:"国史馆"藏,国民政府档案,001/012100/0006/006。

核定后入祀首都忠烈祠，并得入祀各省市县忠烈祠。"①

　　据统计，截至 1945 年 6 月，国民政府所修建的忠烈祠达 764 所，全国忠烈祠死难将士牌位数为 36 019，其中核准入祠烈士数达 11 490 人。② 各忠烈祠中最为著名的是薛岳为纪念长沙会战中死难将士修建的"南岳忠烈祠"。南岳忠烈祠于 1940 年秋开始兴建，1943 年 6 月完成，是国民政府为纪念抗日阵亡将士，激励民众抗日情绪而建。1943 年 7 月 7 日，蒋介石、林森、孔祥熙、李宗仁、白崇禧等国民政府党政军各界要人和社会名流参加了忠烈祠落成典礼。第九战区司令长官薛岳主持开幕式，并宣布所有抗战阵亡将士一律入祀南岳忠烈祠，享受春秋二祭。忠烈祠由祠宇和墓园两大部分组成，墓园埋葬有陆军第二军副军长兼第九师师长郑作民。此外，罗启疆、孙明瑾、彭士量等抗战时期阵亡或病逝之部分将领亦墓葬于此。③

　　忠烈祠分首都忠烈祠与地方忠烈祠，建立经费分别由中央和地方政府支出。1940 年底，国民政府制定《抗敌殉难忠烈官民入祀忠烈祠仪式》，明确规定恭送牌位入祠的队伍行列顺序和抵忠烈祠后的安位典礼。队伍行列依次是党国旗、白布横幅（上书"抗敌殉难忠烈官兵入祀典礼"字样）、乐队、军队、警察队、牌位、殉难忠烈官兵家属及各机关、法团、学校代表。安位典礼秩序为：(1) 典礼开

---

① 《烈士祠祀及设立忠烈祠纪念坊碑办法》(1940 年 9 月 9 日)，台北："国史馆"藏，国民政府档案，001/012100/0006/005；《抗敌殉难忠烈官民祠祀及建立纪念坊碑办法大纲》，台北："国史馆"藏，行政院档案，014/010602/0031。参见《抗战殉国忠烈官民祠祀及建立纪念坊碑办法大纲》，蔡鸿源编：《民国法规集成》第 67 册，合肥：黄山书社 1999 年版，第 32 页。

② 王余辉：《安生慰死：南京国民政府国家忠烈祭祀制度的建立》，《抗日战争研究》2018 年第 2 期，第 58 页。

③ 冯玉辉：《南岳忠烈祠》，《抗日战争研究》1995 年第 3 期，第 230 页。

始;(2) 全体肃立;(3) 奏乐;(4) 主席就位;(5) 献花;(6) 读祭文;(7) 全体向烈士牌位行三鞠躬礼;(8) 默哀;(9) 主席报告烈士抗敌殉难事迹;(10) 奏乐;(11) 礼成。同时,对参加人员的着装,牌位经过时车辆及行人的动作,各机关、团体、学校及工矿商店悬旗示敬,慰问烈士家属等方面亦有要求。①

1942 年 12 月 31 日,国民政府根据蒋介石及军事委员会抚恤委员会的呈请,第一次明令发表抗战殉国的张自忠、郝梦龄、冯安邦等 38 人入祀首都忠烈祠,同时入祀全国各省市县忠烈祠,以资矜式而励来者:

> 表忠之典,观感攸资,战死之荣,古今所尚。溯自抗战军兴,时逾五载,凡我统军将领及守土员司,莫不戮力中原,同心御侮,英勇战绩,炳耀寰区。其或矢死靡他,见危授命,身膏锋敌,气壮山河,尤足振起人心,增辉史册,至如巩固后方,遥为策应,戡奸除暴,力靖妖氛,未睹大功告成,不幸猝罹于难,虽死事有殊,而精忠无二,芳徽律烈,薄海同钦,尤宜昭肃明礼,并隆胙飨,用彰崇德报功之盛,益励同仇敌忾之风。②

此批将领中,师长以上将领包括:张自忠、郝梦龄、冯安邦、陈安宝、唐维源、武士敏、佟麟阁、郑作民、朱鸿勋、赵登禹、刘家麒、饶国华、王铭章、刘桂五、方叔洪、钟毅、石作衡、王竣、寸性奇、王克

---

① 《行政院长蒋中正呈国民政府为抄呈抗敌殉难忠烈官民入祠仪式请鉴核备案》(1940 年 12 月 22 日),台北:"国史馆"藏,国民政府档案,001/012100/0006/009;《制定抗敌殉难忠烈官民入祀忠烈祠仪式》,《内政公报》第 13 卷第 7—12 期,1940 年 12 月,第 87 页。

② 高素兰编辑:《蒋中正"总统"档案:事略稿本》第 52 册,台北:"国史馆"2011 年版,第 145 页。

敬、戴安澜、王凤山 22 人。此外,副师长夏国璋,旅长庞汉祯、秦霖、郑廷珍、姜玉贞、赵锡章、赖传湘,团长谢晋元、朱世勤、刘震东等 14 人亦因生前功勋卓著或获国民政府明令褒扬而得以入祀首都忠烈祠。[1] 1943 年和 1944 年,国民政府又先后明令准予罗策群、司徒非、钟芳峻、许国璋、彭士量、孙明瑾等人入祀首都忠烈祠。[2] 1945 年 1 月,蒋介石以"抗战以来各地阵亡有功将士与人民均应准其入祀各地忠烈祠",以慰英灵。为此明令国民政府和国民党中央迅即拟具办法,并即通令各省市政府及党部率先发动办理。[3]

与牌坊、忠烈祠设立相对应的是公祭活动。国民政府规定有春秋两祭(分别为每年的 3 月 9 日和 9 月 30 日)。抗战时期的公祭礼

---

[1] 需指出的是,国民政府此次抚恤褒扬的 38 名将领中褒扬中,除以上 30 余人外,尚包括抗战期间在与新四军、八路军作战期间殉职的第八十九军军长李守维、第七十一师师长樊钊。此外,念及四川省政府主席兼川康绥靖主任刘湘、军委会委员宋哲元、安徽省政府主席廖磊等 11 名抗战期间积劳病故的将领"生前忠勤党国、功绩卓著",亦准予入祀首都忠烈祠。参见《行政院院长蒋中正呈国民政府为军事委员会函送抗敌殉难将领名册请准入祀首都忠烈祠》(1942 年 12 月 31 日),台北:"国史馆"藏,国民政府档案,001/036130/00001/001;《国民政府明令抗敌殉难将领张自忠等三十八员入祀首都忠烈祠并同时入祀全国各省市县忠烈祠》(1942 年 12 月 31 日),台北:"国史馆"藏,国民政府档案,001/036130/00001/002。《国府表彰忠烈三十八人入忠烈祠以资矜式而励来兹》,《中央日报》,1943 年 1 月 1 日,第 3 版。此外,第四十二师师长王克敬在 1941 年作战中系负伤被俘,此后脱险逃回,国民政府即予以撤销抚恤褒扬。《行政院院长蒋中正函国民政府文官处请转陈撤销王克敬褒扬及入祀首都忠烈祠原案》(1943 年 7 月 31 日),台北:"国史馆"藏,国民政府档案,001/036130/00001/010。

[2]《旌慰忠魂罗策群司徒非等府令入祀忠烈祠》,重庆《大公报》,1943 年 11 月 17 日,第 2 版;《国府明令褒扬殉国三师长许国璋彭士量孙明瑾并准入祀首都忠烈祠》,重庆《大公报》,1944 年 5 月 9 日,第 2 版。

[3]《中国国民党总裁蒋中正令国民党秘书长吴铁城及行政院秘书长张厉生为抗战以来各地阵亡有功将士与人民均应准其入祀各地忠烈祠》(1945 年 1 月 23 日),台北:"国史馆"藏,国民政府档案,001/036000/00022/001。

节包含 14 项程序：(1) 祭礼开始；(2) 全体肃立；(3) 奏哀乐；(4) 主祭者就位；(5) 陪祭者就位；(6) 与祭人全体就位；(7) 上香；(8) 献花；(9) 恭读祭文；(10) 行祭礼三鞠躬；(11) 主祭报告致祭意义；(12) 演讲；(13) 奏哀乐；(14) 礼成。① 抗战期间，全国各地先后举行了多次正面战场主要阵亡将领追悼和公祭仪式。1937 年 10 月 24 日，在山西忻口战役中阵亡的赫梦龄将军灵柩由太原运抵武汉，各界隆重举行公祭。蒋介石亲自对赫梦龄、刘家麒发表祭文。② 之后，郝梦龄被以国葬仪式安葬于武昌卓刀泉，万余人参加葬礼。③ 1940 年 5 月，张自忠的灵柩运抵重庆时，蒋介石率国民政府军政要员臂缀黑纱，肃立码头迎灵，后又亲自主祭。1942 年 7 月 15 日，中国远征军第五军第二〇〇师师长戴安澜灵榇运抵昆明时，云南省政府暨各界代表为其举行万人公祭。④ 抗战胜利后，北平各界亦为卢沟桥抗战殉国的佟麟阁和赵登禹二人举行了隆重的追悼和入祠大会。⑤

此外，以牺牲将领之名来命名学校、道路、公园等，亦是各公私团体对抗战牺牲将领的纪念和褒扬方式之一。1944 年 9 月 9 日，第七十九军军长王甲本(字立基，云南省富源县人)，在湖南省东安县山口镇对日作战中壮烈牺牲。此后，富源县中安镇被命名为"立基镇"，中安镇北大街被命名为"甲本街"，中安镇小学被命名为"立

---

① 《公祭礼节》，国民政府文官处印铸局：《国民政府公报》第 2387 号，1937 年 6 月 23 日，第 1—2 页。

② 杨树标、杨菁：《中国战区最高统帅：抗战时期的蒋介石》，北京：华文出版社，2014 年，第 106 页

③ 郭雄等编著：《抗日战争时期国民党正面战场》，第 141 页。

④ 蔡翔、孔一龙主编：《二十世纪中国通鉴》，北京：改革出版社 1994 年版，第 590 页。

⑤ 《汤恩伯刘汝明陈诚等呈国民政府主席蒋中正请国葬抗战殉国之戴安澜及宋哲元佟麟阁赵登禹等人》(1948 年 4 月 22 日)，台北："国史馆"藏，国民政府档案，001/036000/00022/005。

基小学"。① 抗战结束之际,汉口市政府将汉口三条马路分别命名为郝梦龄路、刘家麒路、陈怀民路。为纪念张自忠将军,又将汉口成忠路改为张自忠路。②

毋庸置疑,国葬、公葬、忠烈祠等精神抚恤在激发民族情感,抗战动员方面产生了积极影响,"盖安生慰死此种制度在战时,尤不可少也"。③ 例如,据抗战期间冯玉祥在四川的亲历和观察,在威远县阵亡将士入祀忠烈祠的仪式现场,即有两位青年自愿从军。④

总体而言,抗战时期,多数国民政府将领体现了强烈的以死捍卫国家尊严和军人荣誉的精神。当时在华的一位英国侨民柯林斯即赞扬称:"中国是一个让人难解的国家,它的古老,它的悠久,都说明这个国家有它存在的道理和能力,许多在华外侨都目睹了中国军人勇敢抗敌的一幕,视死如归,较之西方的军队犹有过之。"⑤1938 年 3 月,毛泽东在《在纪念孙总理逝世 13 周年及追悼抗敌阵亡将士大会的演说词》一文中给予高度评价:"八个月来,陆空两面都作了英勇的奋战,全国实现了伟大的团结,几百万军队与无数人民都加入了火线,其中几十万人就在执行他们的神圣任务中光荣地、壮烈地牺牲了……从郝梦龄、佟麟阁、赵登禹、饶国华、刘家麒诸将领到每一个战士,无不给了全中国人民以崇高伟大的模范。"⑥

---

① 云南省地方志编纂委员会总纂:《云南省志》卷五十二《民政志》,第 116 页。

② 武汉市地方志编纂委员会编:《武汉市志·民政志》,武汉:武汉大学出版社 1990 年版,第 25 页。

③ 曹必宏主编:《中国国民党历次全国代表大会暨中央全会文献汇编》第 32 册,北京:九州出版社 2012 年版,第 208 页。

④ 参见冯玉祥《川南游记》,上海:三户图书社 1946 年版,第 339—344 页。

⑤ 王晓华等编著:《国共抗战大肃奸》下,北京:中国档案出版社 1995 年版,第 66—67 页。

⑥ 华美通讯社:《中国全面抗战大事记》上,上海:华美出版公司 1938 年版,第 16—17 页。

# 第七章　高级将领的投敌与奖惩

抗战时期,中国出现了多个由日本扶植的、有组织的汉奸集团,并且在不同地区建立了伪政权,同时不少国民政府高级将领先后投敌,甚至以"曲线救国"的名义成为日本侵华的帮凶,给中国人民和中国抗战带来了重大伤害和损失。为了严肃军纪,防止军队通敌叛国,激励广大将士奋勇杀敌,国民政府一方面制定颁布了战时军律和惩治汉奸条例,另一方面也颁布了陆海空军奖励条例和勋赏条例。抗战胜利后,由于政局的变化,国民政府虽然对部分罪大恶极的汉奸进行了审判和惩处,但也有一些投敌的将领不仅未受到惩处,反而再次被收编成为国民政府军将领。

## 第一节　抗战时期投敌的高级将领

1938 年 1 月,陶德曼调停失败后,日本宣布"不与国民政府为对手",并调整侵华策略,着力分化中国内部的抗日阵营,在政治上扶持亲日势力,建立傀儡政权,实施其以华治华政策。1938 年 12 月,汪精卫由重庆出逃河内,在日本的扶植下,于 1940 年 3 月在南京建立汪伪政权。与此同时,在"曲线救国"的口号下,一批高级将领率领其所部军队纷纷投敌,在华北和华东地区涌现出了数量庞大的伪军集团。据《中国战区中国陆军总司令部受降报告》,日本投降时,伪军共有 24 个军、64 个师、13 个旅,共计 683 569 人。[①] 据不完全统计,自 1937 年到 1944 年,国民政府高级将领投敌者多达100 余人。

表 7 - 1　抗战时期国军将领投敌情况表

| 姓名 | 职务 | 投敌时间 | 投敌地点 | 备注 |
|------|------|----------|----------|------|
| 任援道[②] | 冀察政委会外交委员 | 1937 | 南京 | 1938 年在华北伪政权任绥靖部部长,1940 年任汪伪政权军委会常委兼军事参议院代院长,1941 年 1 月任伪第一方面军总司令。1942 年被军统策反,1945年日本投降后,被任命为南京先遣军司令,负责维持江苏省及南京治安。 |

① 中国陆军总司令部编:《中国战区中国陆军总司令部受降报告书》,1946 年 5 月,第 11 页。

② 《伪军简历表》,台北:"国史馆"藏,陈诚档案,008/010704/00018/007;《陈公博函汪兆铭关于江北剿匪问题曾与任援道商榷劝其集中兵力先定江北至于军委本身问题宜多命令少开会任援道之条陈颇多可采》,台北:"国史馆"藏,汪兆铭史料,118/010100/0046/056;《白崇禧电蒋中正称汪兆铭企图以维新政府向任援道游说及汪已在汉口组织伪组织等敌伪情报》,台北:"国史馆"藏,蒋中正档案,002/090200/00023/253;《任援道电蒋中正称分驻部队不易集中因被奸军牵制高触等县被占并扬言十万非人城不可十九日雨花台燕子矶等均已发现奸军情势危迫请令冈村宁次对该部协力等》,台北:"国史馆"藏,蒋中正档案,002/090300/00226/513。

| 姓名 | 职务 | 投敌时间 | 投敌地点 | 备注 |
|---|---|---|---|---|
| 刘启雄① | 第八十七师第二六○旅旅长 | 1937 | 南京 | 任伪军官训练队总队长、伪中央陆军军官学校校务委员兼教育长、伪警卫一师师长等职。日军投降后，刘峙出面证明刘启雄"奉命投敌"。 |
| 张岚峰② | 冀察政委会参议兼察哈尔省政府参谋 | 1938 | 河南柘城 | 任汪伪政权军委会委员、苏豫皖边区绥靖副司令兼和平救国第一军司令。抗战胜利后，被蒋介石任命为新编第三路军总司令。 |
| 刘夷③ | 中央党务训练团军训处处长 | 1938 | | 先后任汪伪军官训练团团长、军事参议院参议、汪伪中央警备军独立警备旅旅长。 |
| 丁默邨④ | 军统局处长 | 1939 | 南京 | 1939 年 8 月在汪伪集团任职，1947 年以汉奸罪被判处死刑。 |

---

① 《周佛海函汪兆铭如发表黎世蘅为华北教育督办其所遗教育专门委员会主任委员一缺似可以唐惠民升任又刘启雄系黄埔生似甚干练或可服务军校》，台北："国史馆"藏，汪兆铭史料，118/010100/0037/051。

② 《伪军简历表》，台北："国史馆"藏，陈诚档案，008/010704/00018/007。

③ 《国民政府训令直辖各机关及行政院为呈请通缉汉奸刘夷刘熙之杨泰鹏赓绍九一案应准照办令仰遵照并饬属严缉究办》，台北："国史馆"藏，国民政府档案，001/101500/00029/043。

④ 《国民政府命令：（三）通缉叛逆事项：二、严缉陈群缪斌褚民谊何世桢梅思平高宗武丁默邨林柏生李圣五等》（中华民国二十八年九月十二日），《内政公报》，1939 年第 12 卷第 7—9 期，第 9 页。

续表

| 姓名 | 职务 | 投敌时间 | 投敌地点 | 备注 |
|---|---|---|---|---|
| 胡毓坤① | 冀察政委会委员 | 1939 | 河南开封 | 1940 年 4 月任汪伪政权苏豫边区绥靖司令，1944 年 3 月任驻华北军务长官，1945 年 4 月任军委会参谋总长。抗战胜利后，被逮捕处决。 |
| 萧叔宣② | 驻日本大使馆武官 | 1939 | 日本东京 | 历任汪伪军事训练部政务次长、代部长，伪军事委员会常务委员、军事训练部部长、军事参议院院长、陆军部部长。1945 年 8 月被军统击伤后身亡。 |
| 叶蓬③ | 武汉警备司令 | 1939 | 香港 | 历任汪伪武汉绥靖公署主任、湖北省省长、参谋总长、陆军部长等职。1947 年，以汉奸罪被处决。 |

① 《伪军简历表》，台北："国史馆"藏，陈诚档案，008/010704/00018/007；《蒋中正电白崇禧汉奸杨揆一胡毓坤等罪刑准照原判决办理》，台北："国史馆"藏，蒋中正档案，002/080200/00307/085。

② 《萧叔宣附逆撤职查办》，重庆《中央日报》，1939 年 12 月 10 日，第 2 版；《国民政府明令褫夺萧叔宣官位及勋奖章》，台北："国史馆"，国民政府档案，001/035100/00104/006。

③ 中国第二历史档案馆《中国抗日战争大辞典》编写组编：《中国抗日战争大辞典》，武汉：湖北教育出版社 1995 年版，第 190 页；《奉行政院令鲍文樾、叶蓬附逆有据着通缉归究并褫夺勋章奖章转饬知照由》，《浙江省政府公报》，1940 年第 3214 期，第 34 页；《宋子良电蒋中正称饬令运输监察两科严密注意李芳叶蓬受汪兆铭收买赴沪任职一事》，台北："国史馆"藏，蒋中正档案，002/090200/00023/036。

续表

| 姓名 | 职务 | 投敌时间 | 投敌地点 | 备注 |
|---|---|---|---|---|
| 何行键① | 忠义救国军副总指挥兼第一纵队司令 | 1939 | 苏南 | 1939年12月被军统所刺。 |
| 蔡雄飞② | 晋绥军第十九军第六十八师副师长 | 1939 | 山西离石 | 1941年任"东亚皇协军"司令,1942年改任"山西省公署警备处长",抗战胜利后被逮捕枪决。 |
| 王天木③ | 军统局上海区区长 | 1939 | 上海 | 曾任汪伪国民党中央委员、伪特务委员会委员、特工总部第一厅厅长、和平建国军总指挥。 |
| 刘郁芬④ | 军事参议院参议 | 1939 | 北平 | 任汪伪国民党中央政治会议委员、军事委员会委员、开封绥靖主任等职,1943年4月病死。 |

---

① 王侃、杨树标:《论1939—1945年国民政府军将领投敌之原因》,《党史研究与教学》2000年第5期;《戴笠电燕骧关于陈明楚何行健两逆已制裁毙命而兄与孟麟及佩思功忠党国故已面陈领袖且奉谕传谕嘉奖》,台北:"国史馆"藏,戴笠史料,144/010106/0001/022。

② 中国人民政治协商会议全国委员会文史资料研究委员会《文史资料选辑》编辑部:《文史资料选辑》第13辑总113辑,1987年,第194—196页;民革社:《蔡雄飞投敌经过:被俘十九军政工人员归来谈》,《黄河战旗》1939年第2期,第10—11页。

③ 中国第二历史档案馆《中国抗日战争大辞典》编写组编:《中国抗日战争大辞典》,第52页。

④ 刘绍唐主编:《民国人物小传》第16册,北京:生活·读书·新知三联书店2017年版,第339—342页。

续表

| 姓名 | 职务 | 投敌时间 | 投敌地点 | 备注 |
|---|---|---|---|---|
| 刘培绪① | 军委会高参 | 1939 | 香港 | 1939 年 12 月,任汪伪中央陆军军官训练团副教育长、军事委员会委员。1941 年 6 月任伪暂编第二军军长,1943 年 2 月被免职。 |
| 杨揆一② | 军事参议院参议 | 1939 | 香港 | 曾任汪伪政权参谋本部部长、伪湖北省政府主席、武汉绥靖公署主任、湖北省保安司令、军事参议院院长等职。1945 年抗战胜利后,被逮捕处决。 |
| 鲍文樾③ | 军委会办公厅副主任 | 1939 | 上海 | 曾任汪伪军政部政务次长、中央政治委员会委员、军事委员会常务委员等职,抗战胜利后,被捕入狱。 |

① 刘国铭主编:《中国国民党百年人物全书》上,北京:团结出版社 2005 年版,第 524 页。

② 刘国铭主编:《中国国民党百年人物全书》(上),第 1003 页;《国府明令通缉杨逆揆一附逆降敌触犯刑章撤除原职褫夺官勋》,《前线日报(1938.10～1945.9)》,1939 年 10 月 1 日,第 2 版;《伪军简历表》,台北:"国史馆"藏,陈诚档案,008/010704/00018/007。

③ 王哲新、刘志强、任方明编:《保定陆军军官学校史研究》,北京:中国社会出版社 2005 年版,第 241—248 页;《奉行政院令鲍文樾、叶蓬附逆有据着通缉归究并褫夺勋章奖章转饬知照由》,《浙江省政府公报》,1940 年第 3214 期,第 34 页。

续表

| 姓名 | 职务 | 投敌时间 | 投敌地点 | 备注 |
|---|---|---|---|---|
| 富双英① | 原奉军预备军军长 | 1939 | 北平 | 1940年3月任汪伪军事委员会委员，1945年2月任伪参军处参军长，同月兼任独立第十军军长，率部驻防鲁南地区。抗日战争胜利后，被逮捕入狱，后因病获释就医。 |
| 郑大章② | 原骑三军军长 | 1940 | | 1940年任汪伪军事委员会委员，1942年任汪伪陆军部常务次长，1943年任军事参议院院长、武官长。1945年9月，在南京以汉奸罪被拘捕。 |
| 石友三③ | 第十军团军团长 | 1940 | 河南 | 1940年12月为其部下高树勋所杀。 |
| 潘毅④ | 第八兵团司令部参谋长 | 1940 | | 1940年5月任汪伪苏豫边区绥靖总司令部参谋长等职。 |

---

① 陈予欢编：《保定军校将帅录》，广州：广州出版社2006年版，第848页；《富双英投降闹笑话》，《东方日报》，1940年4月26日，第1版。

② 《卫立煌电蒋中正称汪兆铭委刘郁芬为伪军事委员会委员长郑大章为伪军事委员会委员兼总务长并派郑在华北利诱游击队组织新军等》，台北："国史馆"藏，蒋中正档案，002/090200/00024/115。

③ 《谷正鼎电蒋中正据裴鸣宇称自石友三被枪决后共党乘机调集大军进犯三十九集团军迄今仍在激战中请速转电卫立煌迅派大兵制止共党之非法举动而利党国等》，台北："国史馆"藏，蒋中正档案，002/090300/00217/249。

④ 陈予欢编：《保定军校将帅录》，第886页。

续表

| 姓名 | 职务 | 投敌时间 | 投敌地点 | 备注 |
|---|---|---|---|---|
| 门致中① | 冀察政委会委员 | 1940 | 天津 | 曾任伪华北政务委员会常务委员、华北治安军总司令、汪伪军事委员会委员。抗战胜利后，被蒋介石委任为华北先遣军第九路总司令。 |
| 唐生明② | 常德桃源警备司令 | 1940 | 湖南 | 被蒋介石派往汪精卫政权从事策反工作，1946年2月任国防部中将部员。 |
| 秦庆霖③ | 安徽省第六区行政督察兼保安司令 | 1940 | | |
| 尹升日④ | 空军机务总监 | 1940 | | 曾任汪伪空军少将，吴化文第三方面军高参，1945年抗战胜利后任国民政府辽宁省政府参议。 |
| 姜西园⑤ | 渤海舰队司令 | 1940 | 香港 | 1940年4月任汪伪中央海军学校校长，6月任汪伪海军部政务次长，1945年1月任伪军事委员会委员，同年8月16日被戴笠以"通谋敌国罪"诱捕，后枪决。 |

---

① 陈予欢编：《保定军校将帅录》，第11页。

② 中国第二历史档案馆《中国抗日战争大辞典》编写组编：《中国抗日战争大辞典》，第570页。

③④ 王侃、杨树标：《论1939—1945年国民政府军将领投敌之原因》，《党史研究与教学》2000年第5期。

⑤ 高晓星、时平编：《江苏文史资料》第32辑"民国海军的兴衰"，北京：中国文史出版社1989年版，第148—153页。黄美真编：《伪廷幽影录：对汪伪政权的回忆》，北京：东方出版社2010年版，第193—194页。

| 姓名 | 职务 | 投敌时间 | 投敌地点 | 备注 |
|---|---|---|---|---|
| 魏济民① | 军政部海军处处长 | 1940 年 | 香港 | |
| 许继足② | 原海军部海政司司长 | 1940 | 香港 | |
| 周光祖③ | | 1940 | 南京 | |
| 林肇民④ | 军事参议院参议 | 1940 | | 任汪伪参谋本部陆地测量处筹备处处长、参谋本部第二厅厅长，1941 年 7 月死于任上。 |
| 郝鹏举⑤ | 第二十七军参谋长兼中央军校西安分校总队长 | 1940 | 南京 | 1942 年 8 月出任汪伪"中央陆军将校训练团"教育长。1943 年任伪苏淮特别行政区行政长官兼保安司令、徐州绥靖公署主任。抗战胜利后，被国民政府收编，任新编第六路军总司令。 |

①②③ 刘传标编纂:《近代中国海军大事编年》下卷,福州:海风出版社 2008 年版,第 495 页。

④《分存单军事委员会请通缉军事参议院少将参议林肇民并撤其职》,台北:"国史馆"藏,国民政府档案,001/032102/00015/084。

⑤ 胡必林、方灏编:《民国高级将领列传》,北京:解放军出版社 2006 年版,第 531—533 页;《国民政府指令军事委员会为郝鹏举潜逃附逆已由会通缉请鉴核备案一案准予备案》,台北:"国史馆"藏,国民政府档案,001/101500/00055/002;《李品仙电蒋中正何应钦李宗仁徐州附近共军有进占徐州企图吴化文郝鹏举迭请派队增援经饬淮南淮北两挺进兵团向徐州挺进及各伪军既反正仍请明令指挥系统等》,台北:"国史馆"藏,蒋中正档案,002/090300/00215/107。

续表

| 姓名 | 职务 | 投敌时间 | 投敌地点 | 备注 |
|---|---|---|---|---|
| 刘伟① | 忠义救国军澄锡虞前进指挥所指挥官 | 1941 | | |
| 李杰三② | 第一战区司令长官部高级参谋 | 1941 | | 1941年被日军俘虏。 |
| 刘明夏③ | 第九十四师师长 | 1941 | | 曾任汪伪少将参赞武官、汪伪财政部税警总团副总团长和上海特别市第一区行政督察专员等职。<br>抗战胜利后,被国民政府逮捕,不久获保释。 |
| 李孟斌④ | 海军部海军学校校长 | 1941 | 福建福州 | 汪伪军事参议院中将参议。 |

---

① 《李士群电汪兆铭渝忠义救国军总指挥部高级参谋兼代理指挥官刘伟在苏捕获现在严讯中》,台北:"国史馆"藏,蒋中正档案,118/010100/0017/028。

② 《卫立煌电蒋中正称蔡谦部袭击亳县东南沙土集并敷设地雷炸毁日军车队及王生琳率队击溃盘踞济源南泥沟河伪军等游击战报》,台北:"国史馆"藏,蒋中正档案,002/090200/00072/145。

③ 《陈诚呈蒋中正审讯汉奸刘明夏曾任伪职案拟依法处以有期徒刑七年等文电日报表等二则》,台北:"国史馆"藏,蒋中正档案,002/080200/00537/021。

④ 《司法行政部训令:训刑字第三五七〇号(三十年十月十五日):令最高法院检察署检察长郑烈:附海军官佐附逆通缉年籍表》,《司法公报》,1941年第490—493期,第25页;《国民政府明令通缉李孟斌并褫夺其勋奖章》,台北:"国史馆"藏,国民政府档案,001/101500/00054/031。

续表

| 姓名 | 职务 | 投敌时间 | 投敌地点 | 备注 |
|---|---|---|---|---|
| 李长江① | 苏鲁战区游击纵队副总指挥 | 1941 | 江苏泰州 | 任汪伪第一集团军总司令、汪伪军事参议院上将副院长。 |
| 潘干丞② | 第八十九军一一七师参谋长 | 1941 | 南京 | 曾任伪军第二十八师师长，日军投降后被新四军击毙。 |
| 刘月亭③ | 新编第五军副军长 | 1941 | | 曾任汪伪第二十四集团军暂编第七军军长。抗战胜利后，其部被收编，任暂编第三纵队副司令兼第七总队司令。 |
| 刘相图④ | 苏鲁联军西北集团军总指挥 | 1941 | | |
| 杨仲华⑤ | 江苏保安第八旅旅长 | 1941 | | |

----

① 中国抗日战争军事史料丛书编审委员会编：《新四军·参考资料8》，北京：解放军出版社2015年版，第139页。

② 淮安县政协文史资料研究委员会编：《淮安文史资料》第7辑，1989年，第170—175页。

③⑤ 宁凌、庆山编著：《国民党治军档案》上，北京：中共党史出版社2003年版，第452页。

④ 陈予欢编：《保定军校将帅录》，第210页。

续表

| 姓名 | 职务 | 投敌时间 | 投敌地点 | 备注 |
|---|---|---|---|---|
| 公秉藩① | 第三十四师师长 | 1941 | 山西中条山 | 曾任汪伪军事委员会参赞、武官公署中将武官、伪湖北省政府保安处处长、伪湖北省保安司令部参谋长兼警务处长等职。 |
| 毕泽宇② | 第六十九军军长 | 1941 | 山东韩城 | 任汪伪军事委员会参议,抗战胜利后,曾任哈尔滨市市长。 |
| 文大可③ | 第六十九军教导师师长 | 1941 | 山东韩城 | |
| 刘耀庭④ | 豫鲁边区指挥官兼第八纵队司令 | 1941 | | 投靠张岚峰,任高级参议。 |
| 项致庄⑤ | 苏鲁战区游击纵队副总指挥 | 1942 | 江苏 | 1943年2月任伪军事委员会委员,3月任伪军委会参谋次长兼总务厅厅长,10月调任伪苏北绥靖公署主任、苏北屯垦总署长。1943年12月任伪第五集团军总司令。抗战胜利后,被国民政府逮捕,以汉奸罪被判处死刑,1946年11月26日执行枪决。 |

①② 宁凌、庆山编著:《国民党治军档案》上,第452页。

③ 王侃、杨树标:《论1939—1945年国民政府军将领投敌之原因》,《党史研究与教学》2000年第5期。

④ 魏春明编著:《冀鲁豫边区人物名录》下部,冀鲁豫边区党史研究会2001年版,第1487—1488页。

⑤《伪军简历表》,台北:"国史馆"藏,陈诚档案,008/010704/00018/007。

| 姓名 | 职务 | 投敌时间 | 投敌地点 | 备注 |
|---|---|---|---|---|
| 赵瑞① | 骑一军第一师师长 | 1942 | 晋西 | |
| 杨诚② | 骑一军第五师师长 | 1942 | 晋西 | |
| 孙良诚③ | 冀察战区第三十九集团军副总司令 | 1942 | 鲁西 | 历任汪伪第二方面军总司令、开封绥靖公署主任、苏北绥靖公署主任。抗战胜利后，被蒋介石任命为新编第二路军总司令。 |
| 王清浣④ | 冀察战区新编第六师师长 | 1942 | 鲁西 | 随孙良诚投敌。 |
| 赵云祥⑤ | 冀察战区新编第三十师师长 | 1942 | 鲁西 | 随孙良诚投敌。 |

---

① 王侃、杨树标：《论 1939—1945 年国民政府军将领投敌之原因》，《党史研究与教学》2000 年第 5 期。
② 王侃、杨树标：《论 1939—1945 年国民政府军将领投敌之原因》，《党史研究与教学》2000 年第 5 期；《伪军简历表》，台北："国史馆"藏，陈诚档案，008/010704/00018/007。
③ 宁凌、庆山编著：《国民党治军档案》上，第 452 页；《孙良诚叛国　内部将领来归》，《中央日报扫荡报联合版》，1942 年 8 月 15 日，第 2 版；《伪军简历表》，台北："国史馆"藏，陈诚档案，008/010704/00018/007。
④⑤ 宁凌、庆山编著：《国民党治军档案》上，第 452 页。

| 姓名 | 职务 | 投敌时间 | 投敌地点 | 备注 |
|------|------|---------|---------|------|
| 陈光然① | 冀察战区新编第一八一师师长 | 1942 | 鲁西 | 随孙良诚投敌。 |
| 黄贞泰② | 冀察战区新编第十三旅旅长 | 1942 | 鲁西 | 随孙良诚投敌。 |
| 郭俊峰③ | 冀察战区特务旅旅长 | 1942 | 鲁西 | 随孙良诚投敌。 |
| 丁树本④ | 冀察战区游击第一纵队司令 | 1942 | 鲁西 | 随孙良诚投敌。 |
| 夏维礼⑤ | 冀察战区第二纵队司令 | 1942 | 鲁西 | 随孙良诚投敌。 |
| 孙玉田⑥ | 冀察战区警备处处长 | 1942 | 鲁西 | 随孙良诚投敌。 |

①②③④⑤⑥ 宁凌、庆山编著:《国民党治军档案》上,第452页。

| 姓名 | 职务 | 投敌时间 | 投敌地点 | 备注 |
|---|---|---|---|---|
| 徐继泰① | 江苏第八区行政督察专员、保安司令 | 1942 | | 先后任伪徐州绥靖军第十一旅旅长、伪和平反共兴亚建国第三军军长。抗战胜利后,所部被蒋介石收编,任新编第六路军第五师师长。 |
| 陈恭澍② | 军统上海特二区区长 | 1942 | | 1941年被捕,后投敌,暗中与军统保持联络。抗战胜利后,任中央训练团河北大队长、绥靖总队上校总队长。 |
| 张步云③ | 山东保安第二师师长 | 1942 | | 1942年投敌,所部编为"山东建国军第三方面军暂编第一军",任军长。1945年日本投降后,被第十一战区李延年部收编为"山东省胶高诸海防军"。1948年被处决。 |

---

① 宁凌、庆山编著:《国民党治军档案》上,第 452 页。
②③ 王侃、杨树标:《论 1939—1945 年国民政府军将领投敌之原因》,《党史研究与教学》2000 年第 5 期。

| 姓名 | 职务 | 投敌时间 | 投敌地点 | 备注 |
|---|---|---|---|---|
| 吴化文① | 鲁苏战区新编第四师师长 | 1943 | 山东 | 1943年投敌,任汪伪和平建国军第三方面军上将总司令,1945年1月任伪国民政府军事委员会委员。抗战胜利后,被蒋介石委任为国民革命军第五路军总司令,兼任津浦铁路南段警备司令。 |
| 于怀安② | 鲁苏战区新编第四师副师长 | 1943 | 山东 | 曾任汪伪第三方面军第六军军长。抗战胜利后,所部被收编,任国民革命军新编第五路军第一军军长。 |
| 宁春霖③ | 鲁苏战区山东保安司令部参谋长 | 1943 | 山东 | 随吴文化投敌,任汪伪和平建国军第三方面军副总司令。 |
| 厉文礼④ | 山东游击第二纵队司令 | 1943 | | 1943年任伪鲁东和平建国军司令。日军投降后,被国民政府收编,任诸安昌潍先遣军司令。 |

---

① 刘绍唐主编:《民国人物小传》第17册,上海:三联书店2016年版,第63—65页;《伪军简历表》,台北:"国史馆"藏,陈诚档案,008/010704/00018/007。

② 宁凌、庆山编著:《国民党治军档案》上,第453页。

③ 宁凌、庆山编著:《国民党治军档案》上,第453页;《伪军简历表》,台北:"国史馆"藏,陈诚档案,008/010704/00018/007。

④ 王侃、杨树标:《论1939—1945年国民政府军将领投敌之原因》,《党史研究与教学》2000年第5期。

续表

| 姓名 | 职务 | 投敌时间 | 投敌地点 | 备注 |
|---|---|---|---|---|
| 韩子乾① | 鲁苏战区第五十一军第一一三师师长 | 1943 | 鲁南 | 1943年在鲁南被俘投敌。 |
| 吴漱泉② | 第一一七师第三五一旅旅长 | 1943 | | 1943年被俘投敌。1945年9月被新四军击毙。 |
| 李德兴③ | 第五战区第一二八师副师长 | 1943 | 湖北咸宁 | 1943年被俘投敌。 |
| 赵天时④ | 第五战区第三八一旅旅长 | 1943 | 湖北咸宁 | 1943年被俘投敌。 |

---

①② 宁凌、庆山编著:《国民党治军档案》上,第454页;王侃、杨树标:《论1939—1945年国民政府军将领投敌之原因》,《党史研究与教学》2000年第5期。

③④ 宁凌、庆山编著:《国民党治军档案》上,第453页。

续表

| 姓名 | 职务 | 投敌时间 | 投敌地点 | 备注 |
|---|---|---|---|---|
| 任兰圃① | 第五战区第三八二旅旅长 | 1943 | 湖北咸宁 | 1943 年被俘投敌。 |
| 薛豪平② | 第五战区第三八三旅旅长 | 1943 | 湖北咸宁 | 1943 年被俘投敌。 |
| 潘胜富③ | 第五战区独立第一旅旅长 | 1943 | 湖北咸宁 | 1943 年被俘投敌。 |
| 苏景华④ | 第五战区独立第二旅旅长 | 1943 | 湖北咸宁 | 1943 年被俘投敌。 |
| 张海平⑤ | 第五战区独立第三旅旅长 | 1943 | 湖北咸宁 | 1943 年被俘投敌。 |
| 苏振东⑥ | 第五战区独立第五旅旅长 | 1943 | 湖北咸宁 | 1943 年被俘投敌。 |

①②③④⑤⑥ 宁凌、庆山编著:《国民党治军档案》上,第 453 页。

| 姓名 | 职务 | 投敌时间 | 投敌地点 | 备注 |
|---|---|---|---|---|
| 金亦吾① | 第六战区挺进总司令兼第二纵队司令 | 1943 | 湖北咸宁 | 1943年被俘投敌,任汪伪暂编第六师师长,1945年9月为国民政府收编。 |
| 孙殿英② | 新编第五军军长 | 1943 | 河南新乡 | 1943年被俘投敌,任为汪伪政府新五军军长兼第四方面军指挥官、豫北保安司令。1945年8月日本投降后,所部被收编为新编第四路军。 |
| 庞炳勋③ | 冀察战区副司令长官兼第二十四集团军总司令 | 1943 | 河南新乡 | 1943年投敌,在汪伪政权中任暂编二十四集团军总司令、开封绥靖公署主任等职。抗战胜利后,出任新编第一路军总司令。 |

① 宁凌、庆山编著:《国民党治军档案》上,第454页;《伪军简历表》,台北:"国史馆"藏,陈诚档案,008/010704/00018/007。

② 宁凌、庆山编著:《国民党治军档案》上,北京:中共党史出版社,2003年,第454页;《国民政府指令:渝文字第一四三三号(三十三年十一月四日):令军事委员会:三十三年十月十七日法审33渝五字第一三九〇二号呈一件,为呈报通缉附逆将领孙殿英(即孙魁元)等十一人,检同年籍表,请鉴核备案由》,《国民政府公报(南京1927)》,1944年,渝字725,第15页;《伪军简历表》,台北:"国史馆"藏,陈诚档案,008/010704/00018/007。

③ 宁凌、庆山编著:《国民党治军档案》上,第454页;仁甫:《时事两月:庞炳勋孙殿英率部来归》,《新学生》1943年第3卷第1期,第101页;《伪军简历表》,台北:"国史馆"藏,陈诚档案,008/010704/00018/007。

续表

| 姓名 | 职务 | 投敌时间 | 投敌地点 | 备注 |
|------|------|----------|----------|------|
| 赵星彩① | 第二十四集团军参谋长 | 1943 | 河南新乡 | 1943年随庞炳勋投敌。 |
| 李震汾② | 第二十四集团军第一〇六师师长 | 1943 | 河南新乡 | 1943年随庞炳勋投敌。 |
| 杨汝贤（杨明清）③ | 新编第五军副军长 | 1943 | 河南新乡 | 1943年随庞炳勋投敌。 |
| 冯养田④ | 新编第五军参谋长 | 1943 | 河南新乡 | 1943年随庞炳勋投敌。 |
| 杨克猷⑤ | 暂编第三师师长 | 1943 | 河南新乡 | 1943年随庞炳勋投敌。 |
| 王瑞庆⑥ | 暂编第三师副师长 | 1943 | 河南新乡 | 1943年随庞炳勋投敌。 |

---

①②③④⑤⑥ 宁凌、庆山编著：《国民党治军档案》上，第454页。

续表

| 姓名 | 职务 | 投敌时间 | 投敌地点 | 备注 |
|------|------|----------|----------|------|
| 王廷英① | 暂编第四师师长 | 1943 | 河南新乡 | 1943年随庞炳勋投敌。 |
| 王瑞亭② | 暂编第四师副师长 | 1943 | 河南新乡 | 1943年随庞炳勋投敌。 |
| 齐子修③ | 山东保安第五师师长 | 1943 | | 被俘投敌。 |
| 邱吉胜④ | 山东保安第八旅旅长 | 1943 | | 被俘投敌。 |
| 荣子恒⑤ | 苏鲁战区鲁南一一二师副师长兼三三四旅旅长 | 1943 | | 任汪伪第十军中将军长，1945年2月被八路军击毙。 |

①②③④ 宁凌、庆山编著:《国民党治军档案》上,第454页。

⑤ 宁凌、庆山编著:《国民党治军档案》上,第455页;《荣子恒中将率领二万部下投于汪主席之旗下》,《新中华画报》,1943年第5卷第7期,第3页。

续表

| 姓名 | 职务 | 投敌时间 | 投敌地点 | 备注 |
|---|---|---|---|---|
| 陈孝强① | 预备第八师师长 | 1943 | | 曾任伪华北治安军副军长，1943 年 7 月任汪伪首都警卫第三师师长、第二师师长。1945 年 9 月，任广东先遣军第一师师长。 |
| 荣臻② | 军事参议院参议 | 1943 | | 曾任汪伪军事委员会委员、伪华北治安总署中将副署长、伪华北治安军中将副总司令、伪河北省省长等职。 |
| 杜淑③ | 第一战区豫东游击司令 | 1943 | | 曾任伪第二十四集团军暂编第六军军长等职，1945 年日本投降后，所部接收改编，任河北保安第十七纵队中将司令。 |
| 张昌德④ | 第一一四师师长 | 1944 | 铜陵 | 率部投敌，战后被改编为第四路军先遣军。 |

---

① 宁凌、庆山编著：《国民党治军档案》上，第 455 页。

② 国民政府指令：渝文字第一六三二号（三十二年十一月五日）：令行政院：三十二年十月十六日仁人字第二三二六零号呈一件，为准军事委员会函，请转陈将附逆犯荣臻所授之官位勋奖章一并褫夺一案》，《国民政府公报（南京 1927）》，1943 年，渝字 620，24 页。

③④ 王侃、杨树标：《论 1939—1945 年国民政府军将领投敌之原因》，《党史研究与教学》2000 年第 5 期。

| 姓名 | 职务 | 投敌时间 | 投敌地点 | 备注 |
|------|------|---------|---------|------|
| 方先觉① | 第十军军长 | 1944 | 湖南衡阳 | 在衡阳向日军投降,后逃回重庆。 |
| 周庆祥② | 第三师师长 | 1944 | 湖南衡阳 | 随方先觉降敌,后逃回重庆。 |
| 容有略③ | 第一九○师师长 | 1944 | 湖南衡阳 | 随方先觉降敌,后逃回重庆。 |
| 葛先才④ | 预备第十师师长 | 1944 | 湖南衡阳 | 随方先觉降敌,后逃回重庆。 |
| 饶少伟⑤ | 第九战区暂编五十四师师长 | 1944 | 湖南衡阳 | 随方先觉降敌,后逃回重庆。 |
| 孙鸣玉⑥ | 第九战区第十军参谋长 | 1944 | 湖南衡阳 | 随方先觉降敌,后逃回重庆。 |
| 贺凯宪⑦ | 第十五集团军暂编第二旅旅长 | 1944 | 河南 | |

① 刘绍唐主编:《民国人物小传》第 13 册,上海:上海三联书店 2016 年版,第 3—6 页。

② 王志民主编:《山东重要历史人物》第 8 卷,济南:山东人民出版社 2009 年版,第 190—193 页。

③ 王侃、杨树标:《论 1939—1945 年国民政府军将领投敌之原因》,《党史研究与教学》2000 年第 5 期。

④⑤ 刘国铭主编:《中国国民党百年人物全书》下,第 2248 页。

⑥ 刘国铭主编:《中国国民党百年人物全书》上,第 694—695 页。

⑦ 宁凌、庆山编著:《国民党治军档案》上,第 455 页。

## 第二节 抗战时期的军律与惩处

全面抗战爆发后,国民政府为了激励全军将士保家卫国、奋勇杀敌,惩处投敌卖国者,于1937年8月制定颁布了《中华民国战时军律》和《中华民国战时军律施行条例》。战时军律明确规定:"不奉命令无故放弃应守之要地,致陷军事上重大损失者死刑;不奉命令临阵退却者死刑;奉令前进托故迟延或无故不就指定守地,致误战机使我军因此而陷于损害者死刑;降敌者死刑;通敌为不利于我军之行为者死刑。"①1938年2月,国民政府军事委员会颁布《国军抗战连坐法》。连坐法规定:"各官兵应具牺牲精神,与敌交战时,不论若何危险,不得临阵退却",否则将受连坐法惩处。班长同全班退则杀班长;排长同全排退则杀排长;连长同全连退则杀连长;营长同全营退则杀营长;团长同全团退则杀团长;旅长同全旅退则杀旅长;师长同全师退则杀师长;军长亦如是;军长不退而全军官兵齐退,以致军长阵亡,则杀军长所属之师长;师长不退而全师官兵齐退,以致师长阵亡,则杀师长所属之旅长;旅长不退而全旅官兵齐退,以致旅长阵亡,则杀旅长所属之团长;团长不退而全团官兵齐退,以致团长阵亡,则杀团长所属之营长;营长不退而全营官兵齐退,以致营长阵亡,则杀营长所属之连长;连长不退而全连官兵齐退,以致连长阵亡,则杀连长所属之排长;排长不退而全排官兵齐退,以致排长阵亡,则杀排长所属之班长。②

---

① 《中华民国战时军律》(1937年8月24日),中国第二历史档案馆编:《中华民国史档案资料汇编》第五辑第二编,"军事"(一),第178—179页。

② 《国军抗战连坐法》(1938年2月25日),中国第二历史档案馆编:《中华民国史档案资料汇编》第五辑第二编,"军事"(一),第179—181页。

　　抗战时期,因违抗军令和军律,作战不利,临阵脱逃等被惩处,甚至被处死的将领也不少。陆军二级上将韩复榘是抗战时期因违抗军令被处决的军衔最高的将领。欧阳格是抗战时期因违抗军令被处决的唯一的海军将领。[①] 欧阳格毕业于烟台海军学校,早年追随孙中山,曾任黄埔海军学校副校长、电雷学校校长等职。全面抗战爆发后,欧阳格出任江阴区江防司令,负责南京至淞沪地区的长江防务。武汉会战时期,欧阳格在马当要塞的防守中作战不利,致使日军军舰成功突破水雷区,攻占马当要塞。蒋介石对马当要塞失守非常震怒。他在日记中说:"马当既失,(武汉)门户洞开"[②],并手令逮捕欧阳格,罪名为"贻误军情,作战不利"。1940 年 8 月,在蒋介石的授意下,欧阳格以"违抗命令,弃械潜逃,及有吞款行为"的罪名被判处死刑。[③] 此外,第六十一军中将军长李服膺 1937 年因天镇失守被阎锡山以"放弃阵地,擅自撤逃"的罪名枪决;[④]骑兵第四军中将军长檀自新因不服调遣、作战不力于 1938 年在武汉被军事法庭判处死刑;黄埔第一期毕业的第八十八师中将师长龙慕韩因 1938 年在豫东会战中"作战不利"被革职处决;黄埔第一期毕业的第一六七师少将师长薛蔚英因"畏敌如虎、贻误战机"致马当要塞失守被判处死刑。

　　1942 年 4 月,国民政府对战时军律进行修正。修正后的《中华民国战时军律》规定,有以下行为者处死刑:"不奉命令,放弃守地,

---

① 沙青青:《用弃之间:欧阳格案与蒋介石的海军人事处置》,《抗日战争研究》2014 年第 4 期。

② 《蒋介石日记》(手稿本),1938 年 7 月 2 日。

③ 徐永昌:《徐永昌日记》第 5 册,台北:"中央研究院"近代史研究所 1990 年版,第 391 页。

④ 张全盛:《李服膺被枉杀的历史真相》,《山西文史资料》1996 年第 1 期。

至陷军事上重大损失者；临阵退却或托故不进者；敌前反抗命令或不听指挥者；降敌者；主谋要挟或指示为不利于军事上之叛乱行为者；意图妨碍抗战，扰乱后方者；意图妨碍抗战，而造谣惑众摇动军心者；纵兵殃民者；携带枪弹、粮饷或其他重要军用物品逃亡者；抢劫或强奸者；包庇走私者。"此外，规定有以下行为者处以无期徒刑或 10 年以上有期徒刑："浮报或冒领军实者，无故不就指定地点，或擅离配置地者；奉令前进，托故迟延者；虚报敌情，至影响于指挥官之判断者；玩视敌情，不为适当之处置者；捏报战绩，或战斗失利不报者；对于作战或与作战计划有关之命令奉行不力，致未达成任务者；对于械弹、粮饷或其他重要军用品，不尽保管之责，致遗失、损坏或烧毁者。"①

1939 年 9 月 8 日，国民政府军事委员会军令部发布训令称："查自抗战军兴以来，我将士争先恐后奋勇杀敌，难免不无少数官兵陷落敌手，其中或从容就义或乘机逃回，志节凛列，殊堪嘉许，惟恐间有意志薄弱之官兵受敌威逼利诱，为敌所用混迹归来，为害甚大。兹为缜密防患起见，特制订被俘逃回官兵处置暂行办法，分电各行营及战区司令长官部遵照执行。"暂行办法规定，"收容被俘逃回官兵，无论人数多寡及其被俘时间之久暂，均应另置一处，予以秘密侦查与监视，并查询敌情，以免被敌利用。被俘官兵在 10 日内逃回者，应即递送团部，由政训员会同情报人员缜密询查后，认为情节可原并确属忠实可靠者，即送归原队服务，如遇有可疑之处，应层报上级司令部询办。被俘官兵在 10 日以上逃回者，应由原部队先予以严密监视询查，并将其被俘经过与其所述敌情，及其

①《中华民国战时军律》(1942 年 4 月 4 日)，中国第二历史档案馆编：《中华民国史档案资料汇编》第五辑第二编，"军事"(一)，第 214—217 页。

履历品行思想入伍时期分别造册,3 日内递送师部,由师政治部会同情报参谋详细研讯后,再待查询经过递送集团军总部,予以侦查监视,并施行感化教育后,经查察确属忠实者,方准归队。被俘逃回之官兵,经严密查询与感化教育后,如确认忠实可靠而有特种才干与技能堪充反间谍者,可由高级司令部情报科征用之。各部队收容被俘逃回之友军官兵,应即查明其原属部队,送归其原属部队,或通知其原属部队领回办理之,不得私自留队服务或补充缺额,如其驻地相距过远未便押送时,应即递送高级司令部办理。被俘逃回官兵之管理训练,及实施感化教育等事项,由集团军总部派员兵协同政治部负责办理,其训练方式与期间,可由该负责人员酌定,并呈报各该部主管查核。私留被俘逃回官兵,匿而不报者,得按情节轻重依照陆海空军惩罚法第二条之规定处罚之。被俘逃回官兵,如经侦查确有通敌证据,或被俘后受敌利诱为敌作反间工作者,均得以汉奸论罪。"①

此外,国民政府还多次颁布修订《惩治汉奸条例》。1937 年 9 月 15 日,国民政府军事委员会颁布了《惩治汉奸条例》,规定图谋帮助敌国等 12 项罪行皆以汉奸罪处以死刑。1938 年 8 月 15 日,国民政府修订了《惩治汉奸条例》,规定了汉奸的定性范围及惩治办法,凡通谋敌国者定为汉奸者,处死刑或无期徒刑。1945 年 12 月 6 日,国民政府再次修正公布了《惩治汉奸条例》,对汉奸的定性范围和惩处做了更加明确的规定。

自九一八事变爆发到抗战胜利,在中国出现了日本有目的扶植的、有组织的汉奸集团,并且在不同地区建立了伪政权,作为日

① 《军令部奉发被俘逃回官兵处置暂行办法训令》(1939 年 9 月 8 日),中国第二历史档案馆编:《中华民国史档案资料汇编》第五辑第二编,"军事"(一),第 227—228 页。

本侵华的帮凶,对中国人民和中国抗战带来了重大伤害和损失。1945 年抗战胜利后,国民政府下令在全国各地逮捕汉奸,将日伪汉奸案件全部交军统局初审,并在军统内设立肃奸委员会,负责全国各大城市的肃奸工作。杨揆一、项志庄、王荫泰、王克敏、殷汝耕等大汉奸纷纷落网。全国各地汉奸案件涉案人数 44 588 人,其中不起诉者 19 629 人,提起公诉者 25 264 人。① 至 1947 年,对各地大汉奸的审判工作才宣告结束,其间有不少国民政府投敌将领得到了应有的惩罚。以湖北省为例,伪湖北省省长兼保安司令叶蓬、杨揆一都被判处死刑。

叶蓬(1901—1947),湖北人,毕业于保定陆军军官学校第六期。1931 年后曾任武汉警备司令部参谋长、武汉警备司令、铁道部警察总局局长。抗战爆发后,曾任武汉警备师中将师长。武汉沦陷后,叶蓬离开军职。1939 年,投入汪伪集团。1940 年出任汪伪军事委员会常务委员。1941 年任伪武汉绥靖公署主任兼二十九师师长,次年调回南京任伪军事委员会参谋总长、陆军编练总监等职。1945 年 3 月,接替杨揆一出任伪湖北省省长兼保安司令。8 月 11 日,叶蓬被重庆委派为第七路军总司令,李宝琏、公秉藩为所属军长。因叶蓬当时在南京,邹平凡在武汉独霸了武汉守备军总指挥的大权,将叶的一部分部队缴了械,使叶无法就职。第六战区接收武汉后,战区副司令长官兼参谋长及武汉警备总司令郭忏下令逮捕叶蓬。叶蓬被捕以后,其妻兰秀成奔走于上海、武汉、南京之间,多方活动。然而,由于叶蓬与行政院院长张群和军政部部长陈诚不能相容,最后经陈诚到军事法庭取得叶蓬案卷,写了签呈,

---

① 中国第二历史档案馆编:《中华民国史档案资料汇编》第五辑第三编,“政治”(一),南京:江苏古籍出版社 1999 年版,第 365 页。

亲送蒋介石批准，将叶蓬判处死刑，立即执行。①

　　杨揆一（1895—1946），湖北人，日本陆军士官学校毕业。曾任北洋政府南京陆军讲武堂堂长。北伐时期，依附何成濬，任驻鄂绥靖主任公署参谋长、湖北省政府秘书长等职。1939 年追随汪精卫投敌。1940 年出任汪伪政府军事委员会委员兼参谋本部政务次长、代理参谋总长等职。1942 年 6 月出任伪湖北省省主席兼武汉绥靖主任，下辖李宝琏、张启黄、邹平凡三个师。后改任伪湖北省省长兼保安司令。1945 年 3 月，杨揆一调任伪政权军事参议院院长。日本投降后，被国民政府以汉奸罪逮捕，于 1946 年被处决。

　　虽然有不少投敌将领在战后受到惩处，但也有不少投敌将领不仅被免予追究，甚至经蒋介石批准，又摇身变成了国民政府军将领。其中，最为典型是以"曲线救国"名义投敌的将领如孙良诚、孙殿英、庞炳勋等人。

　　孙良诚（1893—1951），天津人，原西北军将领。1939 年，冀察战区司令兼河北省主席鹿钟麟委任孙良诚为冀察战区游击指挥官。1940 年春，孙被委为鲁西行署主任，其后石友三旧部王清瀚率两团人员来投，使孙的实力有所扩充。1942 年春，第一战区副司令长官汤恩伯对孙良诚部既不核定经费也不补给武器装备，使孙部日趋困难；5 月，孙良诚又被免去行署主任职。在赵云祥、王清瀚的怂恿下，孙良诚偕赵、王同去南京投附汪精卫。6 月，汪伪政府委任孙良诚为第二方面军总司令，所部 3 万余人随之成为伪军。8 月，孙良诚兼任伪开封绥靖公署主任。11 月，改任伪苏北绥靖公署主任，率部驻扎泰州、盐城一带，多次与新四军发生冲突。1945 年 8 月日本投降后，孙良诚部被蒋介石改编为新编第二路军，由孙良诚

① 鲍志鸿：《叶蓬汉奸案的处理》，《武汉文史资料》，2015 年第 8、9 期。

任总司令,受命原地驻防。①

孙殿英(1889—1947),河南人。卢沟桥事变爆发后,宋哲元在北平设立抗日民军总司令部,任孙殿英为冀北民军司令。7 月 28 日,宋哲元撤往保定,北平失陷,孙殿英在房山收容散兵及平津流亡学生,迅即集合人枪 3 000 余,加以编练,被蒋介石委任为冀察游击司令。嗣后日军沿平汉线南下,孙率队南撤,继续收编散兵游勇以扩充实力。他利用地形伏击尾追之日军,将所获之战利品及生俘之 5 名日军解送给蒋介石邀功请赏。1938 年,孙部退驻河南林县一带活动,继与日军有数次作战。孙升任新编第五军军长,隶属庞炳勋第二十四集团军。1943 年春,日军对太行山区发动“大扫荡”,进犯林县、陵川,孙殿英在林县被俘投降。孙部由日伪编成伪新五军,后又扩编为第四方面军,所部各师均扩编成军,以孙任伪豫北保安司令。他利用职权,重操贩卖毒品的勾当,并倒卖金银,武装走私以获取暴利。抗日战争胜利前夕,孙又与蒋介石派出的熊斌等人联系,奉命进行所谓“曲线救国”活动。1945 年 8 月 11 日,蒋介石广播任命一批汉奸分任各路军总指挥,孙殿英列名为新编第四路军总司令。②

庞炳勋(1879—1963),直隶人,原东北军将领。1937 年全面抗战爆发后,庞炳勋部奉命开赴津浦前线。9 月间日军以优势兵力向姚官屯庞炳勋部发起猛攻,庞亲临前线激励部下奋勇杀敌,指挥所部以步枪、手榴弹拼死抗敌,击退日军的多次冲锋,激战四昼夜,守住了阵地。后因伤亡过重,奉命转移至安徽砀山,归第五

---

① 中国社会科学院近代史研究所中华民国史研究室主编:《中华民国史人物传》第五卷,
北京:中华书局 2011 年版,第 3318 页。

② 中国社会科学院近代史研究所中华民国史研究室主编:《中华民国史人物传》第五卷,
第 3274—3275 页。

战区指挥。不久庞兼任徐海警备司令,所部移驻海州休整补充,担负海防任务。1938 年初,升任第三军团军团长,2 月奉命率部防守临沂,参加徐州会战。2 月下旬,日军板垣师团 5 000 多人进犯临沂,庞炳勋率部在临沂之战中浴血奋战两个月,阻滞了板垣师团的行动,有力地配合了台儿庄大战。1939 年初,庞炳勋部奉命在黄泛区开展敌后游击战,不久又奉蒋介石之命调至太行山地区,一面在敌后牵制日军,一面阻止八路军在太行山扩大根据地。10 月,庞炳勋任第二十四集团军总司令兼第五十军军长,下辖第五十军和孙殿英新五军、范汉杰第二十七军。1940 年初,接替鹿钟麟担任河北省主席、国民党河北省党部书记长、冀察战区司令等职。1943 年 4 月,日军调集五个师团突然围攻第二十四集团军驻地,庞炳勋指挥所部仓促应战,各军阵地仅一天即被全部突破。第二十七军退往黄河以南,孙殿英率新五军于 24 日在鹿岭投敌。庞率第三十九师突围时被击溃,庞藏身山洞,被孙殿英搜山部队发现后送往新乡。此前,庞曾通过敌后军统电台向蒋介石请示“如何自处”,蒋复电要其“委曲求全”,庞遂向日军投降。6 月,庞炳勋被汪伪政府任命为伪开封绥靖上将主任,其部编为伪暂编第二十四集团军,移驻开封。日本投降后,庞炳勋致电蒋介石表示愿戴罪候处,蒋复电慰藉,未受到任何惩处,[①]并被委任为新编第一路军总司令。

　　张岚峰(1902—1952),河南人。日本陆军士官学校毕业,原西北军将领。1938 年在华北投敌,其部被日军编为“和平救国军第一军”。1940 年汪伪政府成立后,出任伪军事委员会委员、“苏豫皖边

---

① 中国社会科学院近代史研究所中华民国史研究室主编:《中华民国史人物传》第五卷,第 2751—2753 页。

区绥靖副司令兼和平救国第一军司令"。日军投降后，张岚峰不仅未被惩处，反而被国民政府任命为陆军新编第三路军司令，[①]成为内战的急先锋，1947年被晋冀鲁豫野战军俘虏。

## 第三节　抗战时期的奖励制度与授勋

国民政府在颁布惩戒制度的同时，也颁布了奖励制度。1937年9月7日，国民政府颁布《陆海空军奖励条例》。条例明确规定，陆海空军军人于战时平时著有劳绩或学术技能特有专长应予奖励，奖励的种类分为：陆海空军奖章、光华奖章、干城奖章、比赛奖章、陆海空军褒状、奖金、记功、嘉奖。[②]同年11月8日，军事委员会对《陆海空军勋赏条例》进行修正，规定抗战时期陆海空军军人著有战功或勋绩者应予叙勋行赏。其勋赏种类分为：国光勋章、青天白日勋章、宝鼎勋章、云麾勋章、勋刀、荣誉旗。国光勋章不分等级，凡陆海空军军人于战时捍御外侮、保卫国家，著有特殊战功者颁给之。青天白日勋章不分等级，凡陆海空军军人于战时捍御外侮、保卫国家，战功卓著者颁给之。宝鼎勋章分为九等，凡陆海空军军人捍御外侮或震慑内乱著有战功者，依官等规定分别颁给：上等官佐一等至四等；中等官佐三等至六等；初等官佐四等至七等；准尉、准佐及士兵六等至九等。云麾勋章分为九等，凡陆海空军军人对于国家建有勋绩或震慑内乱立有勋绩者，依官等分别颁给：上

---

① 《军事委员会为扩大反共势力大批收编伪军为国民党军》(1945年9月8日)，中国人民解放军历史资料丛书编审委员会编：《新四军·参考资料2》，北京：解放军出版社1992年版，第665页。

② 《陆海空军奖励条例》(1937年9月7日)，中国第二历史档案馆编：《中华民国史档案资料汇编》第五辑第二编，"军事"(一)，第484—488页。

等官佐一等至四等；中等官佐三等至六等；初等官佐四等至七等；准尉、准佐及士兵六等至九等。勋刀分为三等，凡陆海空军上等官佐所受勋章晋至最高等而复建有战功或勋绩者给予之。荣誉旗不分等级，凡部队、舰艇、航空队或要塞，于战时特著忠勇之战功者颁给之。①

　　国光勋章虽然不分等级，但整个抗战期间，只有蒋介石在 1943 年 10 月 10 日荣获此勋章。因而青天白日勋章也就成了抗战时期国民政府授予各级将领的最高荣誉和勋章。据统计，自九一八事变至抗战胜利，共有 100 多名将领因抗战立功，荣获青天白日勋章。其中，全面抗战爆发之前获青天白日勋章的有，参加"一·二八"淞沪抗战的蒋光鼐、蔡廷锴、张治中、俞济时等 12 名将领；参加长城抗战的宋哲元、关麟征、黄杰、秦德纯、刘戡、张自忠、徐庭瑶等将领。全面抗战爆发后，获青天白日勋章的陆军将领有谢晋元、孙连仲、汤恩伯、王仲廉、庞炳勋、傅作义、罗卓英、王耀武、薛岳、李玉堂、陈诚、吴奇伟、方天、胡琏、阎锡山、李宗仁、何应钦、程潜、白崇禧、徐永昌、俞飞鹏、卫立煌、方先觉、郑洞国、何绍周、孙立人、宋希濂、张发奎、胡宗南、刘峙、顾祝同、余汉谋、朱绍良等人，空军将领有周至柔、王叔铭、毛邦初，以及海军将领陈绍宽。此外，史迪威、陈纳德、魏德迈也分别获得了青天白日勋章。

---

① 《陆海空军勋赏条例》(1937 年 11 月 8 日)，中国第二历史档案馆编：《中华民国史档案资料汇编》第五辑第二编，"军事"(一)，第 488—490 页。

表 7－2　全面抗战时期荣获青天白日勋章的国民政府将领

| 获得者 | 获得时间 | 战功或勋绩 |
|---|---|---|
| 谢晋元① | 1937/11/17 | 留守四行仓库 |
| 杨瑞符② | 1937/11/17 | 留守四行仓库 |
| 林伟俦③ | 1938/02/17 | 南京突围有功 |
| 刘嘉树④ | 1938/04/06 | 参与灵石会战 |
| 孙连仲⑤ | 1938/05/10 | 台儿庄战役有功 |
| 汤恩伯⑥ | 1938/05/10 | 台儿庄战役有功 |
| 王仲廉⑦ | 1938/10/17 | 台儿庄战役有功 |
| 田镇南⑧ | 1938/06/07 | 台儿庄战役有功 |
| 冯安邦⑨ | 1938/06/07 | 台儿庄战役有功 |
| 黄樵松⑩ | 1938/06/07 | 台儿庄战役有功 |

①②《行政院院长蒋中正呈国民政府为请颁给谢晋元等二员青天白日勋章》，台北："国史馆"藏，国民政府档案，001/035100/00071/001。

③《行政院电国民政府为陆军第四七五旅旅长林伟俦厥功甚伟经院会通过给予青天白日勋章请核示》，台北："国史馆"藏，国民政府档案，001/035100/00064/006。

④《国民政府令刘嘉树给予青天白日勋章》，台北："国史馆"藏，国民政府档案，001/035100/00064/012。

⑤⑥《国民政府指令行政院为颁给孙连仲汤恩伯青天白日勋章》，台北："国史馆"藏，国民政府档案，001/035100/00064/020。

⑦《国民政府文官处函行政院及军事委员会为王仲廉等给予青天白日勋章张耀明等给各等宝鼎勋章录令函达查照》，台北："国史馆"藏，国民政府档案，001/035100/00065/004。

⑧⑨⑩《国民政府令为颁给田镇南等七员青天白日章王范庭给予四等宝鼎章》，台北："国史馆"藏，国民政府档案，001/035100/00064/025。

续表

| 获得者 | 获得时间 | 战功或勋绩 |
|---|---|---|
| 张金照① | 1938/06/07 | 台儿庄战役有功 |
| 池峰城② | 1938/06/07 | 台儿庄战役有功 |
| 吴鹏举③ | 1938/06/07 | 台儿庄战役有功 |
| 张广厚④ | 1938/06/07 | 台儿庄战役有功 |
| 李福林⑤ | 1938/06/14 | 广东抗战有功 |
| 门炳岳⑥ | 1938/07/09 | 广东抗战有功 |
| 庞炳勋⑦ | 1939/07/25 | 临沂大捷有功 |
| 耿志介⑧ | 1939/08/21 | 娘子关抗战有功 |
| 傅作义⑨ | 1940/04/17 | 五原战役有功 |
| 罗卓英⑩ | 1941/06/13 | 上高会战有功 |

①②③④《国民政府令为颁给田镇南等七员青天白日章王范庭给予四等宝鼎章》，台北："国史馆"藏，国民政府档案，001/035100/00064/025。

⑤《国民政府令李福林给予青天白日勋章王棠给予四等宝鼎勋章》，台北："国史馆"藏，国民政府档案，001/035100/00067/003。

⑥《国民政府令门炳岳给予青天白日勋章》，台北："国史馆"藏，国民政府档案，001/035100/00064/035。

⑦《国民政府令庞炳勋给予青天白日勋章刘世荣马法五刘泽溥各给予四等宝鼎勋章》，台北："国史馆"藏，国民政府档案，001/035100/00065/027。

⑧《国民政府文官处函行政院及军事委员会为奉府令颁给钟祖荫等五十二员各等宝鼎勋章耿志介一员青天白日勋章录令函达查照》，台北："国史馆"藏，国民政府档案，001/035100/00068/051。

⑨《国民政府令傅作义颁给青天白日勋章袁庆荣安春山各给宝鼎勋章》，台北："国史馆"藏，国民政府档案，001/035100/00065/044。

⑩《国民政府明令陆军第七十四军给予荣誉旗罗卓英王耀武给予青天白日勋章李天霞与四等宝鼎勋章》，台北："国史馆"藏，国民政府档案，001/035100/00074/037。

续表

| 获得者 | 获得时间 | 战功或勋绩 |
|---|---|---|
| 王耀武① | 1941/06/13 | 上高会战有功 |
| 薛岳② | 1942/01/24 | 第三次长沙大捷有功 |
| 李玉堂③ | 1942/01/24 | 第三次长沙大捷有功 |
| 周志开④ | 1943/07/23 | 空军英雄 |
| 陈诚⑤ | 1943/10/08 | 鄂西会战有功 |
| 吴奇伟⑥ | 1943/10/08 | 鄂西会战有功 |
| 方天⑦ | 1943/10/08 | 鄂西会战有功 |
| 罗广文⑧ | 1943/10/08 | 鄂西会战有功 |
| 胡琏⑨ | 1943/10/08 | 鄂西会战有功 |
| 阎锡山⑩ | 1943/10/10 | 抗战有功,国庆节授勋 |
| 李宗仁⑪ | 1943/10/10 | 抗战有功,国庆节授勋 |
| 何应钦⑫ | 1943/10/10 | 抗战有功,国庆节授勋 |

---

①《国民政府明令陆军第七十四军给予荣誉旗罗卓英王耀武给予青天白日勋章李天霞
　　与四等宝鼎勋章》,台北:"国史馆"藏,国民政府档案,001/035100/00074/037。

②③《国民政府令薛岳李玉堂各给予青天白日勋章》,台北:"国史馆"藏,国民政府档案,
　　001/035100/00076/071。

④《国民政府令周志开给予青天白日勋章》,《新华日报》1943 年 7 月 24 日,第二版。

⑤⑥⑦⑧⑨《国民政府令陈诚等二十八员分别给予青天白日勋章云麾勋章宝鼎勋章》,
　　　　台北:"国史馆"藏,国民政府档案,001/035100/00081/010。

⑩⑪《国民政府明令阎锡山等三十二员分别给予青天白日勋章云麾勋章宝鼎勋章》,台
　　北:"国史馆"藏,国民政府档案,001/035111/00054/026。

⑫《国民政府指令何应钦等四十员分别给予青天白日勋章云麾勋章宝鼎勋章》,台北:
　　"国史馆"藏,国民政府档案,001/035111/00054/023。

续表

| 获得者 | 获得时间 | 战功或勋绩 |
|---|---|---|
| 程潜① | 1943/10/10 | 抗战有功,国庆节授勋 |
| 白崇禧② | 1943/10/10 | 抗战有功,国庆节授勋 |
| 徐永昌③ | 1943/10/10 | 抗战有功,国庆节授勋 |
| 陈绍宽④ | 1943/10/10 | 抗战有功,国庆节授勋 |
| 俞飞鹏⑤ | 1943/10/10 | 抗战有功,国庆节授勋 |
| 卫立煌⑥ | 1943/12/31 | 抗战有功,国庆节授勋 |
| 郭忏⑦ | 1944/08/03 | 常德会战有功 |
| 周至柔⑧ | 1944/08/13 | 空军抗战有功 |
| 张廷孟⑨ | 1944/08/13 | 空军抗战有功 |
| 毛邦初⑩ | 1944/08/13 | 空军抗战有功 |
| 王叔铭⑪ | 1944/08/13 | 空军抗战有功 |

①②③④⑤《国民政府指令何应钦等四十员分别给予青天白日勋章云麾勋章宝鼎勋章》,台北:"国史馆"藏,国民政府档案,001/035111/00054/023。

⑥《国民政府明令卫立煌给予青天白日勋章刘峙晋给一等云麾勋章俞济时晋给三等云麾勋章》,台北:"国史馆"藏,国民政府档案,001/035111/00054/039。

⑦《国民政府令:郭忏给予青天白日勋章》,国民政府文官处印铸局:《国民政府公报》1944年8月3日,渝字698,第0—1页。

⑧⑨⑩⑪《国民政府令给予周至柔等六十八员勋章》,台北:"国史馆"藏,国民政府档案,001/035100/00033/005。

续表

| 获得者 | 获得时间 | 战功或勋绩 |
|---|---|---|
| 高又新① | 1944/08/13 | 空军抗战有功 |
| 葛先才② | 1944/07/24 | 衡阳会战有功 |
| 周庆祥③ | 1944/08/05 | 衡阳会战有功 |
| 郑洞国④ | 1944/12/31 | 滇西战役有功 |
| 孙立人⑤ | 1944/12/31 | 滇西战役有功 |
| 廖耀湘⑥ | 1944/12/31 | 滇西战役有功 |
| 霍揆彰⑦ | 1944/12/31 | 滇西战役有功 |
| 何绍周⑧ | 1944/12/31 | 滇西战役有功 |
| 萧毅肃⑨ | 1944/12/31 | 滇西战役有功 |
| 周福成⑩ | 1944/12/31 | 滇西战役有功 |
| 王凌云⑪ | 1944/12/31 | 滇西战役有功 |
| 方先觉⑫ | 1945/02/19 | 衡阳会战有功 |
| 史迪威⑬ | 1945/03/20 | 美军抗日有功人员 |
| 饶少伟⑭ | 1945/04/28 | 衡阳会战有功 |

①《国民政府令给予周至柔等六十八员勋章》，台北："国史馆"藏，国民政府档案，001/035100/00033/005。

②《国民政府令行政院为葛先才给予青天白日勋章》，台北："国史馆"藏，国民政府档案，001/035100/00082/023。

③《国民政府令给予周庆祥青天白日勋章》，台北："国史馆"藏，国民政府档案，001/035100/00074/065。

④⑤⑥⑦⑧⑨⑩⑪《国民政府令给予郑洞国等各等勋章》，台北："国史馆"藏，国民政府档案，001/035100/00066/037。

⑫《国民政府令方先觉给予青天白日勋章》，台北："国史馆"藏，国民政府档案，001/035100/00092/005。

⑬《国民政府令史迪威给予青天白日勋章》，台北："国史馆"藏，国民政府档案，001/035100/00169/044。

⑭《国民政府令饶少伟给予青天白日勋章》，台北："国史馆"藏，国民政府档案，001/035100/00084/076。

续表

| 获得者 | 获得时间 | 战功或勋绩 |
|---|---|---|
| 钟彬① | 1945/05/25 | 滇西战役有功 |
| 毛芝荃② | 1945/05/25 | 滇西战役有功 |
| 黄中权③ | 1945/05/25 | 滇西抗战有功 |
| 陈纳德④ | 1945/08/07 | 美军抗日有功人员 |
| 商震⑤ | 1945/12/15 | 抗战胜利有功 |
| 楚溪春⑥ | 1946/01/01 | 抗战胜利有功 |
| 马占山⑦ | 1946/01/01 | 抗战胜利有功 |
| 傅作义⑨ | 1946/01/01 | 抗战胜利有功 |
| 董其武⑨ | 1946/01/01 | 抗战胜利有功 |
| 魏德迈⑩ | 1946/02/21 | 美军抗日有功人员 |
| 容有略⑪ | 1946/02/28 | 衡阳会战有功 |
| 徐堪⑫ | 1946/02/28 | 抗战胜利有功 |

---

①②③《国民政府令：颁给勋章令七件：钟彬、毛芝全、黄中权》，国民政府文官处印铸局：
　　《国民政府公报》1945 年 5 月 25 日，渝字 782，第 3—2 页。

④《国民政府令陈纳德给予青天白日勋章》，台北："国史馆"藏，国民政府档案，001/
　　035100/00166/060。

⑤《国民政府令：商震给予青天白日勋章》，国民政府文官处印铸局：《国民政府公报》
　　1945 年 12 月 15 日，渝字 933，第 1 页。

⑥⑦⑧⑨《国民政府令董其武等四员给予青天白日勋章》，台北："国史馆"藏，国民政府
　　档案，001/035100/00066/050。

⑩《国民政府令魏德迈给予青天白日勋章》，台北："国史馆"藏，国民政府档案，001/
　　035100/00170/043。

⑪《国民政府令容有略给予青天白日勋章》，台北："国史馆"藏，国民政府档案，001/
　　035100/00093/013。

⑫《国民政府令：徐堪、端木杰、庞松舟、陈良各给予青天白日勋章》，国民政府文官处印
　　铸局：《国民政府公报》1946 年 2 月 28 日，渝字 996，第 1 页。

续表

| 获得者 | 获得时间 | 战功或勋绩 |
|---|---|---|
| 端木杰① | 1946/02/28 | 抗战胜利有功 |
| 陈良② | 1946/02/28 | 抗战胜利有功 |
| 庞松舟③ | 1946/02/28 | 抗战胜利有功 |
| 黄镇球④ | 1946/02/28 | 抗战胜利有功 |
| 李仙洲⑤ | 1946/03/02 | 抗战胜利有功 |
| 张发奎⑥ | 1946/03/07 | 抗战胜利有功 |
| 胡宗南⑦ | 1946/03/07 | 抗战胜利有功 |
| 刘峙⑧ | 1946/03/07 | 抗战胜利有功 |
| 顾祝同⑨ | 1946/03/07 | 抗战胜利有功 |
| 孙蔚如⑩ | 1946/03/07 | 抗战胜利有功 |
| 余汉谋⑪ | 1946/03/07 | 抗战胜利有功 |

①②③《国民政府令：徐堪、端木杰、庞松舟、陈良各给予青天白日勋章》，国民政府文官处印铸局：《国民政府公报》1946年2月28日，渝字996，第1页。

④《国民政府令黄镇球给予青天白日勋章》，台北："国史馆"藏，国民政府档案，001/035100/00093/010。

⑤《国民政府令李仙洲给予青天白日勋章》，台北："国史馆"藏，国民政府档案，001/035100/00093/055。

⑥⑦⑧⑨⑩⑪《国民政府令张发奎等十员各给予青天白日勋章张秉均等二员各给予三等宝鼎勋章》，台北："国史馆"藏，国民政府档案，001/035100/00094/012。

| 获得者 | 获得时间 | 战功或勋绩 |
|---|---|---|
| 朱绍良① | 1946/03/07 | 抗战胜利有功 |
| 李品仙② | 1946/03/07 | 抗战胜利有功 |
| 刘斐③ | 1946/03/07 | 抗战胜利有功 |
| 林蔚④ | 1946/03/07 | 抗战胜利有功 |
| 汪连锋⑤ | 1946/03/16 | 抗战胜利有功 |
| 冯玉祥⑥ | 1946/05/09 | 抗战胜利有功 |
| 何成濬⑦ | 1946/05/09 | 抗战胜利有功 |
| 鹿钟麟⑧ | 1946/05/09 | 抗战胜利有功 |
| 俞大维⑨ | 1946/05/09 | 抗战胜利有功 |
| 钱大钧⑩ | 1946/05/27 | 抗战胜利有功 |

---

①②③④《国民政府令张发奎等十员各给予青天白日勋章张秉均等二员各给予三等宝鼎勋章》，台北："国史馆"藏，国民政府档案，001/035100/00094/012。

⑤《国民政府令汪连锋给予青天白日勋章胡宗南等九员给予各等宝鼎勋章刘茂恩等十三员给予各等云麾勋章》，台北："国史馆"藏，国民政府档案，001/035100/00092/090。

⑥⑦⑧⑨《国民政府令冯玉祥何成濬鹿钟麟俞大维各给予青天白日勋章》，台北："国史馆"藏，国民政府档案，001/035100/00069/002。

⑩《国民政府令钱大钧蒋鼎文各给予青天白日勋章》，台北："国史馆"藏，国民政府档案，001/035100/00069/005。

续表

| 蒋鼎文① | 1946/06/08 | 抗战胜利有功 |
| 孙元良② | 1946/07/12 | 独山战役有功 |
| 张雪中③ | 1946/07/12 | 独山战役有功 |

宝鼎勋章、云麾勋章分为九等，分别授予立功的军人，从士兵到将军授予不同的等级，因而涉及面较广，在抗战时期具有重要的激励作用。

表7-3　全面抗战时期荣获宝鼎勋章和云麾勋章的部分将领

| 勋章名称 | | 获得者 | 获得时间 |
| --- | --- | --- | --- |
| 宝鼎勋章 | 一等 | 王耀武④ | 1945/02/28 |
| | 三等 | 杨森⑤ | 1939/12/28 |
| | | 欧震⑥ | 1943/03/05 |
| | | 马法五⑦ | 1943/11/25 |

①《国民政府令钱大钧蒋鼎文各给予青天白日勋章》，台北："国史馆"藏，国民政府档案，001/035100/00069/005。

②③《国民政府令张雪中孙元良各给予青天白日勋章》，台北："国史馆"藏，国民政府档案，001/035100/00069/008。

④《国民政府令王耀武晋给一等宝鼎勋章彭位仁给予三等云麾勋章》，台北："国史馆"藏，国民政府档案，001/035100/00092/017。

⑤《国民政府令杨森给予三等宝鼎勋章》，台北："国史馆"藏，国民政府档案，001/035100/00065/038。

⑥《国民政府文官处函参军处为奉国府晋给欧震三等宝鼎勋章给予张德龙等各种勋章送请查收依例办理见复》，台北："国史馆"藏，国民政府档案，001/035100/00078/016。

⑦《国民政府文官处函参军处为奉国府晋给马法五三等宝鼎勋章给予刘荣各等云麾勋章检同证书送请查收依例办理见复》，台北："国史馆"藏，国民政府档案，001/035100/00081/005。

**续表**

| 勋章名称 | | 获得者 | 获得时间 |
|---|---|---|---|
| 宝鼎勋章 | 三等 | 李世龙① | 1944/05/12 |
| | | 杨虎② | 1944/12/30 |
| | 四等 | 李正舆③ | 1938/06/07 |
| | | 王棠④ | 1938/06/14 |
| | | 陈万仞⑤ | 1938/11/25 |
| | | 郭勋祺⑥ | 1938/11/25 |
| | | 李世龙⑦ | 1939/02/16 |
| | | 孔繁瀛⑧ | 1939/02/16 |
| | | 陈武⑨ | 1939/02/16 |
| | | 韦云淞⑩ | 1939/02/16 |

---

① 《国民政府令李世龙晋给三等宝鼎勋章及罗历戎给予四等宝鼎勋章康庄等各给予四等云麾勋章》，台北："国史馆"藏，国民政府档案，001/035100/00016/055。

② 《国民政府令杨虎给予三等宝鼎勋章》，台北："国史馆"藏，国民政府档案，001/035100/00066/026。

③ 《国民政府令李正舆给予四等宝鼎勋章》，台北："国史馆"藏，国民政府档案，001/035100/00064/031。

④ 《国民政府令李福林给予青天白日勋章王棠给予四等宝鼎勋章》，台北："国史馆"藏，国民政府档案，001/035100/00067/003。

⑤⑥ 《国民政府令陈万仞郭勋祺各给予四等宝鼎勋章》，台北："国史馆"藏，国民政府档案，001/035100/00065/014。

⑦⑧⑨⑩ 《国民政府令李世龙孔繁瀛陈武韦云淞张自忠傅立平各给予四等宝鼎勋章》，台北："国史馆"藏，国民政府档案，001/035100/00065/020。

续表

| 勋章名称 | | 获得者 | 获得时间 |
|---|---|---|---|
| 宝鼎勋章 | 四等 | 张自忠① | 1939/02/16 |
| | | 傅立平② | 1939/02/16 |
| | | 吉星文③ | 1939/06/05 |
| | | 刘世荣④ | 1939/07/25 |
| | | 马法五⑤ | 1939/07/25 |
| | | 刘泽溥⑥ | 1939/07/25 |
| | | 刘明夏⑦ | 1939/08/12 |
| | | 王声溢⑧ | 1939/08/12 |
| | | 孙良诚⑨ | 1940/08/05 |
| | | 阙汉骞⑩ | 1940/09/30 |
| | | 吴逸志⑪ | 1940/10/16 |

①②《国民政府令李世龙孔繁瀛陈武韦云淞张自忠傅立平各给予四等宝鼎勋章》,台北："国史馆"藏,国民政府档案,001/035100/00065/020。

③《国民政府指令行政院为颁给吉星文四等宝鼎勋章》,台北："国史馆"藏,国民政府档案,001/035100/00071/010。

④⑤⑥《国民政府令庞炳勋勋给予青天白日勋章刘世荣马法五刘泽溥各给予四等宝鼎勋章》,台北："国史馆"藏,国民政府档案,001/035100/00065/027。

⑦⑧《国民政府令刘明夏王声溢各给予四等宝鼎勋章》,台北："国史馆"藏,国民政府档案,001/035100/00065/032。

⑨《国民政府令孙良诚给予四等宝鼎勋章》,台北："国史馆"藏,国民政府档案,001/035100/00072/028。

⑩《国民政府令阙汉骞给予四等宝鼎勋章》,台北："国史馆"藏,国民政府档案,001/035100/00072/058。

⑪《国民政府令吴逸志给予四等宝鼎勋章赵子立贺执圭各给予四等云麾勋章》,台北："国史馆"藏,国民政府档案,001/035100/00073/003。

续表

| 勋章名称 | | 获得者 | 获得时间 |
|---|---|---|---|
| 宝鼎勋章 | 四等 | 朱晖日① | 1941/05/28 |
| | | 李天霞② | 1941/06/04 |
| | | 王毅③ | 1942/04/25 |
| | | 胡献群④ | 1943/04/02 |
| | | 陶柳⑤ | 1944/04/03 |
| | | 杨晒轩⑥ | 1944/04/14 |
| | | 罗历戎⑦ | 1944/05/12 |
| | | 段海洲⑧ | 1944/10/03 |
| | | 鄂友三⑨ | 1945/03/28 |
| | | 孙鸣玉⑩ | 1945/04/14 |

---

① 《国民政府明令朱晖日给予四等宝鼎勋章》，台北："国中馆"藏，国民政府档案，001/035100/00074/029。

② 《国民政府明令陆军第七十四军给予荣誉旗罗卓英王耀武给予青天白日勋章李天霞与四等宝鼎勋章》，台北："国史馆"藏，国民政府档案，001/035100/00074/037。

③ 《国民政府令王毅给予四等宝鼎勋章》，台北："国史馆"藏，国民政府档案，001/035100/00077/060。

④ 《国民政府令胡献群给予四等宝鼎勋章黄褚彪给予六等云麾勋章》，台北："国史馆"藏，国民政府档案，001/035100/00079/025。

⑤ 《国民政府令给予陶柳四等宝鼎勋章》，台北："国史馆"藏，国民政府档案，001/035100/00081/083。

⑥ 《国民政府令晋给黄隐等三员四等云麾勋章给予谢无圻等二员勋章》，台北："国史馆"藏，国民政府档案，001/035100/00081/087。

⑦ 《国民政府令李世龙晋给三等宝鼎勋章及罗历戎给予四等宝鼎勋章康庄等各给予四等云麾勋章》，台北："国史馆"藏，国民政府档案，001/035100/00016/055。

⑧ 《国民政府令段海洲给予四等宝鼎勋章》，台北："国史馆"藏，国民政府档案，001/035100/00083/013。

⑨ 《国民政府令鄂友三给予四等宝鼎勋章》，台北："国史馆"藏，国民政府档案，001/035100/00092/044。

⑩ 《国民政府令孙鸣玉给予四等宝鼎勋章》，台北："国史馆"藏，国民政府档案，001/035100/00084/054。

续表

| 勋章名称 | | 获得者 | 获得时间 |
|---|---|---|---|
| 云麾勋章 | 一等 | 庞炳勋① | 1943/04/26 |
| | | 刘峙② | 1943/12/30 |
| | | 杨爱源③ | 1944/10/03 |
| | 二等 | 马步青④ | 1939/02/13 |
| | | 唐式遵⑤ | 1940/10/03 |
| | | 周至柔⑥ | 1943/10/11 |
| | | 曹浩森⑦ | 1944/03/10 |
| | 三等 | 图布升巴尔⑧ | 1937/08/06 |
| | | 孙魁元⑨ | 1943/04/29 |
| | | 萧毅肃⑩ | 1943/07/06 |
| | | 马崇六⑪ | 1943/07/06 |

①《国民政府指令行政院为请晋给庞炳勋一等云麾勋章颁给孙魁元三等云麾勋章照准》，台北："国史馆"藏，国民政府档案，001/035100/00071/059。

②《国民政府明令卫立煌给予青天白日勋章刘峙晋给一等云麾勋章俞济时晋给三等云麾勋章》，台北："国史馆"藏，国民政府档案，001/035111/00054/039。

③《国民政府令杨爱源晋给一等云麾勋章》，台北："国史馆"藏，国民政府档案，001/035100/00083/016。

④《国民政府令马步青晋给二等云麾勋章李根固给予四等云麾勋章》，台北："国史馆"藏，国民政府档案，001/035100/00068/006。

⑤《国民政府令唐式遵晋给二等云麾勋章》，台北："国史馆"藏，国民政府档案，001/035111/00051/040。

⑥《国民政府明令周至柔晋给二等云麾勋章》，台北："国史馆"藏，国民政府档案，001/035111/00054/029。

⑦《国民政府明令晋给曹浩森二等云麾勋章》，台北："国史馆"藏，国民政府档案，001/035111/00052/005。

⑧《国民政府令图布升巴尔给予三等云麾勋章》，台北："国史馆"藏，国民政府档案，001/035100/00064/002。

⑨《国民政府指令行政院为请晋给庞炳勋一等云麾勋章颁给孙魁元三等云麾勋章照准》，台北："国史馆"藏，国民政府档案，001/035100/00071/059。

⑩⑪《国民政府令萧毅肃等二员各给予三等云麾勋章》，台北："国史馆"藏，国民政府档案，001/035100/00079/060。

续表

| 勋章名称 | | 获得者 | 获得时间 |
|---|---|---|---|
| 云麾勋章 | 三等 | 李根固① | 1943/09/03 |
| | | 俞济时② | 1943/12/30 |
| | | 张建③ | 1944/05/18 |
| | | 廖耀湘④ | 1944/06/26 |
| | | 戴笠⑤ | 1944/09/04 |
| | | 蒋伏生⑥ | 1945/01/10 |
| | | 彭位仁⑦ | 1945/02/28 |
| | | 刘戡⑧ | 1945/05/09 |
| | | 张际鹏⑨ | 1945/05/09 |
| | | 吴庭麟⑩ | 1945/05/09 |
| | | 马法五⑪ | 1945/05/09 |

---

① 《国民政府令李根固晋给三等云麾勋章》，台北："国史馆"藏，国民政府档案，001/035100/00115/056。

② 《国民政府明令卫立煌给予青天白日勋章刘峙晋给一等云麾勋章俞济时晋给三等云麾勋章》，台北："国史馆"藏，国民政府档案，001/035111/00054/039。

③ 《国民政府明令给予张建三等云麾勋章》，台北："国史馆"藏，国民政府档案，001/035111/00054/051。

④ 《国民政府文官处函行政院为奉明令廖耀湘等二员给予三四等云麾勋章录令函达查照转知》，台北："国史馆"藏，国民政府档案，001/035100/00081/099。

⑤ 《国民政府令戴笠给予三等云麾勋章》，台北："国史馆"藏，国民政府档案，001/035100/00115/094。

⑥ 《国民政府令蒋伏生晋给三等云麾勋章》，台北："国史馆"藏，国民政府档案，001/035100/00091/036。

⑦ 《国民政府令王耀武晋给一等宝鼎勋章彭位仁给予三等云麾勋章》，台北："国史馆"藏，国民政府档案，001/035100/00092/017。

⑧⑨⑩⑪ 《国民政府令刘勘等四员各给予三等云麾勋章》，台北："国史馆"藏，国民政府档案，001/035100/00085/002。

续表

| 勋章名称 | | 获得者 | 获得时间 |
|---|---|---|---|
| 云麾勋章 | 三等 | 杨继曾① | 1945/05/10 |
| | | 李宗昉② | 1945/06/02 |
| | | 郑冰如③ | 1945/07/28 |
| | 四等 | 黄隐④ | 1944/04/14 |
| | | 朱世明⑤ | 1937/10/19 |
| | | 李根固⑥ | 1939/02/13 |
| | | 张华棠⑦ | 1940/03/13 |
| | | 郑洞国⑧ | 1940/07/13 |
| | | 赵子立⑨ | 1940/10/16 |
| | | 贺执圭⑩ | 1940/10/16 |
| | | 黄维纲⑪ | 1941/05/23 |
| | | 阮勋⑫ | 1941/05/23 |

---

① 《国民政府令杨继曾等晋给三等云麾勋章何志浩等给予忠勤勋章》，台北："国史馆"藏，国民政府档案，001/035100/00059/047。

② 《国民政府令李宗昉给予三等云麾勋章》，台北："国史馆"藏，国民政府档案，001/035100/00085/029。

③ 《国民政府令郑冰如给予三等云麾勋章》，台北："国史馆"藏，国民政府档案，001/035100/00061/014。

④ 《国民政府令晋给黄隐等三员四等云麾勋章给予谢无圻等二员勋章》，台北："国史馆"藏，国民政府档案，001/035100/00081/087。

⑤ 《国民政府令朱世明给予四等云麾勋章龙荣轩郭德权各给予五等云麾勋章》，台北："国史馆"藏，国民政府档案，001/035100/00104/023。

⑥ 《国民政府令马步青晋给二等云麾勋章李根固给予四等云麾勋章》，台北："国史馆"藏，国民政府档案，001/035100/00068/006。

⑦ 《国民政府令张华棠给予四等云麾勋章》，台北："国史馆"藏，国民政府档案，001/035120/00023/025。

⑧ 《国民政府令花日春等给予各等宝鼎勋章郑洞国给予四等云麾勋章》，台北："国史馆"藏，国民政府档案，001/035100/00072/011。

⑨⑩ 《国民政府令吴逸志给予四等宝鼎勋章赵子立贺执圭各给予四等云麾勋章》，台北："国史馆"藏，国民政府档案，001/035100/00073/003。

⑪⑫ 《国民政府明令黄维纲等二员给予四等云麾勋章》，台北："国史馆"藏，国民政府档案，001/035100/00074/021。

续表

| 勋章名称 | | 获得者 | 获得时间 |
|---|---|---|---|
| 云麾勋章 | 四等 | 金镇① | 1942/02/19 |
| | | 蔡文治② | 1942/02/19 |
| | | 王赓③ | 1942/02/19 |
| | | 何志浩④ | 1942/04/03 |
| | | 汤德衡⑤ | 1943/02/12 |
| | | 奇俊峰⑥ | 1943/07/07 |
| | | 奇文英⑦ | 1943/07/20 |
| | | 刘兆藜⑧ | 1943/07/20 |
| | | 黄德兴⑨ | 1943/11/22 |
| | | 谢无圻⑩ | 1944/04/14 |
| | | 彭焕章⑪ | 1944/04/14 |
| | | 李树骅⑫ | 1944/04/14 |

---

①②③《国民政府令金镇蔡文治等四员给予四等云麾勋章李民宪给予六等云麾勋章》，台北："国史馆"藏，国民政府档案，001/035100/00007/018。

④《国民政府明令给予何志浩四等云麾勋章》，台北："国史馆"藏，国民政府档案，001/035100/00005/033。

⑤《国民政府令汤德衡给予四等云麾勋章》，台北："国史馆"藏，国民政府档案，001/035100/00104/062。

⑥《国民政府令奇俊峰给予四等云麾勋章》，台北："国史馆"藏，国民政府档案，001/035100/00115/028。

⑦《国民政府令奇文英给予四等云麾勋章》，台北："国史馆"藏，国民政府档案，001/035100/00080/003。

⑧《国民政府令刘兆藜给予四等云麾勋章》，台北："国史馆"藏，国民政府档案，001/035100/00115/039。

⑨《国民政府令黄德兴给予四等云麾勋章》，台北："国史馆"藏，国民政府档案，001/035100/00080/073。

⑩⑪⑫《国民政府令晋给黄隐等三员四等云麾勋章给予谢无圻等二员勋章》，台北："国史馆"藏，国民政府档案，001/035100/00081/087。

续表

| 勋章名称 | | 获得者 | 获得时间 |
|---|---|---|---|
| 云麾勋章 | 四等 | 康庄① | 1944/05/12 |
| | | 陈祺② | 1944/05/13 |
| | | 石祖黄③ | 1944/06/26 |
| | | 陈光藻④ | 1944/07/11 |
| | | 唐英⑤ | 1944/07/11 |
| | | 刘元暄⑥ | 1944/07/11 |
| | | 王靖宇⑦ | 1944/07/11 |

　　1944 年 9 月,国民政府为了表彰更多抗战将士,又增制了忠勇勋章、忠勤勋章、忠贞奖章三种。忠勇勋章不分等级,凡陆海空军军人捍卫外侮,坚守阵地,负伤不退,特著忠勇战功者颁给之。忠勤勋章不分等级,凡陆海空军各部队(舰队、航空队)机关学校之军官佐服役 10 年以上未兼外职,其服役行为足资矜式者颁给之。忠贞奖章不分等级,凡陆海空军军人军属在捍卫外侮中,为对抗顽敌强人达成任务建立光荣事迹因而负伤者颁给之。⑧

　　抗战时期,中国空军涌现出高志航、刘粹刚、柳哲生、李桂丹、周志开等一大批优秀飞行员,为抗战做出了重要贡献。他

---

① 《国民政府令李世龙晋给三等宝鼎勋章及罗历戎给予四等宝鼎勋章康庄等各给予四等云麾勋章》,台北:“国史馆”藏,国民政府档案,001/035100/00016/055。

② 《国民政府令陈祺给予四等云麾勋章》,台北:“国史馆”藏,国民政府档案,001/035100/00082/002。

③ 《国民政府文官处函行政院为奉明令廖耀湘等二员给予三四等云麾勋章录令函达查照转知》,台北:“国史馆”藏,国民政府档案,001/035100/00081/099。

④⑤⑥⑦ 《国民政府令陈光藻等四员各给予四等云麾勋章》,台北:“国史馆”藏,国民政府档案,001/035100/00082/017。

⑧ 《忠勇忠勤忠贞三种勋章颁给准则》(1944 年 9 月 23 日),中国第二历史档案馆编:《中华民国史档案资料汇编》第五辑第二编,“军事”(一),第 506—507 页。

们的军衔普遍不高,被誉为"空军战神"的高志航生前是空军上校。牺牲之后,才被国民政府追授为空军少将。除周志开、高又新荣获青天白日勋章外,大部分空军官兵不能适合上述勋章的规定。因而抗战时期国民政府还颁布了针对空军官兵的奖励条例。1937 年 12 月 3 日,国民政府颁布《空军将士复兴荣誉勋章条例》,规定空军官佐、士兵于战时捍御外侮、保卫国家,在空中作战著有特殊战功者,除依法给予其他勋赏外,并得颁授复兴荣誉勋章。复兴荣誉勋章分一等、二等、三等。① 1945 年 6 月,国民政府又制定了《空军勋奖条例》,规定中华民国空军军人于维护世界正义和平、消灭侵略主义之全面战争中,著有战功或勋绩,同盟国空军军人或陆海军军人指挥或协助空军作战,因而立功者,应授励给奖。其中,空军勋章之种类分为:大同勋章、河图勋章、洛书勋章、乾元勋章;空军奖章之种类分为:鹏举奖章、云龙奖章、飞虎奖章、翔豹奖章、雄鹜奖章、彤弓奖章。②

抗战时期,为抵御侵略,广大将士浴血奋战,不畏牺牲,谱写了一曲曲爱国赞歌。同时,也有少数将领因种种原因降敌、投敌,演绎了一幕幕卖国求荣的悲剧。国民政府颁布的战时军律、惩治汉奸条例,以及陆海空军奖励条例和勋赏条例等,一定程度上对整肃军纪、制裁通敌叛国者,激励广大将士奋勇杀敌起了重要的作用。

---

① 《特授空军将士复兴荣誉勋章条例》(1937 年 12 月 3 日),中国第二历史档案馆编:《中华民国史档案资料汇编》第五辑第二编,"军事"(一),第 490—492 页。

② 《空军勋奖条例》(1945 年 6 月 14 日),中国第二历史档案馆编:《中华民国史档案资料汇编》第五辑第二编,"军事"(一),第 511—513 页。

# 参考文献

## 一、档案与文献

中国第二历史档案馆藏,全宗号七六一。

中国第二历史档案馆藏,全宗号七六七。

中国第二历史档案馆藏,全宗号七八七。

《蒋介石日记》(手稿本),美国斯坦福大学胡佛研究所档案馆藏。

蒋中正"总统"文物,台北"国史馆"藏。

国民政府档案,台北"国史馆"藏。

陈诚副"总统"文物,台北"国史馆"藏。

国民政府文官处印铸局:《国民政府公报》,1934—1945 年。

白崇禧口述,陈存恭等整理:《白崇禧口述自传》,北京:中国大百科全书出版社 2009 年版。

北京师范大学、上海市档案馆编:《蒋作宾日记》,南京:江苏古籍出版社 1990 年版。

陈铭枢:《陈铭枢回忆录》,北京:中国文史出版社 2012 年版。

蔡鸿源主编:《民国法规集成》,合肥:黄山书社 1999 年版。

冯玉祥:《我所认识的蒋介石》,哈尔滨:黑龙江出版社 1980 年版。

冯玉祥:《冯玉祥日记》,南京:江苏古籍出版社 1992 年版。

冯玉祥:《冯玉祥选集》,北京:人民出版社 1998 年版。

冯玉祥:《冯玉祥自传》,北京:军事科学出版社 1989 年版。

龚德柏:《龚德柏回忆录》,台北:龙文出版社股份有限公司 2001 年版。

顾祝同:《墨三九十自述》,台北:台湾"国防部"史政编译局 1981 年版。

郭汝瑰:《郭汝瑰回忆录》,成都:四川人民出版社 1987 年版。

何应钦:《八年抗战之经过》,中国陆军总司令部编印,1946 年。

《何应钦将军九五纪事长编》编辑委员会:《何应钦将军九五纪事长编》,台北:黎明文化事业公司 1984 年版。

何智霖编辑:《陈诚先生书信集:家书》,台北:"国史馆"2006 年版。

何智霖编辑:《陈诚先生书信集:与蒋中正先生往来函电》,台北:"国史馆"2007 年版。

何智霖编辑:《陈诚先生书信集:与友人书》,台北:"国史馆"2009 年版。

何智霖编辑:《陈诚先生回忆录:六十自述》,台北:"国史馆"2013 年版。

何智霖编辑:《陈诚先生回忆录:抗日战争》(上),台北:"国史馆"2006 年版。

何智霖编辑:《陈诚先生回忆录:抗日战争》(下),台北:"国史馆"2006 年版。

湖北政协文史资料委员会编:《湖北文史资料》第 31 辑"陈诚史料专辑",武汉:湖北政协文史资料委员会,1990 年。

何成濬著,沈云龙校注:《何成濬将军战时日记》,台北传记文学出版社 1986 年版。

黄自进、潘光哲编:《蒋中正"总统"五记:爱记》,台北:"国史馆"2011 年版。

黄自进、潘光哲编:《蒋中正"总统"五记:困勉记》,台北:"国史馆"2011 年版。

黄自进、潘光哲编:《蒋中正"总统"五记:省克记》,台北:"国史馆"2011 年版。

黄自进、潘光哲编:《蒋中正"总统"五记:学记》,台北:"国史馆"2011

年版。

黄自进、潘光哲编：《蒋中正"总统"五记·游记》，台北："国史馆"2011年版。

黄绍竑：《五十回忆》，长沙：岳麓书社1999年版。

黄仲文编纂：《民国余上将汉谋年谱》，台北：商务印书馆1990年版。

胡宗南：《胡宗南先生文存》，台北：商务印书馆2016年版。

胡宗南：《胡宗南先生日记》，台北："国史馆"2015年版。

胡宗南：《胡宗南上将年谱》增修版，台北：商务印书馆2014年版。

李新总编：《中华民国史人物传》第1—8卷，北京：中华书局2011年版。

吕芳上主编：《蒋中正先生年谱长编》第1—6册，台北："国史馆"、中正纪念堂、中正文教基金会2014年版。

吕芳上主编：《蒋中正先生年谱长编》第7册，台北："国史馆"、中正纪念堂、中正文教基金会2015年版。

刘航琛审订，周开庆编著：《民国刘甫澄先生湘年谱》，台北：商务印书馆1981年版。

刘茂恩口述，程玉凤撰：《刘茂恩回忆录》，台北：台湾学生书局1996年版。

刘玉章：《戎马五十年——国军五十二军军长刘玉章自述》，台北：文海出版社有限公司1977年版。

刘峙：《我的回忆》，台北：台湾荣泰印书馆1966年版。

李宗仁口述，唐德刚撰写：《李宗仁回忆录》，桂林：广西师范大学出版社2005年版。

公安部档案馆编注：《在蒋介石身边八年——侍从室高级幕僚唐纵日记》，北京：群众出版社1991年版。

广东革命历史博物馆编：《黄埔军校史料(1924—1927)》，广州：广东人民出版社1982年版。

秦孝仪主编：《"总统"蒋公思想言论总集》，台北：中国国民党中央委员会党史委员会1984年版。

秦德纯：《秦德纯回忆录》，台北：传记文学出版社1981年版。

茅海建主编:《国民党抗战殉国将领》,郑州:河南人民出版社1987年版。

木铁编:《佩剑将军张克侠》,北京:中国文史出版社1987年版。

日本防卫厅防卫研究所战史室:《长沙作战》,北京:中华书局1985年版。

日本防卫厅防卫研究所战史室:《香港·长沙作战》,台北:"国防部"史政编译局1987年版。

日本防卫厅防卫研究所战史室『1942、1943年的中国派越军』、朝云新闻社、1983年。

宋希濂:《鹰犬将军:宋希濂自述》,北京:中国文史出版社1986年版。

孙元良:《亿万光年中的一瞬》,台北:时英出版社2008年版。

孙连仲:《孙连仲回忆录》,台北:孙仿鲁先生古稀华诞寿筹备委员会1962年版。

陶峙岳:《陶峙岳自述》,长沙:湖南人民出版社1985年版。

王云五主编,于凭远、罗冷梅等编纂,叶霞翟校订:《民国胡上将宗南年谱》,台北:商务印书馆1980年版。

王子壮:《王子壮日记》,台北:"中央研究院"近代史研究所编印2001年版。

文思主编:《我所知道的白崇禧》,北京:中国文史出版社2003年版。

文思主编:《我所知道的杜聿明》,北京:中国文史出版社2003年版。

文思主编:《我所知道的冯玉祥》,北京:中国文史出版社2003年版。

文思主编:《我所知道的胡宗南》,北京:中国文史出版社2003年版。

文思主编:《我所知道的李宗仁》,北京:中国文史出版社2003年版。

文思主编:《我所知道的杨虎城》,北京:中国文史出版社2003年版。

文思主编:《我所知道的阎锡山》,北京:中国文史出版社2003年版。

文思主编:《我所知道的汤恩伯》,北京:中国文史出版社2004年版。

文思主编:《我所知道的陈诚》,北京:中国文史出版社2004年版。

熊式辉:《海桑集——熊式辉回忆录(1907—1949)》,香港:明镜出版社2008年版。

徐永昌:《徐永昌日记》,台北:"中央研究院"近代史研究所1991年版。

徐永昌：《求己斋回忆录》，北京：中华书局 2016 年版。

俞济时：《八十虚度追忆》，台北："国防部"史政编译局 1983 年版。

张治中：《张治中回忆录》，北京：华文出版社 2014 年版。

张发奎：《蒋介石与我——张发奎上将回忆录》，香港：香港文化艺术出版社 2008 年版。

张其昀主编：《先"总统"蒋公全集》，台北：中国文化大学出版社 1984 年版。

张军、唐本富等编：《国民党高级将领花名册》，北京：华文出版社 2011 年版。

郑洞国：《我的戎马生涯——郑洞国回忆录》，北京：团结出版社 2008 年版。

周美华编注：《蒋中正"总统"档案：事略稿本》第 32 册，台北："国史馆" 2008 年版。

叶惠芬编辑：《蒋中正"总统"档案：事略稿本》第 58 册，台北："国史馆" 2011 年版。

王正华编辑：《蒋中正"总统"档案：事略稿本》第 60 册，台北："国史馆" 2011 年版。

萧李居编辑：《蒋中正"总统"档案：事略稿本》第 43 册，台北："国史馆" 2010 年版。

贾廷诗等访问记录，郭廷以校阅：《白崇禧先生访问纪录》，台北："中央研究院"近代史研究所 1989 年版。

刘凤翰、张力访问，毛金陵记录：《丁治磐先生访问纪录》，台北："中央研究院"近代史研究所 1991 年版。

张玉法、陈存恭访问，黄铭明记录：《刘安祺先生访问纪录》，台北："中央研究院"近代史研究所 1991 年版。

沈云龙访问，贾廷诗等记录：《万耀煌先生访问纪录》，台北："中央研究院"近代史研究所 1993 年版。

中国国民党中央委员会党史委员会编：《尹呈辅先生访问纪录》，台北：近代中国出版社 1992 年版。

中国国民党中央委员会党史委员会编:《郭寄峤先生访问纪录》,台北:近代中国出版社 1992 年版。

中国国民党中央委员会党史委员会编:《战时经历之回忆》,台北:近代中国出版社 1995 年版。

中国第二历史档案馆编:《中华民国史档案资料汇编》第五辑第二编,"军事",南京:江苏古籍出版社 1998 年版。

中国第二历史档案馆编:《中华民国史档案资料汇编》第五辑第三编,"军事",南京:江苏古籍出版社 1999 年版。

中国第二历史档案馆编:《抗日战争正面战场》,南京:凤凰出版社 2005 年版。

## 二、著作

曹剑浪:《中国国民党军简史》,北京:解放军出版社 2010 年版。

陈侃章:《飞将军蒋鼎文》,杭州:浙江人民出版社 2012 年版。

陈高华、钱海皓主编:《中国军事制度史》,郑州:大象出版社 1997 年版。

陈利明:《程潜大传》,北京:团结出版社 2005 年版。

陈宁生、张光宇:《蒋介石与黄埔系》,郑州:河南人民出版社 1994 年版。

陈予欢:《初露锋芒——黄埔军校第一期生研究》,广州:中山大学出版社 2007 年版。

陈予欢:《风云际会——黄埔军校第三期生研究》,广州:中山大学出版社 2008 年版。

陈予欢:《雄关漫道——黄埔军校第四期生研究》,广州:中山大学出版社 2009 年版。

陈予欢:《大浪淘沙——黄埔军校第五期生研究》,广州:广东人民出版社 2015 年版。

陈先初:《程潜与近代中国》,长沙:湖南大学出版社 2004 年版。

程思远:《白崇禧传》,北京:华艺出版社 1995 年版。

党德信、杨玉文：《抗日战争国民党阵亡将领录》，北京：解放军出版社1987年版。

复旦大学历史系中国现代史研究室：《汪精卫汉奸政权的兴亡——汪伪政权史研究论集》，上海：复旦大学出版社1987年版。

古僧编著：《戴笠将军与抗日战争》，台北：华新出版有限公司1976年版。

郭绪印主编：《国民党派系斗争史》，上海：上海人民出版社1992年版。

黄康永等述，朱文楚整理：《军统兴衰实录：国民党将领的亲历回忆》，杭州：浙江大学出版社2014年版。

韩子华口述，周海滨撰：《我的父亲韩复榘》，北京：中华书局2013年版。

郭雄等编著：《抗日战争时期国民党正面战场》，成都：四川人民出版社2015年版。

军事科学院军事历史研究部编著：《中国人民解放军全国解放战争史》，北京：军事科学出版社1997年版。

中国人民解放军军事科学院军制研究部：《中国军事百科全书》"军制"，北京：军事科学出版社1995年版。

金以林：《国民党高层的派系政治》，北京：社会科学文献出版社2009年版。

经盛鸿：《胡宗南大传》，北京：团结出版社2009年版。

姜克夫：《民国军事史》，重庆：重庆出版社2009年版。

蒋永敬：《蒋中正先生与抗日战争》，台北：黎明文化事业股份有限公司1991年版。

吕芳上主编：《中国抗日战争史新编》，台北："国史馆"2015年版。

刘凤翰：《国民党军事制度史》，北京：中国大百科全书出版社2009年版。

路家榜、吴敬模编：《薛岳抗战手稿》，上海：中国新光印书馆1948年版。

陆军军官学校校史编纂委员会编：《陆军军官学校校史》，陆军军官学校校史编纂委员会编印1969年版。

刘国铭主编：《中国国民党九千将领》，北京：中华工商联合出版社1993年版。

刘国铭主编:《中国国民党百年人物全书》,北京:团结出版社 2005 年版。

刘寿林等编:《民国职官年表》,北京:中华书局 1995 年版。

刘绍唐主编:《民国人物小传》,上海:上海三联书店 2014 年版。

冷欣:《从参加抗战到目睹日军投降》,台北:传记文学出版社 1967 年版。

聂和兴、张东江主编:《中国军人社会保障制度研究》,北京:解放军出版社 2000 年版。

戚厚杰:《国民革命军沿革实录》,石家庄:河北人民出版社 2001 年版。

沈克勤编著:《孙立人传》,台北:台湾学生书局 1998 年版。

史全生主编:《中国近代军事教育史》,南京:东南大学出版社 1996 年版。

汪朝光主编:《蒋介石的人际网络》,北京:社会科学文献出版社 2011 年版。

王成斌、刘炳耀等主编:《民国高级将领列传》,北京:解放军出版社 1999 年版。

王奇生:《党员、党权与党争:1924—1949 年中国国民党的组织形态》,上海:上海书店出版社 2003 年版。

王奇生:《革命与反革命:社会文化视野下的民国政治》,北京:社会科学文献出版社 2010 年版。

王孝贵、龚泽琪主编:《中国近代军人待遇史》,北京:海潮出版社 2006 年版。

王永均:《黄埔军校三百名将传》,南宁:广西人民出版社 1989 年版。

吴振汉:《国民政府时期的地方派系意识》,台北:文史哲出版社 1992 年版。

薛光前编著:《八年对日抗战中之国民政府(1937—1945)》,台北:商务印书馆 1978 年版。

新铭:《国军军史:军级单位战史》,台北:知兵堂出版社 2007 年版。

肖如平:《南京国民政府与"一·二八"淞沪抗战研究》,杭州:浙江大学出版社 2016 年版。

徐友春主编:《国民人物大辞典》,石家庄:河北人民出版社 1991 年版。

徐有守等著,考试院考铨丛书指导委员会编:《"中华民国"公务人员退休抚恤制度》,台北:正中书局1984年版。

杨奎松:《国民党的"联共"与"反共"》,北京:社会科学文献出版社2008年版。

杨天石:《找寻真实的蒋介石:蒋介石日记解读》,太原:山西人民出版社2010年版。

尤文远、马永祥主编:《保定军校千名将领录》,北京:方志出版社2001年版。

喻兆明编著:《荣誉军人就业辅导》,台北:正中书局1947年版。

易劳逸著,王建朗等译:《毁灭的种子:战争与革命中的国民党中国(1937—1949)》,南京:江苏人民出版社2009年版。

张明金、刘立勤主编:《国民党历史上的158个军》,北京:解放军出版社2007年版。

邹鲁:《中国国民党史稿》,上海:东方出版中心2012年版。

张瑞德:《抗战时期的国军人事》,台北:"中央研究院"近代史研究所1993年版。

张英辰、王树林主编:《中国近代军事训练史》,北京:军事科学出版社2010年版。

张宪文等著:《中华民国史》,南京:南京大学出版社2005年版。

张宪文主编:《中国抗日战争史(1931—1945)》,南京:南京大学出版社2001年版。

张宪文主编:《抗日战争的正面战场》,郑州:河南人民出版社1987年版。

赵正楷:《徐永昌传》,太原:山西文献社1989年版。

中国人民政治协商会议全国委员会文史资料研究委员会编:《傅作义生平》,北京:文史资料出版社1985年版。

中国政协浙江省委员会文史编辑部编:《陈诚传》,北京:华艺出版社1991年版。

[加拿大]戴安娜·拉里著,陈仲丹译:《中国政坛上的桂系》,南京:江苏教

育出版社 2010 年版。

# 三、论文

陈存恭:《评"李宗仁回忆录"》,《"国史馆"馆刊》复刊第 1 期,1987 年 1 月。

陈默:《抗战时期国军的战区—集团军体系研究》,北京大学博士学位论文,2012 年。

房列曙、胡启生:《抗战时期国民政府战区划分的演变》,《抗日战争研究》,1995 年第 1 期。

黄安余:《简述抗战时期国民政府的兵役制度》,《民国档案》1998 年第 3 期。

金以林:《地域观念与派系冲突——以二三十年代国民党粤籍领袖为中心的考察》,《历史研究》2005 年第 3 期。

季鹏:《论抗日战争时期国统区的士兵养成教育》,《抗日战争研究》2003 年第 4 期。

江红英:《国民政府与抗战时期的军人优抚》,《抗日战争研究》2012 年第 1 期。

姜迎春:《从救恤到保障:抗战时期国民政府伤残军人的服务型抚恤探析——以国统区荣军教养院为中心》,《民国档案》2011 年第 1 期。

黄美真、张云:《抗战时期汪精卫集团的投敌》,《复旦学报》(社会科学版)1982 年第 6 期。

隆鸿昊:《抗战时期第九战区军事史研究》,首都师范大学博士学位论文,2014 年。

刘维开:《〈中华民国史〉与民国派系政治研究》,《近代史研究》2012 年第 1 期。

李翔:《抗战时期国民政府陆军抚恤机构初探》,《抗日战争研究》2008 年第 1 期。

李翔:《抗战时期国民政府强化军人抚恤制度原因之分析》,《军事历史》

2008 年第 1 期。

李田林:《从行伍将军万福麟说起》,《传记文学》1972 年第 5 期。

李晓红:《抗战的中流砥柱冯玉祥》,《史学月刊》1996 年第 5 期。

罗久蓉:《历史情境与抗战时期"汉奸"的形成——以 1941 年郑州维持会为主要案例的探讨》,《"中央研究院"近代史研究所集刊》1995 年第 24 期。

孟国详、程堂发:《惩治汉奸工作概述》,《民国档案》1994 年第 2 期。

皮明勇:《中国历代退伍军人安置问题初探》,《社会学研究》1997 年第 3 期。

戚厚杰:《对〈抗战时期国民政府战区划分的演变〉一文的补正》,《抗日战争研究》1996 年第 1 期。

魏大庆:《南京国民政府时期军官制度述评》,《民国档案》1996 年第 3 期。

王侃、杨树标:《试论抗战时期国民政府高级文官的投敌及其原因》,《党史研究与教学》2003 年第 3 期。

王奇生:《抗战时期国军的若干特质与面向——国军高层内部的自我审视与剖析》,《抗日战争研究》2014 年第 1 期。

王逸峰:《董其武的国民党军衔求证——兼论国民党军将官军衔制度》,《军事历史研究》2014 年第 1 期。

王逸峰:《张灵甫到底是什么军衔——国民党军队正式军衔与职务军衔关系探微》,《历史教学》(高校版)2007 年第 5 期。

王逸峰:《蒋介石军衔制度理念探析》,《军事历史研究》2012 年第 1 期。

王续添:《试论抗战时期地方实力派与蒋介石集团的矛盾斗争》,《近代史研究》1990 年第 6 期。

肖如平:《抗战时期国民政府军官的任官与授衔》,《军事历史研究》2019 年第 4 期。

肖如平:《蒋介石对黄埔嫡系陈诚的培植》,《近代史研究》2013 年第 2 期。

徐乃力:《抗战时期国军兵员的补充与素质的变化》,《抗日战争研究》1992 年第 3 期。

杨伟华:《"中华民国"军人抚恤制度研究(1927—2006)》,淡江大学硕士学位论文,2007 年。

于丽、田子渝:《陈诚与湖北抗战》,《抗日战争研究》2000 年第 3 期。

张瑞德:《抗战时期陆军的教育与训练》,《"中华民国"建国八十年学术讨论集》第一册,台北:近代中国出版社 1991 年版。

张瑞德:《抗战时期陆军的人事管理》,《"中央研究院"近代史研究所集刊》第 21 期,1992 年。

张瑞德:《抗战时期国军各阶层成员出身背景及素质的分析》,《抗日战争研究》1993 年第 3 期。

张明凯:《抗战中的军事训练》,《抗战胜利四十周年论文集》上册,台北:黎明文化事业公司 1986 年版。

中国第二历史档案馆编:《陈诚私人回忆资料(1935—1944)》,《民国档案》1985 年第 1 期。

# 索 引

# 后　记

2018 年，我有幸参加南京大学张宪文教授、朱庆葆教授主持的"抗日战争专题研究"项目，负责撰写抗战时期国民政府将领。学术界对抗战时期国民政府将领的研究已有很多论著面世，同时大部分高级将领也有相关传记，因而接到写作任务时压力甚大。经过半年多时间的查阅资料和思考，于 2018 年 12 月拟定了写作大纲，经编委会审核通过。

2019 年开始初稿的撰写，写完第一章后，深感教学科研任务重、项目时间紧，没办法单独按时完成，因而邀请中国历史研究院近代史研究所潘建华博士加入。潘建华的博士毕业论文研究的是社会史视野下的北伐战争再研究，对北伐时期的军队后勤有很多独特的见解，与本课题也联系非常紧密，他的加入大大减轻了我的压力。之后，我们进行了适当的分工合作。同时，重庆大学马克思主义学院周志永博士也参与了第二章的写作。我们力图运用大量的第一手的史料，从军事史的角度，对抗战时期的国民政府军队与军衔、军官的教育与培养、战区划分与高级将领的任免、高级将领的地域与派系、高级将领与抗战军事、将领的牺牲与抚恤、投敌与奖惩七个方面进行考察与分析，将制度演变与人物事迹尽可能地结合起来，对抗战时期的国民政府将领做一个相对全面和深入的研究。在写作的过程中，萧宸轩、祁复璁、朱舟、徐韵菲、徐春生、张李汉倩、拜力昂等同学帮忙查阅了部分资料。

　　本书的写作参考和借鉴了前人的研究成果，我们在书中的注释和参考书目中一一标明，在此也一并致谢。

肖如平